Vergessene Pfade
Pfalz

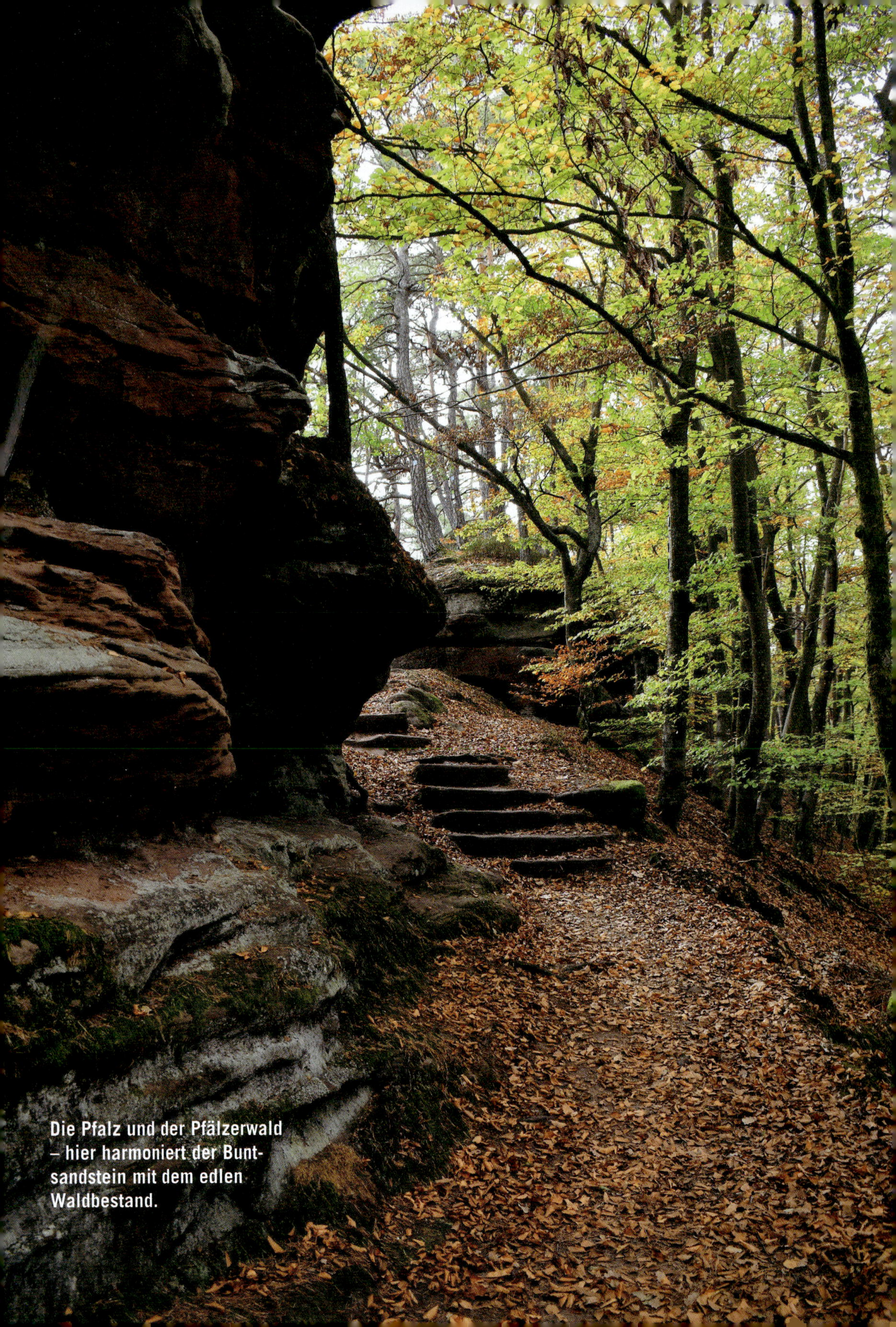

Die Pfalz und der Pfälzerwald – hier harmoniert der Buntsandstein mit dem edlen Waldbestand.

Matthias Wittber

Vergessene Pfade PFALZ

35 außergewöhnliche Touren abseits des Trubels

BRUCKMANN

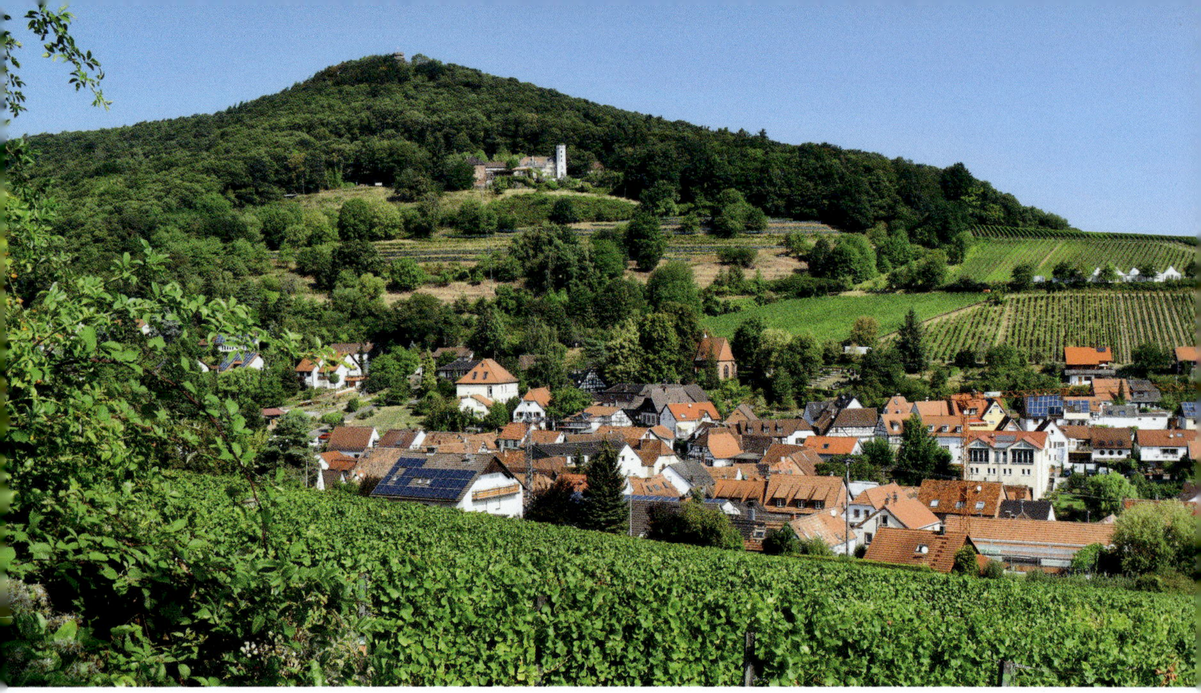

Über den Ort Leinsweiler reicht der Blick bis zum Slevogthof Neukastel (TOUR 27).

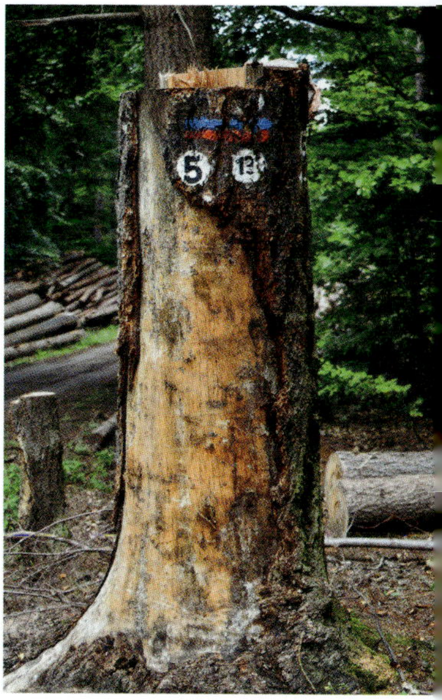

Diese Markierungen leiten uns zum Krähenstein (TOUR 6).

Der Mollenkopf ist der höchste Punkt der Wanderung von Weidenthal nach Neidenfels (TOUR 14).

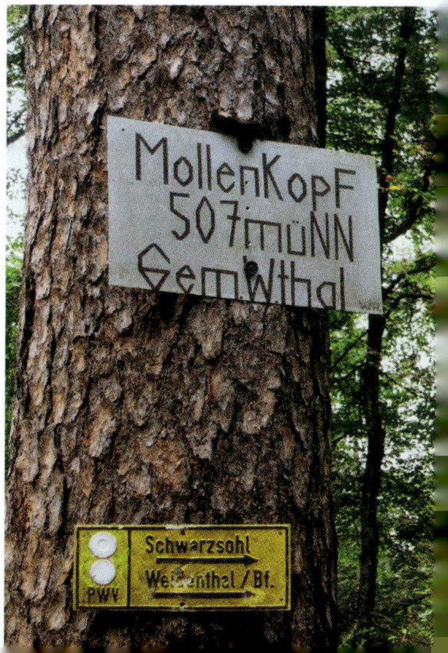

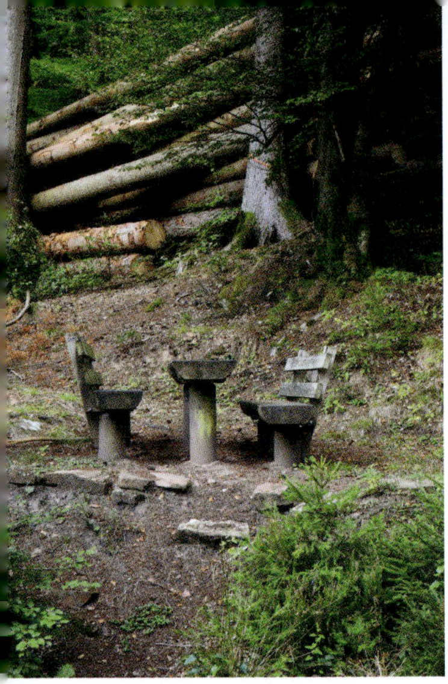

Eine Gelegenheit zum Rasten im Heltersberger Wald (TOUR 18)

Die Pfälzer Sandsteinformationen bestechen durch ihre verschiedenen Rottöne (TOUR 24).

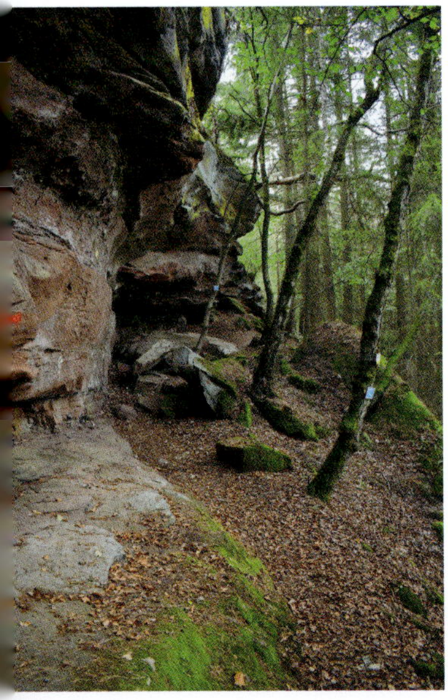

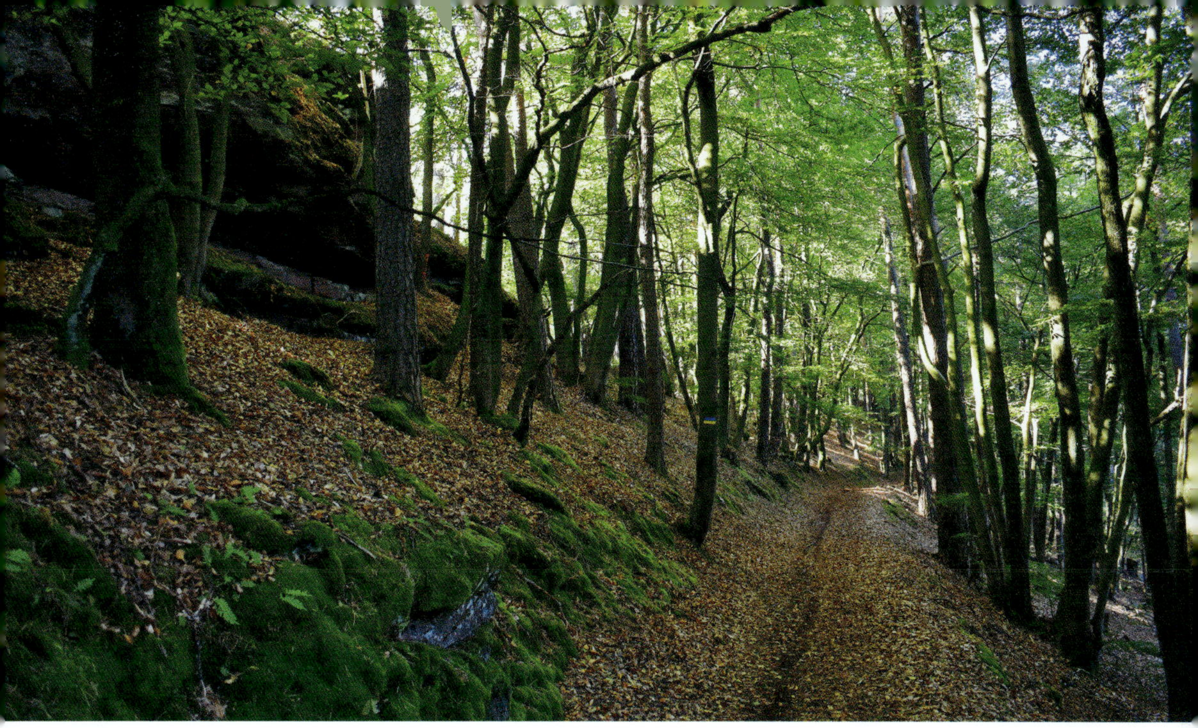

Von den Kühhungerfelsen fällt der Weg zur Wasgauhütte ab (TOUR 31).

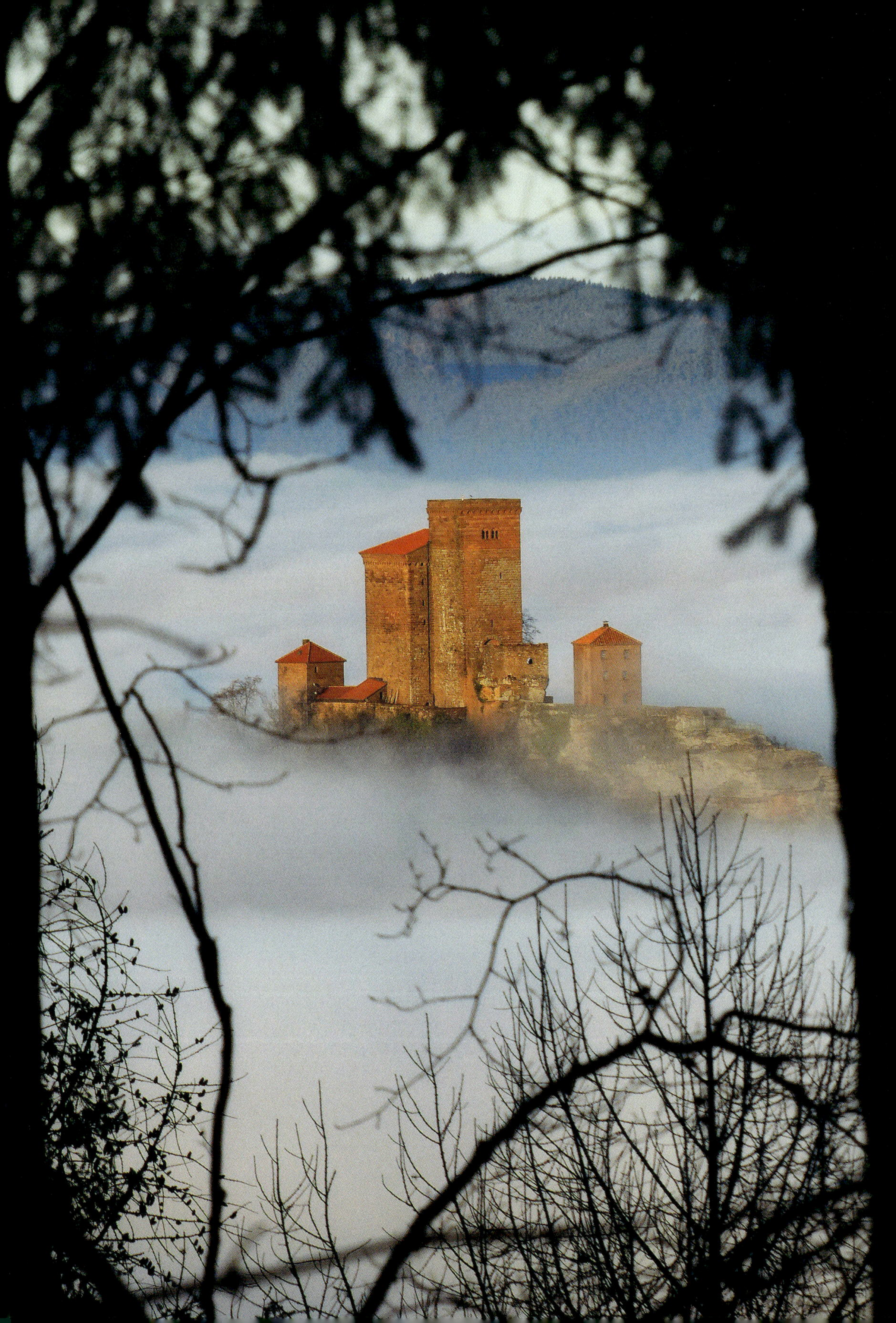

Die Pfalz – von ihren schönsten Seiten

Der englische Schriftsteller Daniel Defoe schrieb im Jahre 1709 über die Pfalz: »Diese Gegend ist der allerschönste Teil des Deutschen Reiches ... ihre Hänge sind mit Rebstöcken bedeckt ... ihre Ebenen und Täler sind reich an Korn und Früchten«.

Defoe schrieb natürlich nicht an einem Reiseführer, sondern wollte seinem König die Aufnahme protestantischer Flüchtlinge aus der Pfalz empfehlen. Bemerkenswert aber, dass diese Zeilen in einer Zeit entstanden, als sich die Pfalz von den Zerstörungen und Plünderungen des Pfälzischen Erbfolgekrieges noch nicht vollständig erholt hatte.

Heute leben wir in friedlichen Zeiten und die Pfalz ist immer noch eine Attraktion. Allerdings eine, die sich (leider) auf zu wenige Höhepunkte beschränkt. Die Deutsche Weinstraße, der Bad Dürkheimer Wurstmarkt als größtes Weinfest der Welt, das Hambacher Schloss als Wiege der deutschen Demokratie und der Trifels als Symbol ehemaliger Reichsherrlichkeit sind sicherlich die größten Glanzpunkte. Aber man sollte die Pfalz nicht nur auf zwei bekannte Burgen und das rebenreiche Rheintal verkürzen.

Zur Pfalz gehören eben auch das Pfälzer Bergland, die Westpfälzische Moorniederung, der Donnersberg, das Zellertal, der Westrich, der Bienwald und natürlich der Pfälzerwald – zusammen mit dem Gebiet der Oberrheinischen Tiefebene eine beeindruckende Fläche und ein großes Wandergebiet.

Der Schwerpunkt der beschriebenen Touren liegt darin – wie der Buchtitel schon sagt – den Lesern wenig bekannte Pfade und Wege abseits des Trubels näherzubringen. Auch wenn wir auf weniger bekannten oder gar vergessenen Pfaden unterwegs sind – es lässt sich dazu immer etwas erzählen oder ein historischer Bezug herstellen. Auf die Fehden der letzten Ritter wird in diesem Buch ebenso eingegangen wie auf die Frage, welchen Weg die Bauernhaufen im Jahr 1525 von Nußdorf aus wohl eingeschlagen haben. Wege, die schon Kelten und Römer benutzt haben, sind in diesem Buch genauso zu finden wie Touren rund um historische Klöster oder zu weniger bekannten Burgen. Auf allen Wanderungen wird klar, dass die Pfalz schon in alter Zeit Siedlungs-, Durchgangs- und leider auch Kriegsgebiet war. Aber damals wie heute gilt: Der wahre Reichtum der Pfalz liegt in der stillen und abwechslungsreichen Landschaft.
Lassen Sie uns deshalb bei allen Wanderungen die Worte von Daniel Defoe im Gedächtnis behalten und mit jedem Blick in die Landschaft bestätigt wissen!

Viel Freude beim Wandern in der Pfalz wünscht Ihnen

Matthias Wittber

Wie ein Geisterschloss ragt die Burg Trifels aus den Talnebeln empor.

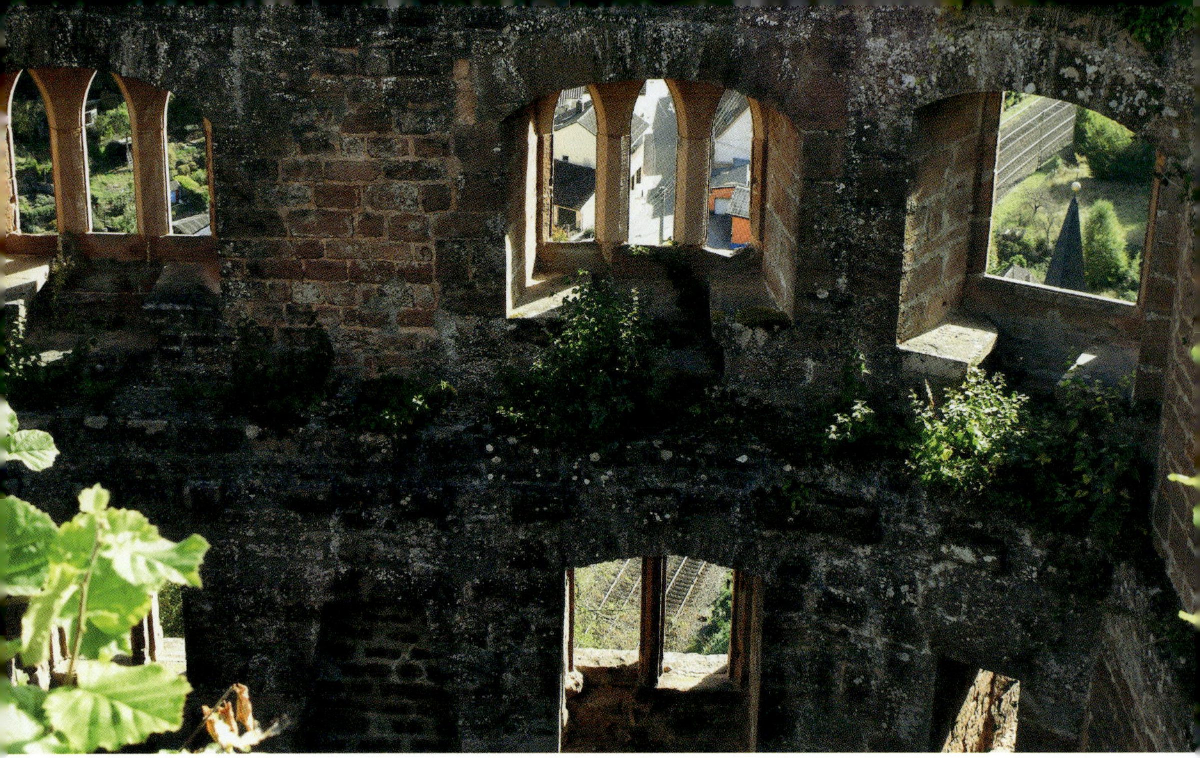

Durch die Fenster der Burgruine Frankenstein erhaschen wir einen Blick auf die Gleise der Bahnlinie Kaiserslautern–Neustadt/Weinstraße (TOUR 13).

Die Pfalz – von Burgen, Hütten und Wein

Reichsburgen und Herrscher

Mit dem Begriff »Pfalz« verbinden wir heute eine Region in Südwestdeutschland, Teil des Bundeslandes Rheinland-Pfalz. Im Mittelalter waren die Pfalzen Standorte oder Stützpunkte für die damals im Reichsgebiet umherziehenden Könige oder Kaiser. Zu den Kaiserpfalzen gehört etwa die Barbarossaburg in Kaiserslautern. Das Wort Pfalz selbst leitet sich aus dem Lateinischen *palatium* ab und wurde über das Alt- und Mittelhochdeutsche schließlich zum Wort Pfalz umgeformt; in den Übersetzungen anderer Sprachen für Rheinland-Pfalz, etwa im Englischen »Rhineland-Palatinate« lebt der lateinische Begriff fort.

Die Königspfalzen dienten in erster Linie der Unterkunft der Herrscher und deren umfangreichen Gefolge. Sie waren aber nicht unbedingt befestigt; dies waren dann die Reichsburgen. Einige dieser mittelalterlichen Reichsburgen werden auf in diesem Buch beschriebenen Wanderungen erreicht – etwa die Ramburg , die Burg Lindelbrunn oder die Burg Meistersel. Die Reichsburg Trifels können wir in ihrer heutigen Gestalt auf der Wanderung zum Hohenberg bewundern. Sie hatte eine besondere Bedeutung, da dort zu verschiedenen Zeiten des Mittelalters die Herrschaftszeichen der Könige und Kaiser des Heiligen Römischen Reiches aufbewahrt wurden. Neben dem Reichsapfel und der Reichskrone waren dies u. a. das Reichsschwert, das Reichskreuz oder die Heilige Lanze. Heute können wir einen Teil dieser Reichskleinodien als Nachbildungen auf der Burg Trifels bewundern.

Im Mittelalter war die Pfalz eine der wichtigen Regionen des Reiches. Es dominierten die Adelsgeschlechter der Salier und der Staufer. Der Staufer Friedrich I., auch Barbarossa genannt, ließ ab 1152 auf einer salischen Burg eine Kaiserpfalz errichten. Die Stadt erhielt später dann den Namen Kaiserslautern. Ein weiterer Staufer, Heinrich VI., veranlasste, dass der gefangengenommene englische König Richard Löwenherz auf die Burg Trifels bei Annweiler gebracht wurde; dieser wurde erst gegen die Zahlung eines immensen Lösegelds wieder freigelassen. Die Barbarossaburg in Kaiserslautern ist längst zerstört, aber die Stadt nennt sich heute noch Barbarossastadt. Zahlreiche Namenslehnungen (Barbarossafest, Kaiserberg etc.) halten die Erinnerung an den großen Staufer wach.

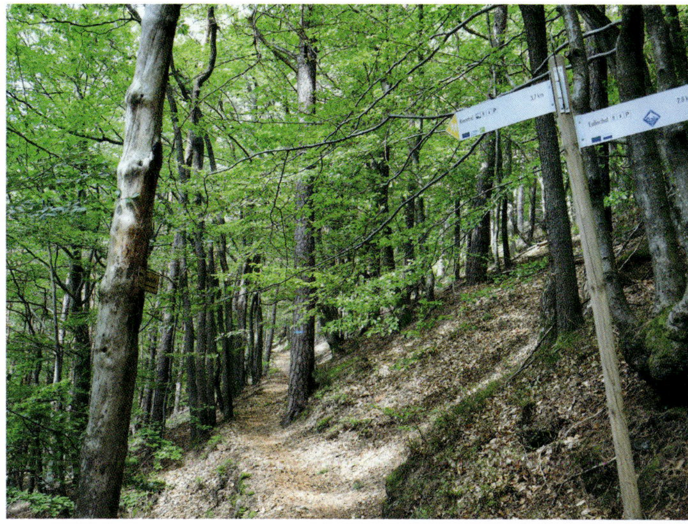

Immer wieder überraschen den Wanderer die wunderbaren Wälder in der Pfalz.

Die Pfalz als Wandergebiet – Wege, Hütten, Rittersteine

Selten findet man in deutschen Landschaften eine derartige Vielfalt an Wanderwegen. Im Pfälzerwald etwa gibt es von schmalen Wanderwegen, die sich durch den Wald schlängeln, bis zu breiten Forstwegen unzählige Varianten. Im Bereich der Oberrheinischen Tiefebene herrschen im Bereich der Weinberge die befestigten Weinwirtschaftswege vor; teilweise gibt es auch schöne Wanderwege entlang von Feldrainen. Das Pfälzer Bergland wie auch der Westrich wiederum werden durch die dauernde Abwechslung von befestigten und unbefestigten Wald- und Feldwegen gekennzeichnet. Der Wegboden ist im Pfälzerwald oft durch den Buntsandstein beeinflusst, manchmal findet man als Untergrund reinen Sand vor.

Willkommene Anlaufpunkte auf unseren Wanderungen sind die **Pfälzerwald-Verein-Hütten**. Diese findet man nicht nur im Pfälzerwald, auch im Donnersberggebiet

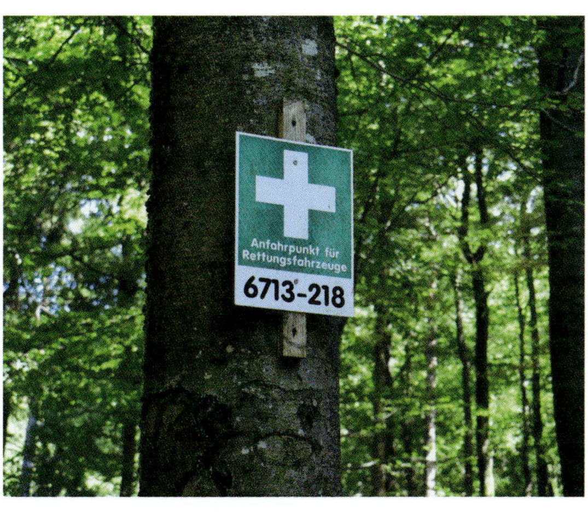

Nummerierte Rettungspunkte erleichtern die Standortfeststellung im Pfälzerwald.

Die Schwierigkeitsbewertung

- **Leicht:** Einfache Touren, die keine oder kaum Trittsicherheit erfordern und nur wenige Steigungen aufweisen
- **Mittel:** Touren mit längeren Auf- und Abstiegen und/oder ausgedehnteren Streckenlängen, die eine gewisse Kondition und Trittsicherheit erfordern
- **Schwer:** Diese Touren setzen Kondition und Trittsicherheit voraus; evtl. sehr lange Touren bzw. Touren in Schutzzonen, in denen große Bäume, den Weg versperren können, körperliche Fitness wird vorausgesetzt.

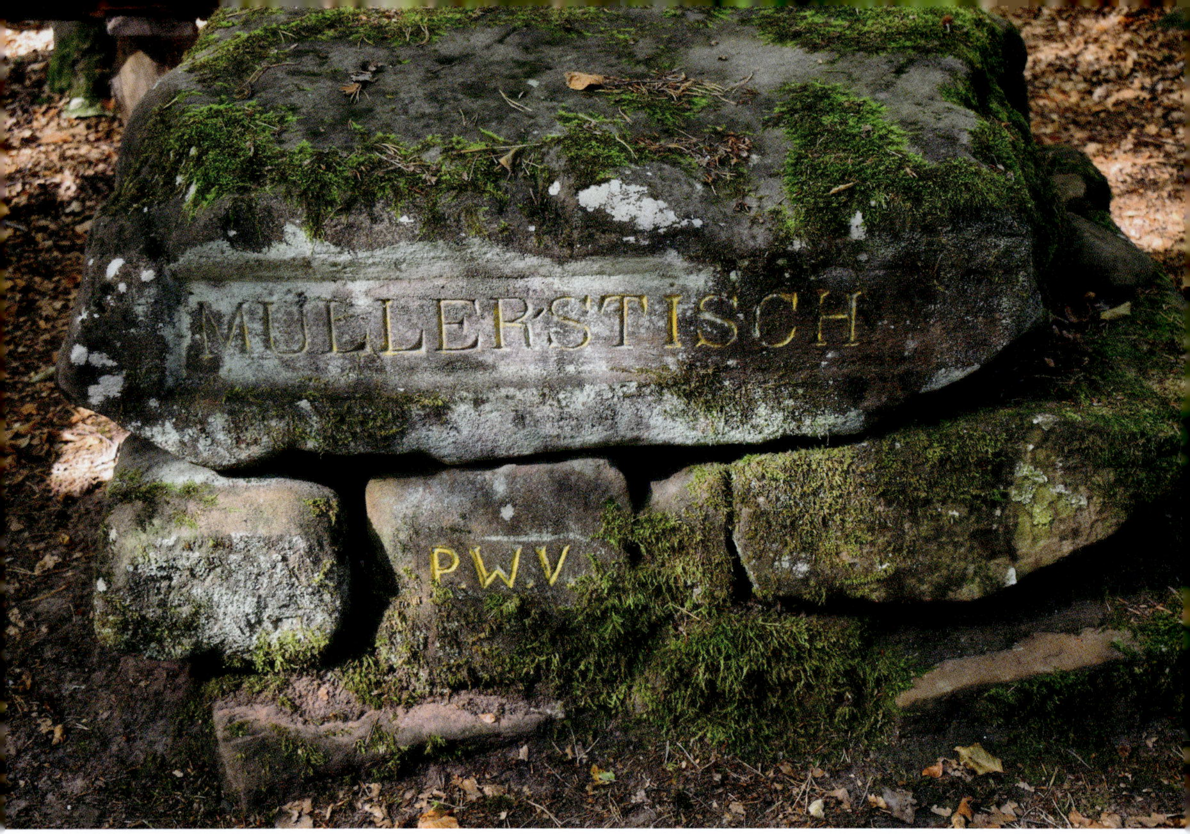

Der Müllerstisch ist einer der bekanntesten Rittersteine im Pfälzerwald (TOUR 13).

oder dem Westrich gibt es solche Einkehrpunkte. Insgesamt verzeichnet der Verein mehr als 100 Hütten. Viele Hütten sind bewirtschaftet, teilweise kann dort auch übernachtet werden. Die Öffnungszeiten richten sich meist nach deren Lage; abgelegene Hütten sind meist nur am Wochenende und an Feiertagen geöffnet, während andere auch während der Woche geöffnet haben. Meist werden die Hütten von Ortsgruppen des Vereins bewirtschaftet; teilweise sind die Hütten aber auch verpachtet. Angeboten werden meist Pfälzer Spezialitäten; die Preisgestaltung ist in den von ehrenamtlichen Helfern bewirtschafteten Hütten günstig; in den verpachteten Hütten nicht viel teurer. Ebenfalls im Pfälzerwald, in der Rheinebene und im Bienwald vertreten sind Häuser der Naturfreunde. Diese bieten kulinarisch Ebenbürtiges, sind aber meist an stärker frequentierten Standorten zu finden.

Einen interessanten Bezug zu jeder Wanderung bieten die **Rittersteine**, die auf vielen Wanderrouten anzutreffen sind. Mal wird damit eine Quelle markiert, oder es wird Bezug genommen auf Stellungen in den Revolutions-/Koalitionskriegen zu Beginn des 19. Jahrhunderts (meist wird dann der Begriff Schanze verwendet). Auf Wüstungen, ehemalige Steinkeltern, Ruinen und frühere Forsthäuser wird ebenso Bezug genommen. Etwa 300 dokumentierte Steine sind vorhanden. In den Wanderkarten des Pfälzerwald-Vereins wird dafür ein eigenes Symbol vergeben.

Orientierung und Anfahrt

Der Pfälzerwald-Verein zählt zu seinen Vereinszielen neben dem Bau von Schutzhütten auch die Anlage und den Erhalt von Wanderwegen. Entsprechend gibt es eine Fülle von markierten Wanderrouten. In diesem Buch setzen sich die Wanderun-

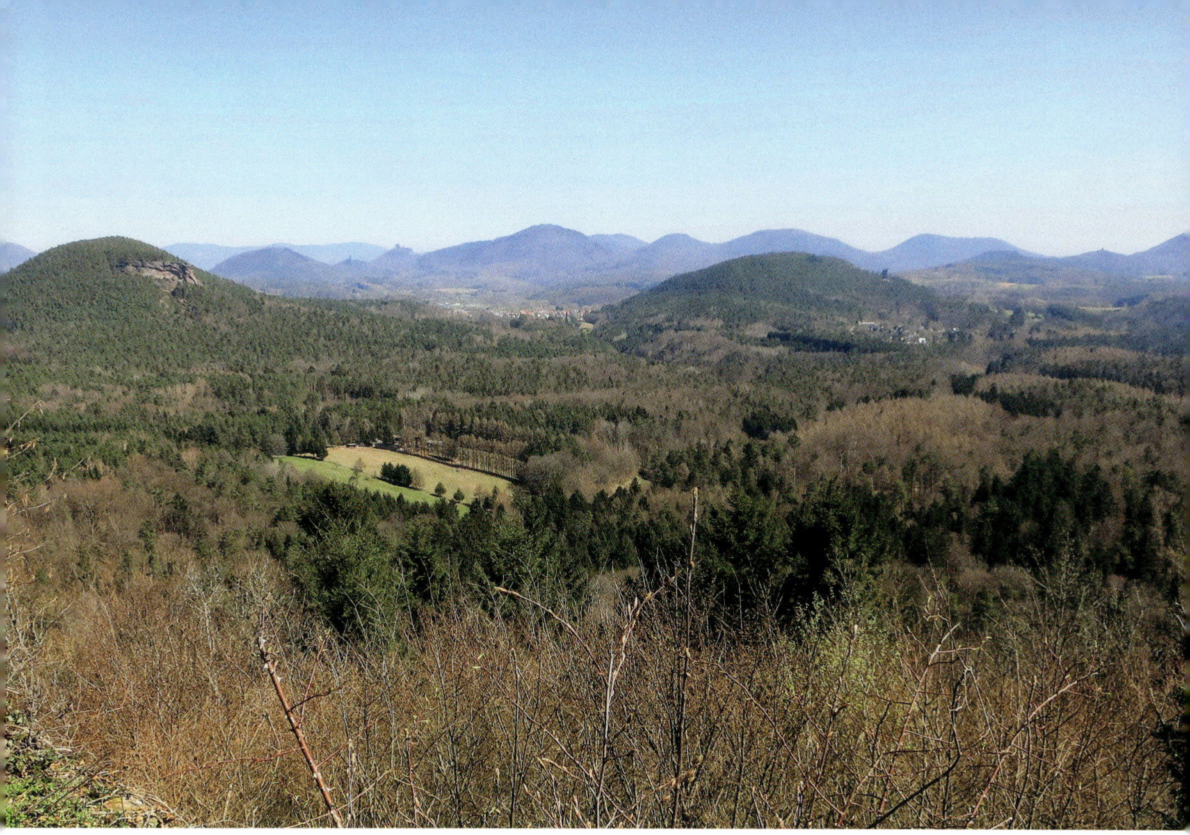

gen meist aus mehreren Teilstrecken von markierten Wanderwegen zusammen. Insofern sind im Bereich des Pfälzerwaldes, des Donnersbergs, des Pfälzer Berglands und des Westrich alle Routen markiert. Im Bereich der Weinberge in der Rheinebene und auch im Bienwaldgebiet kann es vorkommen, dass teilweise keine Wandermarkierungen vorhanden sind. Durch die offene Landschaft im Oberrheingraben und die meist geraden Wege sollte anhand einer Karte eine Orientierung im Gelände aber möglich sein. Bei den Symbolen selbst handelt es sich überwiegend um ein- oder zweifarbige Balken oder Punkte. Seltener werden Kreuze oder Dreiecke verwendet. Die Markierungen werden entweder mit Farbe auf die Bäume aufgetragen oder auf Metall- oder Holzschildern dargestellt. Eigene Wanderzeichen haben die Fernwanderwege, auf denen wir uns hin und wieder – meist auf kürzeren Ab-

Von der Burgruine Lindelbrunn hat man einen grandiosen Fernblick hier nach Osten in Richtung Trifels (TOUR 31).

Wichtige Internetadressen

www.pwv.de Wissenswertes zum Pfälzerwald-Verein. Übersicht über alle Vereinshütten
www.pfalz-info.com Informationen zu Tourismus, Gastronomie und Ausflugszielen in der Pfalz
www.deutsche-weinstrasse.de Für alle, die entlang der Deutschen Weinstraße Urlaub machen wollen
www.landauland.suedlicheweinstrasse.de Interessante Reiseziele und Veranstaltungen rund um Landau und die südliche Weinstraße
www.klosterstadt-hornbach.de Weiterführende Informationen zur Klosterstadt Hornbach und zu Ausflugszielen im deutsch-französischen Grenzgebiet
www.pfaelzerwald.de Umfassende Darstellung von Aufgaben und Projekten des Biosphärenreservats Pfälzerwald-Nordvogesen
www.bienwald.eu Aktuelle Infos zum Naturschutzgroßprojekt Bienwald

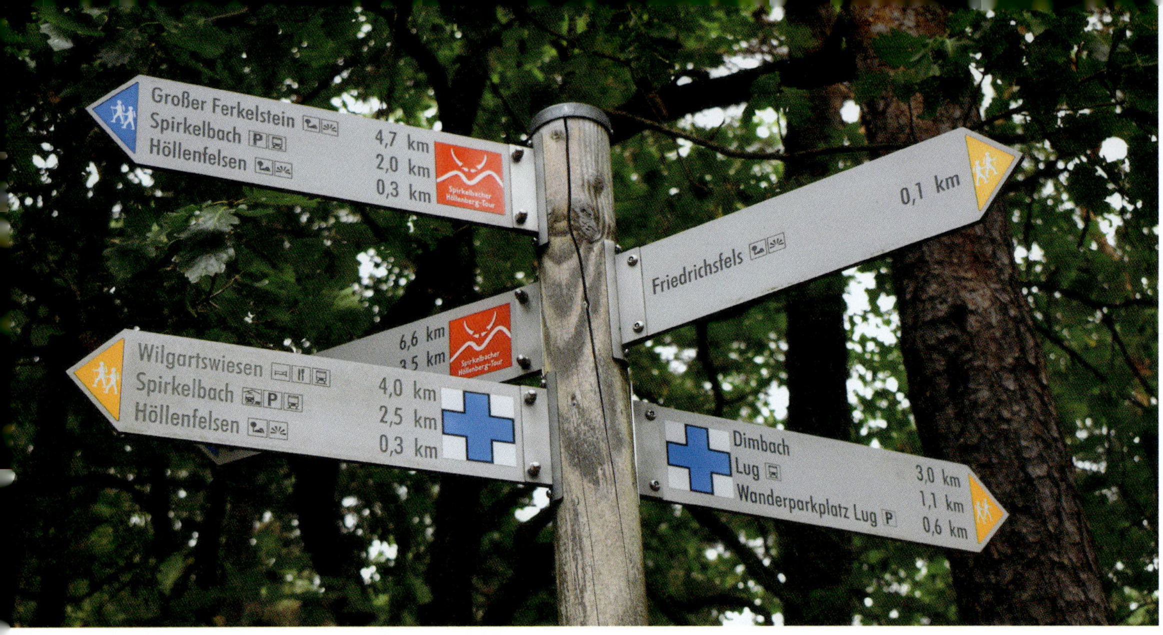

Zahlreiche Wegweiser helfen dem Wanderer bei der Orientierung (TOUR 24).

schnitten – befinden. So zeigt die Jakobsmuschel den Wanderern den Weg durch die Pfalz in Richtung Spanien an und ein europäischer Fernwanderweg wird durch eine Kombination von Buchstaben und Zahl (E8) gekennzeichnet. Sehr hilfreich, falls man sich doch einmal verlaufen haben sollte, sind die Schilder (weißes Kreuz auf grünem Grund), mit denen Rettungspunkte signalisiert werden. Diese Schilder befinden sich an wichtigen Wegpunkten und sind mit einer Ziffernfolge versehen, anhand derer man den eigenen Standort auf einer Wanderkarte eindeutig identifizieren kann.

Bei den meisten der in diesem Buch beschriebenen Touren können die Ausgangspunkte mit öffentlichen Verkehrsmitteln erreicht werden. So können die Ausgangspunkte im Rheintal und im Bienwald alle mit verschiedenen Regionalbahnlinien angefahren werden. In einigen Bereichen des Pfälzerwaldes und des Pfälzer Berglands gibt es aber Ortschaften, die nur mit Bussen oder Anruflinientaxen zu erreichen sind. Wenige ganz abgelegene Ziele werden überhaupt nicht von öffentlichen Verkehrsmitteln bedient; es wird dann ein Wanderparkplatz vorgeschlagen. Falls nicht vorhanden, wird eine alternative Parkmöglichkeit genannt. Verkehrsverbindungen mit Bahn und Bus lassen sich über www.bahn.de herausfinden.

Nach der Wanderung

Die Pfalz kann man sich ohne die vielen Weinfeste kaum vorstellen. Da ist zum einen der Bad Dürkheimer Wurstmarkt, das größte Weinfest der Welt, das schon seit 600 Jahren stattfindet. Zum anderen gibt es die unzähligen kleinen Weinfeste in den Dörfern am Ostrand des Pfälzerwaldes. Die Weinfeste häufen sich, sobald sich der Herbst nähert und die Weinlese begonnen hat. Die Feste heißen Kirchweih, Kerwe oder Fest des Federweißen. In den kleineren Orten haben sich die alten Kirchweihtraditionen, wie etwa der Festumzug, noch erhalten. Bei den meist mehrere Tage dauernden Festen lässt es sich in den Festzelten oder in den bunt geschmückten Winzerhöfen bei einem Glas Wein vergnüglich plaudern und von der vorangegangenen Wanderung erholen. Wer etwas mehr über den Wein erfahren will, kann sich bei geführten Kellereibesichtigungen die eine oder andere Weinprobe direkt vom Fass zugutekommen lassen. Verschiedene Orte halten auch eine Rotweinkerwe ab, wobei – wie der Name andeutet – hauptsächlich Rotweine ausgeschenkt werden. Der müde Wanderer greift dann auch gerne zu den angebotenen Pfälzer Gerichten. Der Renner dabei ist sicherlich immer noch der über die Landesgrenzen bekannt gewordene Pfälzer Saumagen. Früher ein »Arme-Leute-Essen«, wird es heute nur noch mit den besten Zutaten – nämlich einer Mischung aus Schweinefleisch, Schweinemett, Kartoffeln, Eiern und Karotten sowie zahlreichen Gewürzen – hergestellt. Der Saumagen wird in heißem Wasser gekocht, anschließend in Scheiben geschnitten und vor dem Servieren noch angebraten. Ein weiteres typisches Gericht sind die »Lewwerknebb mit Speckzwiw-

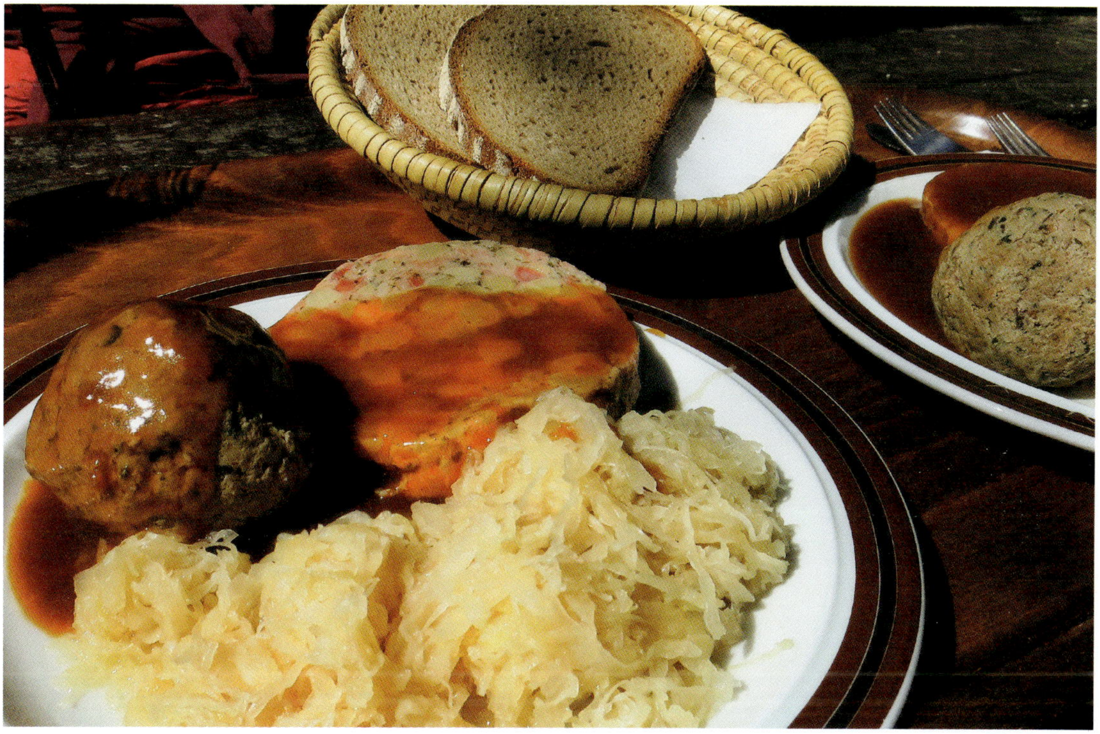

Des Pfälzers Leibgericht: Lewwerknebb unn Saumaache (Leberknödel und Saumagen) mit Sauerkraut

wele« (Leberknödel mit Speckzwiebeln), bestehend aus Schweineleber, Schweinemett und Schweineschmalz, oder die »Fleeschknebb« (Pfälzer Fleischklöße), die zu gleichen Teilen aus Schweine-, Rind- und Kalbfleisch hergestellt werden. Letztere werden gerne mit Salzkartoffeln und Meerrettichsoße serviert. Andere Pfälzer Spezialitäten sind die »Grumbeersupp« (Pfälzer Kartoffelsuppe) oder »Weißer Kees mit Gequellde« (Weißer Käse mit Pellkartoffeln). Wenn dann der neue Wein da ist (auch Federweißer oder Suser genannt), duftet es überall nach warmen »Pälzer Zwiwwelkuche« (Pfälzer Zwiebelkuchen). Der eine oder andere Ausflügler sammelt im Herbst dann noch die »Käschde« (Maronen), um dann zu Hause eine weitere Pfälzer Spezialität, die »Käschdesupp«, zuzubereiten. Die unverfälschte, bodenständige Küche ist neben der Geselligkeit und dem Naturerlebnis der Grund, warum es so viele Wanderer in die Pfalz zieht.

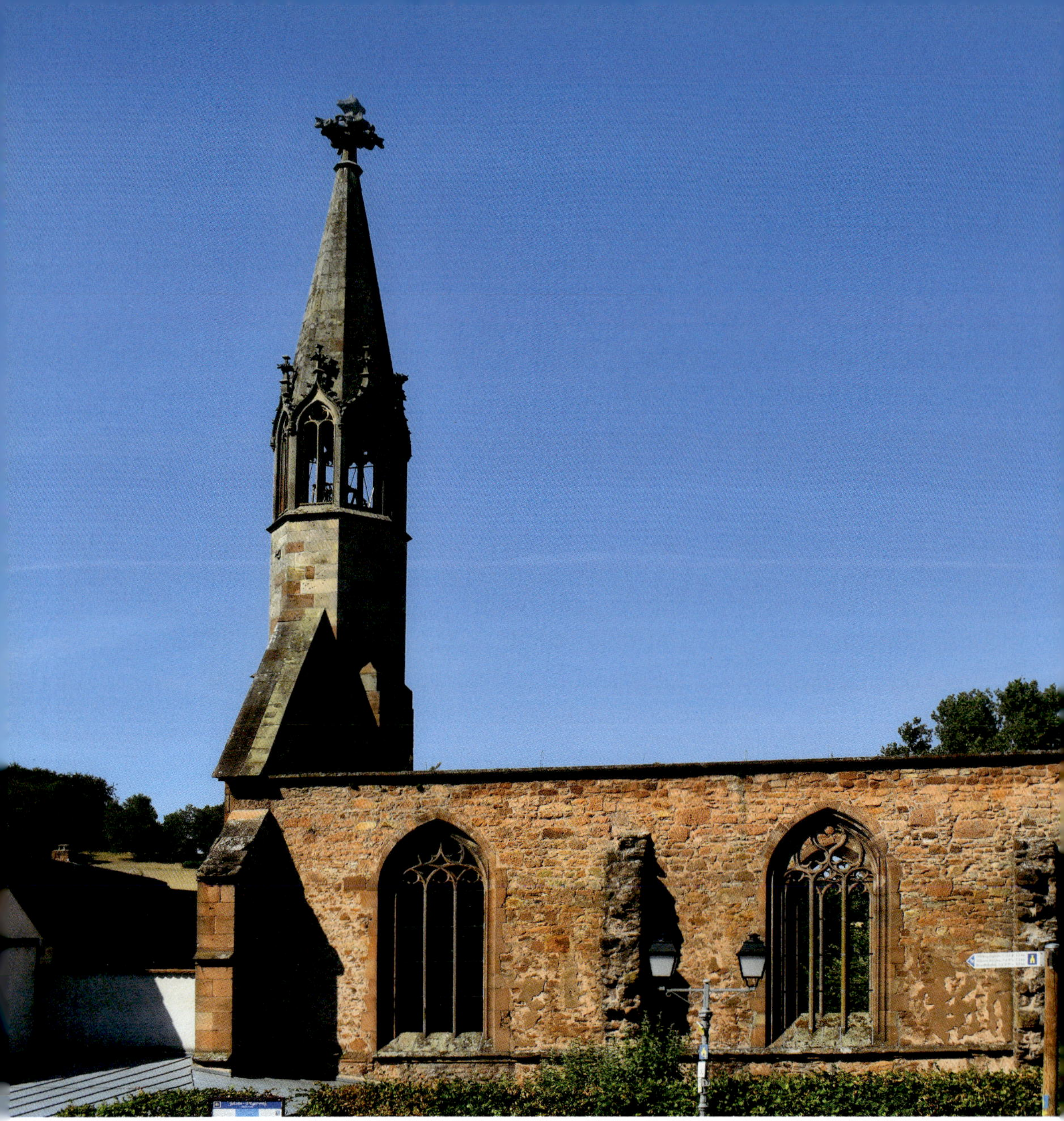

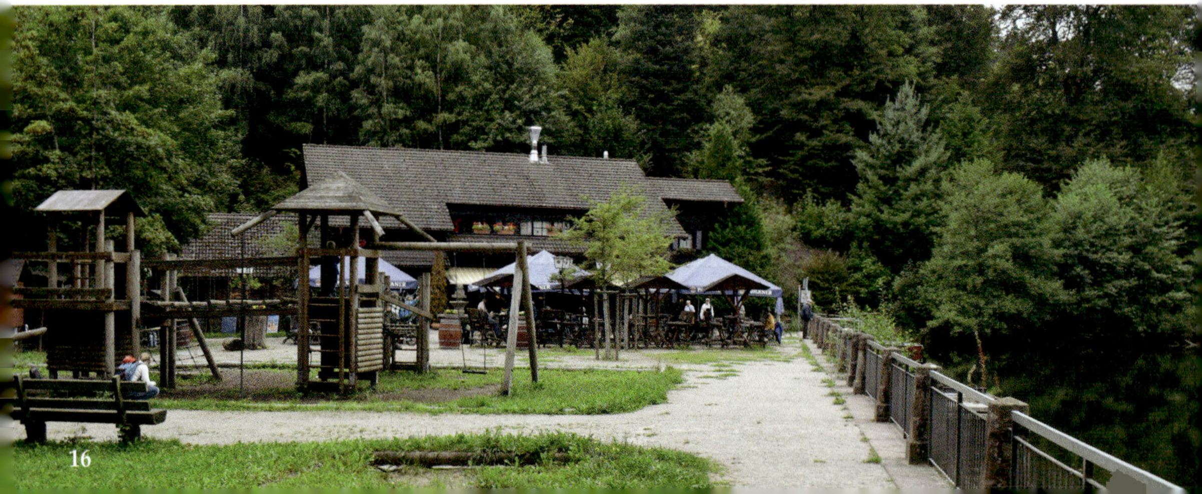

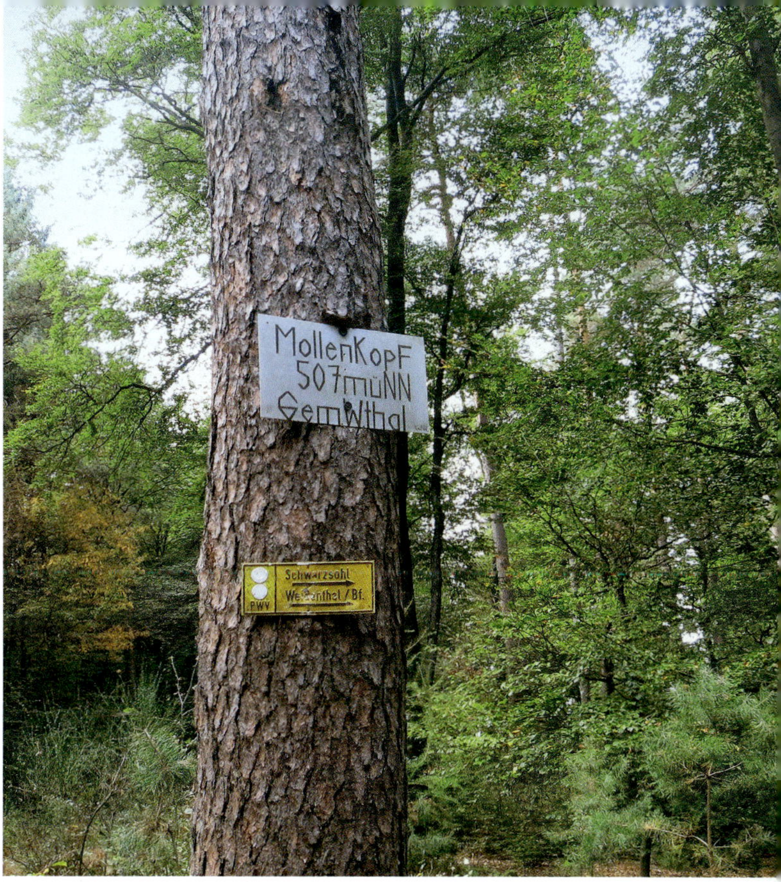

Pfalz Nord

Pfälzer Bergland, Westpfälzische Moorniederung, Donnersberg, Nördlicher Pfälzerwald

Am Nordrand des Pfälzerwaldes befindet sich die Klosterruine Rosenthal (li. o.). Ein Wirtshaus oder eine Pfälzer-Wald-Hütte findet man fast auf jeder Tour in der Pfalz (li. u.). Der Mollenkopf ist Orientierungspunkt auf dem Weg nach Neidenfels (re. o.). Vom Wald umschlossen ist der ruhige Retzbergweiher (re. u.).

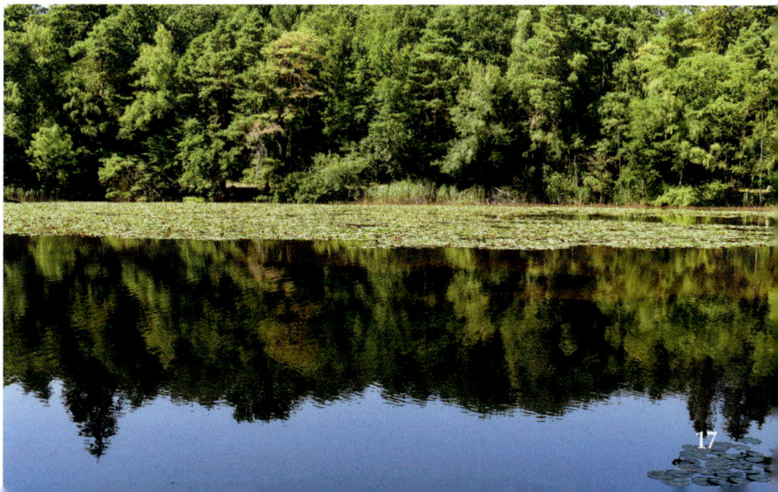

1

Durch die Weinberge bei Mölsheim

Blickrichtung Donnersberg

mittel 18,7 km 512 Hm 4.55 Std.

Tourencharakter
Relativ leichte, aber recht lange Wanderung ohne große Höhenunterschiede hauptsächlich auf Weinwirtschaftswegen

Ausgangs-/Endpunkt
Monsheim, Bahnhof (154 m)

Anfahrt
Auto: Monsheim liegt im Dreieck der Autobahnen A 6, A 61 und A 63. Parkplätze am Bahnhof oder bei der Verbandsgemeindeverwaltung
Bahn: Mit der Regionalbahn von Worms nach Monsheim

Gehzeiten
Monsheim – Mölsheim 1.15 Std. – Einselthum 1.25 Std. – Monsheim 2.15 Std.

Einkehr
Monsheim, Mölsheim, Zell, Einselthum

Karte
Worms-Pfeddersheim und Kirchheimbolanden, jeweils 1:25 000; Faltblätter zu dieser Wanderung gibt es bei der Touristeninformation in Monsheim.

Beste Jahreszeit
April bis Oktober

Informationen
Verbandsgemeinde Monsheim, Alzeyer Straße 15, 67590 Monsheim, Tel. 06243/18 09 16, geöffnet Mo–Fr 8.00 Uhr–12.00 Uhr und Mo–Do 14.00 Uhr–17.00 Uhr

Im südlichen Bereich des Alzeyer Hügellandes gehen wir auf sonnigen Südhängen nach Mölsheim, dem höchstgelegenen Dorf des Wonnegaus. Durch Weinberge und landwirtschaftliche Flächen im Grenzbereich von Pfalz und Rheinhessen wandern wir dann auf einem wenig bekannten Weg zurück zum Ausgangspunkt.

Die nette Dame in der Verbandsgemeindeverwaltung von Monsheim hatte mir noch einige Prospekte mitgegeben und auch noch erklärt, an welcher Stelle die Grenze zwischen Rheinhessen und der Pfalz verläuft. Der Weg in die A **Weinberge** ist nicht weit. Am Feuerwehrhaus geht es vorbei und durch die kurze Nieder-Flörsheimer Straße; der Weg biegt dann nach links in die Mölsheimer Straße ab. Zwei Wohnhäuser werden passiert, und nun befinden wir uns schon in den Weinbergen. Wir folgen dem Zellertalweg Richtung Westen; unsere Tour ist bis Einselthum durch Holzpflöcke markiert, die mit einem Z gekennzeichnet sind.

Auf dem Zellertalweg Ein breiter Weinwirtschaftsweg führt uns aus Monsheim heraus; nach einigen Hundert Metern haben wir bereits die Bahnlinie nach Alzey erreicht. Kurz vor der Brücke über die Bahn sehen

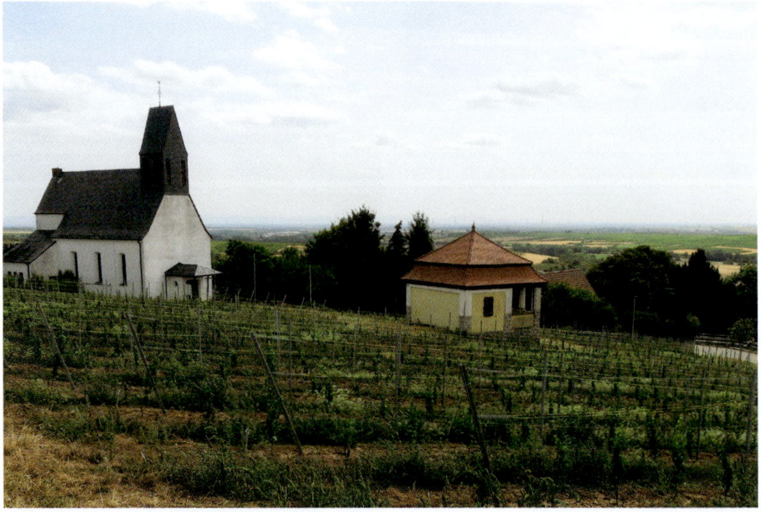

Am Ortsausgang von Mölsheim biegen wir wieder in die Weinberge ab.

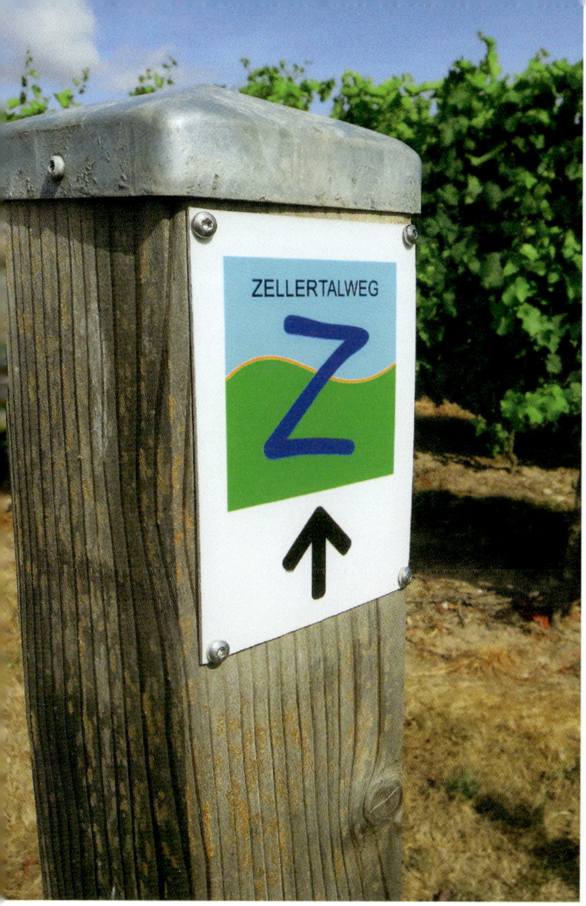

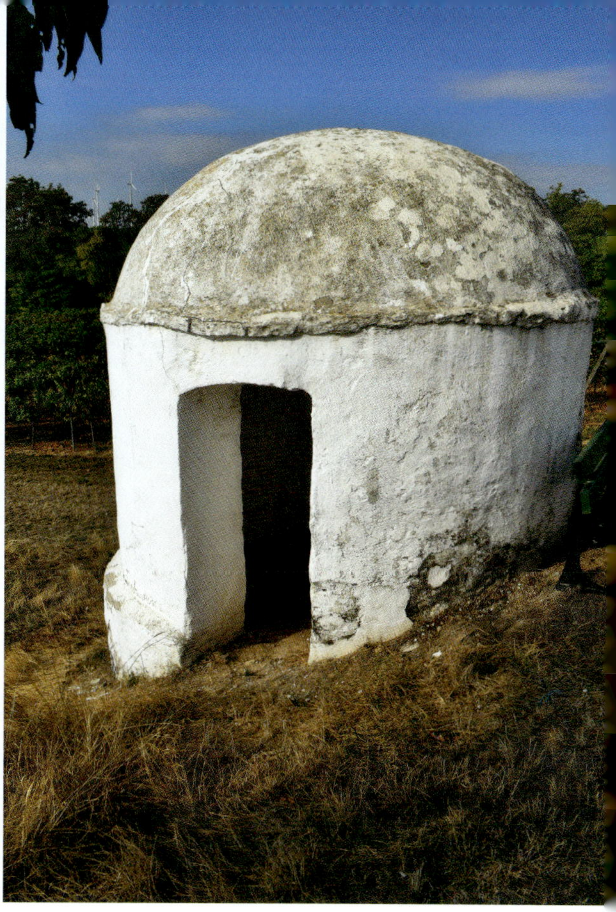

wir auf der linken Seite einen Trullo. Mit Trullo (Mehrzahl Trulli) wird ein Rundhaus bezeichnet, das, wie der italienische Name vermuten lässt, hauptsächlich in Süditalien vorkommt. In den Weinbergen des Wonnegaus stehen einige dieser Rundhäuser; diese werden ausschließlich als Schutzbauten verwendet. Wenn wir schon bei Fremdwörtern sind: Der Wonnegau hat seinen Namen nicht etwa vom hohen Grad

Der erste Teil der Wanderung führt auf dem Zellertalweg zu diesem Trullo.

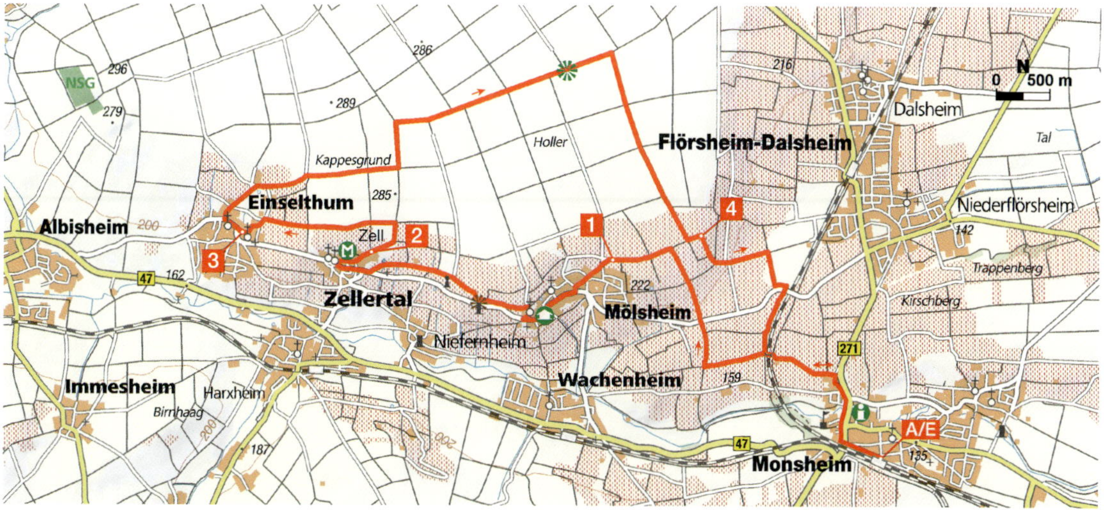

der Beglückung und der Freude, den er vielleicht auf den Wanderer ausübt; der Name rührt von der Civitas Vangionum her. Dies war eine römische Verwaltungseinheit, auf deren Gebiet der Stamm der Vangionen siedelte.

Nach Mölsheim Nach Überqueren der Brücke führt unser Weg einen weiteren halben Kilometer geradeaus. Dann biegt er rechts ab und steigt etwas an. Die Kreisstraße 34 wird überquert und nach einem weiteren knappen dreiviertel Kilometer leichten Anstiegs biegt der Weg nach links ab. An diesem Punkt gehören die östlich gelegenen Weinberge zu Rheinhessen, die westlichen zur Pfalz. Im Zellertal sind auf 550 Hektar insgesamt 15 Weinlagen vertreten, darunter der Schwarze Herrgott, Schnepfenflug und der Herrgottsblick. Ausgegrabene Weinbehälter aus Ton deuten darauf hin, dass der Weinbau von den Römern eingeführt wurde. Oberhalb der Bebauung von ❶ **Mölsheim** geht der Weg dann diagonal in den Ort hinein. Mölsheim

Mitten in den Weinbergen befindet sich dieses Steinhaus.

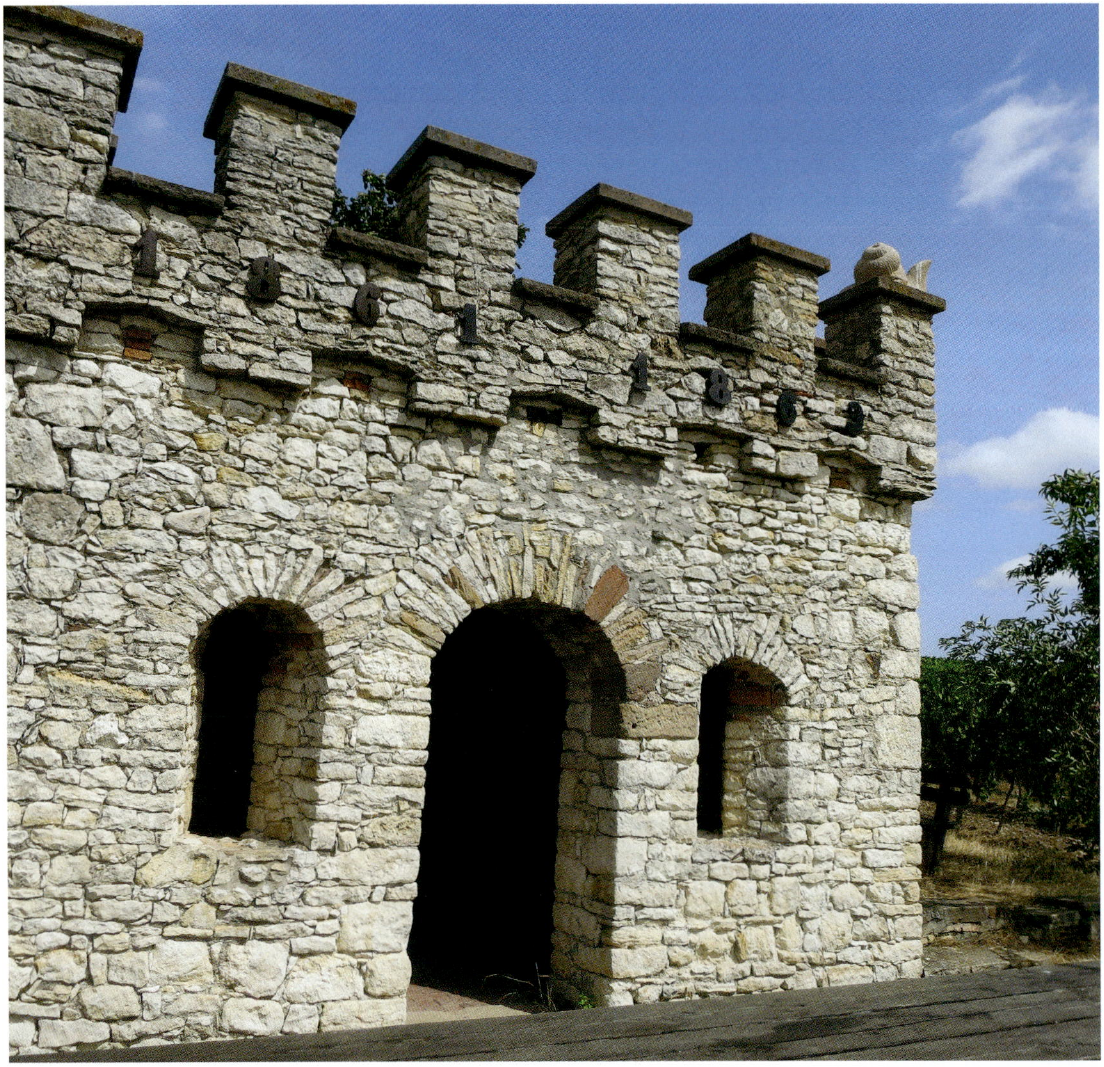

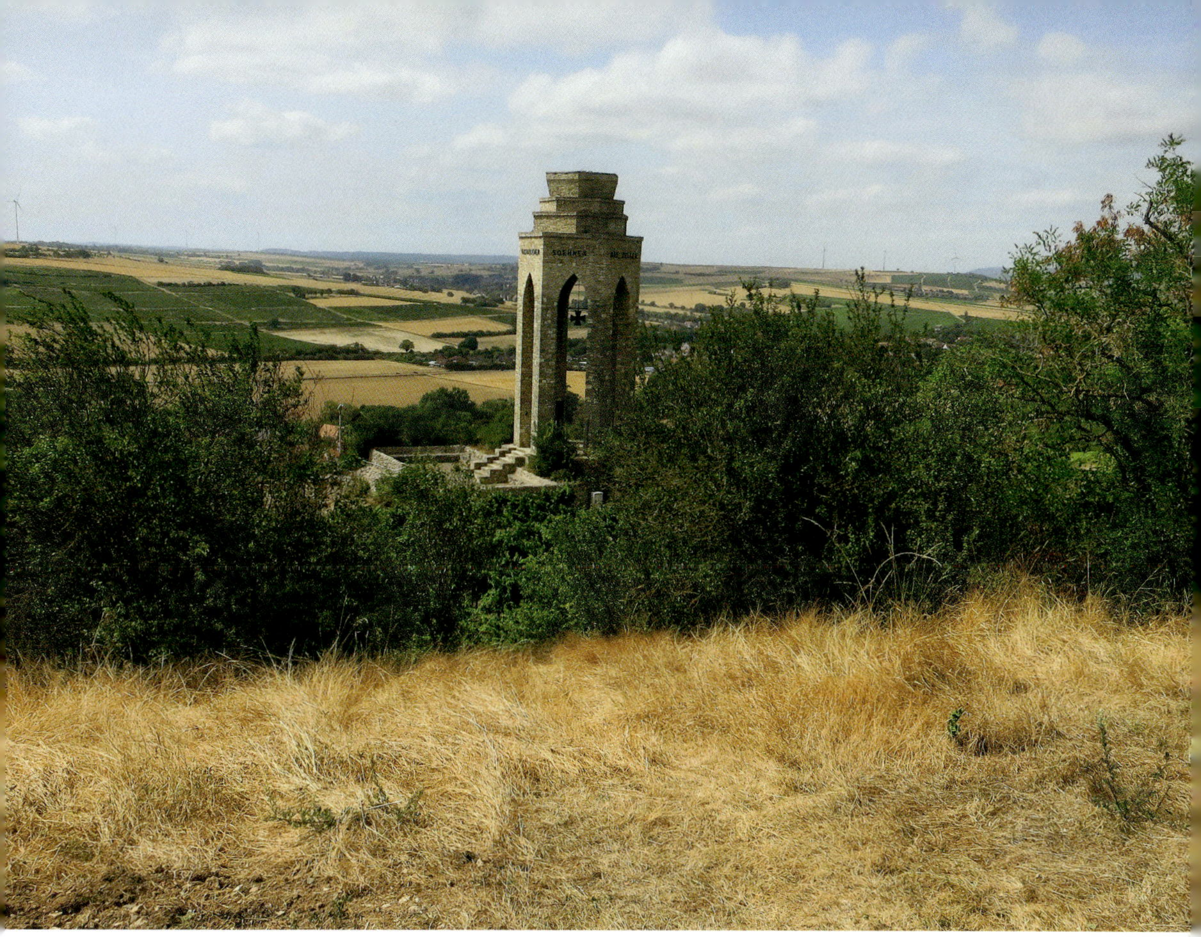

Vom Wegrand aus erkennen wir das Zellertaler Ehrenmal.

ist eine Ortsgemeinde der Verbandsgemeinde Monsheim und zählt knapp 600 Einwohner. Bekannt wurde Mölsheim durch den Fund der gleichnamigen Goldfibel im Jahr 1930. Diese Filigranscheibenfibel (eine Gewandspange) stammt aus dem 7. Jahrhundert. Sie wird heute im Hessischen Landesmuseum in Darmstadt ausgestellt. Auf der Hauptstraße gehen wir bis zum Mölsheimer Ägisiuspark (am Ortsende der Gemeinde Richtung Zell). Dort findet man die sogenannte »Weinrast mit Weitblick«. Hoch über dem Zellertal werden von April/Mai bis Ende Oktober von den örtlichen Winzern und Vereinen nicht nur Wein, sondern auch regionale Spezialitäten angeboten. Das Publikum wird an Sonn- und Feiertagen von 11.00 bis 20.00 Uhr bedient. Wir gehen die wenigen Schritte bis zum Ortsausgang. Dort biegen wir nach rechts ab und gehen auf dem Kopfsteinpflaster an der Kirchenmauer der katholischen Pfarrkirche St. Ägidius vorbei. Diese wurde im Jahr 1935 errichtet. Auf der gegenüberliegenden Seite sehen wir das Weinbergshaus, ein neubarocker Mansarddachbau aus den 1920er-Jahren.

Das Zellertaler Ehrenmal

Im Jahr 1927 fasste man in Mölsheim und den umliegenden Gemeinden des Zellertals den Entschluss, den Opfern des Ersten Weltkriegs ein Ehrenmal zu errichten. Auf der Gemarkung »Zeller Schwarzer Herrgott« wurde ein Felsvorsprung als Standort ausgewählt. Es entstand eine Säulenhalle mit sechs Pfeilern. Die Pfeiler stehen für die Gemeinden Einselthum, Herzheim, Mölsheim, Niefernheim, Wachenheim und Zell. Im Jahr 1928 wurde das Denkmal dann eingeweiht.

Den Donnersberg im Blick Bei der Kirche nehmen wir die Gelegenheit wahr, uns auf der kleinen Holzbank kurz auszuruhen. Von hier fällt der Blick weit über das Zellertal und nach Osten bis zum Odenwald. Der breite und angenehm zu gehende Wirtschaftsweg führt bald zu einer Sitzgruppe. Von hier lässt sich im Westen schon der gewaltige Donnersberg erkennen. Wenig später ragt das Zellertaler Ehrenmal aus dem Rebenmeer heraus. Rechts vom Ehrenmal sind in einiger Entfernung die beiden Kirchtürme von Zell zu erkennen. Nur wenige Meter rechts unseres Weges erkennen wir ein etwa vier Meter hohes Gebäude aus dem 19. Jahrhundert. Dort befinden sich einige Bänke, die zur Rast einladen. In dem kleinen unbewohnten Steinhaus, das von Zinnen gekrönt ist, befindet sich ein Gästebuch, in dem so mancher Wanderer seine Eindrücke und Erlebnisse niedergeschrieben hat. Weiter auf unserem Weg nach Zell sehen wir dann rechts den sogenannten Schneggewingert, einen Weinberg, dessen Reben kreisförmig angeordnet sind.

Wendepunkt in Einselthum Wir erreichen die kleine Gemeinde ❷ **Zell**, gehen durch den Ort und werfen dabei einen Blick auf den interessanten Dorfbrunnen aus dem Jahr 1882. An der zweiten Kirche vorbei, geht der Weg nach rechts (um die Kirche herum) und steigt dann aus dem Ort auf der Straße Osterberg und der Fritz-Golsen-Straße an. Nachdem wir die letzten Häuser hinter uns gelassen haben, biegt der Weg

In der Ortsmitte von Zell befindet sich dieser historische Brunnen.

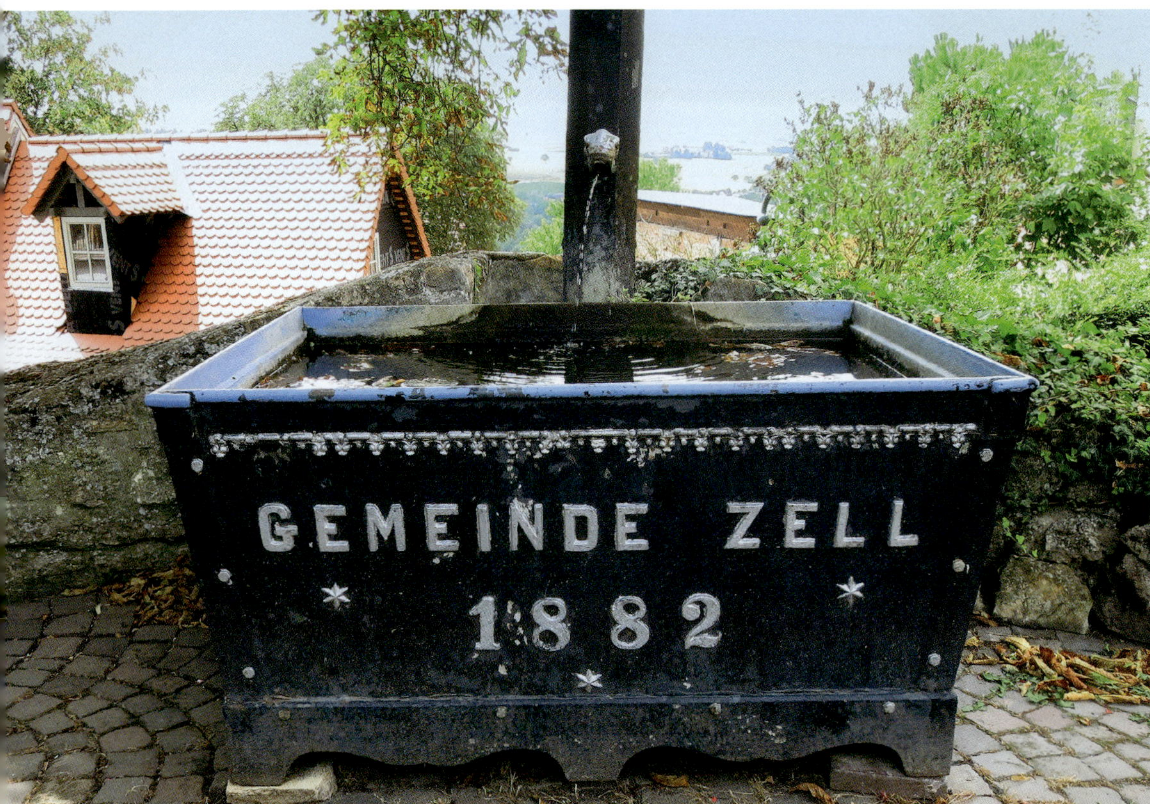

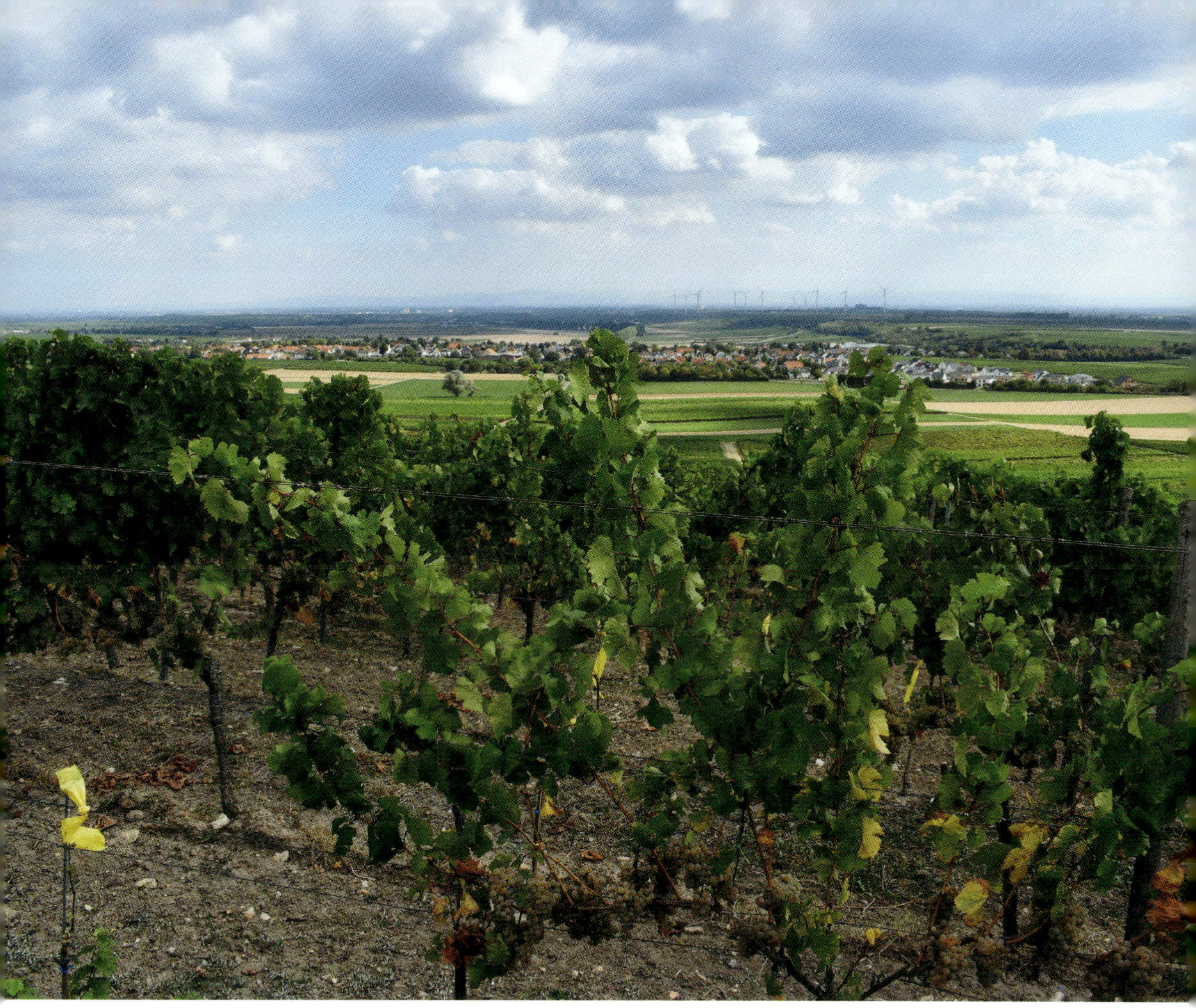

nach Norden und dann wieder nach Westen ab. Unser Ziel ist jetzt der Ort ❸ **Ein-sel-thum**. Der Ort wurde erstmals im 8. Jahrhundert urkundlich erwähnt. Die dabei erwähnten Weingüter reichen aber wahrscheinlich bis in die Römerzeit zurück. Der Ort gehört bereits zum Donnersbergkreis und ist Teil der Verbandsgemeinde Göllheim. Auf der Hauptstraße gehen wir durch den Ort, den wir an der Wetzelstraße nach rechts verlassen. Hier endet für uns auch die Markierung des Zellertalwegs. Der Weg steigt jetzt wieder an. Wir bemerken, dass sich Rebflächen mit anderen landwirtschaftlichen Anbauflächen abwechseln.

Den Schlussakzent der Wanderung setzt dieser Blick ins Rheintal.

Zurück nach Monsheim Der Weg führt jetzt über lange Geraden durch Felder in nordöstlicher Richtung und ist nicht markiert. Oberhalb von Mölsheim erreichen wir dann wieder Weinbaugebiet. Der Weg senkt sich etwas steiler in südöstlicher Richtung; an einem ❹ **Aussichtspunkt** fällt der Blick auf die Stadt Flörsheim-Dalsheim und weiter nach Osten auf den Odenwald. Wir überqueren, wie auf dem Hinweg, die Kreisstraße 34, allerdings einen dreiviertel Kilometer weiter östlich. Der Weg führt an der uns schon bekannten Bahnlinie nach Süden vorbei, die wir auf der bekannten Brücke wieder überqueren. Kurz darauf haben wir unseren Ⓔ **Ausgangspunkt** wieder erreicht.

2 Panoramablicke über dem Glantal

Startpunkt Hirsauer Kapelle

mittel 13,4 km 832 Hm 4.00 Std.

Tourencharakter
Auf Feld-, Wald und Wiesenwegen geht es mit zahlreichen An- und Abstiegen durch das Nordpfälzer Bergland. Ein kurzes Stück des Weges führt durch eine ausgesetzte Geröllhalde, an der Vorsicht geboten ist.

Ausgangs-/Endpunkt
Hirsauer Kapelle, Offenbach-Hundheim (183 m)

Anfahrt
Auto: Von Kaiserslautern über die B 270 nach Lauterecken, von dort auf der B 420 nach Offenbach-Hundheim
Bus und Bahn: Von Kaiserslautern mit der Regionalbahn bis Lauterecken-Grumbach oder nach Altenglan; von dort mit Anruflinientaxi oder Bus nach Offenbach-Hundheim

Gehzeiten
Hirsauer Kapelle – Hütte im Taufenbachtal 1.00 Std. – Steinchen 0.50 Std. – Offenbach-Hundheim 1.40 Std.

Einkehr
Offenbach, Pfälzerwald-Hütte Im Taufenbachtal

Karte
»Pfälzer Bergland und Westpfälzische Moorniederung«, Wanderkarte des Pfälzerwald-Vereins, 1:25 000

Beste Jahreszeit
April bis Oktober

Informationen
Verbandsgemeindeverwaltung Lauterecken, Schulstraße 6a, 67742 Lauterecken, Tel. 06382/79 10, www.vg-lw.de

Diese Tour führt uns in das als Wanderregion wenig bekannte Pfälzer Bergland. Entsprechend ruhig geht es auf der meist über Feldwege führenden Wanderung zu. Auf den zahlreichen An- und Abstiegen ergeben sich immer neue Ausblicke auf die sanfte Hügellandschaft.

Zur Hirsauer Kapelle gehört ein kleiner Friedhof; die Kapelle selbst ist von einer alten Ringmauer umgeben. Der Zugang erfolgt durch ein halbkreisförmiges Steinportal. Die Pfarrkirche war im Mittelalter das Zentrum eines weitverzweigten Kirchspiels. Dazu gehörten etwa die Dörfer Hinzweiler, Hundheim oder Elzweiler. Die ältesten Teile der Kapelle entstammen dem 12. Jahrhundert. Beim Bau wurden Materialien aus ehemaligen römischen Wohnhäusern der Umgebung verwendet. Im 13. Jahrhundert wurde dann der gotische Chorturm errichtet. Die Wandmalereien wurden im Verlauf der Reformation übermalt. Erst im 20. Jahrhundert wurden sie wieder freigelegt. Dargestellt werden Szenen aus der Lebens- und Leidensgeschichte Jesu. Die Kapelle diente nicht nur dem Gottesdienst und kirchlichen Feiern; sie war auch ein Ort, an dem Han-

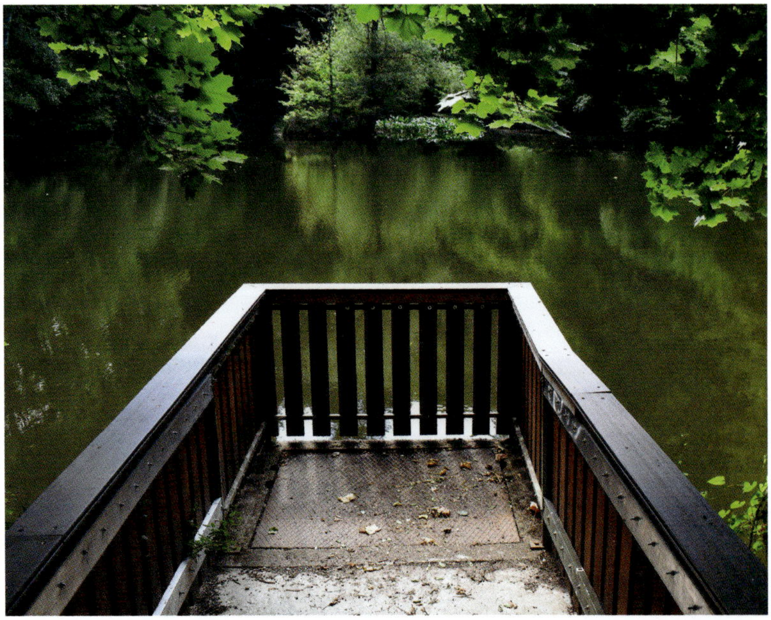

Neben der Hütte im Taufenbachtal liegt dieser entzückende Weiher.

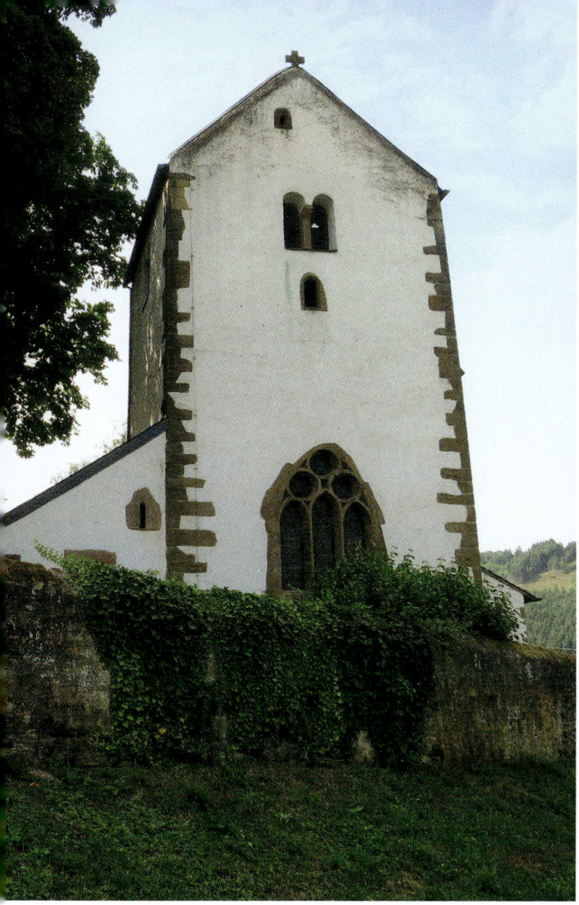

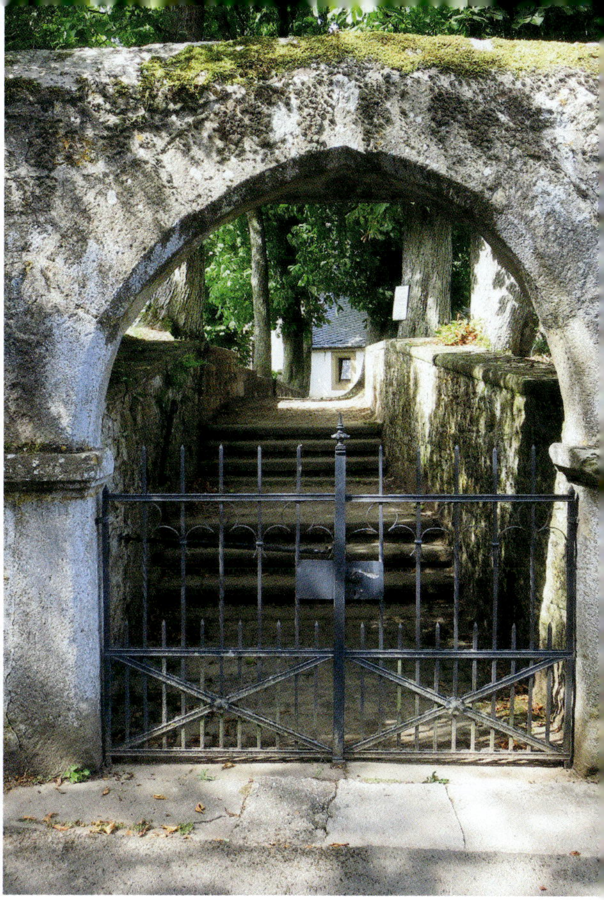

Die Hirsauer Kapelle ist ein Kleinod im Pfälzer Bergland.

del getrieben und Recht gesprochen wurde. Das Kanzelgericht kümmerte sich dabei um Fragen des Kirchenrechts. Die Kapelle ist verschlossen. Neben der Türe zur Kapelle hängt eine Informationstafel; dort lässt sich nachlesen, bei welchen Personen in Hundheim der Schlüssel zur Kapelle erhältlich ist.

Über den Kirchberg Auf dem kleinen Parkplatz direkt an der A **Hirsauer Kapelle** kann man sein Auto abstellen. Falls alles belegt sein sollte, lässt sich beim wenige Meter entfernten Sportplatz parken. Der Weg steigt über den Kirchberg gleich an; man erreicht kurz darauf schon freies Feld; nach einer Links-Rechts-Kombination geht es auf Wirtschaftswegen weiter nach Süden. Nach Norden fällt der Blick zurück auf Offenbach, deren Kirchtürme deutlich zu erkennen sind. Weit sieht man über Hügel und Kuppen des Nordpfälzer Berglands. Ackerflächen, Obstbäume, Feldraine und vereinzelte Waldinseln schaffen ein idyllisches Ambiente. Als Wandermarkierung hatten wir an der Kapelle den weiß-schwarzen Balken erkannt; durch die hügelige Landschaft folgen wir ihm, bis von rechts der Wanderweg mit der Markierung gelber Balken unseren Weg kreuzt. Wir folgen dieser Wegmarkierung nach links (Hinweisschild »Hinz-

Draisinen im Glantal

Eine besondere Attraktion im Glantal ist die dortige Draisinenstrecke. Auf den Gleisen einer ehemaligen Bahntrasse lassen sich Strecken von 20 und 40 Kilometern zurücklegen. Ausgangspunkte sind die Orte Altenglan, Staudernheim und Lauterecken. Fahrbetrieb ist von März bis Oktober. Angeboten werden Fahrrad-, Handhebel- oder Elektrodraisinen; weitere Info unter www.draisinentour.de

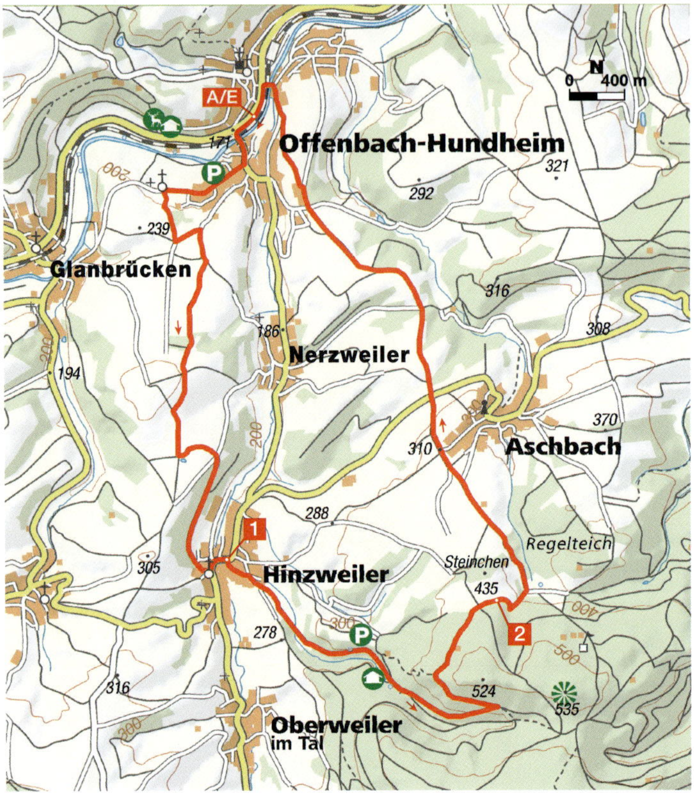

weiler«). Der Weg fällt ab, und schon bald befinden wir uns oberhalb des genannten Ortes. Wir durchschreiten die ruhige Gemeinde ❶ **Hinzweiler** und biegen in die Straße Mühlberg ein.

Ins Taufenbachtal Die Bebauung endet bald, der stetig ansteigende Weg führt jetzt durch den Wald. Auf der geschotterten Zugangsstraße erreichen wir schließlich die Pfälzerwald-Hütte Im Taufenbachtal. Die Hütte ist normalerweise nur an Sonn- und Feiertagen geöffnet. Falls geschlossen, bietet sich trotzdem die Rastmöglichkeit am nahen Weiher an. Wir folgen dem weiterhin ansteigenden Weg. An einer Holzbank erkennen wir dann eine Abzweigung. Ab hier folgen wir der Markierung schwarzer Punkt in weißem Feld. Der Weg ist

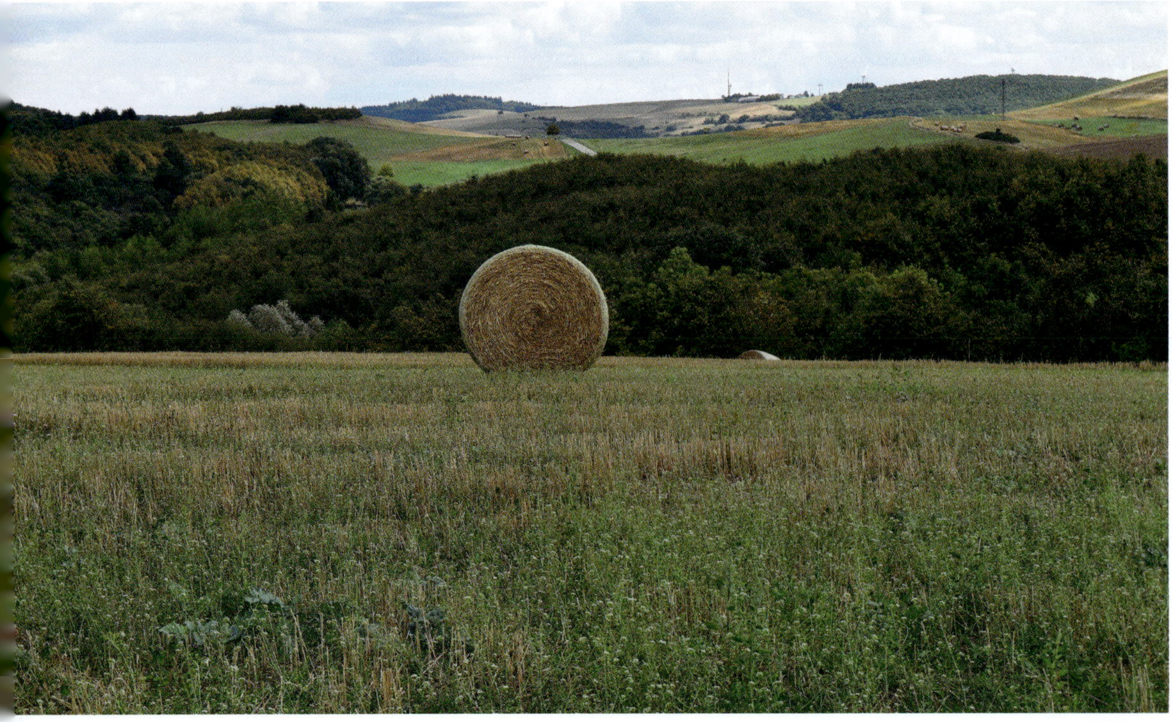

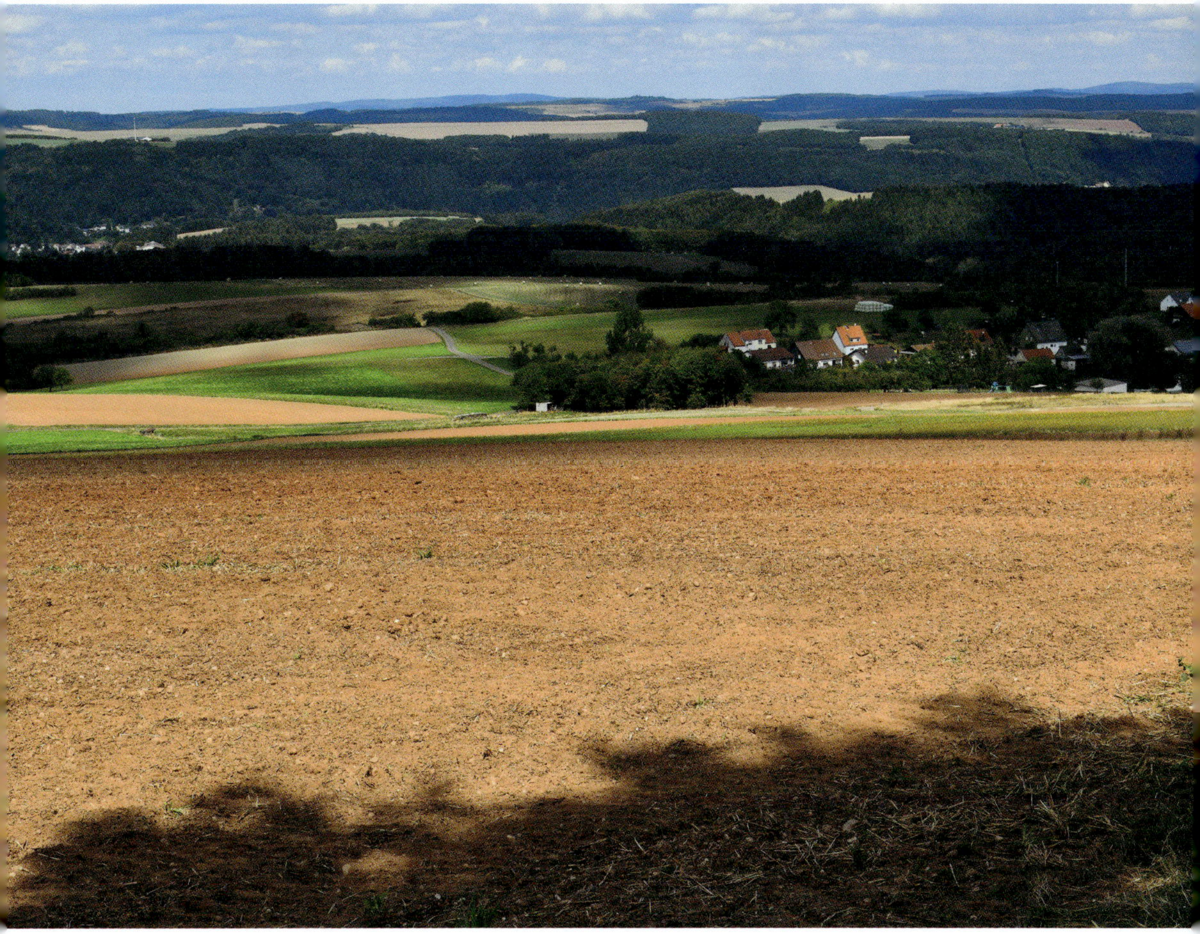

jetzt schmal und manchmal auch sehr schmal; Trittsicherheit wird auf diesem Streckenabschnitt vorausgesetzt. Der Weg führt an herrlichen Edelkastanienbäumen und Eichen vorbei weiter aufwärts. Eine kleine Geröllhalde wird durchschritten und schließlich erreichen wir den Endpunkt des Anstiegs am Orientierungspunkt ❷ **Steinchen**.

Hervorragende Fernsichten gehören zu den Besonderheiten dieser Tour.

Hinab nach Aschbach und Hundheim Am Punkt Steinchen, einem freiliegenden Felsen, ergibt sich jetzt der Blick auf das tief im Tal liegende Hinzweiler. Weiter fällt der Blick nach Norden über das Pfälzer Bergland. Der Weg wird wieder etwas breiter; im Verlauf des Abstiegs kommen wir an einer Schutzhütte vorbei. Der Weg führt dann aus dem Wald wieder auf die freie Flur hinaus und dann weiter etwas oberhalb (westlich) des kleinen Ortes Aschbach vorbei. Kurz darauf überqueren wir die Landesstraße 368 und erreichen im Verlauf des weiteren Abstiegs einen Bauernhof. Wir folgen dem Weg geradeaus, der uns über den Mühlberg direkt ins Zentrum von Offenbach führt. Nach Erreichen der Hauptstraße und nach Überschreiten der Glan erreichen wir die Talstraße, der wir bis zur Abzweigung Hirsauer Straße folgen. Dort sind wir dann auf dem bereits bekannten Weg zur Ⓔ **Hirsauer Kapelle**.

Linke Seite: Strecken durch Wald und über Felder wechseln sich auf dieser Wanderung ab.

3 Am Westrand des Donnersbergs

Durch eine uralte Vulkanlandschaft

leicht · 5,7 km · 298 Hm · 1.40 Std.

Tourencharakter
Auf naturbelassenen, teilweise auch geschotterten Waldwegen geht es vom Westsaum des Donnersbergs hinauf zu den Wegspinnen Grohes Rondell und Krummkehr.

Ausgangs-/Endpunkt
Falkenstein (404 m)

Anfahrt
Auto: Auf der A 63 bis Winnweiler, danach weiter auf der B 48 und der K 37 nach Falkenstein. Parkplätze im oberen Teil des Ortes.
Bus und Bahn: Von Kaiserslautern mit der Regionalbahn nach Winnweiler. Von dort mit Anruflinientaxi oder Bus nach Falkenstein.

Gehzeiten
Falkenstein – Krummkehr 1.00 Std. – Ruine Hohenfels 0.35 Std. (Abstecher Beutelfels 1.00 Std.) – Falkenstein 0.40 Std.

Einkehr
Falkenstein, Pfälzerwaldhütte Kronbuche

Landkarte
»Der Donnersberg«, Wanderkarte des Pfälzerwald-Vereins, 1:25 000

Beste Jahreszeit
April bis Oktober

Informationen
Verbandsgemeindeverwaltung Winnweiler, Jakobstraße 29, 67722 Winnweiler, Tel. 06302/ 60 20, www.winnweiler-vg.de

Viel Geschichte gibt es am Donnersberg. Die vulkanischen Aktivitäten reichen 290 Millionen Jahre zurück. Die Burg Falkenstein befindet sich auf einem ehemaligen Vulkanschlot. Kelten errichteten eine Ringwallanlage um 150 v. Chr. Und Römer und Germanen besiedelten anschließend das Gebiet.

Falkenstein ist eine Ortsgemeinde der Verbandsgemeinde Winnweiler und liegt im Donnersbergkreis. Wer sich von Süden über die Kreisstraße 37 dem Ort nähert, dem wird die extreme Steigung der Straße durch den Ort auffallen. Auf eineinhalb Kilometer Länge steigt die Straße um 150 Höhenmeter an. Straßenschilder weisen darauf hin, dass die Steigung stellenweise 25 Prozent beträgt. Etwas oberhalb der Ruine Falkenstein gibt es den ersten Wanderparkplatz. Wir nehmen als Ausgangspunkt für diese Wanderung aber den zweiten, etwas höher gelegenen Parkplatz. Dort werden zum einen mehr Stellplätze zur Verfügung gestellt, zum anderen befinden wir uns direkt am Ausgangspunkt dieser Tour.

Entlang des Waldsaums Der obere Ⓐ **Wanderparkplatz** ist zwar unser Ausgangspunkt, aber der Einstieg in die Tour ist nicht ganz leicht zu fin-

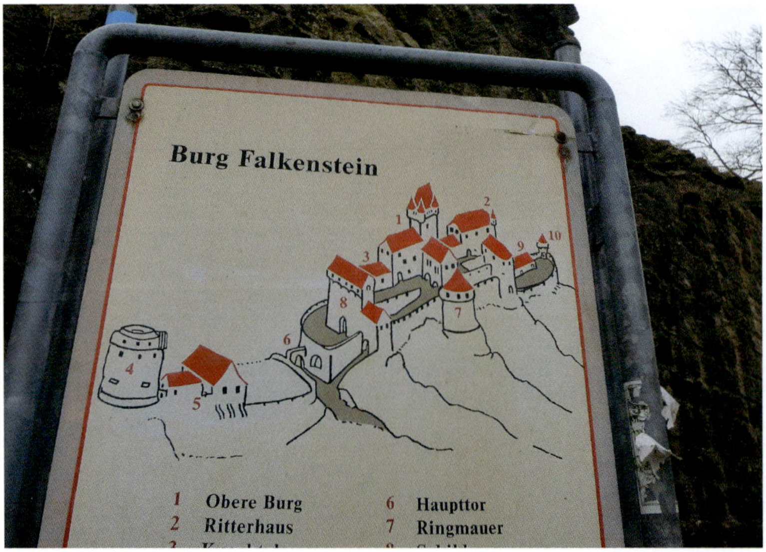

Gut ausgebaut zeigte sich die Burg Falkenstein bis zu ihrer Zerstörung.

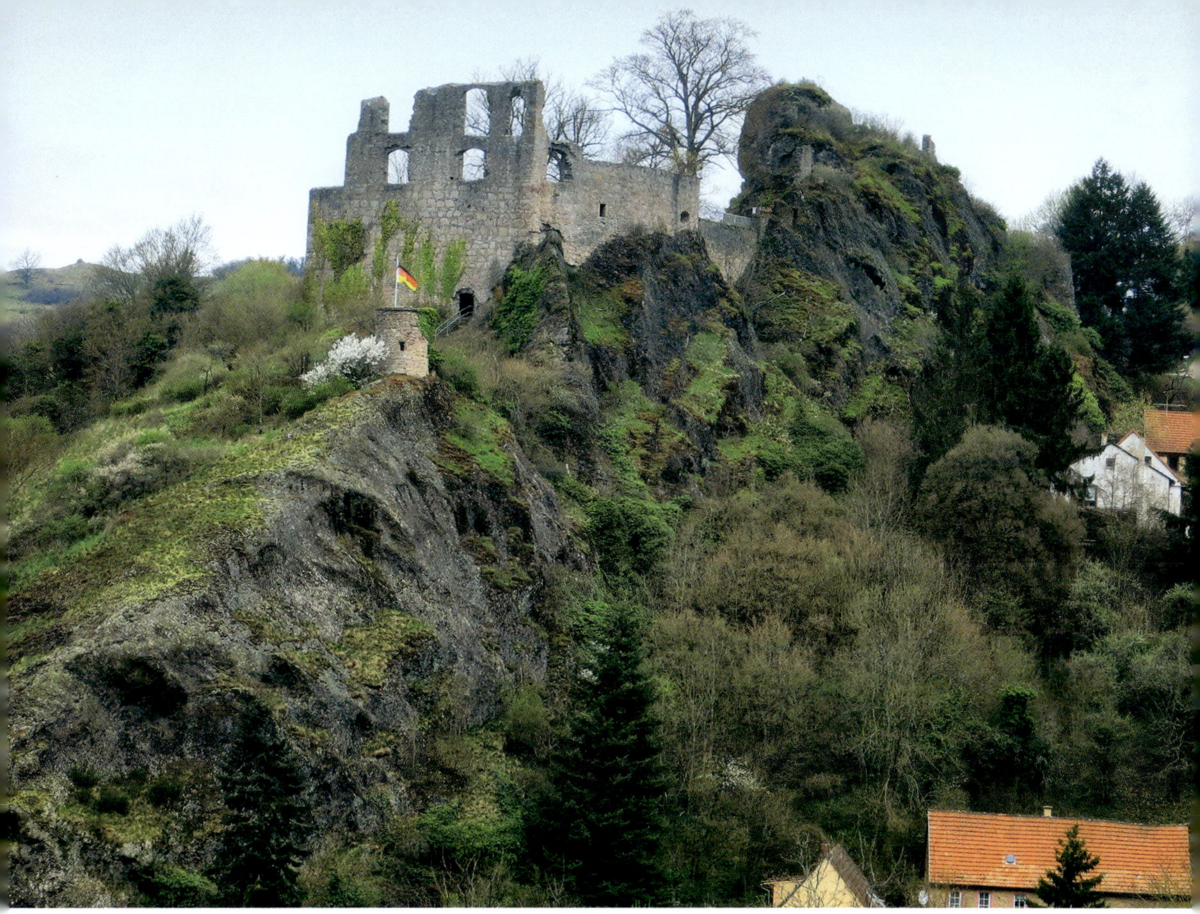

den. Wir gehen zuerst ein kurzes Stück ebenerdig in Richtung der Kreisstraße. Beim Überqueren einer kleinen Brücke sehen wir darunter einen Hohlweg. Dorthin gelangen wir über Treppenstufen. Wir nehmen die Markierung roter Balken (oder auch grün-gelber Balken) auf und folgen dem Weg in nördlicher Richtung. Dieser führt

Auf uraltem Vulkangestein wurde die Burg Falkenstein erbaut.

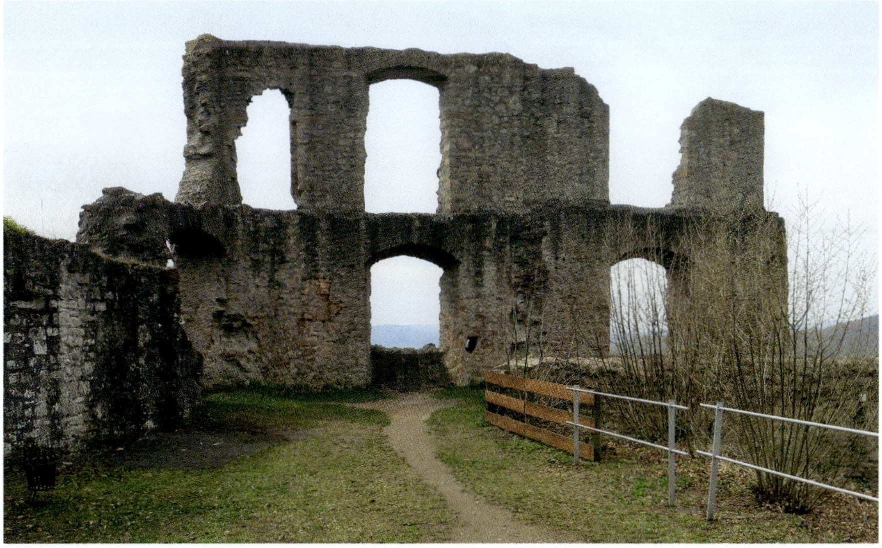

Falkenstein ist eine der sehenswerten Burgen im Bereich des Donnersbergs.

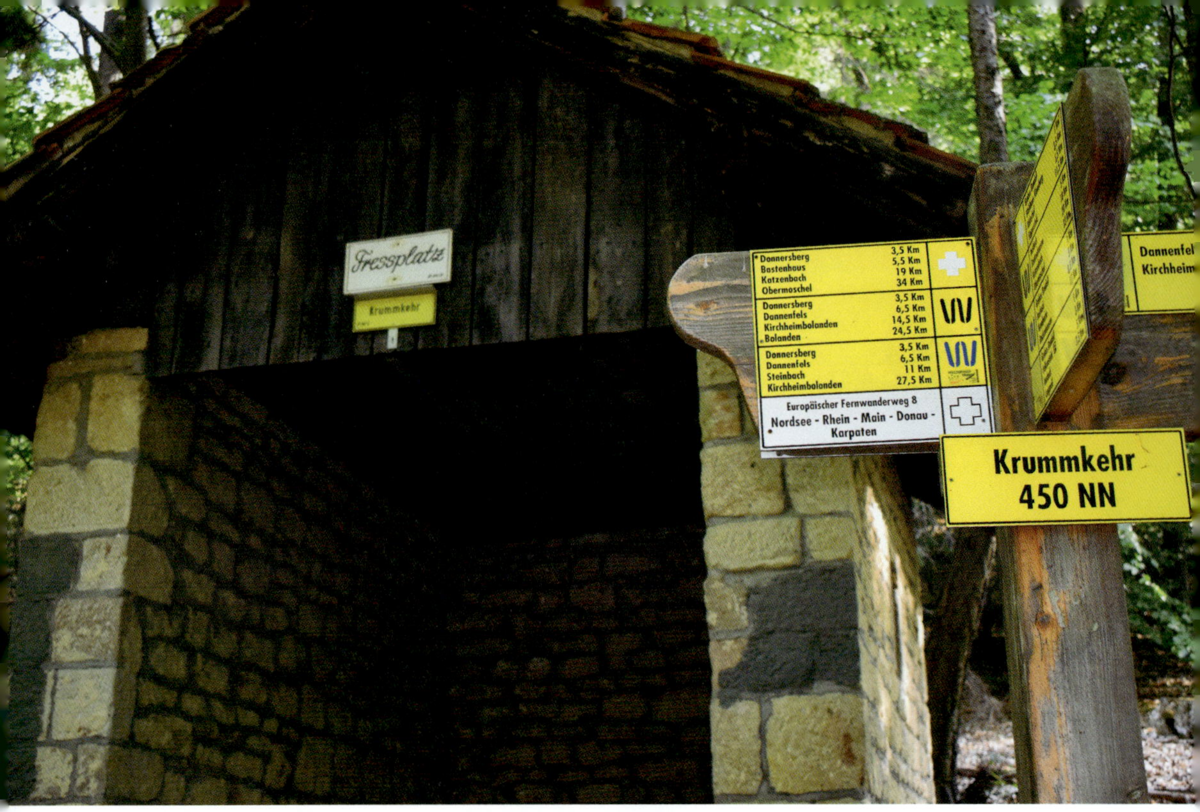

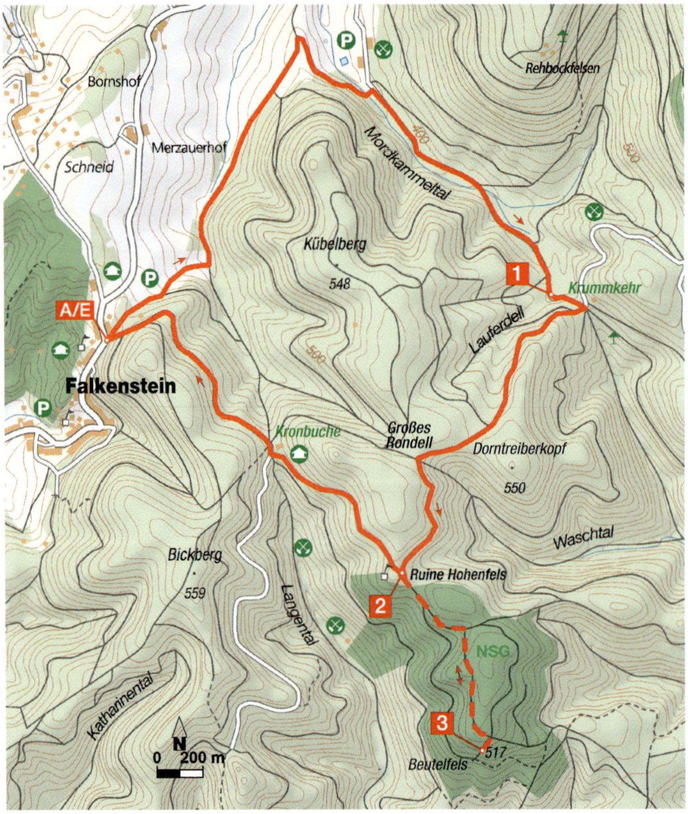

uns am westlichen Waldsaum des Donnersbergs entlang. Der Blick fällt dabei auf freies Feld und die umliegenden Bauernhöfe. An einem Teich biegt der Weg dann nach Osten ab. Hier verabschieden wir uns schon von den erwähnten Markierungen. Wir folgen einem breiten Forstweg, der in südöstlicher Richtung durch das Mordkammertal führt. Der Weg steigt jetzt bis zur Wegspinne ❶ **Krummkehr** (450 m) kontinuierlich an. An der dortigen Schutzhütte treffen nicht weniger als acht Wander- und Forstwege aufeinander. Zu den Wanderwegen gehört auch der Europäische Fernwanderweg 8, der von der Nordsee bis zu den Karpaten führt.

Zur Ruine Hohenfels An der Krummkehr nehmen wir die Markierung gelber Balken auf; dieser bringt uns auf weiter ansteigendem Weg (ca. 1 km) zum Orientierungspunkt Grohes Rondell (520 m). Von dort führt uns die Markierung Weißes Kreuz zur **2 Ruine Hohenfels**. Von der Burg ist nicht viel übrig geblieben; sie wurde nämlich in den vergangenen Jahrhunderten als Steinbruch benutzt. Erbaut wurde die Burg in der ersten Hälfte des 12. Jahrhunderts. Die Errichtung erfolgte vermutlich zum Schutz des nahen Imsbacher Eisenerzvorkommens. Entsprechende archäologische Funde wurden im Bereich der Burgruine gemacht. Die Ruine gehört heute zum Naturschutzgebiet »Beutelfels-Hohfelshalde«. Umsturzgefährdete Bäume werden dort nicht gefällt. Das Betreten der Ruinenanlage geschieht daher auf eigene Gefahr; bitte die entsprechenden Warnhinweise beachten!

Linke Seite: Eine einfache Schutzhütte finden wir am Wegkreuz Krummkehr.

Abstecher zum Beutelfels Wer einen guten Fernblick auf den nördlichen Pfälzerwald haben möchte, folgt dem Weg von der Ruine in südlicher Richtung. Vom Weg sieht man eine Stelle, an der sich der Wald lichtet. Ein Fußweg führt zu einem Felsen. Von dort hat man nicht nur den Fernblick auf den Pfälzerwald, sondern auch hinunter nach Imsbach. Wer noch einen besseren Blick haben möchte, läuft weiter bis zum **3 Beutelfels**. Allerdings muss man den gesamten Weg bis zur Ruine Hohenfels wieder zurücklaufen, der Zeitaufwand beträgt etwa eine Stunde.

Verdiente Hüttenrast Jetzt auf dem Rückweg folgen wir ab der Ruine Hohenfels der Markierung weißer Punkt. Der Weg geht jetzt stetig bergab und bald erreichen wir die Kronbuchhütte. Diese ist sonntags und feiertags von 10 bis 18 Uhr sowie samstags von 13 bis 18 Uhr geöffnet. Von dort finden wir auf einem breiten Forstweg mit der Markierung gelber Balken zurück zum Ausgangspunkt in **E Falkenstein**.

Ein Abstecher zum Beutelfels lohnt sich wegen der eindrucksvollen Fernsicht.

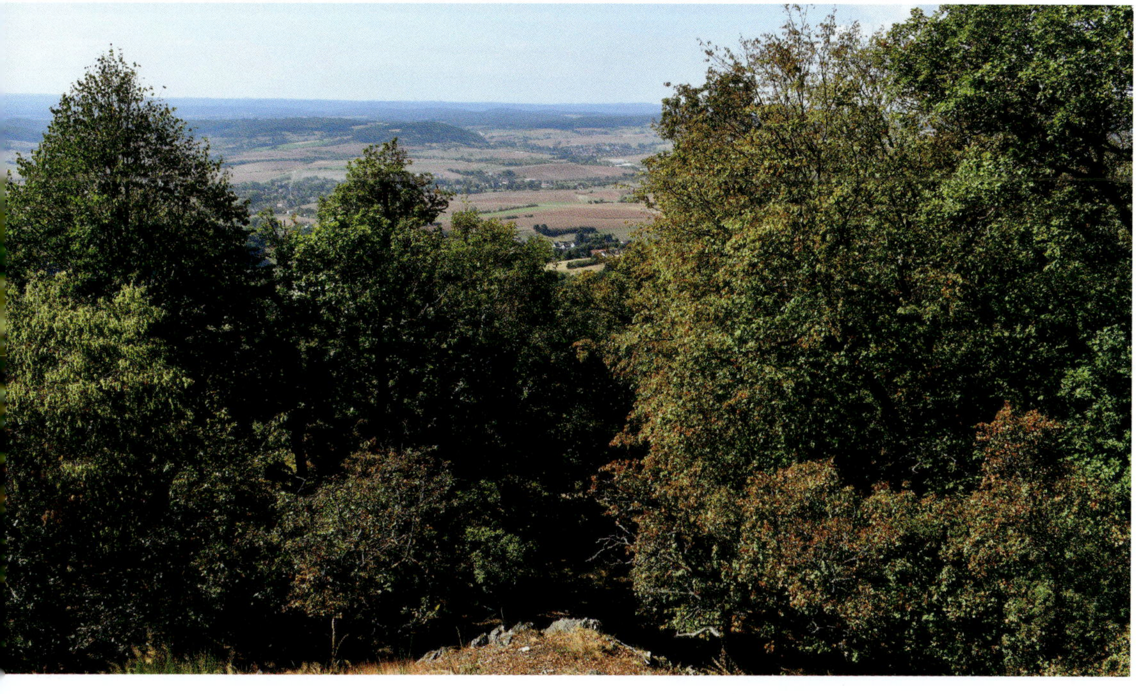

4 Rund um das Kloster Rosenthal

Auf den Spuren der Zisterzienser

leicht 10,7 km 328 Hm 3.00 Std.

Tourencharakter
Einfache Wanderung auf Feld- und Waldwegen; zahlreiche kleinere An- und Abstiege

Ausgangs-/Endpunkt
Rosenthalerhof (290 m)

Anfahrt
Auto: Auf der A 6 bis Wattenheim, weiter auf der B 47 bis Kerzenheim, danach auf der K 78 bis Rosenthalerhof. Dort gibt es einen großen Parkplatz für Besucher der Klosterruine. Hinweisschilder beachten. Die Parkmöglichkeiten im Ort sind ansonsten beschränkt.
Bus und Bahn: Mit der Regionalbahn über Frankenthal-Süd nach Eisenberg (Pfalz), von dort mit dem Bus zum Rosenthalerhof.

Gehzeiten
Rosenthalerhof – Göllheimer Häuschen 0.30 Std. – Ramsen 1.30 Std. – Rosenthalerhof 0.45 Std.

Einkehr
Rosenthalerhof, Göllheimer Häuschen

Karte
»Der Donnersberg«, Wanderkarte des Pfälzerwald-Vereins, 1:25 000

Beste Jahreszeit
April bis Oktober

Informationen
Verbandsgemeindeverwaltung Eisenberg, Hauptstraße 86, 67304 Eisenberg, Tel. 06351/40 74 40, www.vg-eisenberg.de

Etwas abseits der Hauptstraßen befindet sich die idyllisch gelegene Klosterruine Rosenthal. Von dem ehemaligen Zisterzienserkloster bestehen noch das Langhaus und der schmale Glockenturm. Von hier führt eine leichte Wanderung durch den nördlichsten Teil des Pfälzerwaldes.

Der Rosenthalerhof ist Ortsteil der Gemeinde Kerzenheim, die wiederum zur Verbandsgemeinde Eisenberg (Pfalz) gehört. Im Ort Rosenthalerhof gibt es einen großen Parkplatz für die Besucher des Klosters. Diesen sollten die Besucher auch zweckmäßigerweise benutzen, da die Parkmöglichkeiten bei der Klosterruine selbst sehr beschränkt sind, bitte den Hinweisschildern im Ort folgen. Vom Ⓐ **Parkplatz** benutzen wir den ausgeschilderten Weg zur Klosterruine. Diese wird heute vom Historischen Verein Rosenthal und Umgebung e. V. betreut. Das Klostergelände ist von April bis Oktober geöffnet, das Museum nur an Sonntagen; wei-

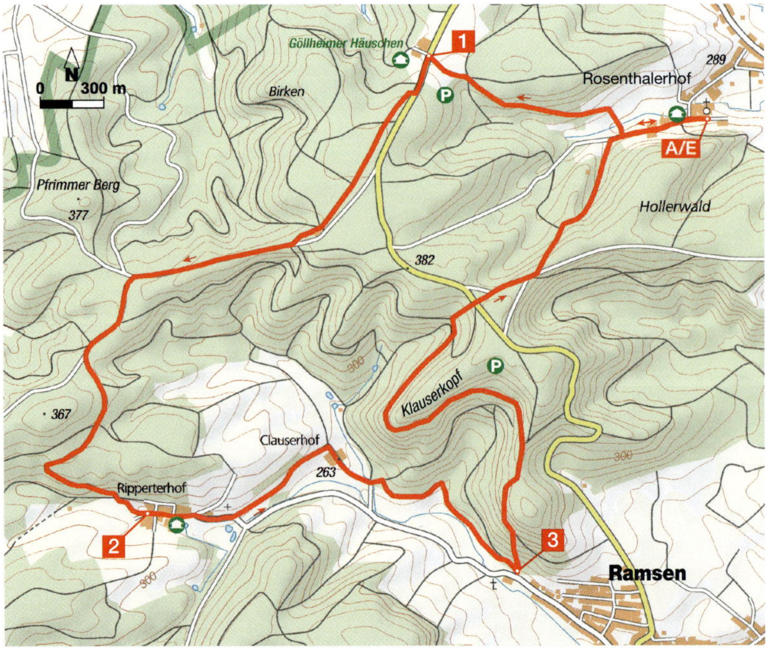

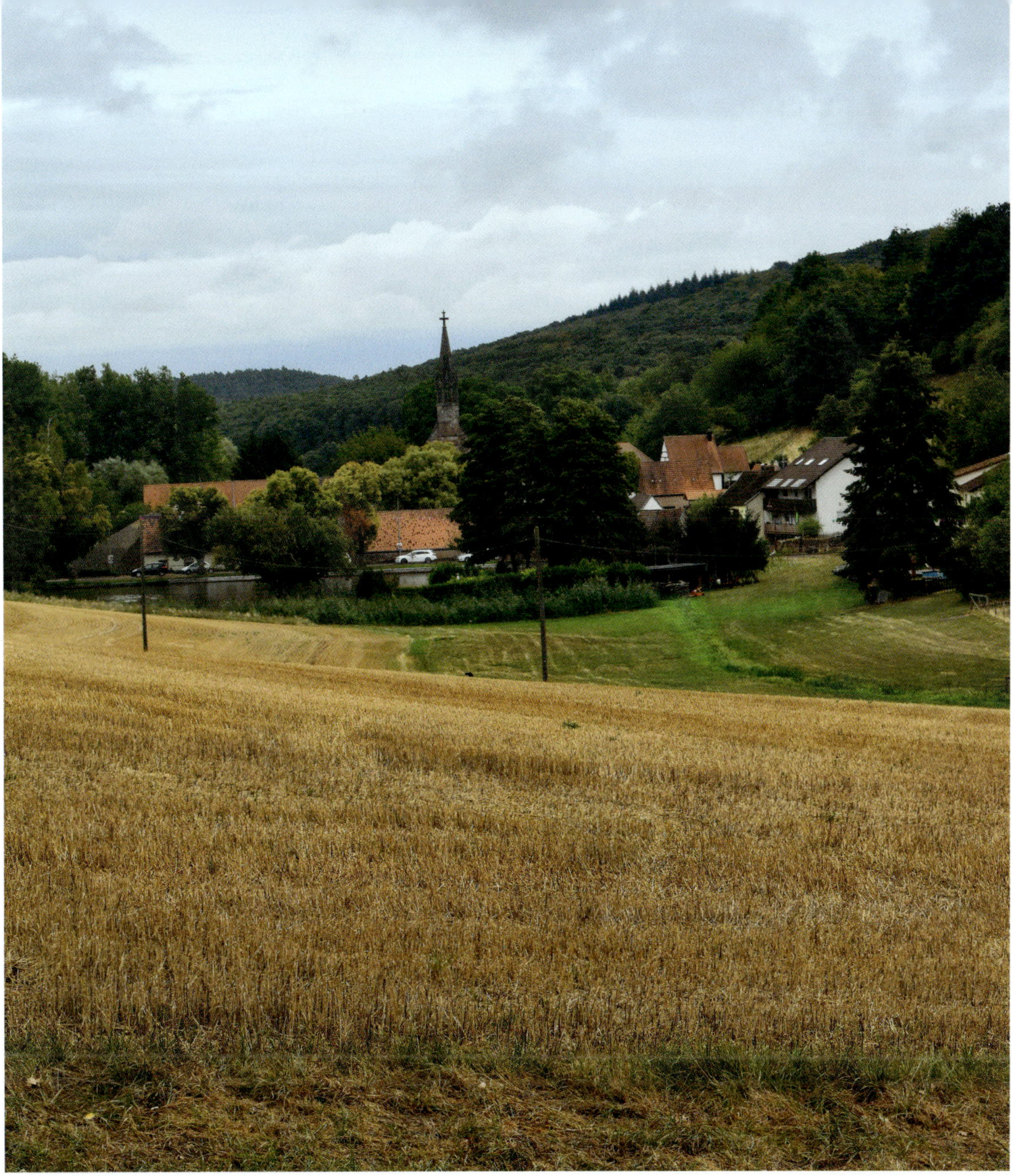

tere Informationen finden sich auf der Homepage des Vereins (www.hist-verein-rosenthal.de). Die Wanderung lässt sich auch am Göllheimer Häuschen für diejenigen beginnen, die zum Schluss der Wanderung dort einkehren wollen; Parkmöglichkeiten sind entweder bei der Gaststätte oder 150 Meter weiter auf dem Waldparkplatz.

In sanfter Landschaft gruppieren sich die wenigen Wohnhäuser um die Klosterruine Rosenthal.

Durch den Staatsforst Von der Klosterruine nehmen wir den Weg nach Westen und lassen den kleinen Dorfteich rechts liegen. Nach 300 Metern biegt der Weg nach rechts Richtung Wald ab. Durch offenes Feld beschreibt der Weg dann einen Knick nach links und führt jetzt weiter ansteigend durch den Wald. Schon bald wird der Staatsforst Donnersberg wieder verlassen. Auf einem Feldweg geht es jetzt die we-

Rechte Seite: Etwas abseits der Hauptstraßen liegt das Kloster Rosenthal.

nigen Schritte zum ❶ Göllheimer Häuschen. Dort befindet sich das gleichnamige Gasthaus (Info unter www.göllheimer-häuschen.de).

Ripperterhof und Ramsen Wir biegen hier links ab und müssen nun etwa 150 Meter neben der Landesstraße 396 laufen. Dann führt der Weg wieder in den Wald hinein. Es geht jetzt ein Stück parallel zur genannten Straße, bis diese an einem Sendemasten abzweigt. Wir folgen der Markierung grün-blau durch das Gewann Vordere Birkenwand. Der Weg führt jetzt kontinuierlich bergab. Wir achten auf die Abzweigung zum ❷ Ripperterhof. Auch bis zu diesem kleinen Gehöft geht es fast nur bergab. Auf einem Feldweg erreichen wir die Ansiedlung mit wenigen Häusern, gehen dann nach rechts durch den Ort und weiter Richtung Hauptstraße. Vor Erreichen der Straße biegen wir aber nach links zum Clauserhof ab. Dem Weg durch das Gehöft folgend, erreichen wir bald den Waldrand. Dem dortigen Saumweg folgen wir bis zum Ortsrand der Gemeinde ❸ Ramsen. Nach dem Passieren der ersten drei Häuser finden wir auf der linken Seite den Zugang zu unserer Schlussetappe. Mit der Markierung gelber Balken (ab Ortseingang) geht es in einer s-förmigen Linie bergauf zum Klauserkopf. Dort erreichen wir die Landesstraße 396. Durch den Hollerwald geht es nun wieder bergab, bis wir den Ⓔ Rosenthalerhof erreicht haben.

Gut begehbare Wege führen durch diesen Teil des nördlichen Pfälzerwalds.

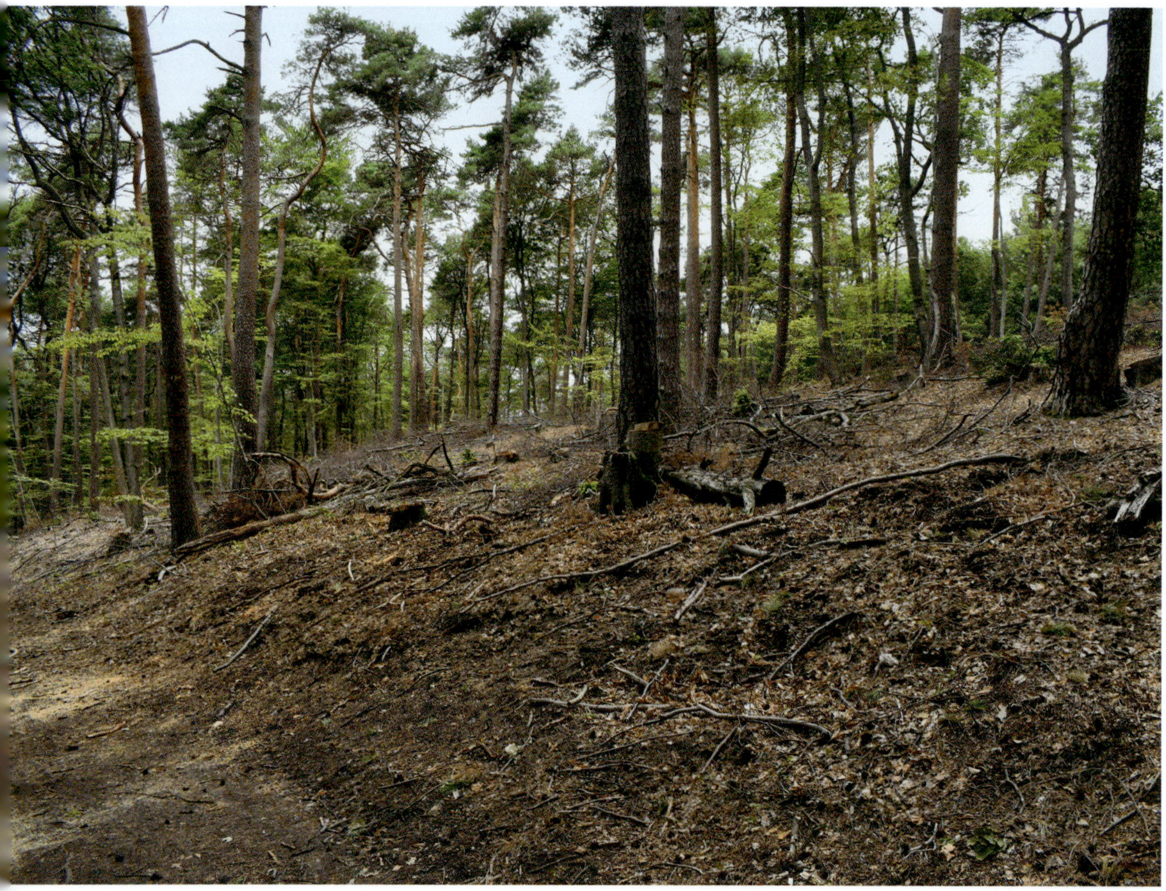

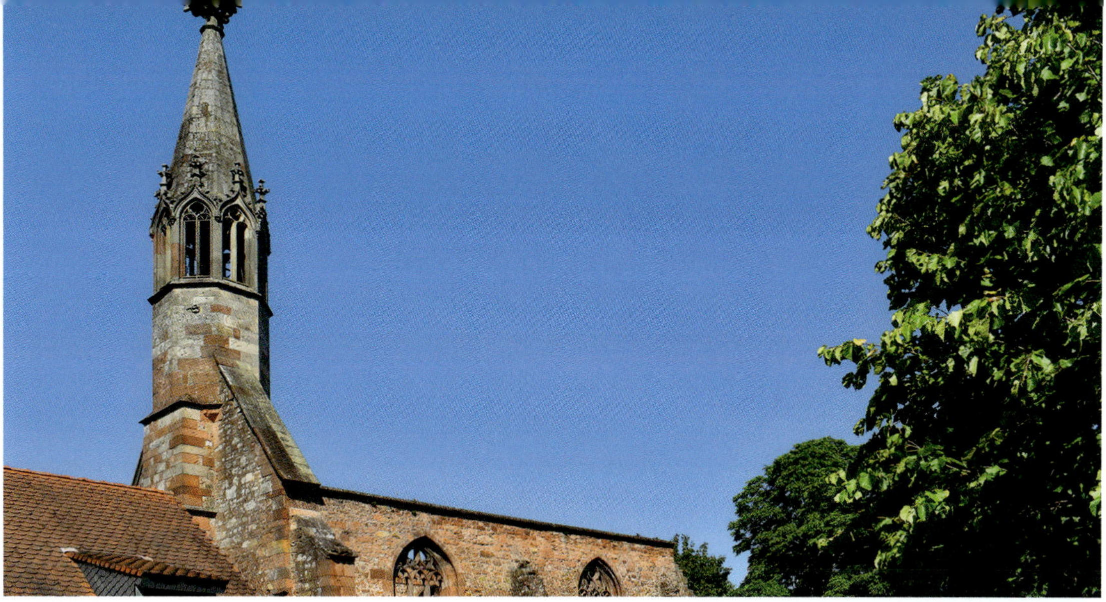

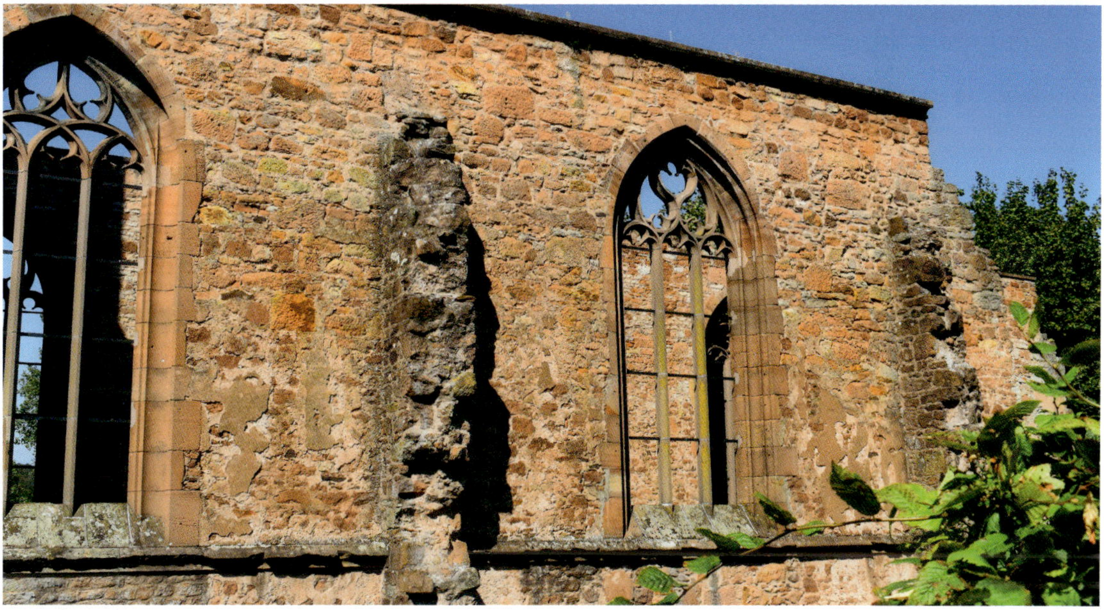

Die Klosterruine Rosenthal

Mit dem Bau des Klosters Rosenthal (*vallis rosarum*) wurde im Jahr 1241 begonnen. Die Herkunft des Namens führt entweder zum Wappenbild des Gründers Graf Eberhard (rote Rose in weißem Feld) oder zum Reichtum an Wildrosen im Rodenbachtal. Das in diesen Jahren errichtete Konventsgebäude war zweigeschossig mit einer zweischiffigen Säulenhalle. Davon ist fast nichts erhalten. Im Jahr 1525 kam ein Bauernhaufen nach Rosenthal. Dieser hatte bereits die Burg Altleiningen und das Kloster Höningen geplündert. Die Glocken wurden vom Turm geworfen und das Kloster zerstört und verwüstet. Im Zuge der Glaubensspaltung wurde das Kloster dann ein knappes halbes Jahrhundert später aufgelöst. Nach dem Jahr 1646 erlebte das Kloster noch einmal eine kurze Blütezeit; mit Bezug auf den Westfälischen Frieden und der Tatsache, dass sich Rosenthal im Normaljahr 1624 in protestantischen Besitz befand, musste das Kloster im Jahr 1650 endgültig geräumt werden. In der Folgezeit verfielen die Klosteranlagen und wurden erst Mitte des 19. Jahrhunderts vom Rosenthaler Verein übernommen.

5 Nordpfälzer Weihertour

Zum Stumpfwaldgericht

mittel 13,5 km 440 Hm 3.45 Std.

Tourencharakter
Überwiegend Feld- und Waldwege, im Bereich der Bebauung auch kurze asphaltierte Abschnitte; einfache Wanderung mit mäßigen Steigungen

Ausgangs-/Endpunkt
Parkplatz bei der Retzberghütte

Anfahrt
Auto: Auf der A 6 bis Enkenbach-Alsenborn, weiter auf der B 48 bis Enkenbach, auf L 395 und L 394 nach Neuhemsbach, danach auf die Beschilderung zur Retzberghütte achten.
Bus und Bahn: Mit der Regionalbahn von Kaiserslautern nach Enkenbach-Alsenborn, von dort mit dem Bus nach Neuhemsbach. Die Tour kann auch dort begonnen werden.

Gehzeiten
Retzberghütte – Billesweiher 1.35 Std. – Neuhemsbach 0.45 Std. – Retzberghütte 1.05 Std.

Einkehr
Retzberghütte, Neuhemsbach

Karte
»Grünstadt und Stumpfwald mit Leiningerland«, Wanderkarte des Pfälzerwald-Vereins, 1:25 000

Beste Jahreszeit
April bis Oktober

Informationen
Verbandsgemeindeverwaltung Eisenberg, Hauptstraße 86, 67304 Eisenberg, Tel. 06351/40 74 40, www.vg-eisenberg.de

Rechte Seite: Verschiedene Skulpturen erinnern an die alte Gerichtsstätte.

Drei bezaubernde Weiher, am Nordrand des Pfälzerwaldes gelegen, sind die Ziele dieser Rundwanderung; weiterer Etappenpunkt ist eine mittelalterliche Richtstätte. Über den kleinen Ort Neuhemsbach geht es zurück zur Retzberghütte.

Ausgangspunkt für unsere Tour ist der Wanderparkplatz an der Retzberghütte, dort gibt es genügend Parkmöglichkeiten. Die Hütte ist geöffnet von Mittwoch bis Sonntag, jeweils ab 11.30 Uhr.

Richtstätte im Wald Vom Ⓐ **Wanderparkplatz** gehen wir nach links an der Hütte und dem Retzbergweiher vorbei und nehmen den Weg, der bergab führt. Wir erreichen den Steigerweiher, den wir dann in Gehrichtung auf der linken Seite passieren. Dort nehmen wir die Markierung grün-blau auf. An- und Abstiege wechseln sich jetzt ab. Bald wird der Hauptwanderweg mit der Markierung weißes Kreuz erreicht. Dieser ist Teil des Fernwanderwegs E8. Wir folgen dem Weg Richtung Süden und erreichen schließlich das ❶ **Stumpfwaldgericht.**

Idyllischer Billesweiher Vom Stumpfwaldgericht folgen wir der Markierung grün-blau. Der Weg führt steil abwärts, bis schließlich das dritte Ge-

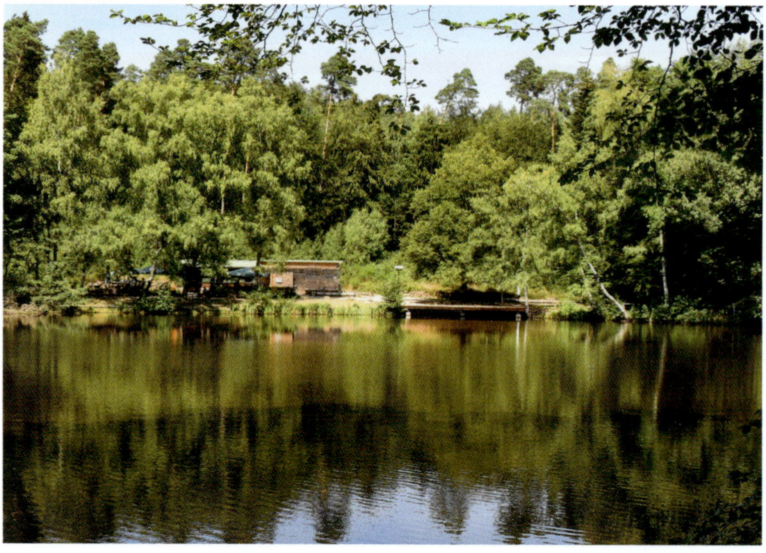

Besonders idyllisch im Wald gelegen ist der Retzbergweiher.

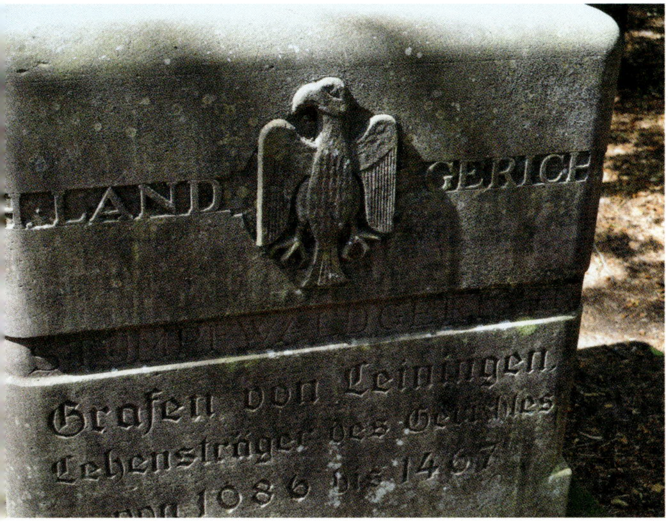

Stumpfwaldgericht

Beim Stumpfwaldgericht handelt es sich um eine Gerichtsstätte der Grafen von Leiningen. Hier wurde bis zum Ende des Mittelalters Gericht gehalten. Angeblich war hier schon in germanischer oder gar keltischer Zeit eine Gerichts- oder Thingstätte. Im Jahr 1933 wurde von der Gemeinde Alsenborn ein Denkmal in Form eines Ringes aus neun kleinen quaderförmigen Steinen, den sogenannten Kleinen Stühlen, errichtet. Jeder der Stühle steht für eine der neun waldberechtigten Gemeinden der Umgebung. Der Große Stuhl in der Mitte ist ein Quaderstein. Er trägt die Inschrift »Landgericht der Grafen vom Wormsgau und Herzöge Franken 6. – 15. Jahrhundert«.

wässer auf unserer Tour, der ❷ **Billesweiher**, erreicht ist, Sitzbänke laden zur Rast ein. Wir überqueren eine kleine Brücke und überschreiten die Landesstraße 394. Beim dortigen Rettungspunkt 6413-188 gehen wir ein kurzes Stück in den Wald hinein, orientieren uns dann aber nach links. Der Weg führt etwas oberhalb der Straße Richtung Alsenborn und biegt dann bald nach rechts ab. Der Weg mit der Markierung grün-blau führt uns im Halbkreis weiter durch den Galgenwald. Beim Rettungspunkt 6413-202 hat die Markierung ihren Dienst getan; wir gehen jetzt nach Norden. Wir folgen dem Weg immer geradeaus; nachdem wir eine Kuppe erreicht haben, beschreibt der Weg einen leichten Schwenk nach rechts. Kurz darauf erkennen wir etwas unter uns die ersten Häuser von ❸ **Neuhemsbach**. In der dortigen Alsenborner Straße gehen wir nach rechts und biegen dann nach links in die Straße Schlossberg ein. Der Weg führt an der protestantischen Kirche aus dem Jahr 1739 vorbei; die Straße führt uns erst durch ein Waldstück und dann durch freies Feld bis zum Waldrand. Am Waldrand entlang und dann ansteigend, erreichen wir den Fernwanderweg E8. Diesem folgen wir nach Norden. Durch abfallendes Gelände sind wir bald wieder an unserem Ausgangspunkt, dem Ⓔ **Wanderparkplatz**. Jetzt lohnen sich die 300 Meter bis zur Retzberghütte noch einmal, um einzukehren und um die schöne Aussicht auf den Retzbergweiher zu genießen.

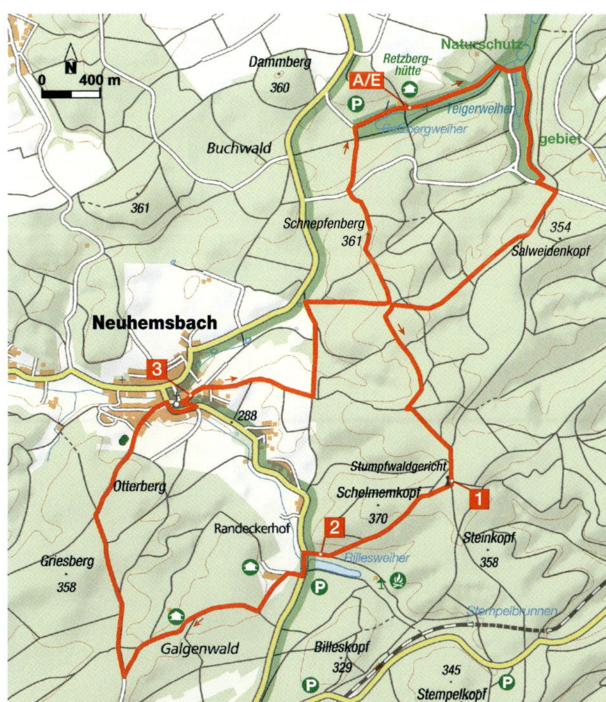

6 Zum Krähenstein

Malerische Runde um Ramsen

Von Ramsen führt uns der Weg zum Rastplatz beim Diemer-Kreuz, nun bergab ins Bockbachtal und dann auf einer Geraden bis zur Brücke der Regionalbahn. Mit etwas Glück erwischen wir dort einen Zug der Museumsbahn und fahren den letzten Streckenabschnitt nach Ramsen zurück.

leicht | 9,4 km | 244 Hm | 2.30 Std.

Tourencharakter
Einfache Rundwanderung vorwiegend auf Waldwegen

Ausgangs-/Endpunkt
Ramsen

Anfahrt
Auto: Auf der Autobahn 6 bis Wattenheim; dann über Hettenleidelheim nach Ramsen
Bus und Bahn: Mit der Regionalbahn von Grünstadt nach Ramsen.

Gehzeiten
Ramsen – Diemer-Kreuz 0.40 Std. – Bockbachtalbrücke 1.20 Std. – Ramsen 0.30 Std.

Einkehr
Ramsen

Karte
»Grünstadt und Stumpfwald mit Leiningerland«, Wanderkarte des Pfälzerwald-Vereins, 1:25 000

Beste Jahreszeit
April bis Oktober

Informationen
Verbandsgemeinde Eisenberg, Hauptstraße 86, 67304 Eisenberg, Tel. 06351/40 74 40, www.vg-eisenberg.de

Ramsen ist eine Ortsgemeinde der Verbandsgemeinde Eisenberg (Pfalz) und zählt etwa 1800 Einwohner. Unterhalb der protestantischen Kirche befinden sich zahlreiche Ⓐ **Parkplätze**; ansonsten kann auch am kleinen Haltepunkt der Regionalbahn geparkt werden. Wir gehen die wenigen Meter hinauf zur aus Buntsandsteinen erbauten protestantischen Kirche und können dort den Blick über den Ort schweifen lassen. Wenige Meter davon entfernt befindet sich die katholische Kirche Mariä Himmelfahrt. Das Innere der Kirche besticht durch die Malereien, die verschiedene Kreuzwegstationen abbilden, den vom Jugendstil beeinflussten Hochaltar sowie die steinerne Kanzel. Die Kirche mit dreischiffiger Basilika wurde im Jahr 1911 erbaut.

Aufstieg zum Diemer-Kreuz Wir folgen der Markierung rot-blau aus dem Ort hinaus und überschreiten bereits wenige Meter weiter die Brücke über die Gleise der Regionalbahnlinie. Bald darauf wird auf weiter an-

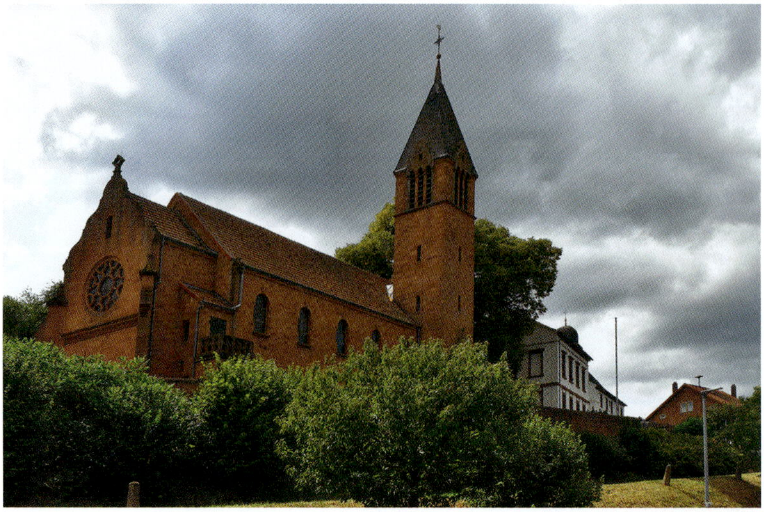

Ein kurzer Anstieg führt zur protestantischen Kirche in Ramsen.

steigendem Weg das örtliche Schullandheim erreicht. Dieses befindet sich seit mehr als 100 Jahren im Besitz der Stadt Ludwigshafen. Dieses lassen wir auf der linken Seite liegen; der Weg führt ein kurzes Stück durch offenes Feld und dann schon bald darauf in den Wald hinein. Es geht weiter bergauf und nach eineinhalb Kilometer Wanderung durch herrlichen Mischwald erreichen wird den Orientierungspunkt ❶ **Diemer-Kreuz**. Der Gedenkstein sowie die Holzbänke laden zur Rast ein.

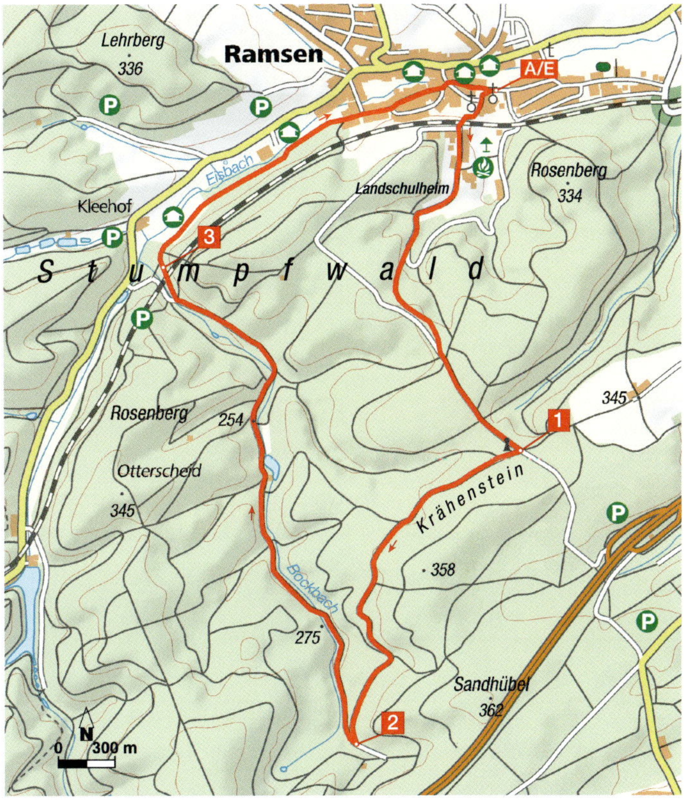

Abwärts Richtung Bockbachtal Unser Weg biegt jetzt nach rechts, also in südwestliche Richtung, ab. Durch die Gemarkung Krähenstein kommen wir ohne die Überwindung von wesentlichen Höhenunterschieden schnell voran; der Weg fällt dann im letzten Abschnitt ins Tal des ❷ **Bockbachs** ab. Dort angekommen, ändert sich die Gehrichtung noch einmal. Wir gehen jetzt Richtung Norden; der Weg ist jetzt mit einem N für Naturfreunde markiert. An zwei idyllisch gelegenen Weihern vorbei führt uns der Weg zur ❸ **Bockbachtalbrücke**. Diese Brücke wird noch von der Regionalbahn auf der Strecke Ramsen-Eiswoog benutzt. Fahrbetrieb wird allerdings nur noch an Sonntagen angeboten. Ebenfalls nur an Sonntagen (bzw. hier auch an Feiertagen) ist die Stumpfwaldbahn im Einsatz. Das Bockbachtal ist eine Haltestelle der Schmalspurbahn. Man kann sich also die letzten Meter bis zum Ortseingang Ⓔ **Ramsen** noch befördern lassen.

Ein entspanntes Freizeitvergnügen – die Fahrt mit der Stumpfwaldbahn

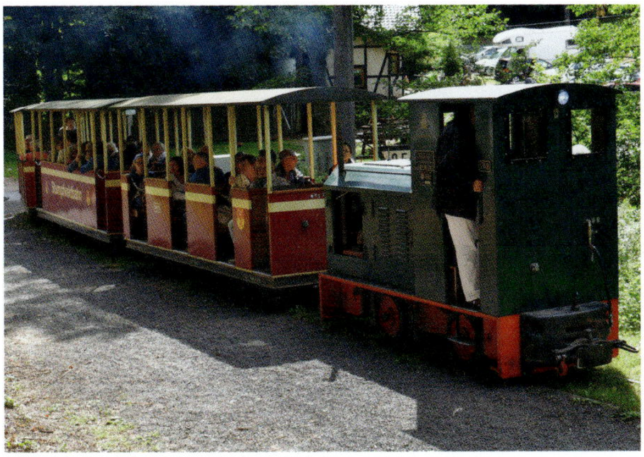

Die Stumpfwaldbahn

Die Stumpfwaldbahn ist eine Schmalspurbahn mit 600 Millimeter Spurweite. Als Museumsbahn nimmt sie die Tradition der Feldbahnen auf, die früher in Steinbrüchen, Kies- und Sägewerken im Einsatz waren. Einzelne Fahrten werden auch im Dampfbetrieb durchgeführt. Weitere Informationen zu Betriebstagen und Abfahrtszeiten findet man auf der Homepage des Vereins Stumpfwaldbahn Ramsen e.V. (www.stumpfwaldbahn.de).

7

Durch den Fuchsbrunnenwald

Hinkelstein und Steinkreuz

mittel 13,3 km 442 Hm 3.00 Std.

Tourencharakter
Einfache Wanderung durch die Wälder des Nordpfälzer Berglands unweit der Großstadt Kaiserslautern

Ausgangs-/Endpunkt
Otterberg

Anfahrt
Auto: Auf der Autobahn A 6 bis Kaiserslautern-West, dann auf der L 270 nach Otterbach und weiter nach Otterberg
Bus und Bahn: Von Kaiserslautern mit dem Bus bis Otterberg

Gehzeiten
Otterberg – Drehenthalerhof 0.30 Std. – Hinkelstein 0.55 Std. – Steinkreuz 0.55 Std. – Otterberg 0.40 Std.

Einkehr
Otterberg

Karte
»Kaiserslautern und Umgebung«, Wanderkarte des Pfälzerwald-Vereins, 1:25 000

Beste Jahreszeit
April bis Oktober

Informationen
Tourist-Information, Hauptstraße 54, 67697 Otterberg, Tel. 06301/60 78 00, www.otterberg.de/tourismus

Das ehemalige Zisterzienserkloster Otterberg ist überregional bekannt. Weit weniger bekannt sind die Wanderwege rund um die Stadt. Tief im Wald gelangen wir zu einem Menhir und zu einem Steinkreuz. Durch offene Landschaft kehren wir nach Otterberg zurück.

Otterberg ist Teil der Verbandsgemeinde Otterbach-Otterberg und zählt etwa 5400 Einwohner. Am nördlichen Rand der Stadt befinden sich ein Naturschwimmbad sowie eine großzügige Sportanlage. Von der auf dem dortigen Schlossberg befindlichen Otterburg aus dem 12. Jahrhundert ist heute leider nichts mehr erhalten. Beim Schwimmbad finden wir zahlreiche Parkplätze. Somit ist dies ein idealer Ausgangspunkt für diese Wanderung.

Richtung Drehenthalerhof Direkt am Ⓐ **Schwimmbad** finden wir unsere Wegmarkierung grün-gelb. Diese führt uns auf leicht ansteigendem Weg durch den Neumühler Hang. Wir erreichen beim örtlichen Friedhof den

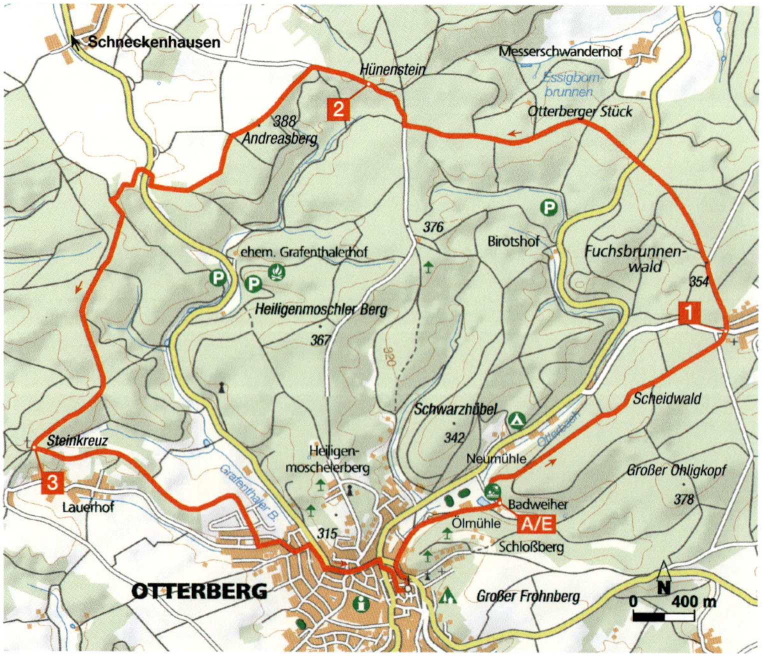

Rechte Seite: Die zweitgrößte Kirche der Pfalz ist die Abteikirche in Otterberg.

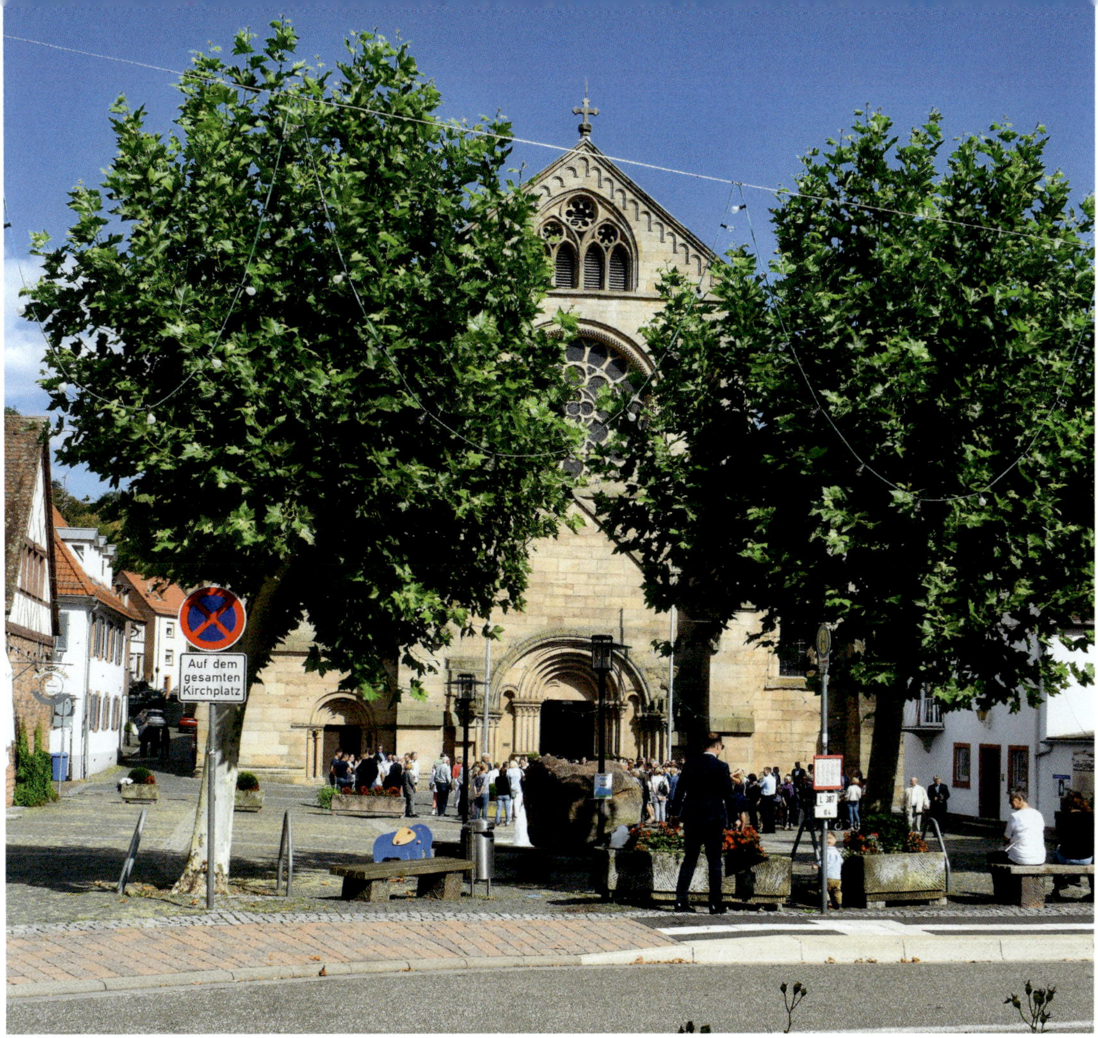

Ortsbezirk ❶ **Drehenthalerhof**, ein Teil der Gemeinde Otterberg. Unser Weg biegt nach links ab; wir folgen ein kurzes Stück des Weges der Markierung roter Punkt. Jetzt geht es am Rande der Bebauung der kleinen Ortschaft entlang, bevor wir uns wieder vollständig im Wald befinden. Wir wandern jetzt durch den Fuchsbrunnenwald; dabei geht es in nordwestliche Richtung.

Menhir im Wald Bald schon erreichen wir die Landesstraße 387, die wir überqueren. Unser Waldweg verläuft jetzt gegen Westen, bevor es an einer Wegspinne wieder nach Norden geht. Wenige Meter sind es jetzt zum ❷ **Menhir**

Abteikirche Otterberg

Die Zisterzienser-Abteikirche in Otterberg wurde in den Jahren 1168 bis 1254 erbaut. Trotz der langen Bauzeit hielt man an den ursprünglichen Bauplänen fest. Dies spricht für die Disziplin und die Abgeschiedenheit der Bauschule des Ordens. Die Abteikirche gilt als die besterhaltene Klosterkirche und nach dem Dom zu Speyer als die größte Kirche der Pfalz. Die Innenlänge beträgt 74 Meter und die Höhe 26 Meter. Die Kirche wurde u. a. im Bauernkrieg 1525 geplündert; im Zuge der Reformation wurde das Kloster dann aufgelöst. Die Kirche wurde später von katholischen und evangelischen Christen als Simultankirche verwendet. Die dazu eingebaute Trennwand wurde im 20. Jahrhundert wieder entfernt. Führungen durch die Abteikirche werden von April bis Oktober jeweils am ersten Sonntag im Monat angeboten; die Kirche selbst ist ganzjährig geöffnet.

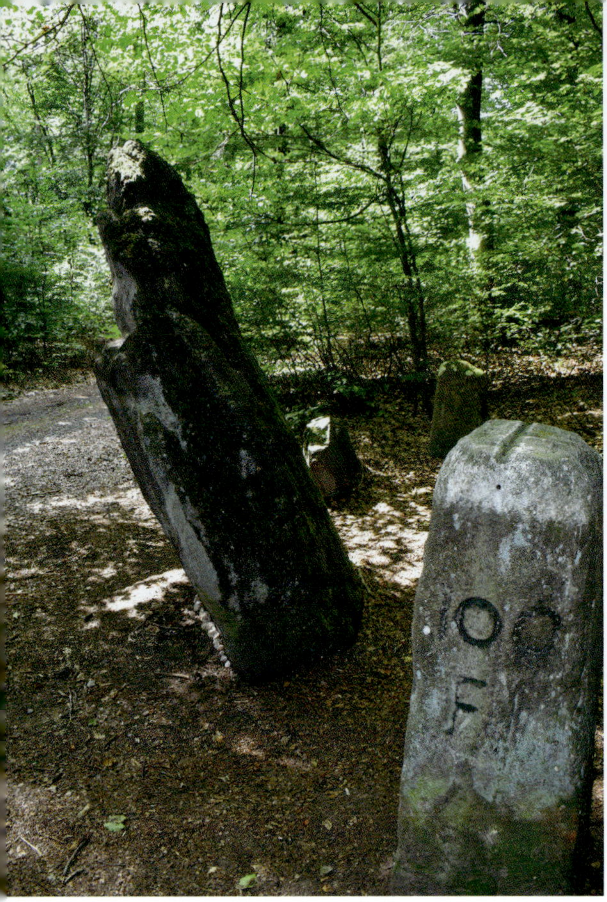

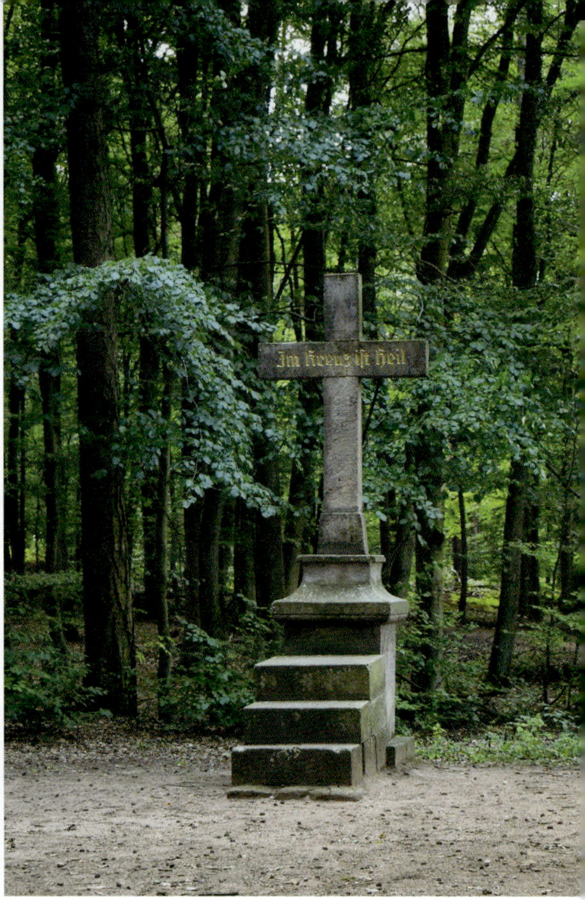

Sie sind Zeugen aus vergangener Zeit – der Menhir und das Steinkreuz.

(aufgerichteter Monolith), im deutschen Sprachgebiet auch Hinkelstein genannt. Auf Landkarten wird auch der Begriff Hünenstein verwendet. Wir befinden uns hier im Schnittpunkt der Gemarkungsgrenzen von Otterberg, Höringen und Heiligenmoschel. Umgeben ist der Monolith von Grenzsteinen der Grafschaft Falkenstein/Zweibrücken sowie des Klosters Otterberg. Der Felsfindling ist 2,20 Meter hoch und 1,5 Meter breit. Die erste Erwähnung war bereits im Jahr 891; eine Sitzgruppe lädt zur Rast an diesem Menhir ein.

Zum Steinkreuz Nicht weit vom Hinkelstein entfernt, erreichen wir den Waldrand oberhalb der Ortschaft Schneckenhausen. Hier haben wir wieder eine eindeutige Markierung, nämlich den grünen Punkt. Der Weg führt jetzt am Waldsaum entlang; weit reicht der Blick über das Nordpfälzer Bergland. Wir überqueren jetzt die Landesstraße 382. Kurz danach biegt unser Weg nach Süden ab, behält aber die Markierung grüner Punkt bei. Ausschließlich auf Waldwirtschaftswegen geht es weiter, bis wir zum ❸ **Steinkreuz** gelangen. Das Steinkreuz, auch als Wegekreuz bezeichnet, wurde im 19. Jahrhundert errichtet und zeichnet sich durch drei vorgebaute Sandsteinstufen aus.

Zurück nach Otterberg An dieser Stelle vollziehen wir die nächste Richtungsänderung; es geht jetzt durch vorwiegend freies Gelände nach Osten. Otterberg ist schon zu erkennen; eine Sitzgelegenheit bietet noch einmal eine Rastmöglichkeit mit Blick auf den Ort. Am großen Fabrikgebäude vorbei erreichen wir die Innenstadt von Otterberg. Sehenswert ist dort die aus gelbem Sandstein erbaute Abteikirche. Sie ist ein bedeutendes Beispiel der zisterziensischen Ordensarchitektur im Stil der oberrheinischen Spätromantik. Das danebenliegende schmucke Stadthaus dient heute als Heimatmuseum. Zahlreiche Fachwerkhäuser sowie die Teile der Stadtmauer, die sich erhalten haben, sind weitere Sehenswürdigkeiten. Über die Hauptstraße gehen wir bis zum Kreisel und gelangen über die Johannis- und die Weiherstraße zurück zu unserem E Ausgangspunkt.

Das schmucke Stadthaus ist ein Blickfang in der Innenstadt von Otterberg.

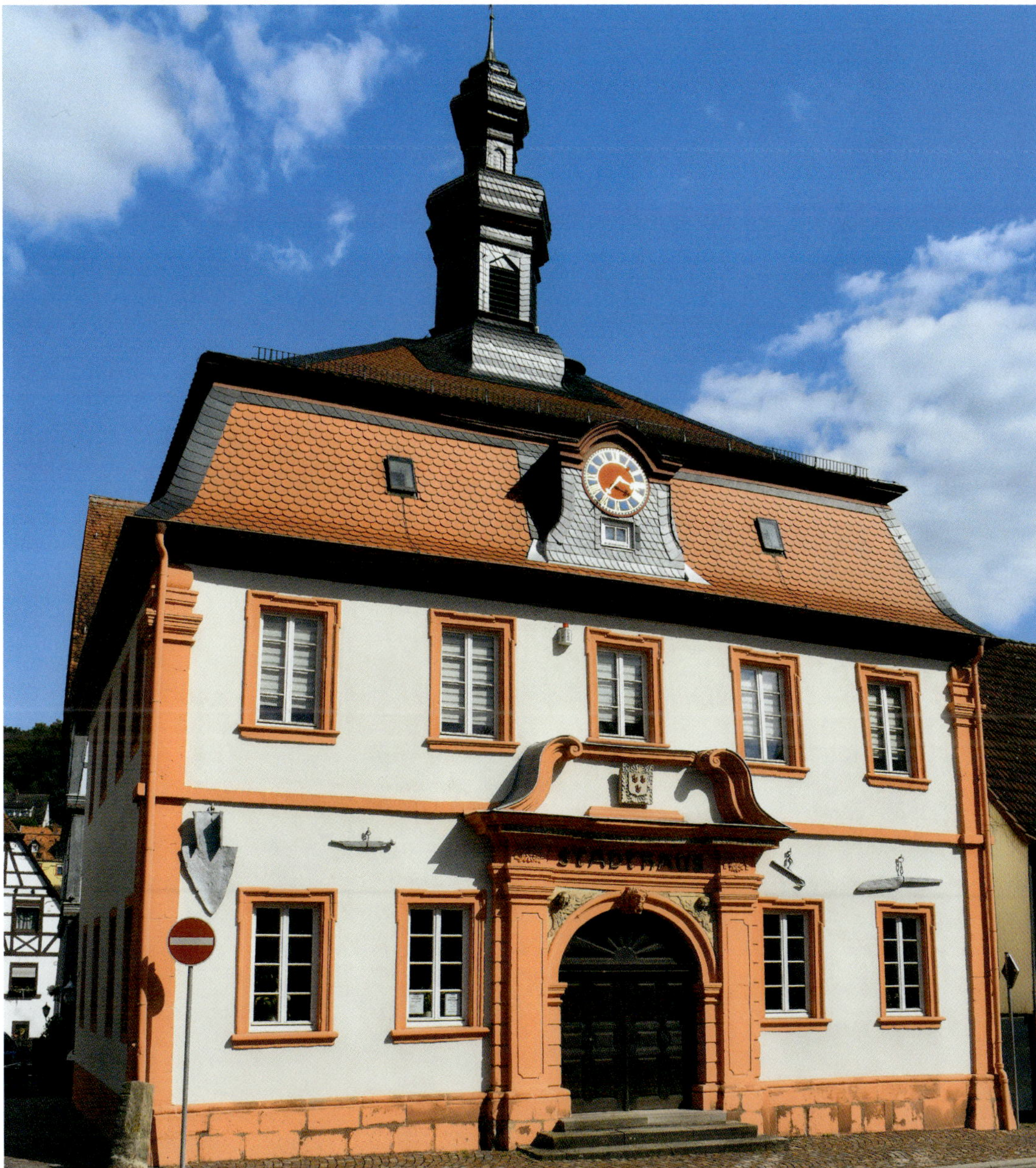

8 Eulenkopf und Galgenberg

Die Beerenweinmacher

mittel · 15,1 km · 650 Hm · 4.15 Std.

Tourencharakter
Rundwanderung mit guter Fernsicht über das Nordpfälzer Bergland sowie durch die Westpfälzische Moorniederung

Ausgangs-/Endpunkt
Eulenbis

Anfahrt
Auto: Auf der Autobahn A 6 bis Kaiserslautern-West, dann auf der L 270 nach Weilerbach und weiter nach Eulenbis
Bus und Bahn: Von Kaiserslautern mit dem Bus bis Weilerbach, dann weiter nach Eulenbis

Gehzeiten
Eulenbis – Erzenhausen 0.20 Std. – Abzweigung Frankelbach 1.40 Std. – An der Wettereiche 1.10 Std. – Eulenbis 0.35 Std.

Einkehr
Eulenbis

Karte
»Kaiserslautern und Umgebung«, Wanderkarte des Pfälzerwald-Vereins, 1:25 000

Beste Jahreszeit
April bis Oktober

Informationen
Information über den Ort und die Sehenswürdigkeiten unter www.eulenbis.de

Welcher Ort kann schon von sich behaupten ein Beerenweinmuseum zu besitzen? Und wo hat man eine so gute Fernsicht bis zum Pfälzerwald? Eulenbis ist eine Reise und eine Wanderung wert.

Eulenbis (453 m) gehört als Ortsgemeinde zur Verbandsgemeinde Weilerbach und zählt knapp 500 Einwohner. Die erste urkundliche Erwähnung reicht in das Jahr 1380 zurück; die Gegend allerdings war schon viel früher besiedelt. Kelten und Römer nutzten die Straßen und Wege, die über die Höhen des Pfälzer Berglands führten. Dazu gehörte etwa die Landstraße, die von Trier über Eulenbis nach Kaiserslautern führte. Die einstigen Wege und Pfade wurden vergessen, überbaut oder einfach umgepflügt.

Der Name Eulenbis hat sich erst im Laufe der Jahrhunderte geformt. Bei der ersten urkundlichen Erwähnung lautete der Name noch Ulengebeiß. Als gesichert gilt, dass der gleichnamige Vogel bei der Namensfindung eine Rolle spielte; vermutlich waren die beutereichen Jagdreviere um Eu-

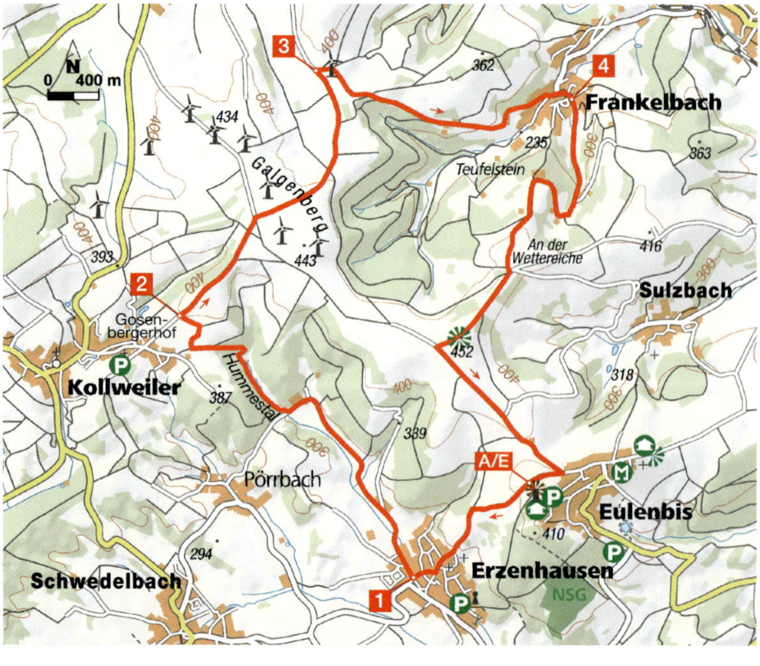

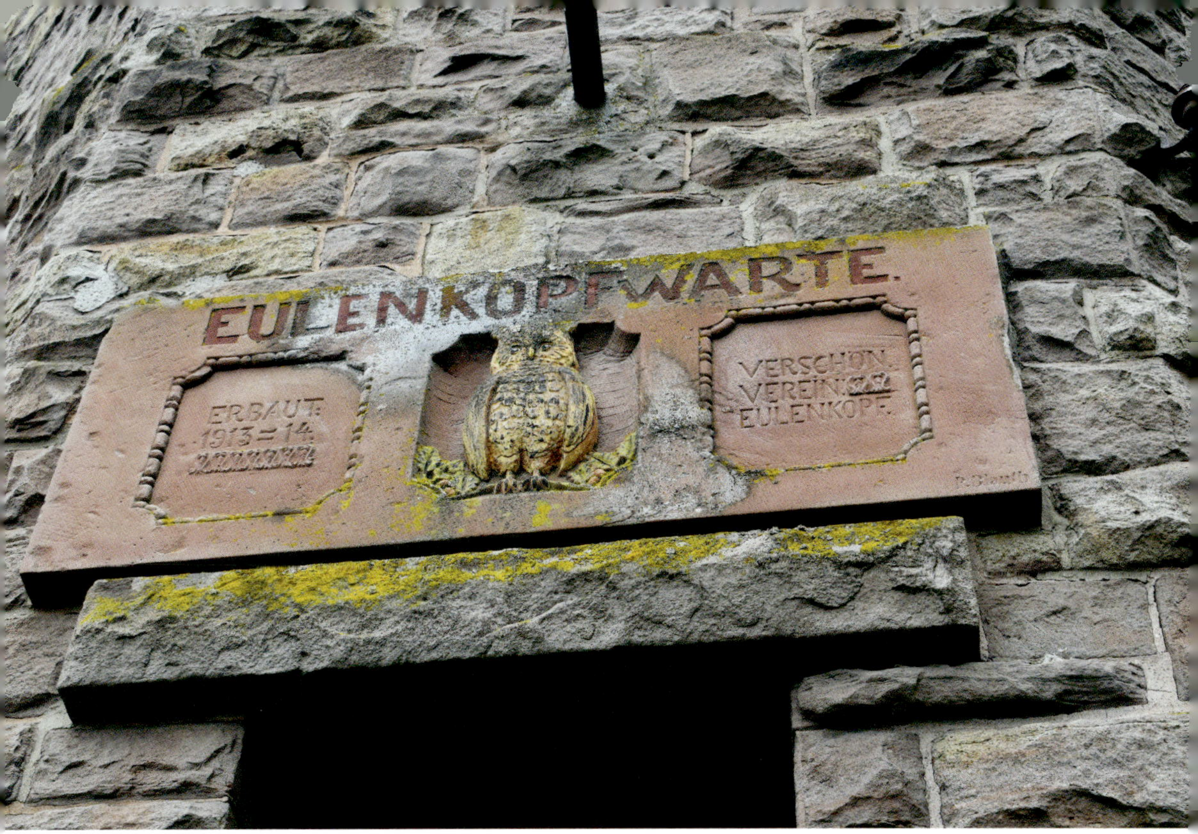

lenbis der Grund dafür. Selbstredend, dass eine Eule das Ortsgemeindewappen ziert. Die Anbindung an den öffentlichen Personennahverkehr nach Eulenbis ist nicht übermäßig gut. Es empfiehlt sich deshalb, mit dem Kraftfahrzeug anzufahren. Parkplätze gibt es entweder am Beerenweinmuseum oder am Eulenkopfturm.

Oben und unten: Vom Verschönerungsverein wurde zur Jahrhundertwende der Eulenkopfturm geplant und erbaut.

Hinunter nach Erzenhausen Wir lassen unsere Wanderung am Ⓐ **Eulenkopfturm** beginnen. Dieser wurde 1913 bis 1914 vom Verschönerungsverein Eulenkopf auf Buntsandsteinquadern errichtet. Nach dem 2. Weltkrieg wurde das Gebäude auf vier Geschosse erhöht. Anfang der 1990er-Jahre erfolgte dann eine Generalsanierung. Vom obersten Geschoss hat man einen besonders guten Blick Richtung Süden, also Richtung Kaiserslautern und den dahinterliegenden Pfälzerwald. Im Erdgeschoss befindet sich ein Trauzimmer, das als höchstes Trauzimmer der Pfalz beworben wird.

Wir gehen ein Stück zurück bis zur Zufahrt zum Eulenkopfturm, oriertieren uns dann aber nach links (nach rechts geht es in den Ort) und gehen durch offenes Feld bis zum Waldrand. Dort führt der Weg steil hinunter nach ❶ **Erzenhausen** (247 m); dieser Ort ist wie Eulenbis Teil der Verbandsgemeinde Weilerbach. Den am Ortseingang befindlichen Friedhof passieren wir auf der rechten Seite und

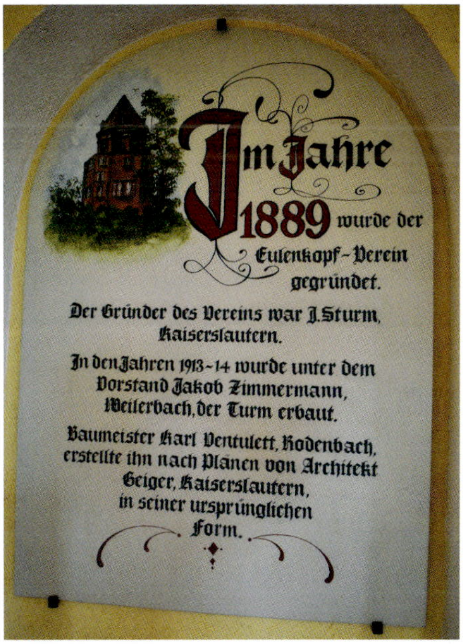

Rechte Seite: Der Eulenkopfturm verfügt über ein Trauzimmer in der ersten Etage.

gehen bis zur Ortsmitte. Dort biegen wir nach rechts ab und gehen in nordwestlicher Richtung auf der Wassergasse aus dem Ort hinaus.

Hinauf zu den Windrädern Einen großen landwirtschaftlichen Betrieb sehen wir auf der linken Seite unseres Weges. An dieser Stelle wird der Saubach überquert; kurz darauf geht es an anderen landwirtschaftlichen Gebäuden vorbei. Der Feldweg steigt jetzt weiter an. Wir erreichen das Hummestal. Hier gibt es eine Abzweigung zu einer Tropfsteinhöhle. Der Zugang zur Höhle kann aber beschränkt sein; bitte auf die Hinweistafeln achten. Weiter geht es bergauf; nachdem wir ein kurzes Stück im Wald unterwegs waren, erreichen wir offenes Gelände. Auf der linken Seite sehen wir den ❷ **Gosenbergerhof**, der zur Ortsgemeinde Kollweiler gehört. Unser unmarkierter Weg führt uns kurz vor dem Gosenbergerhof nach rechts und kurz darauf wieder nach links in nördliche Richtung zu einigen Windrädern. (Im Zweifel kann man auch auf der Hofstraße in den kleinen Ort hineingehen und dann an der ersten Kreuzung dem Rothenselberweg nach rechts folgen.) Unser Weg ist jetzt wieder markiert; wir folgen dem gelb-roten Balken. Bis zu den Windrädern auf dem Galgenberg steigt der Weg noch einmal an.

Nach Süden reicht die Fernsicht bis zum Pfälzerwald.

Abzweig nicht verpassen! Unser Weg führt direkt unterhalb eines dieser Giganten der Neuzeit. Danach fällt der Weg ab; nach etwa eineinhalb Kilometern achten wir

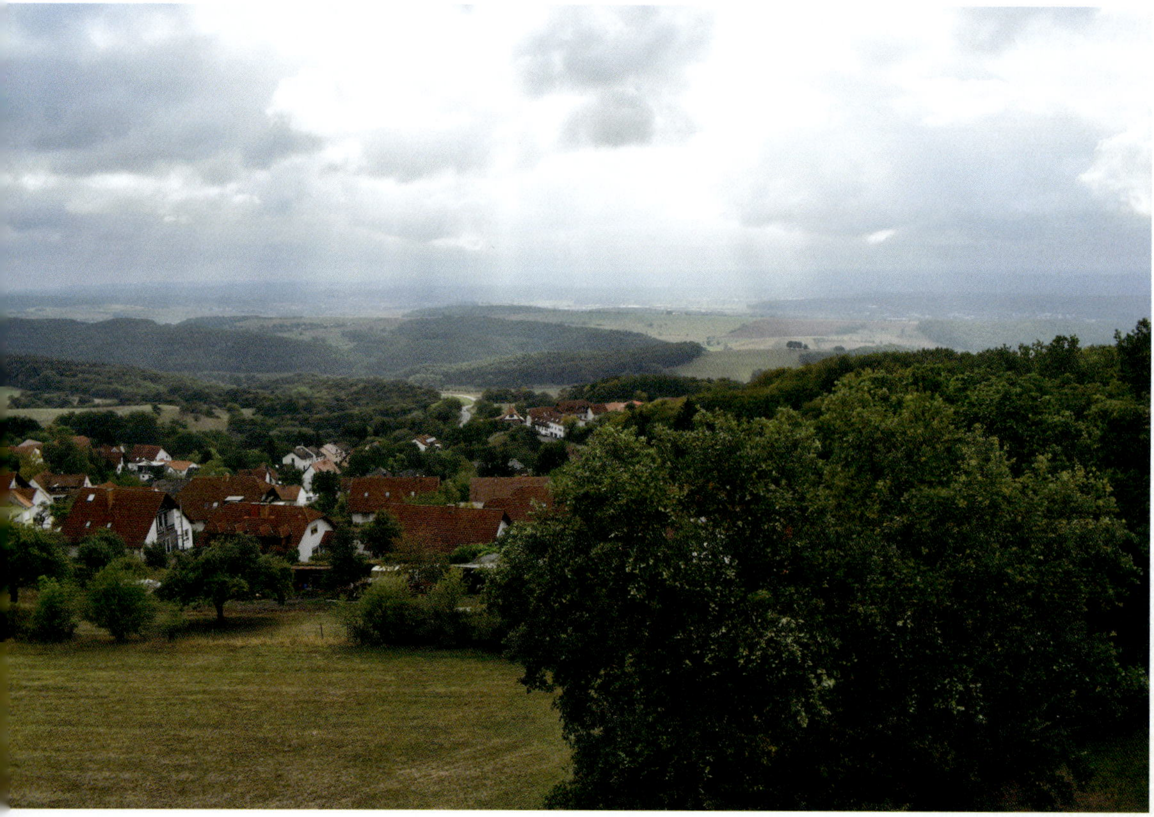

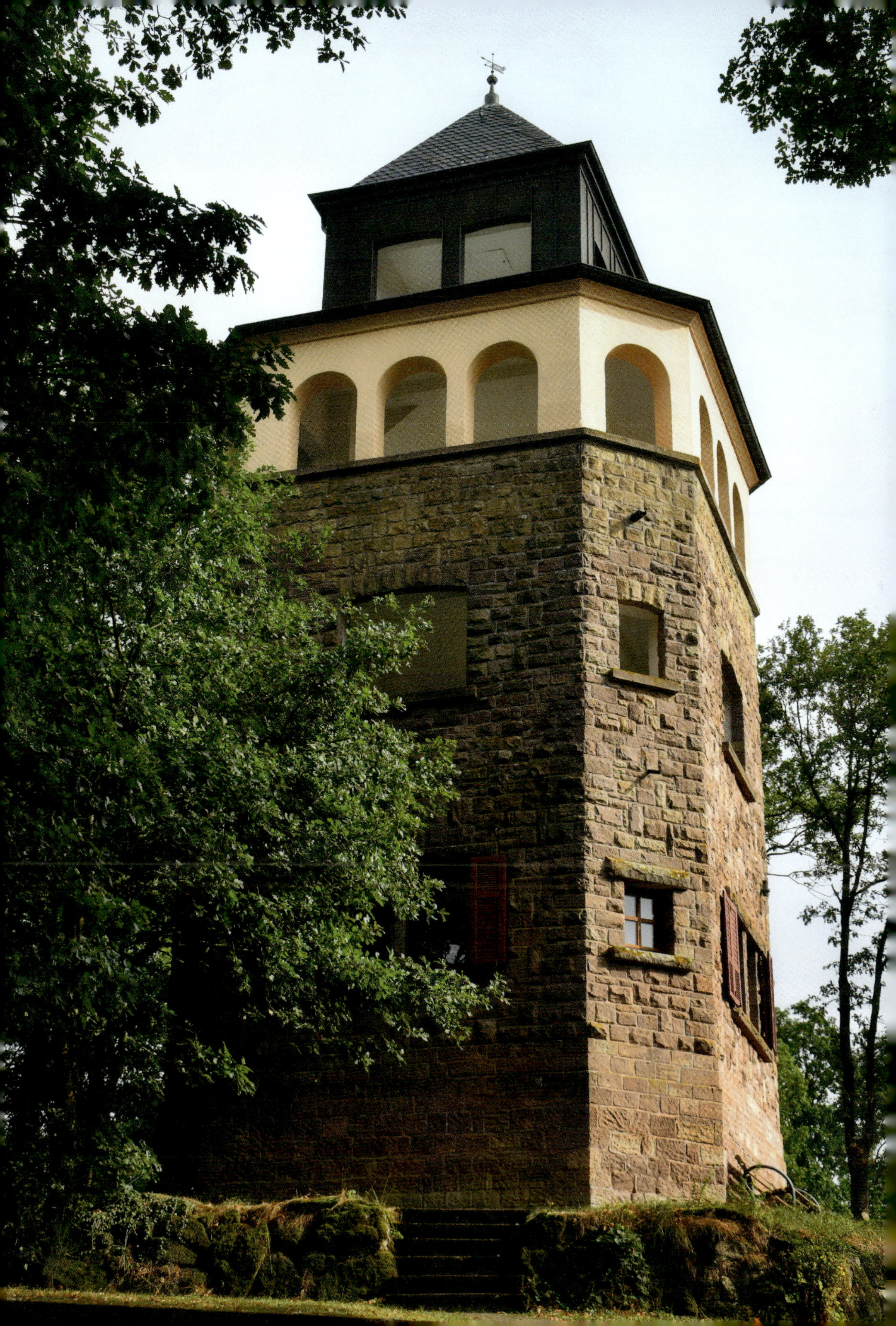

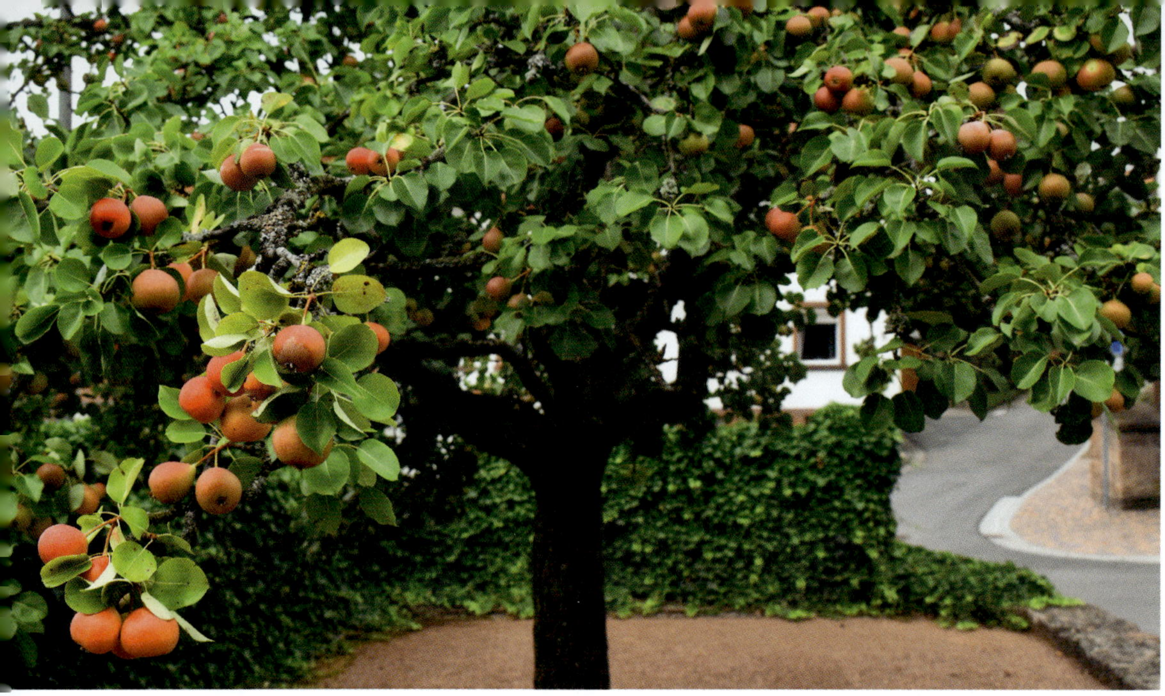

Ausgangsprodukt für den Beerenwein ist die Frankelbacher Mostbirne.

auf den ❸ **Abzweig**, der nach Osten Richtung Frankelbach führt. Ab dieser Wegverzweigung folgen wir der Markierung blau-gelb. Ein kurzes Stück durch die Felder und weit im Norden sieht man den Steinbruch, der sich am Rande der Gemeinde Kreimbach-Kaulbach befindet. Anschließend wandern wir ein Stück durch den Wald, und bald kann der Blick von oben auf die Ansiedlung ❹ **Frankelbach** genossen werden. Wir gehen hinunter in den Ort und nehmen gleich die erste Straße als Kehre, die uns dann an den wenigen Häusern vorbei auf der Schulstraße wieder aus dem Ort hinausführt. Es geht in südwestlicher Richtung; als Markierung folgen wir jetzt dem blauen Kreuz.

Das Beerenweinmuseum

In der Ortsmitte von Eulenbis (Bürgerhaus, Hauptstraße 8) steht das Beerenweinmuseum. Ein ehemaliger alter Bauernhof wurde zum Museum umgebaut sowie um ein kleines Veranstaltungszentrum erweitert. Neben der Obstkelter aus Sandstein werden zahlreiche Gerätschaften ausgestellt, die zur Herstellung des Beerenweins benötigt wurden. Beim Beerenwein selbst handelt es sich nicht um ein Weingetränk, das aus Beeren hergestellt wird; es geht vielmehr um ein Getränk, dessen Grundlage die um Eulenbis vorkommenden Birnen sind. Weinbirnenbäume der Sorte »Frankelbacher Orsborner Mostbirne« findet man am nördöstlichen Ortsausgang bei der Skulptur »Lebensscheibe« (die Friedhofstraße entlang, kurz hinter dem Friedhof). Ein Exemplar des Baums steht auch direkt vor dem Museum. Die Herstellung des Beerenweins war aufwendig: Nachdem die Birnen durch Schütteln der Äste auf ausgebreitete Tücher gefallen waren, wurden sie eingesammelt, kurze Zeit gelagert und dann einer Obstmühle zugeführt. Zugtiere setzten diese in Gang; aus der Maische wurde dann der Saft ausgepresst. Dieser reifte dann in Holzfässern zum Beerenwein heran. Die ausgestellte Obstmühle war vor einem halben Jahrhundert noch in Betrieb. Heute wird der Beerenwein nur noch in geringem Maße unter Verwendung von maschinengetriebenen Obstmühlen hergestellt. Knapp 100 Birnbäume gibt es auf den Wiesen rund um Eulenbis. Alle zwei Jahre wird in der Gemeinde eine Beerenweinkönigin gewählt.

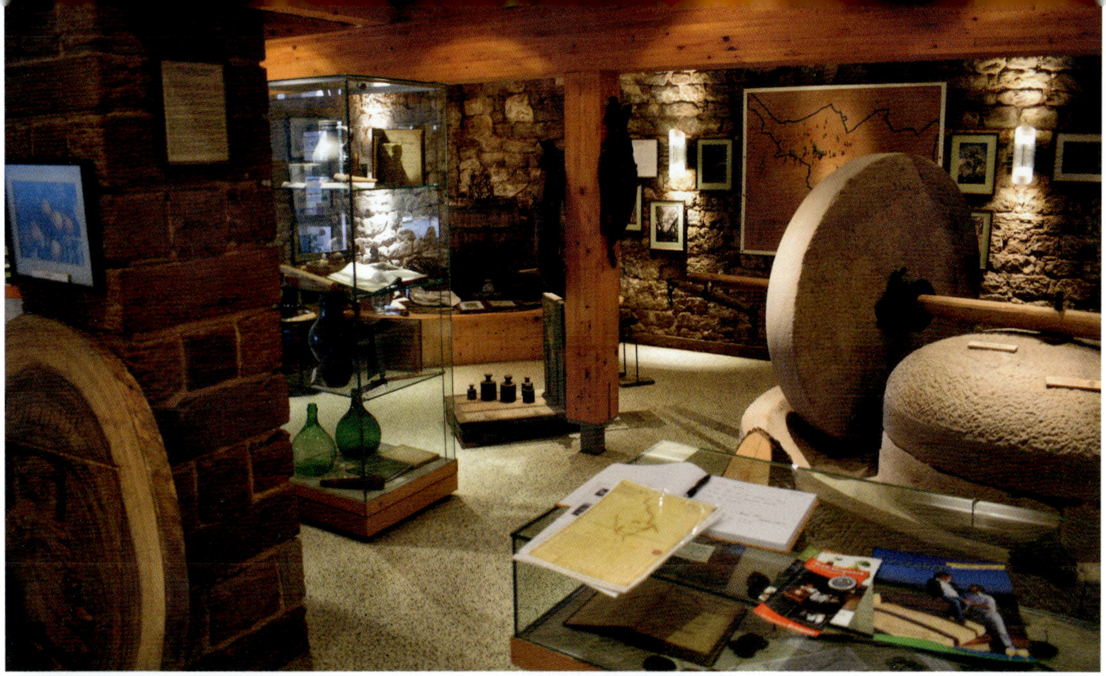

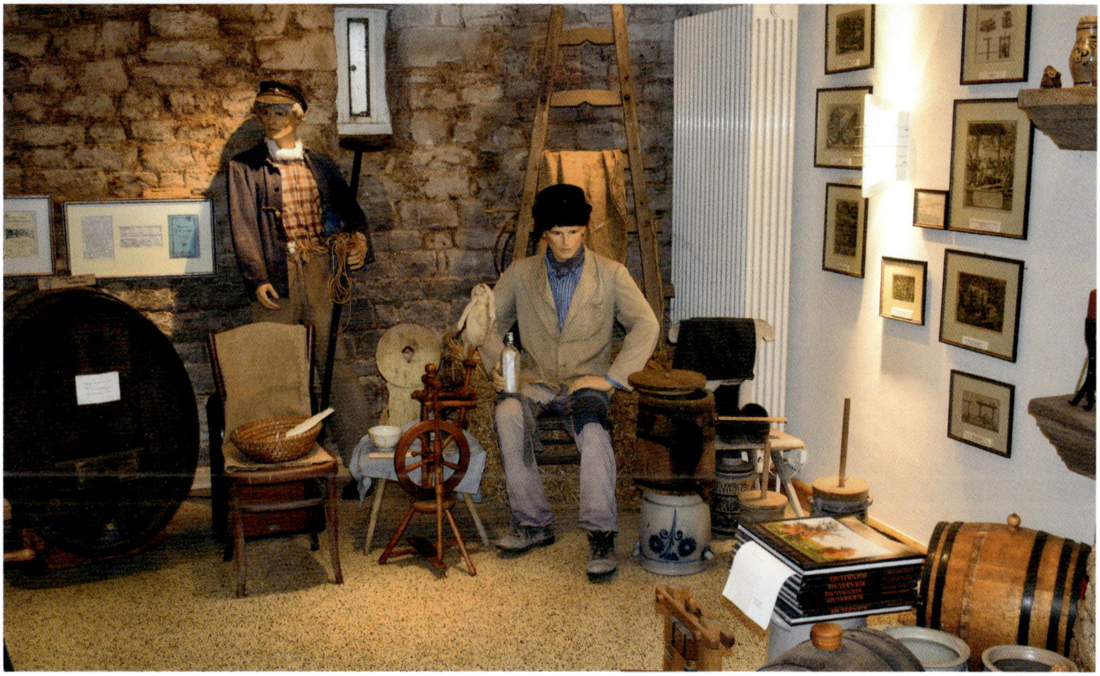

Zurück nach Eulenbis Entlang des Frankenbachs geht es jetzt wieder bergauf, nach einer großen Kehre im Wald wird wieder freies Gelände erreicht. Eine weitere Kehre bringt uns jetzt zum Orientierungspunkt »An der Wettereiche«. An einem ehemaligen Steinbruch vorbei, geht es jetzt wieder in die offene Landschaft. In der Ferne ist schon das Ziel Eulenbis zu erkennen. Am Orientierungpunkt »Platte« biegt der Weg nach links ab. Auf einer langen Geraden erreichen wir den Ort und orientieren uns am Ortseingang nach rechts zu unserem Ausgangspunkt, dem E **Eulenkopfturm**.

Interessante Einblicke in die Herstellung des Beerenweins gibt das Museum in Eulenbis.

9 Von Miesau nach Landstuhl

Auf den Spuren des »Letzten Ritters«

leicht 15,2 km 549 Hm 4.35 Std.

Tourencharakter
Streckenwanderung am Rande der Westpfälzischen Moorniederung ohne besondere Höhenunterschiede

Ausgangspunkt
Bruchmühlbach-Miesau

Endpunkt
Landstuhl

Anfahrt
Auto: Auf der Autobahn A 6 bis Bruchmühlbach-Miesau
Bus und Bahn: Von Kaiserslautern oder Saarbrücken mit der S-Bahn bis Bruchmühlbach-Miesau

Gehzeiten
Bruchmühlbach-Miesau – Fritz-Claus-Hütte 1.35 Std. – Lochweiherbach 1.20 Std. – Landstuhl 1.40 Std.

Einkehr
Miesau, Fritz-Claus-Hütte, Landstuhl

Karte
»Westpfalz Süd (Pfälzer Mühlenland)«, Wanderkarte des Pfälzerwald-Vereins, 1:25 000

Beste Jahreszeit
April bis Oktober

Informationen
Verbandsgemeinde Bruchmühlbach-Miesau, Am Rathaus 2, 66892 Bruchmühlbach-Miesau, Tel. 06372/922 01 06, www.tourismus-vgbm.de; Tourist-Information der Verbandsgemeinde Landstuhl, Hauptstraße 3a, 66849 Landstuhl, Tel. 06371/130 00 12, www. landstuhl.de

Franz von Sickingens Truppen belagerten im Jahr 1522 erfolglos unter anderem die Stadt Trier. Nahm Franz auf dem Rückzug auf seine Burg Nanstein einen Weg oberhalb des Landstuhler Bruchs, dem wir auf dieser Wanderung entlanggehen? Wir wissen es nicht, aber es ist fast zu vermuten. Der Bruch war noch im 19. Jahrhundert ein Überschwemmungsgebiet, das zu umgehen war.

Im Gebiet rund um Kaiserslautern und Landstuhl wurden nach Ende des 2. Weltkriegs zahlreiche militärische Einrichtungen angelegt. Es ist daher notwendig, dass man sich an die Wanderwege hält und darauf achtet, nicht in militärisches Sperrgebiet zu geraten. So schön diese Tour auch ist – aufgrund der Nähe zur Westpfälzischen Moorniederung mit ihren Fernverkehrswegen wird man die absolute Ruhe auf dieser Wanderung wohl nicht finden.

Zur Tausendmühle Am **A Bahnhof in Miesau** gehen wir nach links und dann gleich die erste Straße nach rechts (Ludwigstraße), überqueren die Kaiserstraße und folgen der Waldstraße am Sportplatz vorbei. Am Wald-

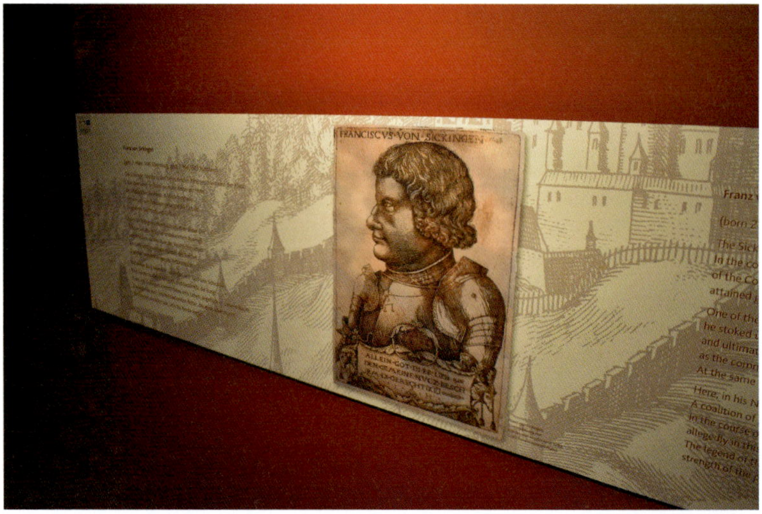

In diesem Raum soll der »Letzte Ritter« seinen Verletzungen erlegen sein.

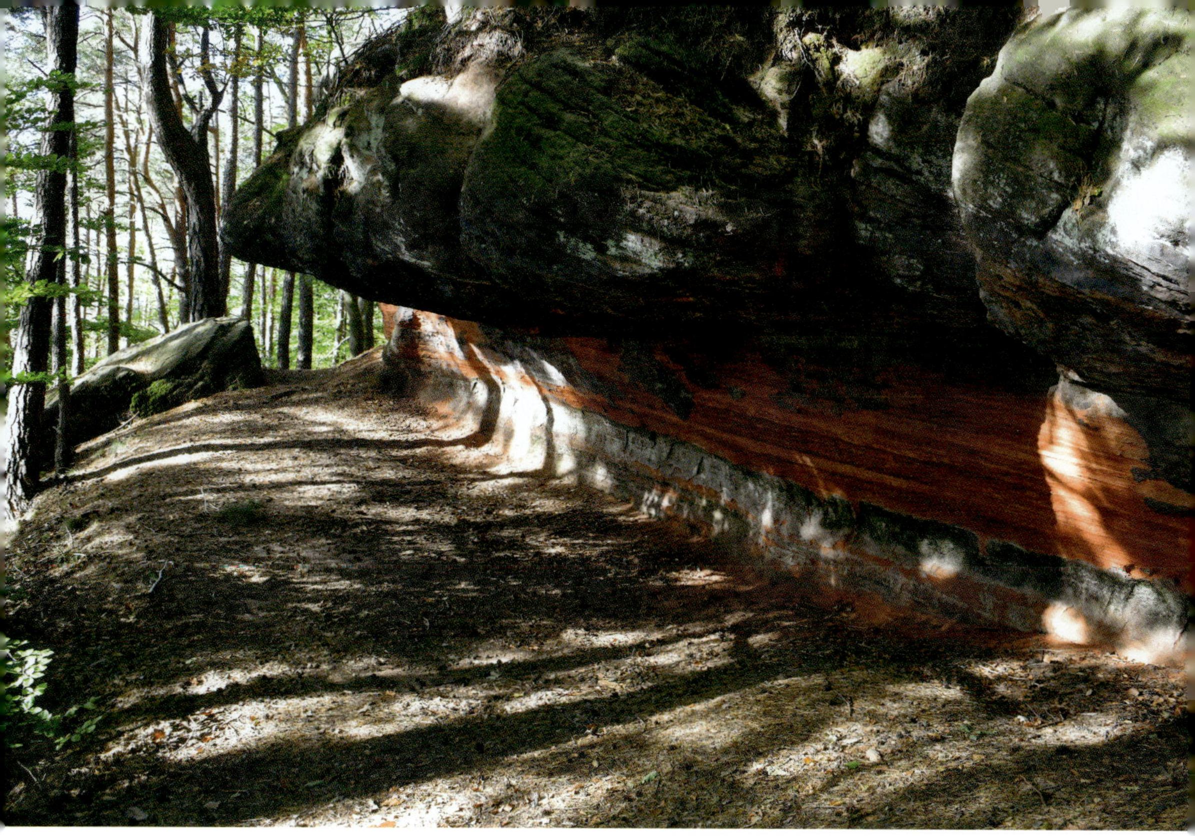

rand angelangt, gehen wir mit der Markierung roter Punkt oberhalb der Bebauung von Miesau entlang. Der Weg führt uns bald zur Tausendmühle. Das erste Mühlengebäude stand bereits im 16. Jahrhundert, allerdings etwas weiter talaufwärts. Nach einem Erdrutsch wurde die jetzige Mühle erbaut. Im 19. Jahrhundert ließ eine örtliche Brauerei Stollen zur Kühlung des Gerstensaftes erbauen. Weder Bierkeller noch Mühle sind heute noch in Betrieb. Wir gehen den Weg rechts etwas oberhalb der Mühle entlang und erreichen bald darauf das Naturdenkmal Elendsklamm. Auf

Beeindruckende Buntsandsteinformationen finden wir auf dem letzten Teil unserer Wanderung.

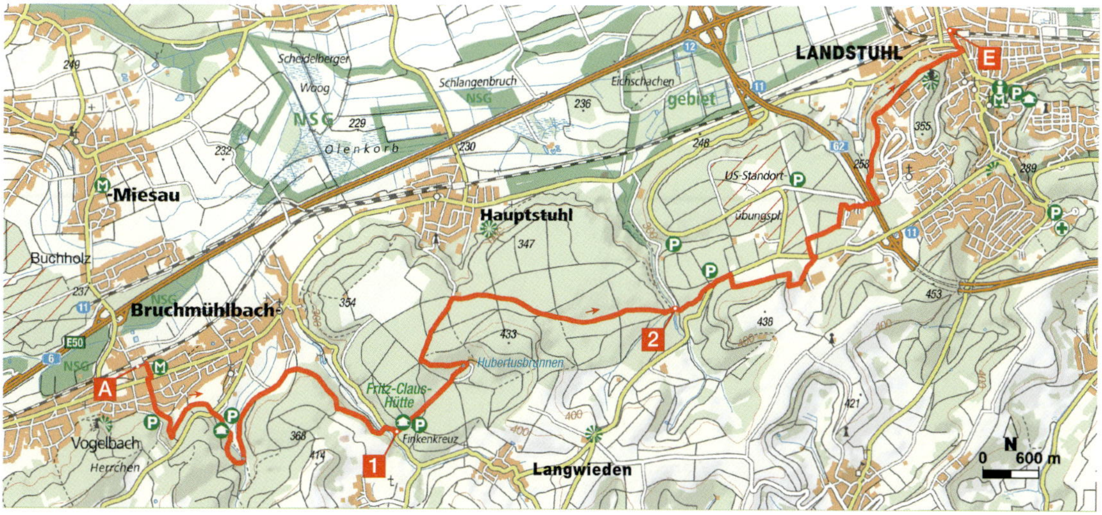

etwa drei Kilometern Länge dieses wasserführenden Kerbtals hat sich der Frohnbach durch Buntsandsteinschichten einen Weg nach Norden gegraben. Der Name rührt übrigens nicht von irgendwelchem Elend her. Ursprung des Wortes ist das Mittelhochdeutsche »alilendi«, das abgeleitet aus dem Lateinischen den Begriff »fremd« bedeutet. Der Name ist darauf zurückzuführen, dass das Tal über lange Zeit die Grenze politischer und religiöser Herrschaftsgebiete darstellte.

Wer, bitte, ist Fritz Claus? Wir überqueren den Frohnbach auf der dortigen Holzbrücke und folgen diesem nach Norden. Jetzt blicken wir auf die Tausendmühle von der anderen Talseite. Ohne Höhenunterschiede geht es weiter zur Belzmühle. Bei den dort ausgestellten Skulpturen gehen wir zwischen den beiden Weihern durch und nehmen den Weg, der jetzt wieder taleinwärts in süd-östliche Richtung führt. Erst kurz vor der ❶ **Fritz-Claus-Hütte** steigt der Weg an. Die Hütte ist im Blockhausstil gebaut und gehört zu den Häusern des Pfälzerwald-Vereins. Fritz Claus war übrigens ein pfälzischer Mundartdichter und Sänger; bis zu seinem Tod im Jahr 1923 hat er sich durch Erzählungen und Gedichte über die Pfalz und den Pfälzerwald einen Namen gemacht. Die Hütte ist geöffnet am Mi, Sa, So und feiertags zwischen 11.00 und 21.00 Uhr (Uhrzeiten können abweichen).

Lochweiherbach und Mammutbäume Von der Hütte nehmen wir den blauen Punkt als Markierung. Es geht bergauf und bald erreichen wir den Hubertusbrunnen. Am Brunnen gehen wir nach links; wir befinden uns jetzt im Staatsforst Kaiserslautern. Nach einigen Hundert Metern schwenkt der Weg nach rechts; an einer Wegspinne

Am Hubertusbrunnen ändert sich für uns die Gehrichtung.

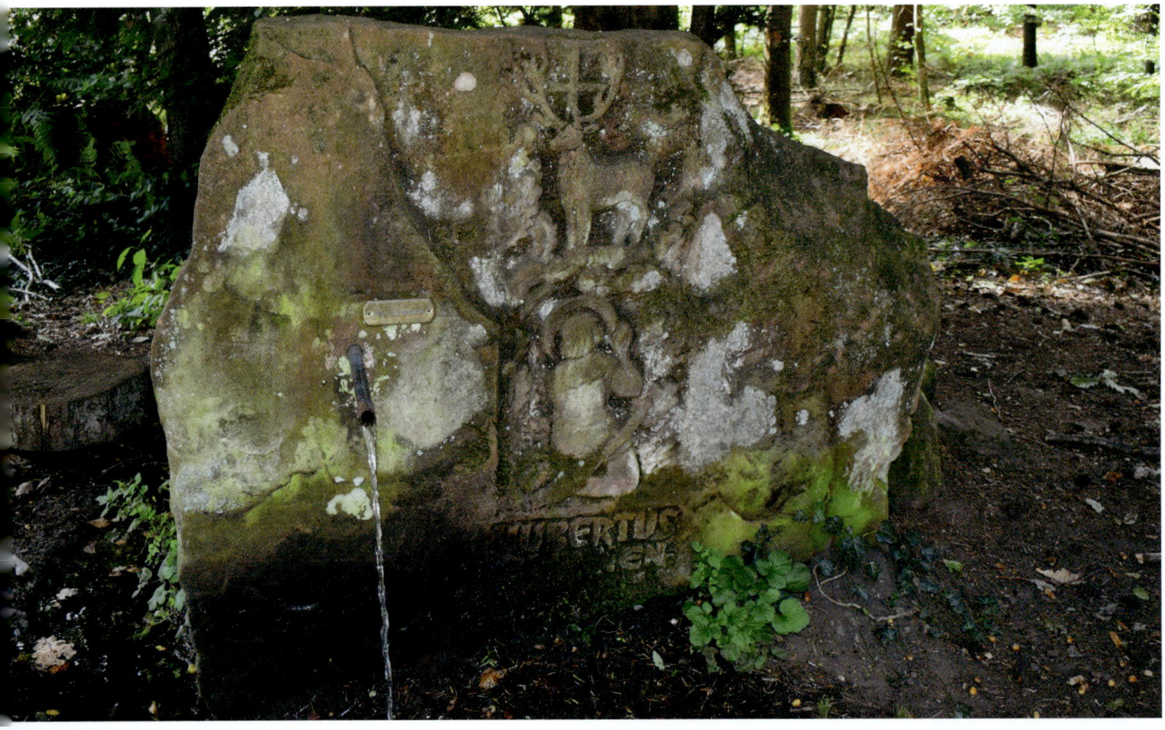

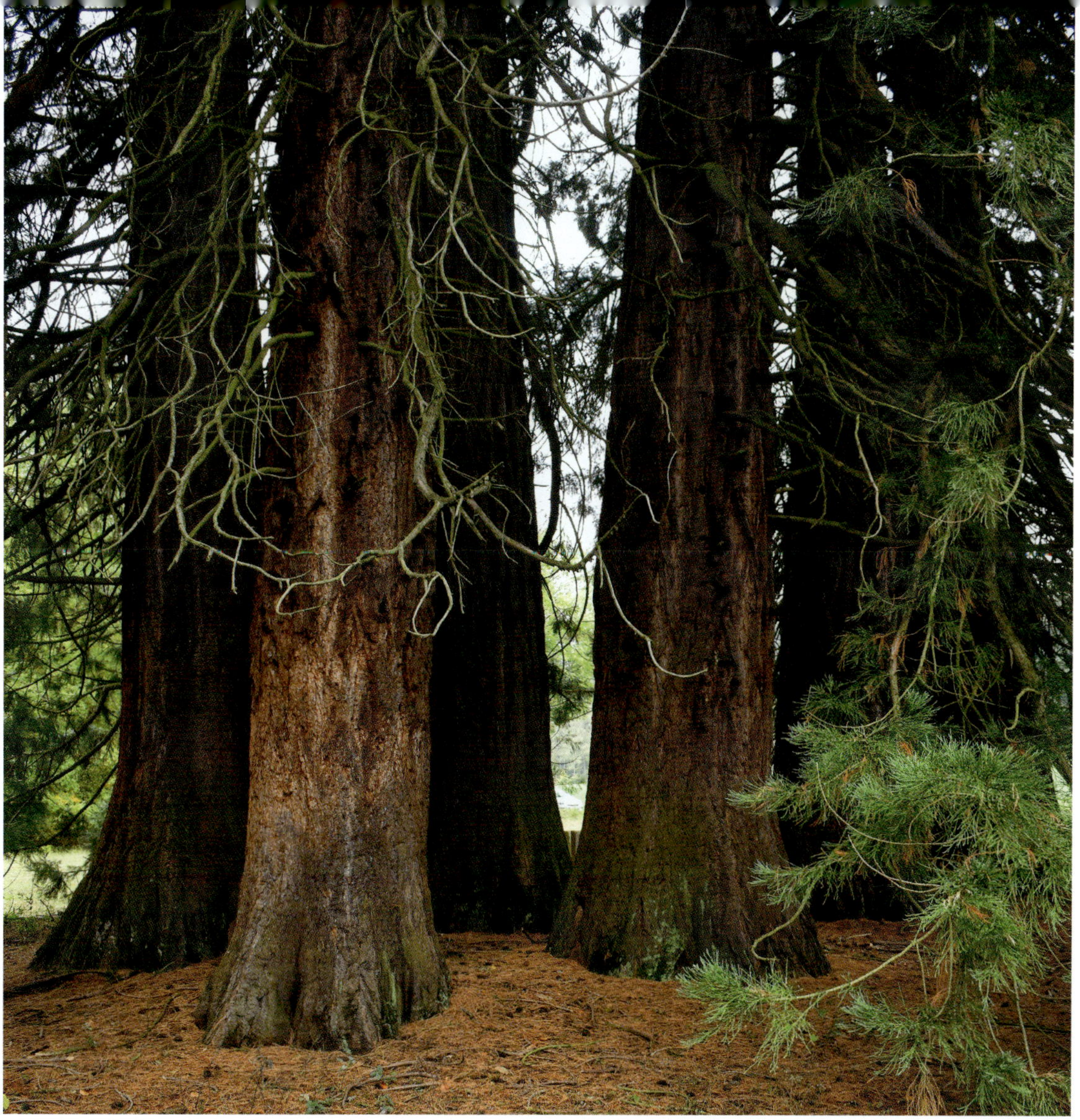

Naturdenkmale sind diese Mammutbäume bei Landstuhl.

nehmen wir unsere neue Markierung, das gelb-grüne Kreuz, auf. Dieses begleitet uns weiter durch den Wald und dann hinunter in das Tal des ❷ **Lochweilerbachs**. Es folgt der nächste Anstieg; beim Erreichen des freien Geländes befinden wir uns bei den sogenannten Mammutbäumen (*Sequoiadendron giganteum* oder »Giant Redwood«). Diese wurden Mitte des 19. Jahrhunderts dort gepflanzt. Die Bäume sind heute über 40 Meter hoch und als Naturdenkmale geschützt.

Hinunter nach Landstuhl Bei den Mammutbäumen muss die Straße überquert werden. Wenn wir auf die andere Seite schauen, erkennen wir freies Feld. Rechts davon führt ein Weg in den Wald hinein. Dieser steigt etwas an; schon kurz darauf erreichen wir den Bildschacherhof. Ein kurzes Stück geht es durch freies Gelände und wir stehen an der Landesstraße 470; diese beschreibt an der Abzweigung zum Bildschacherhof einen Knick. Geradeaus sehen wir eine lange Schneise im Wald (beim Überschreiten der Straße bitte besondere Vorsicht walten lassen und die Straße an der Stelle überqueren, an der beide Richtungen einsehbar sind). An der Schneise finden wir dann unsere Markierung, einen weißen Balken mit schwarzem Punkt. Ein Stück in nördlicher Richtung durch den Wald schwenkt der Weg dann nach rechts und wir erreichen wieder bebautes Gebiet. Wir gehen am Rande der Bebauung entlang, und bald ist die Brücke über die A 62 erreicht. Bereits kurz nach der Brücke führt der Weg mit der bisherigen Markierung aber nach links in den Wald hinein. Über die Gemarkung Kirchberg erreichen wir einige Buntsandsteinfelsen. Von dort fällt der Weg dann nach Landstuhl ab, das wir in Höhe der Eisenbahnstraße erreichen. Nach links sind es nur noch wenige Meter bis zum E **Bahnhof**, nach rechts geht es zur Burg Nanstein.

Die Burg Nanstein Einen Ausflug zur Burg Nanstein lohnt sich schon allein wegen der guten Sicht, die man von dort auf die Stadt, die Westpfälzische Moorniederung sowie auf das Pfälzer Bergland hat. Die Burg selbst wurde in der zweiten Hälfte des 12. Jahrhunderts erbaut. Über die Generationen wurde sie durch Realteilungen zur Ganerbenburg. Franz von Sickingen wurde Alleinbesitzer der Burg, indem er die anderen Miteigentümer auszahlte. 1523 nach Beschuss erobert, wurde die Burg im Verlauf des Pfälzischen Erbfolgekrieges 1689 endgültig zerstört. Im Raum, in dem Franz von Sickingen angeblich ums Leben gekommen ist, erfährt man in einem Filmvortrag architektonische Einzelheiten zur Burg bzw. was davon im heutigen Zustand übrig geblieben ist (Vortrag auf Deutsch und Englisch).

Von der Burg reicht der Blick über die Westpfälzische Moorniederung bis zum Pfälzer Bergland.

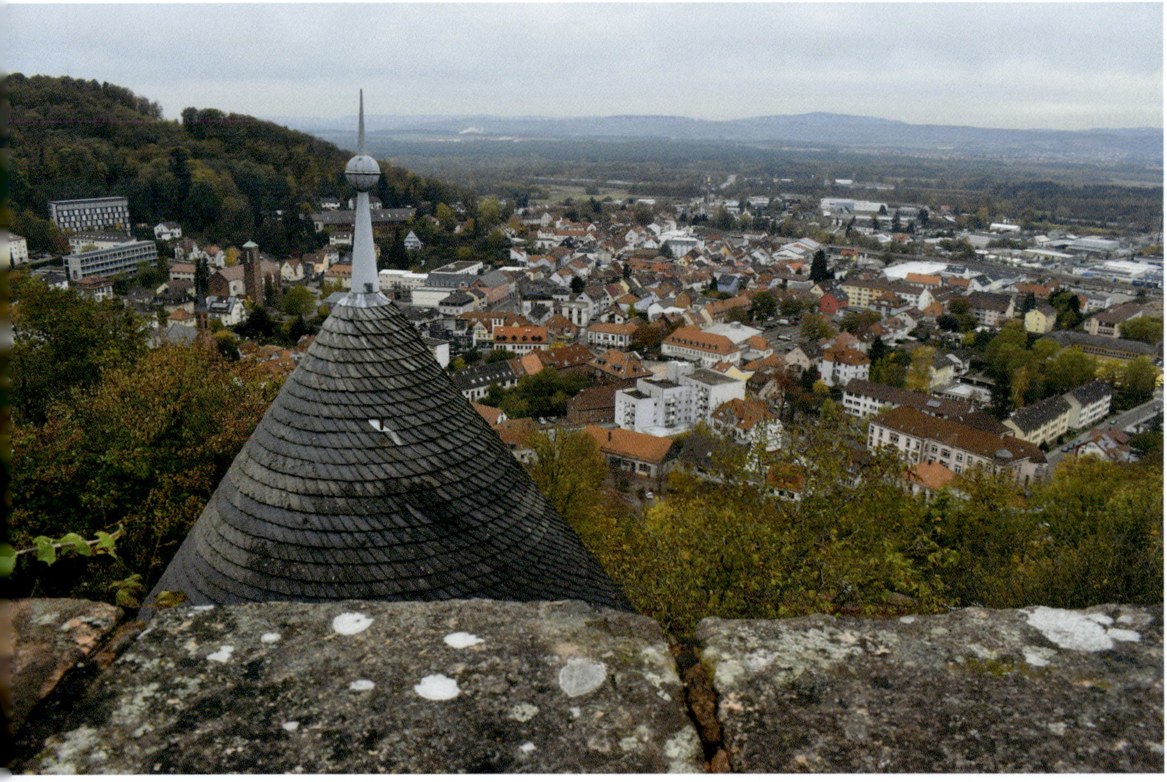

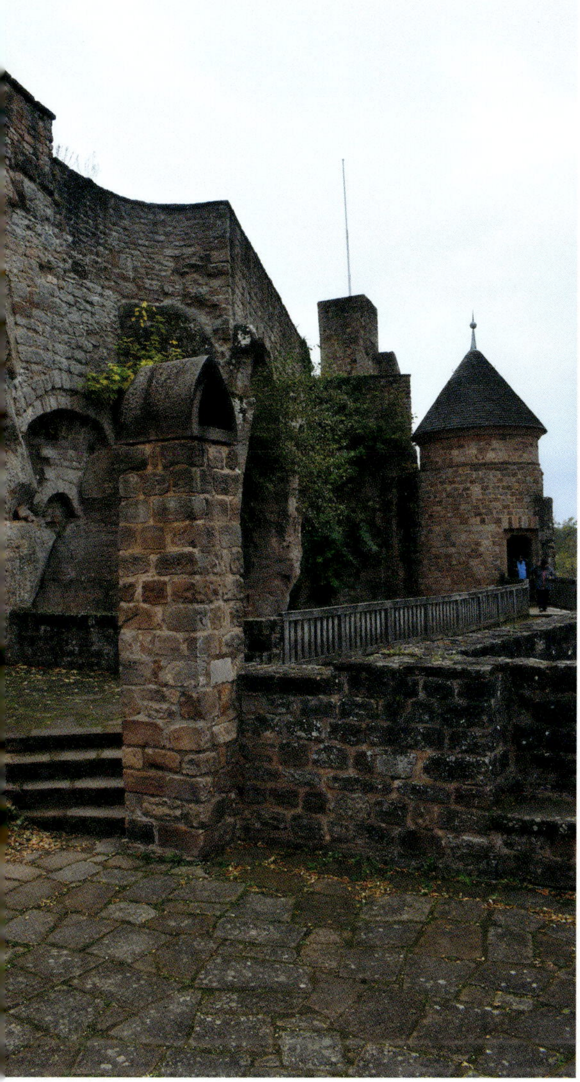

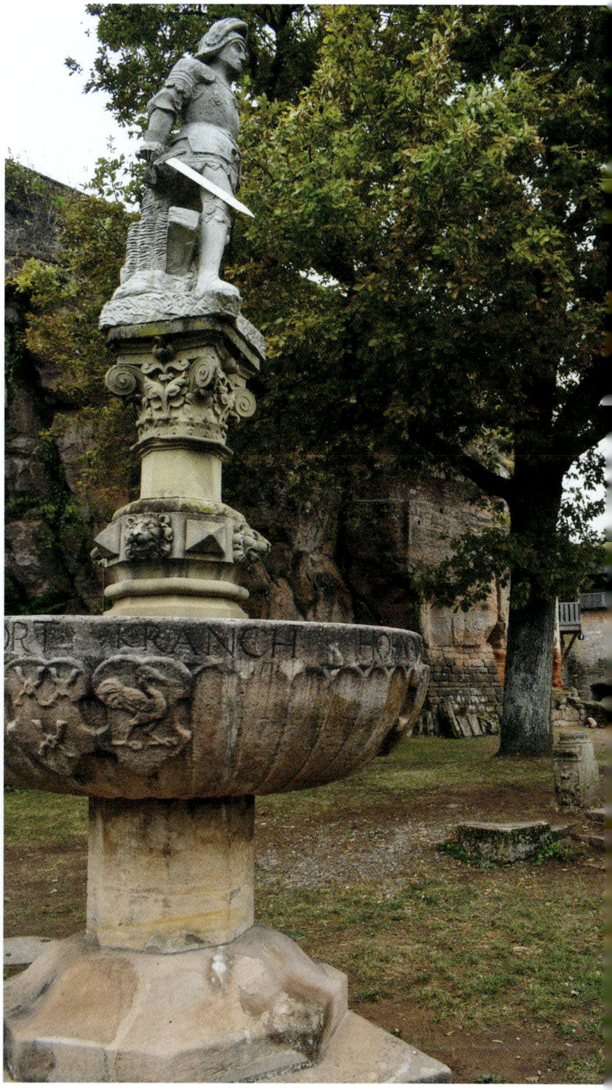

Auf der Burg Nanstein dreht sich heute noch alles um Franz von Sickingen.

Franz von Sickingen

Er ist sicherlich einer der bekanntesten Ritter aus deutschen Landen. Zum einen, weil er als der »Letzte Ritter« bezeichnet wird, zum anderen, weil sich die Stadt Landstuhl mit dem Beinamen Sickingenstadt schmückt. Ein anderer bekannter Ritter, Götz von Berlichingen, unterstützte Sickingen bei Fehden und Kriegszügen; Sickingen wiederum setzte sich für von Berlichingen nach dessen Gefangennahme durch den Schwäbischen Bund ein. Franz von Sickingen verstarb im Mai 1523 an den Folgen der Verwundung, die er beim Beschuss der Burg Nanstein durch kurtrierische Truppen erlitten hatte. »Letzter Ritter« wurde von Sickingen deshalb genannt, weil er als Anführer der Ritter in den Machtauseinandersetzungen mit den Landesherrn den Kürzeren zog. Die zeitgleichen Fortschritte in der Militärtechnik beschleunigten dann den Niedergang des Rittertums.

10 Am Isenachweiher

Großartige Wanderung zum Sauhäuschen

mittel 8,1 km 466 Hm 3.05 Std.

Tourencharakter
Schmale Wanderwege wechseln sich mit breiten Forstwegen ab.

Ausgangs-/Endpunkt
Forsthaus Isenach (226 m)

Anfahrt
Auto: Von Bad Dürkheim auf der Bundesstraße 37 Richtung Kaiserslautern; von Kaiserslautern auf der A 6 bis Alsenborn, von dort über die Bundesstraße 48 nach Hochspeyer; dann über die B 37 nach Frankenstein und weiter zum Forsthaus Isenach
Bahn: Keine Anfahrmöglichkeit mit öffentlichen Verkehrsmitteln

Gehzeiten
Forsthaus Isenach – Brücke über Isenach 1.10 Std. – Sauhäuschen 0.35 Std. – Forsthaus Isenach 1.20 Std.

Einkehr
Forsthaus Isenach

Karte
»Grünstadt und Stumpfwald mit Leiningerland«, Wanderkarte des Pfälzerwald-Vereins, 1:25 000

Beste Jahreszeit
April bis Oktober

Informationen
Tourist Information Bad Dürkheim, Kurbrunnenstr. 14, 67098 Bad Dürkheim, Tel. 06322/93 51 40, www.bad-duerkheim.com

Das ehemalige Forsthaus Isenach – auch als Hütte am Isenachweiher bezeichnet – ist ein beliebtes Ausflugsziel. Wie so oft bei beliebten Hütten trifft man einige hundert Meter weiter kaum noch jemanden. Entlang der Isenach und immer durch dichten Waldbestand kommen wir zum Sauhäuschen. Ein langer Abstieg bringt uns zurück zum Ausgangspunkt.

Am Forsthaus Isenach wird dem Wanderer ein großer Parkplatz zur Verfügung gestellt. Die Hütte selbst ist geöffnet von Dienstag bis Sonntag von 11.00 Uhr bis 19.00 Uhr (April bis Oktober, Info unter www.forsthaus-isenach.de). Die Isenach entspringt einige Kilometer weiter in nordwestlicher Richtung; bei Bad Dürkheim tritt sie aus dem Pfälzerwald heraus und fließt schließlich bei Frankenthal in den Rhein. Es wird vermutet, dass die erste Hälfte des Gewässernamens Bezug auf die Eisenerzvorkommen in der Region nimmt.

Ritterstein und Sauhäuschen Wir passieren das Ⓐ **Forsthaus** auf dessen linker Seite; dem Isenachweiher folgen wir noch bis zu dessen Ende.

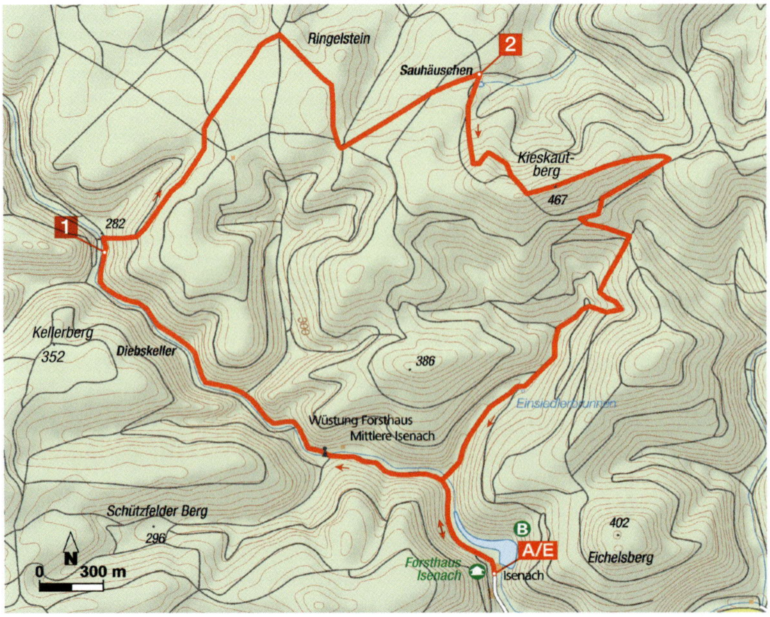

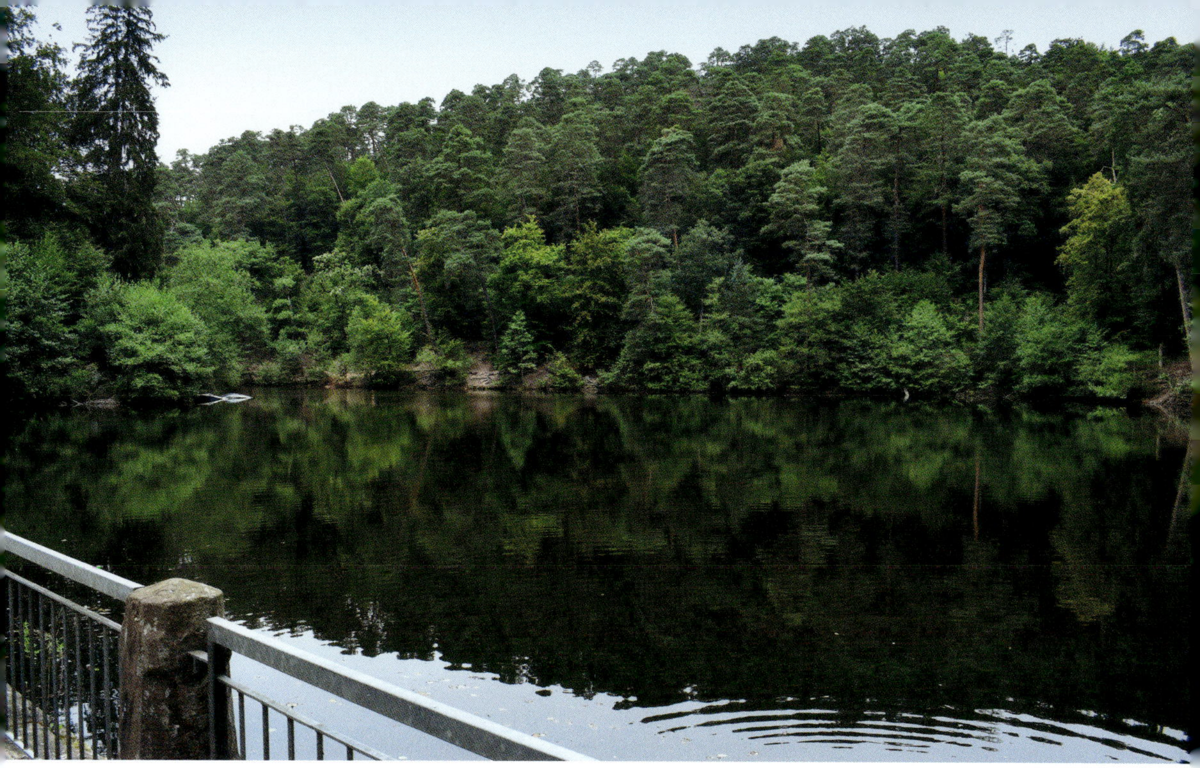

Hier ruht man sich nach der Wanderung gerne aus – der Isenachweiher.

Kurz darauf erreichen wir eine Wegspinne (Rettungspunkt 6514-639). Hier geht unser Weg (markiert mit blau-weißem Balken) nach Westen ab. Am Ritterstein »Matternshütte« halten wir kurz inne. Der in den Fels geschlagene Text lautet: »Hier stand das Forsthaus Mittlere Isenach Matternshuette«. Mattern war der Name eines Bewohners, bevor aus der Hütte ein Forsthaus wurde. Noch vor Ende des 19. Jahrhunderts wurde das Haus wieder abgerissen. Wir folgen dem Weg weiter bergauf, immer parallel zum Lauf der Isenach. Im Gewann Lattereck überqueren wir dann die Isenach auf einer kleinen ❶ **Holzbrücke** (wird durch Markierung angezeigt). Ab hier wechselt unser Wanderzeichen zum grün-roten Balken (alternativ dem »N« für Naturfreunde). Ein naturbelassener Weg steigt an; wir folgen ihm durch das Gewann Entenpfuhl bis zu einer Wegspinne mit Sitzgruppe (an dieser Stelle kommt von rechts der Weg mit der Markierung blau-rot). Hier folgen wir dem Wegweiser Richtung ❷ **Sauhäuschen**. Diese kleine Schutzhütte mit einigen Holzbänken befindet sich einige Meter unterhalb des Weges.

Wieder bergab Ab dem Sauhäuschen geht es mit der Markierung roter Punkt weiter. Der Weg steigt wieder an und durch herrlichen Baumbestand, an Farnen vorbei, und auf mit Kiefernzapfen übersäten Waldwegen erreichen wir die Anhöhe Kieskautberg (459 m). Wir folgen dem Weg über die Kuppe; an wenigen Stellen öffnet sich der Wald, der Blick schweift weit über den Pfälzerwald bis zum Horizont. Auf abfallendem Weg erreichen wir dann den Orientierungspunkt Dackenheimer Wald (417 m). Dort nehmen wir den weißen Punkt als Zugangsweg (breiter Forstweg) zum Wanderweg mit der Markierung grünes Kreuz. Ein schmaler Forstweg bringt uns weiter hinunter ins Tal; die letzten Meter zur Ⓔ **Hütte am Isenachweiher** sind dann identisch mit dem Hinweg.

11

Zum Ameisenkopf

Fernblick vom Rahnfels

mittel 10,5 km 540 Hm 3.20 Std.

Tourencharakter
Rundwanderung mit einem langen An- und einem langen Abstieg

Ausgangs-/Endpunkt
Höningen (298 m)

Anfahrt
Auto: Auf der Autobahn 6 bis Wattenheim, dann über Altleiningen nach Höningen
Bus und Bahn: Mit der Regionalbahn bis Grünstadt; von dort mit dem Bus nach Höningen

Gehzeiten
Höningen – Frankenthaler Hütte 1.10 Std. – Flachsacker 0.35 Std. – Kohlbrunnen 0.55 Std. – Höningen 0.40 Std.

Einkehr
Höningen

Karte
»Grünstadt und Stumpfwald mit Leiningerland«, Wanderkarte des Pfälzerwald-Vereins, 1:25 000

Beste Jahreszeit
April bis Oktober

Informationen
Verbandsgemeinde Leiningerland, Industriestraße 11, 67269 Grünstadt, Tel. 06359/800 10, www.vg-l.de

Das Augustiner-Chorherrenstift in Höningen wurde Anfang des 12. Jahrhunderts von Graf Emich II. von Leiningen gegründet. Im Jahr 1569 wurde es aufgehoben und brannte kurze Zeit danach nieder. Nach Aufbauarbeiten diente das Gebäude von 1573 bis 1729 als Lateinschule. Danach verfielen die Gebäude und wurden als Steinbruch benutzt. Die Klosterruine ist Ausgangs- und Endpunkt unserer Wanderung durch den Nördlichen Pfälzerwald.

Höningen ist ein Ortsteil von Altleiningen, das wiederum zur Verbandsgemeinde Leiningerland gehört. In dem kleinen Ort leben etwa 250 Personen; durch die Klosterruine ist der Ort regional bekannt. Am westlichen Rand des Ortes gibt es einen Wanderparkplatz. Diesen sollte man in Anspruch nehmen, da die Parkmöglichkeiten rund um die Klosterruine sehr beschränkt sind.

Spinnerfeinde an der Hütte Neben der A Klosterruine befindet sich die Klosterschänke; dort finden wir den Einstieg in unsere Tour. Der Weg führt über Treppenstufen zuerst hinunter zum Höninger Bach und dann ein kurzes Stück am Waldrand entlang. Wir achten auf die Markierung weißes Dreieck. Der Weg biegt ein nach Süden; auf naturbelassenem

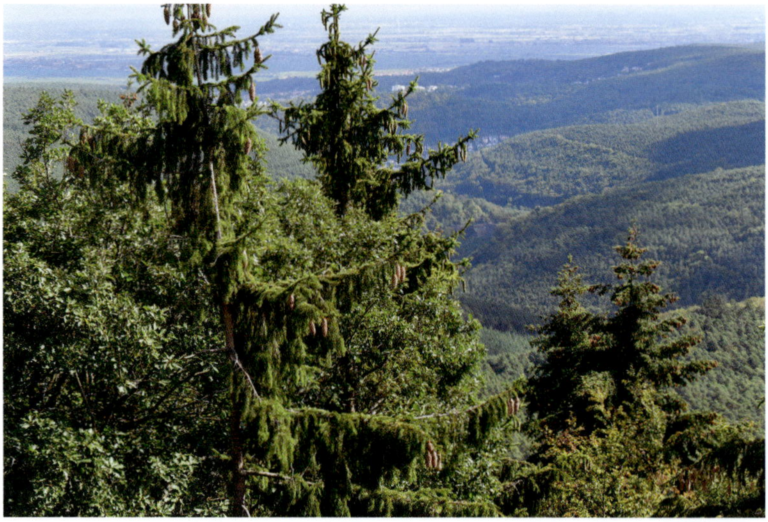

Von der Frankenthaler Hütte reicht der Blick weit über den Pfälzerwald bis ins Rheintal.

Waldboden folgt jetzt ein lang gezogener Anstieg. Dieser führt uns zur Landesstraße 518. Wir überqueren diese, steigen weiter an und erreichen eine ehemalige Fahrstraße. Ein kurzes Stück dieser entlang; dann folgt der Schlussanstieg zum Rahnfels. Dort befindet sich die ❶ **Frankenthaler Hütte**. Sie ist eine unbewirtschaftete Holzhütte, die im Jahr 1906 erbaut wurde. Hier befinden wir uns auf 516 Meter Höhe. So einzigartig die Aussicht an dieser Stelle auf den Nördlichen Pfälzerwald und das Rheintal ist: Hier gibt es ein Problem. In diesem Bereich kommt ein Schädling, nämlich der Eichenprozessionsspinner vor. Es handelt sich dabei um einen Falter, der in eichenreichen Wäldern verbreitet ist. Dieser frisst nicht nur die Bäume kahl, sondern kann beim Menschen durch die Brennhaare mit Widerhaken allergische Hautreaktionen sowie Augen- und Atemwegsreizungen auslösen. Die Hautausschläge zeigen sich am Körper dann als Quaddeln, als Hautentzündungen oder Knötchen. An der Hütte sind deswegen Warnhinweise angebracht. Grundsätzlich sollte man die Hautbereiche, die Augen bzw. die Atemwege schützen und Raupen oder Gespinntsballen nicht berühren.

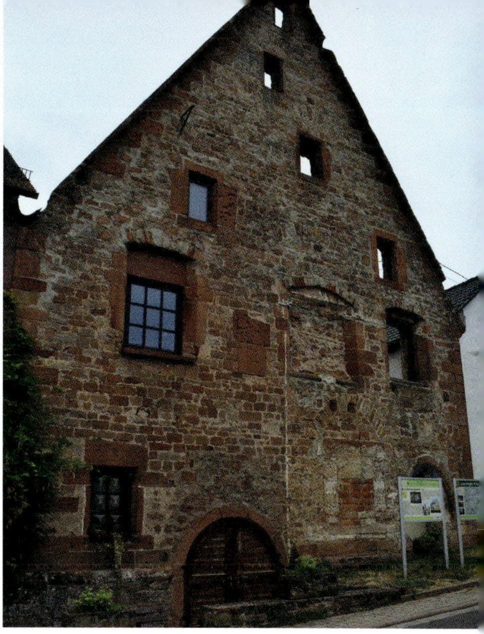

Nur wenige Gebäudeteile sind vom Kloster Höningen übrig geblieben.

Zum Kohlbrunnen Wir gehen den Weg zur Hütte ein Stück zurück und nehmen die Markierung roter Punkt auf. Über einen Teil der erwähnten Fahrstraße geht es hinunter zum Ameisenkopf und an dessen südlicher Seite weiter zur Wegspinne ❷ **Flachsacker** (Rettungspunkt 6514-612). An dieser Holzlagerstelle treffen verschiedene Wanderwege auf die Landesstraße 518, die hier einen großen Bogen beschreibt. Der rote Punkt leitet uns an den Erhebungen Böllenscheid und Weilers-Köpfchen vorbei; auf dem abfallenden Weg achten wir darauf, dass wir an einer Wegverzweigung das grüne Kreuz als weitere Wegmarkierung nehmen. Diese führt uns zum ❸ **Kohlbrunnen** (Rettungspunkt 6514-608). Jetzt geht es nur noch bergab; in der Nähe von Ⓔ **Höningen** schließt der Weg zur L518 auf und verläuft den letzten Teil der Tour parallel zu dieser.

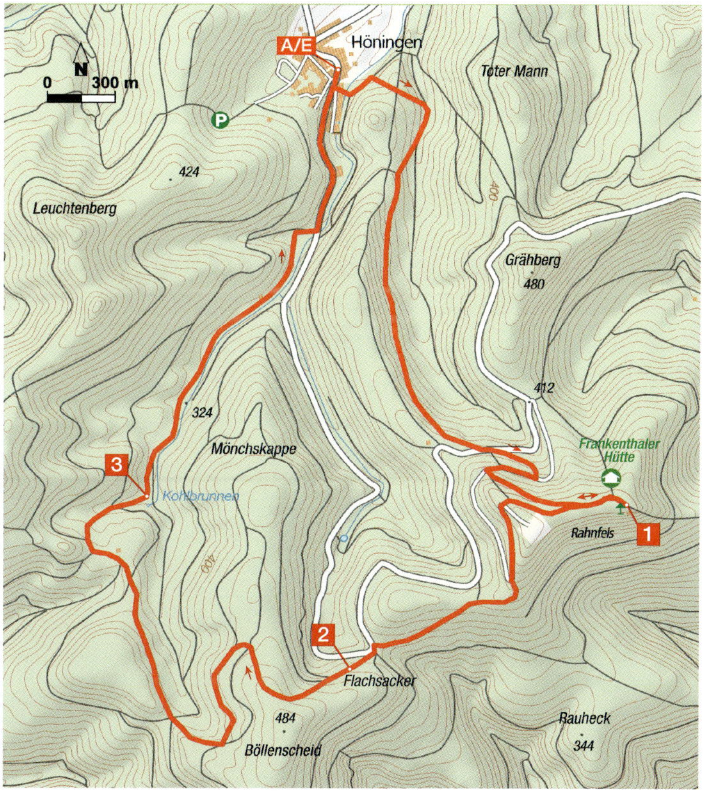

12

Von Schaudichnichtum nach Murrmirnichtviel

Wegkreuze und Rittersteine

mittel 13,7 km 832 Hm 4.05 Std.

Tourencharakter
Ein langer Anstieg führt uns zur Hütte Lambertskreuz. Von dort geht es hinunter ins Tal der Isenach. Ein letzter steiler Anstieg bringt uns zurück zum Saupferch.

Ausgangs-/Endpunkt
Saupferch (241 m)

Anfahrt
Auto: Von Bad Dürkheim auf der Bundesstraße 37 Richtung Kaiserslautern; von Kaiserslautern auf der A 6 bis Alsenborn, von dort über die Bundesstraße 48 nach Hochspeyer; dann über die B 37 nach Frankenstein und weiter zum Saupferch
Bus und Bahn: Eine Anfahrt ist mit öffentlichen Verkehrsmitteln nicht möglich.

Gehzeiten
Saupferch – Lambertskreuzhütte 1.10 Std. – Kehrdichannichts 1.20 Std. – Alte Schmelz 0.40 Std. – Saupferch 0.55 Std.

Einkehr
Saupferch, Lambertskreuzhütte, Alte Schmelz

Karte
»Mittel- und Unterhaardt mit Bad Dürkheim und Leiningerland«, Wanderkarte des Pfälzerwald-Vereins, 1:25 000

Beste Jahreszeit
April bis Oktober

Informationen
Tourist Information Bad Dürkheim, Kurbrunnenstraße 14, 67098 Bad Dürkheim, Tel. 06322/93 51 40, www.bad-duerkheim.com

Rittersteine sind im Pfälzerwald verbreitete Landmarken. Sie basieren meist auf Sandsteinfindlingen und besitzen eingeschlagene Inschriften. Diese weisen auf geschichtliche oder naturkundliche Besonderheiten der jeweiligen Aufstellorte hin. Gleich zwei dieser Rittersteine finden wir auf unserem Weg durch dichten Pfälzerwald.

Die Zufahrt zum Saupferch erfolgt von der Straße, die von Bad Dürkheim nach Frankenstein führt. Die Abzweigung befindet sich in einer Kurve und ist deshalb leicht zu übersehen. Die Zufahrtsstraße führt entlang des Stütertalbachs und ist asphaltiert. Die Stichstraße darf allerdings nur zwischen 8.00 Uhr und 20.00 Uhr befahren werden. Kurz vor Erreichen der Waldgaststätte »Zum Saupferch« gelangt man zu einem A **Wanderparkplatz**, an dem das Fahrzeug abgestellt werden kann.

Hinauf zum Lambertskreuz Vom Saupferch werden zwei Wanderwege Richtung Lambertskreuz angeboten. Wir nehmen nicht die blaue Markierung (der Weg ist deutlich länger), sondern folgen der Markierung blau-

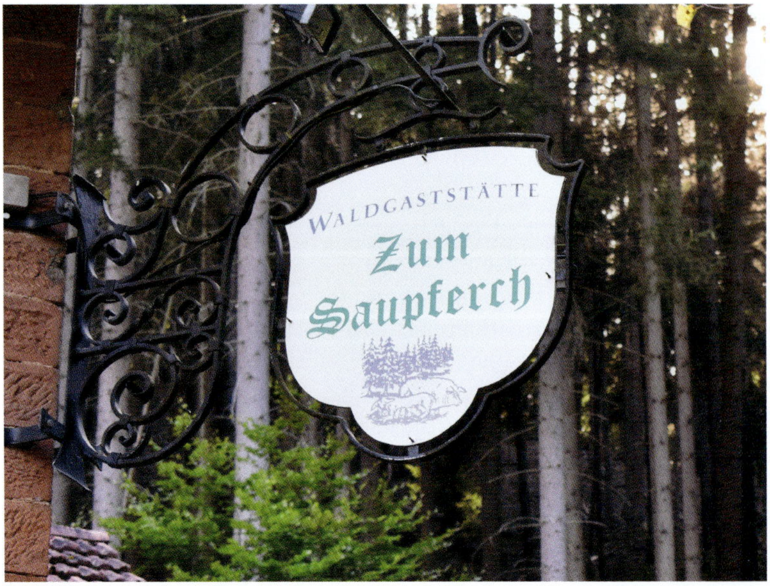

Der Saupferch ist Ausgangs- und Endpunkt dieser interessanten Wanderung.

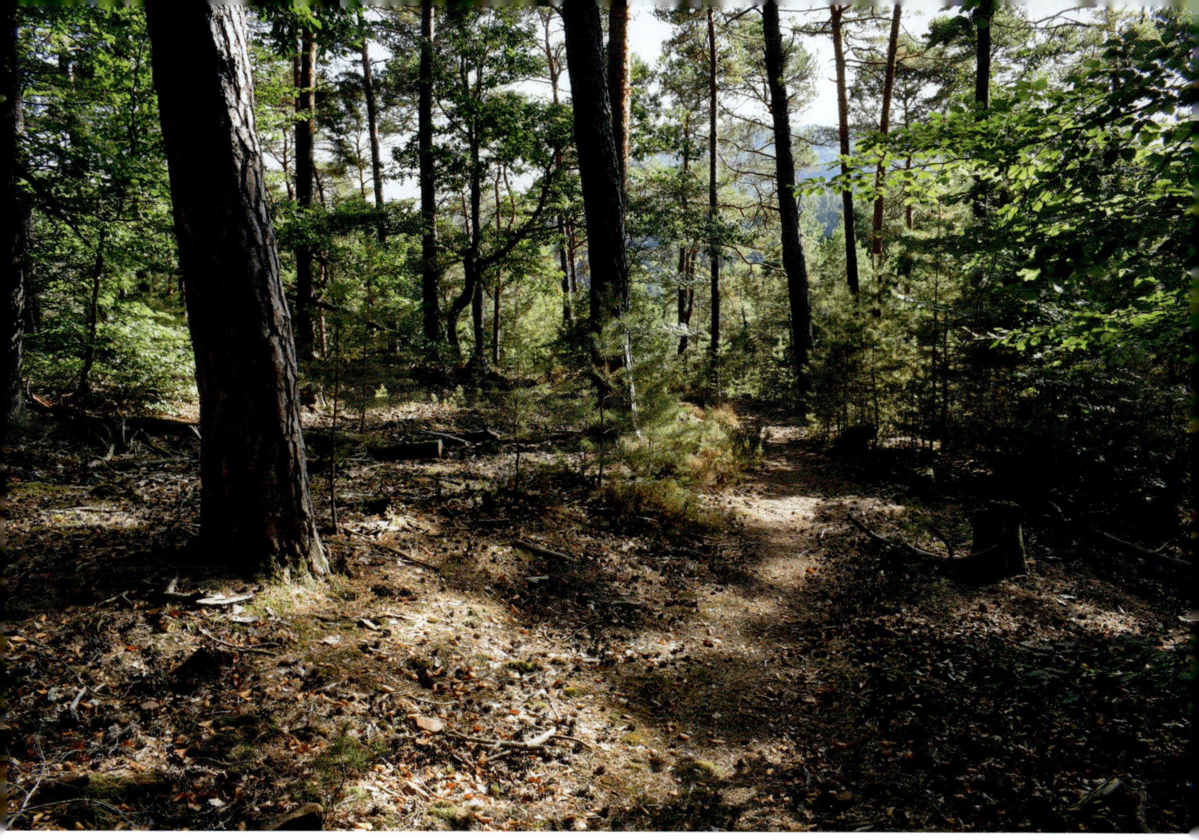

Wunderbare Wanderwege findet man rund um das Lambertskreuz.

roter Balken; diese führt uns an der Waldgaststätte vorbei und auf ansteigendem Weg durch das Dreibrunnental. Nach eineinhalb Kilometern erreichen wir eine Wegverzweigung (Rettungspunkt 6514-686); ab hier orientieren wir uns an der Markierung blau-rot. Der Weg steigt jetzt steiler an; wir folgen immer noch dem Stütertalbach. Schließlich erreichen wir die Pfälzerwald-Verein-Hütte ❶ **Lambertskreuz** (462 m). Die Hütte ist geöffnet Di. bis So., 10.00 Uhr bis 18.00 Uhr; nähere Informationen unter www.lambertskreuz.eu. Die Hütte wurde im Jahr 1907 erbaut und zählt damit zu den ältesten Hütten des Pfälzerwald-Vereins. Das Lambertskreuz ist ein altes Steinkreuz, das noch vor der Errichtung der Hütte an der dortigen Stelle gefunden wurde. Die erste urkundliche Erwähnung des Kreuzes geht bis in das 13. Jahrhundert zurück. Der Name selbst bezieht sich auf den heiligen Lambert, Bischof von Maastricht im 8. Jahrhundert. In der nicht weit entfernten Stadt Lambrecht befindet sich im übrigen der imposante Bau des ehemaligen Klosters St. Lambrecht.

Zu den Rittersteinen An der Lambertskreuzhütte nehmen wir die Wegmarkierung gelbes Kreuz auf. Diese führt uns zunächst in nordöstliche Richtung. Am Weißenberg entlang erreichen wir ohne große Höhenunterschiede die Wegverzweigung Kaisergärtchen (Rettungspunkt 6514-690); dort befindet sich eine kleine Sitzgruppe. Jetzt geht es wieder ein Stück bergan; wir erreichen dann den Orientierungspunkt und Ritterstein Schaudichnichtum (Rettungspunkt 6514-692). Die Landmarke erinnert an ein ehemaliges Jagdhaus aus dem 18. Jahrhundert. Der wirkliche Name ist nicht mehr bekannt; es sind auch nur noch Reste von Grundmauern erhalten. Vermutlich wurde das Haus durch französische Revolutionstruppen zerstört. Der Name Schau-

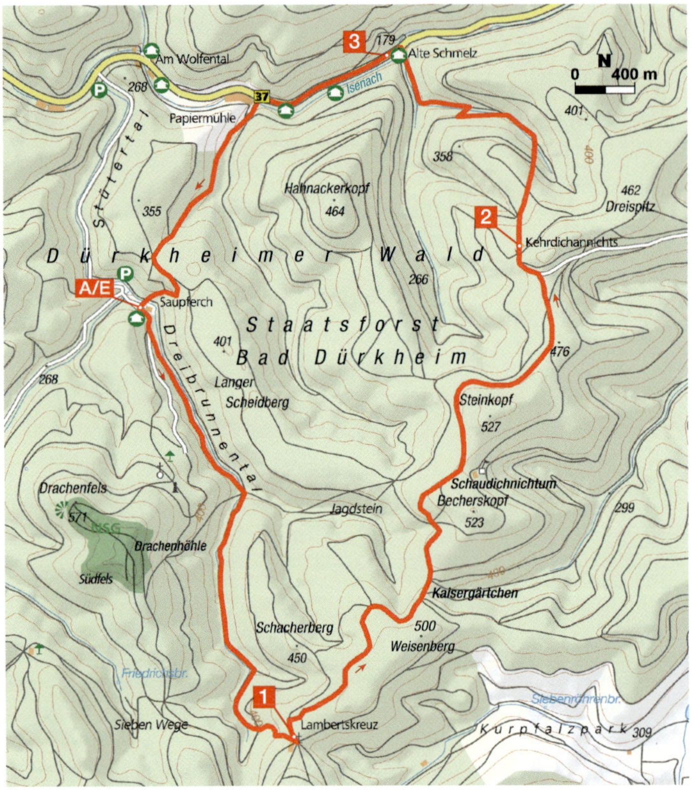

dichnichtum wurde von der örtlichen Bevölkerung geprägt.

Zur Alten Schmelz Um den Steinkopf herum führt der Weg jetzt zum Forsthaus ❷ **Kehrdichannichts**. Wir befinden uns etwas oberhalb des Hauses; von hier können wir einen Abstecher zu den Resten des Jagdschlosses »Murrmirnichtviel« machen. Allerdings ist dort nicht mehr viel zu sehen, ein Ritterstein weist auf das ehemalige Gebäude hin. Wahrscheinlich wurde es im Dreißigjährigen Krieg oder in den Revolutionskriegen zerstört. Wir achten auf die Markierung weißes Dreieck. Diese führt uns über die Kleine Langhalde hinunter ins Kleine Sausental. Bald erreichen wir das Tal der Isenach und die wenigen Häuser der ❸ **Alten Schmelz**.

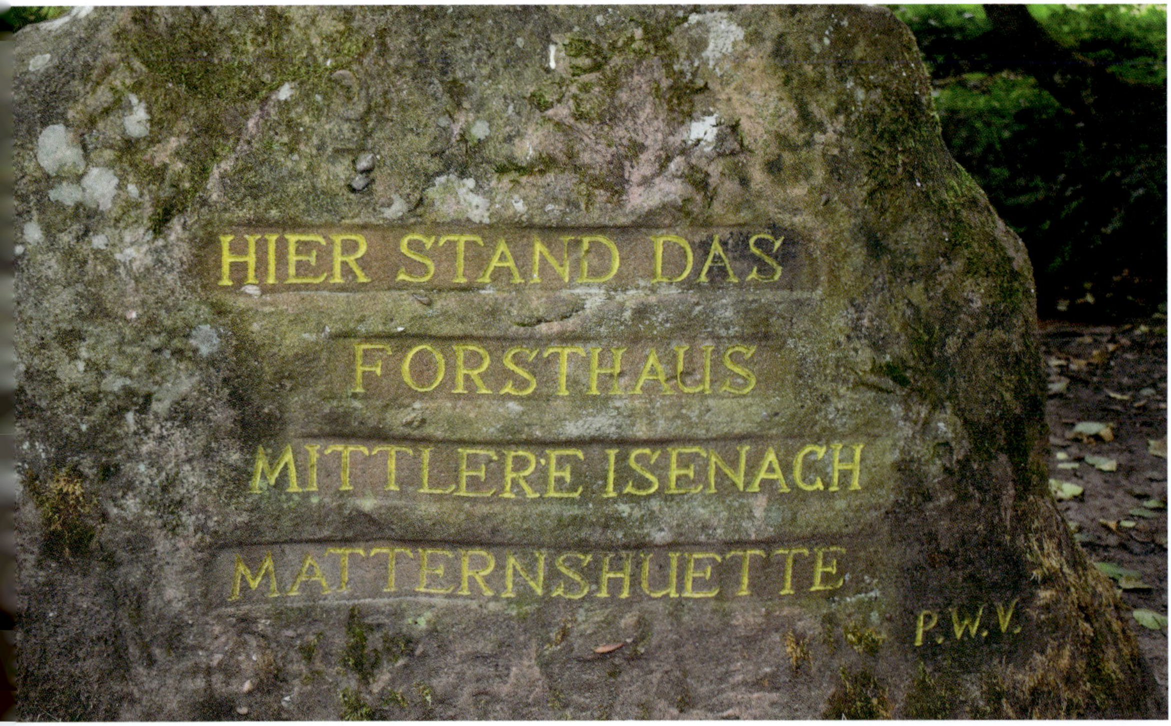

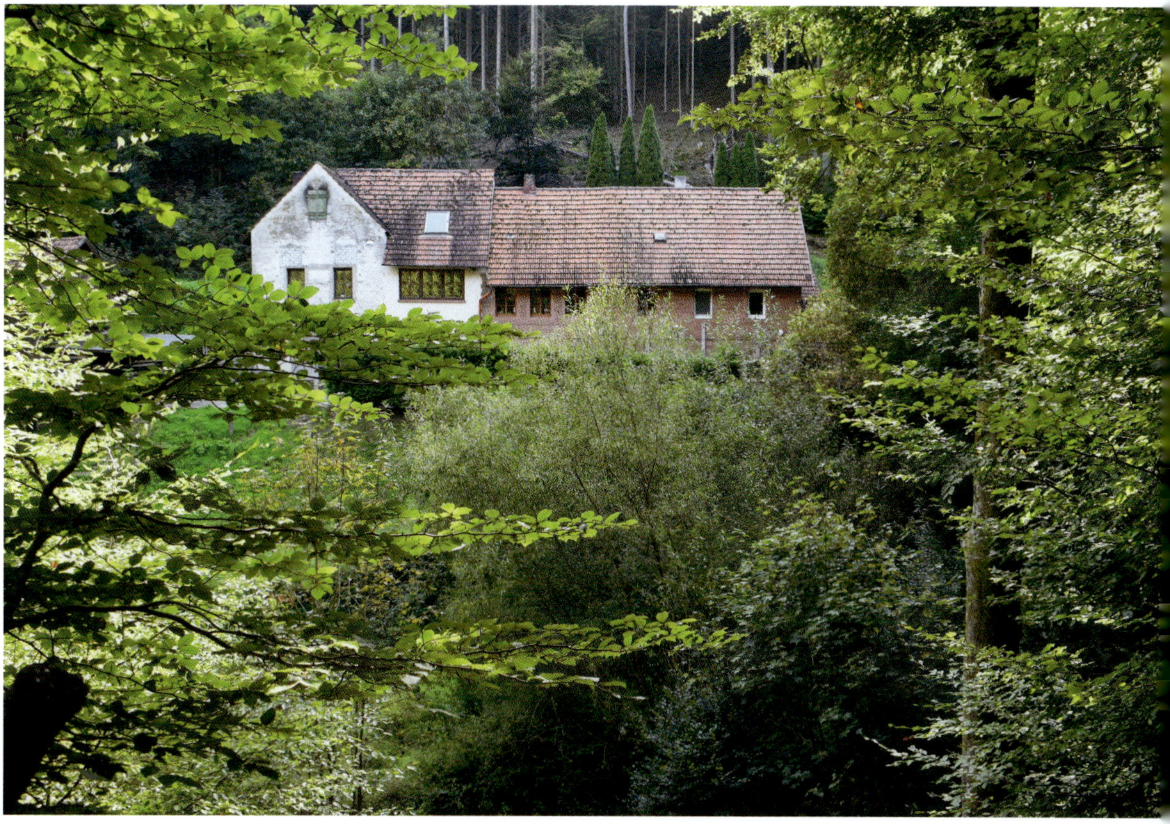

Zurück zum Saupferch Wir gehen im Wald in westliche Richtung; der Weg verläuft parallel zur Straße. Nach einem Kilometer erreichen wir die Papiermühle; unser Weg biegt jetzt nach Süden ab und ist mit blauem Balken markiert. Durch das Wächterstal geht es noch einmal bergauf; von einer Kuppe sehen wir dann schon hinunter zum Saupferch. Unseren E **Ausgangspunkt** erreichen wir dann nach einem kurzen, aber steilen Abstieg.

Nach einem steilen Abstieg erreichen wir wieder unseren Ausgangspunkt, den Saupferch.

Linke Seite: Es gibt sie nur im Pfälzerwald – die Rittersteine.

Rittersteine im Pfälzerwald

Die Steinmarken namens Rittersteine findet man im gesamten Pfälzerwald. Heute werden mehr als 300 Stück gezählt. Die Aufstellung der Landmarken geht zurück bis zu den Anfängen des 20. Jahrhunderts. Die ersten 200 Steine wurden in den Jahren 1910 bis 1914 aufgestellt. Sie sollten zur »steinernen Geschichtsschreibung des Pfälzerwalds« werden. Schon im Jahr 1912 wurde auf einer Hauptversammlung des Pfälzerwald-Vereins beschlossen, diesen Gedenksteinen den Namen »Rittersteine« zu geben – dies, um die Arbeit des Regierungsdirektors von Ritter zu würdigen, der sich intensiv dieser Aufgabe angenommen hatte. Als Rittersteine wurden am Ort befindliche oder herbeigeschaffte Felsfindlinge, meist aus Bundsandstein, verwendet. Es gibt aber auch Steinkreuze, Mauern oder vorhandene Felsen als Rittersteine. Die Absicht war es, wichtige Stellen zu kennzeichnen und deren Bedeutung dem vorbeikommenden Wanderer mitzuteilen bzw. das Wissen der Nachwelt zu erhalten. Auf jedem Ritterstein sind die Initialen »P.W.V.« für Pfälzerwald-Verein eingemeißelt.

13

Durch den Diemersteiner Wald

Rast am Müllerstisch

mittel 15,9 km 444 Hm 5.00 Std.

Tourencharakter
Rundwanderung durch dichten Pfälzerwald. Schmale und breite Forstwege wechseln sich ab.

Ausgangs-/Endpunkt
Frankenstein (251 m)

Anfahrt
Auto: Von Kaiserslautern über Hochspeyer nach Frankenstein; von Bad Dürkheim über die B 37 und von Neustadt/Weinstraße über die B 39 nach Frankenstein
Bus und Bahn: Mit der Regionalbahn von Neustadt/Weinstraße oder Kaiserslautern nach Frankenstein

Gehzeiten
Frankenstein – Siebenbrunnen 1.20 Std. – Müllerstisch 1.25 Std. – Frankenstein 2.15 Std.

Einkehr
Frankenstein

Karte
»Mittel- und Unterhaardt mit Bad Dürkheim und Leiningerland«, Wanderkarte des Pfälzerwald-Vereins, 1:25 000

Beste Jahreszeit
April bis Oktober

Informationen
Tourismusbüro Enkenbach-Alsenborn, Hauptstraße 18, 67677 Enkenbach-Alsenborn, Tel. 06303/91 31 68, www.enkenbach-alsenborn.de

Hoch über Frankenstein thront die gleichnamige Burgruine. Im 12. Jahrhundert errichtet, teilte sie mit ihrer Zerstörung das Schicksal vieler anderer Burgen in der Pfalz. Unter der Burg führt heute die S-Bahntrasse hindurch. Ein Besuch der Burg bietet sich nach Ende der Wanderung an; der Weg ist von der Hauptstraße ausgeschildert.

An der Ⓐ **Haltestelle Frankenstein** auf der Bahnstrecke Neustadt–Kaiserslautern finden wir einige Parkplätze. Wir überqueren die Straße und gehen am Landgasthof Schlossberg vorbei. Bald erreichen wir die Villa Denis. Sie gehörte einst Paul von Denis, einem Eisenbahningenieur im 19. Jahrhundert. Heute ist sie Tagungszentrum der Technischen Universität Kaiserslautern. Über dem Gebäude thront die Burgruine Diemerstein. Errichtet im 12. Jahrhundert, wurde sie im späten 14. Jahrhundert zur Ganerbenburg. Ulrich von Hutten soll sich auf seiner Flucht hier kurz

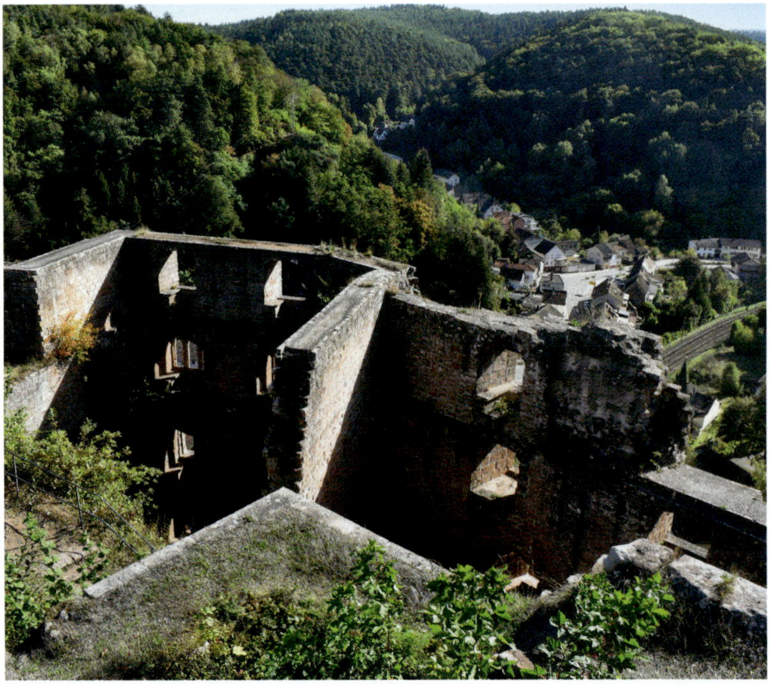

Die Burgruine Frankenstein thront hoch über dem gleichnamigen Ort.

aufgehalten haben; er war Gesinnungsgenosse Franz von Sickingens, der nicht weit von hier entfernt in Landstuhl ums Leben kam.

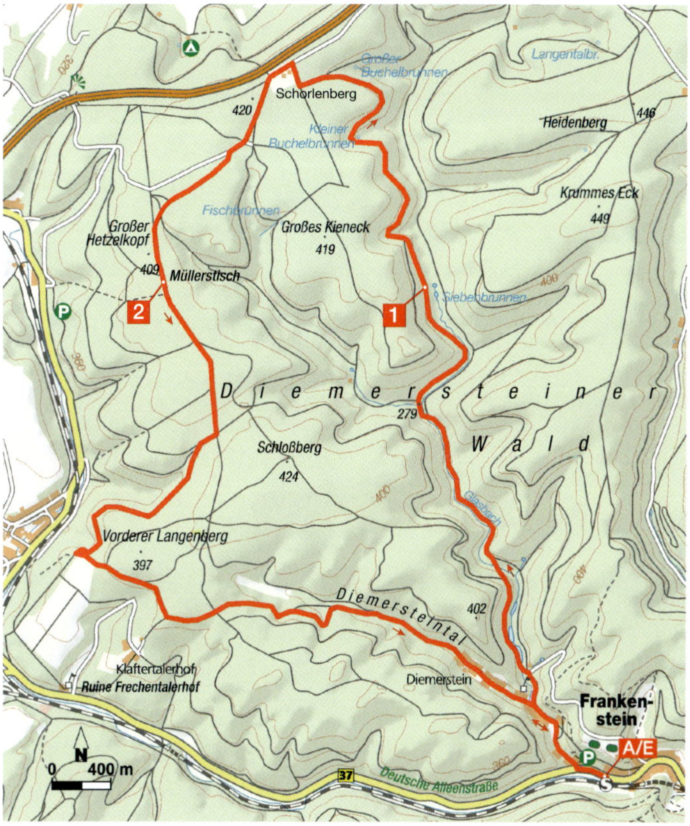

Zum Siebenbrunnen Wir gehen auf der rechten Seite von Burg und Villa vorbei. Der Weg führt dann gleich nach links über den Glasbach und folgt diesem in Gehrichtung auf der linken Seite. An einigen Weihern vorbei geht es das Tal dieses Baches aufwärts; unsere Markierung ist der grün-blaue Balken. Wir erreichen jetzt den ❶ **Siebenbrunnen**. Die starke Quelle lässt das Wasser aus sieben Schüttungen sprudeln. Die Einfassung erfolgte im Jahr 1927 und wurde seitdem mehrfach erneuert. Ein Ritterstein mit diesen Angaben befindet sich direkt über der Quelle; eine Sitzgruppe lädt zum Verweilen ein.

Rast am Müllerstisch Es geht weiter bergauf, bis wir das Forsthaus Schorlenberg direkt an der A 6 erreichen. Wir gehen an der Autobahn nach links, also nach Westen und achten auf die Markierung weiß-blau. Es sind nur wenige Meter, die wir entlang der Autobahn laufen müssen. Gleich biegt der Weg wieder in den Wald ein und nach einigen Minuten ist vom Verkehrslärm nichts mehr zu hören. Unsere Markierung lässt uns den breiten Forstweg nach links verlassen; es geht auf einem schmalen Weg durch den Wald, bis wir erneut auf einen breiten Waldwirschaftsweg treffen. Dieser führt uns zum ❷ **Müllerstisch.** Der Müllerstisch, ebenfalls ein Ritterstein, besteht aus einer großen Steinplatte, die von drei Holzbänken flankiert wird – ein idealer Punkt, um eine Wanderpause einzulegen.

Zum Diemersteintal Wir gehen weiter nach Süden und folgen auch an der nächsten größeren Verzweigung (Rettungspunkt 6513-473) weiter unserer bisherigen Markierung. Der Weg fällt ab und führt uns zu einer Lichtung oberhalb von Fischbach. Hier nehmen wir unsere letzte Markierung, den grün-roten Balken, auf. Der Weg steigt wieder an; über den Vorderen Langenberg erreichen wir eine Wegspinne (Rettungspunkt 6513-480); hier treffen wir auf das Diemersteintal. Bergabwärts geht es zur Ansiedlung Diemerstein, die zur Ortsgemeinde Frankenstein gehört. Noch einmal geht es an der Villa Denis vorbei – und wir erreichen unseren Ausgangspunkt am Ⓔ **Bahnhof** in Frankenstein.

14 Von Weidenthal nach Neidenfels

Heidenkopf und Pflasterberg

mittel 12,2 km 786 Hm 3.45 Std.

Tourencharakter
Streckenwanderung in der Mitte des nördlichen Pfälzerwaldes auf Wald- und Forstwegen

Ausgangspunkt
Weidenthal (215 m)

Endpunkt
Neidenfels (181 m)

Anfahrt
Auto: Von Neustadt/Weinstraße auf der B 39 nach Weidenthal
Bus und Bahn: Mit der Regionalbahn von Neustadt/Weinstraße oder Kaiserslautern nach Weidenthal

Gehzeiten
Weidenthal – Esthaler Bänke 1.35 Std. – Neidenfels 2.10 Std.

Einkehr
Weidenthal, Neidenfels

Karte
»Mittel- und Unterhaardt mit Bad Dürkheim und Leiningerland«, Wanderkarte des Pfälzerwald-Vereins, 1:25 000

Beste Jahreszeit
April bis Oktober

Informationen
Tourist-Information Lambrecht (Pfalz), Sommerbergstraße 3, 67466 Lambrecht (Pfalz), Tel. 06325/18 11 10, www.vg-lambrecht.de

Die Strecke durch das Tal des Hochspeyerbachs war schon im Mittelalter eine wichtige Verbindungsroute. Entsprechend wurde diese durch Burgen wie Frankenstein, Lichtenstein, Neidenfels oder die Wolfsburg gesichert. Auf dieser Wanderung steigen wir aus dem Tal zu einem Bergkamm; diesem folgen wir, bevor uns ein langer Abstieg nach Neidenfels zurückführt.

Weidenthal ist eine Ortsgemeinde der Verbandsgemeinde Lambrecht (Pfalz) und zählt knapp 2000 Einwohner. Der Ort verfügt über einen S-Bahn-Haltepunkt an der Bahnstrecke Kaiserslautern–Neustadt/Weinstraße. Dort gibt es auch einen kleinen Ⓐ **Parkplatz**; dieser ist während der Woche aber meist von Pendlern belegt. Direkt am Haltepunkt gehen wir die steile Sensentalstraße bergauf; die wenigen Häuser hat man schnell hinter sich gelassen.

Zum Heidenkopf Auf unserem Weg führt uns zuerst die Markierung weiß-grüner Balken. Oberhalb des Ortes wandern wir parallel zur Bahn-

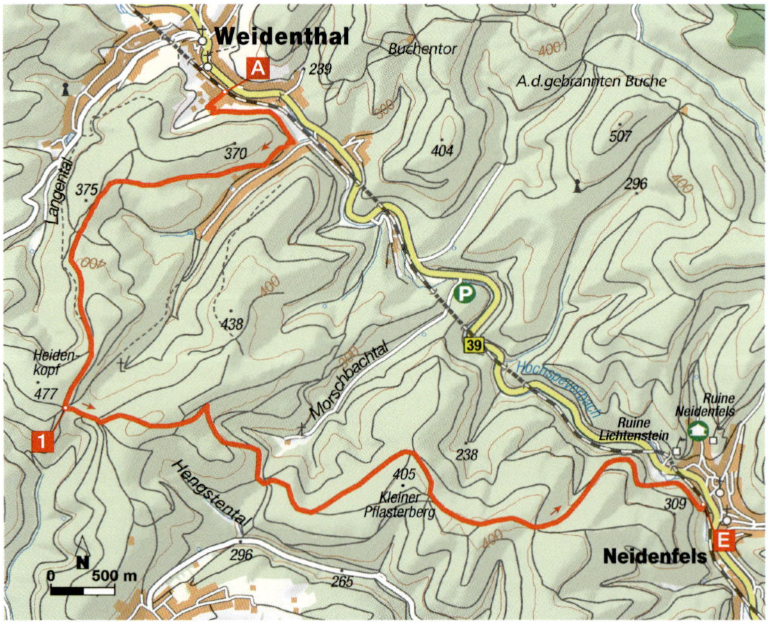

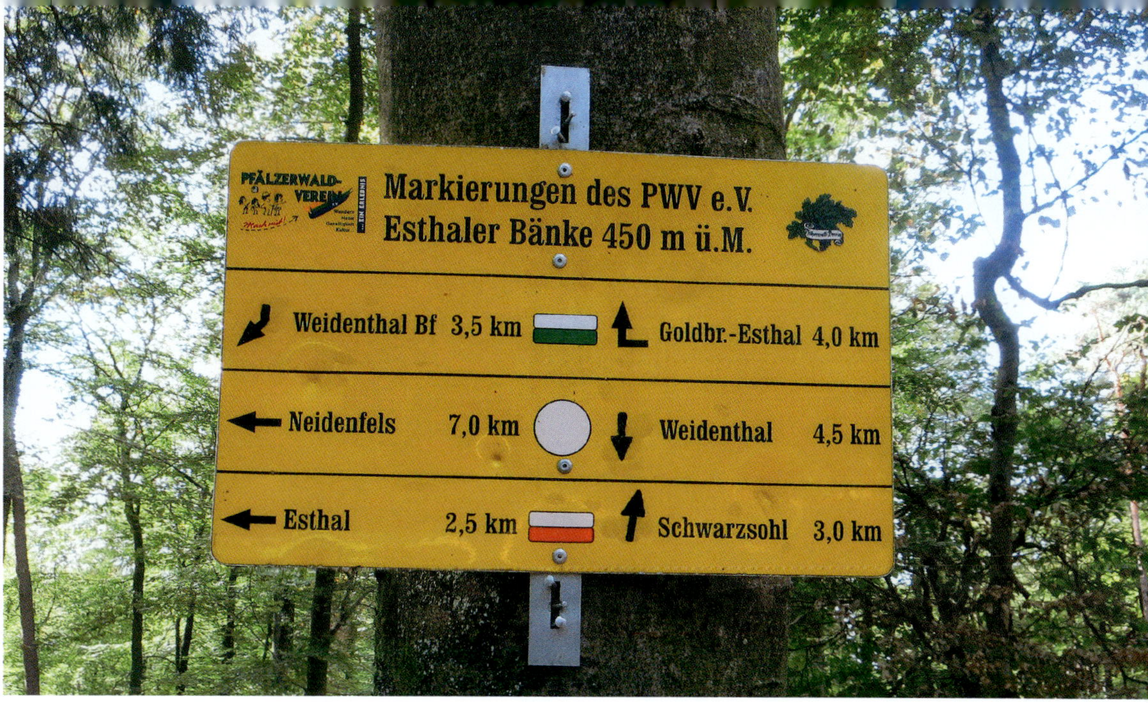

An den Esthaler Bänken befindet sich eine kleine Schutzhütte.

linie. Anschließend biegt der Weg nach Südosten hinunter zu den Häusern der Weißenbachstraße. Noch vor Erreichen der Häuser achten wir auf den Weg, der nach rechts Richtung Wald wieder steil ansteigt; dieser ist mit einem grünen Kreuz markiert. Bald ist der Anstieg geschafft und der Weg biegt jetzt in südlicher Richtung ab. Kurze Zeit später trifft von rechts ein Wanderweg mit der Markierung blauer Balken auf unseren Weg. Der vereinigte Weg trennt sich kurz danach wieder; der weiße Punkt geleitet uns nun bis zur Schutzhütte am Heidenkopf. Die kleine Unterstandshütte mit Sitzgelegenheiten ist auch als ❶ **Esthaler Bänke** bekannt.

Zum Kleinen Pflasterberg An der Schutzhütte ändern wir die Gehrichtung erneut. Nun wandern wir nach Osten. Unsere Markierung bleibt vorläufig der weiße Punkt. Bald ist der Mollenkopf (507 m) erreicht; dort befinden sich eine Sitzgruppe und ein Sandsteindenkmal. Über die Brunnendell geht es hinunter zur Wegspinne Taubenplatz. Noch einmal durch dichten Wald wandern wir um den Kleinen Pflasterberg herum. Bald befinden wir uns über dem Tal des Hochspeyerbachs. In Gehrichtung können wir schon den Ort Neidenfels mit der mächtigen Papierfabrik erkennen. Nach dem letzten steilen Abstieg unterqueren wir die Bahnlinie und befinden uns an der Durchgangsstraße des Ortes. Nach rechts geht es zum Ⓔ **Bahnhaltepunkt** in Neidenfels; nach links geht, wer sich noch die Burgruine anschauen möchte.

Burgruine Neidenfels Der Weg zur Burg führt an der protestantischen Kirche vorbei, dann durch die Dorfstraße. Ein kurzer steiler Anstieg lässt uns zur Burgruine gelangen. Die Burg wurde um 1330 als Ersatz für die nahe Burg Lichtenstein erbaut; diese war bereits 1281 zerstört worden. Grund für den Bau beider Burgen war die Sicherung des Verbindungsweges Neustadt–Kaiserslautern. Die Burg Neidenfels wurde schließlich im Pfälzischen Erbfolgekrieg zerstört. Sehenswert sind die Reste des Treppenturms, die zur Hälfte erhalten sind.

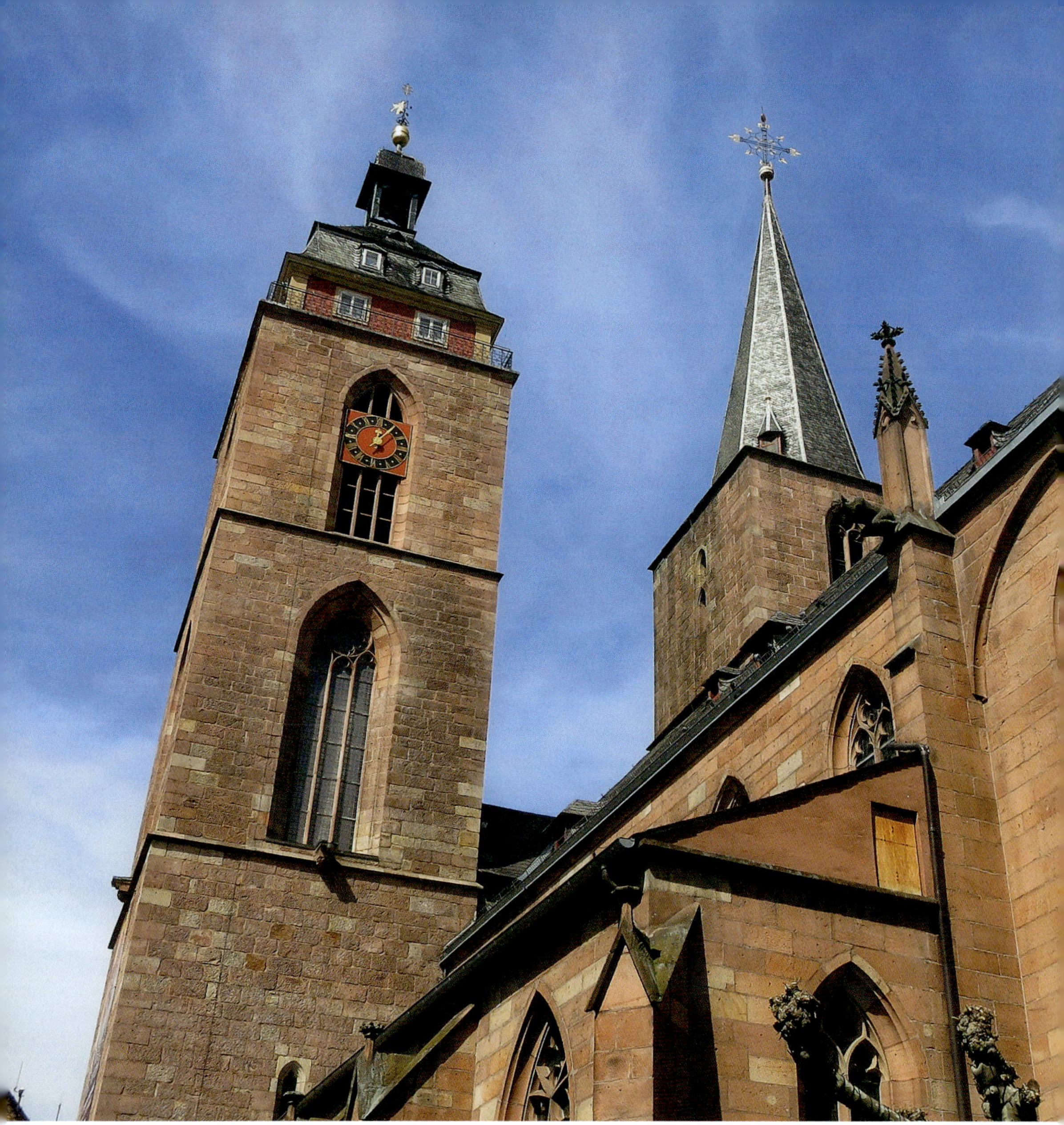

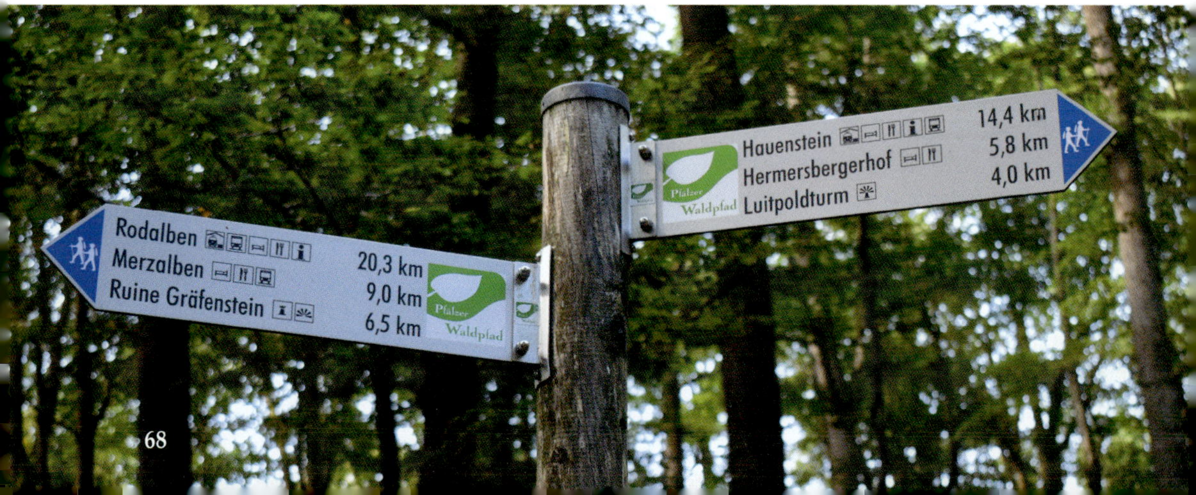
Hauenstein 14,4 km
Hermersbergerhof 5,8 km
Luitpoldturm 4,0 km
Pfälzer Waldpfad
Rodalben 20,3 km
Merzalben 9,0 km
Ruine Gräfenstein 6,5 km
Pfälzer Waldpfad

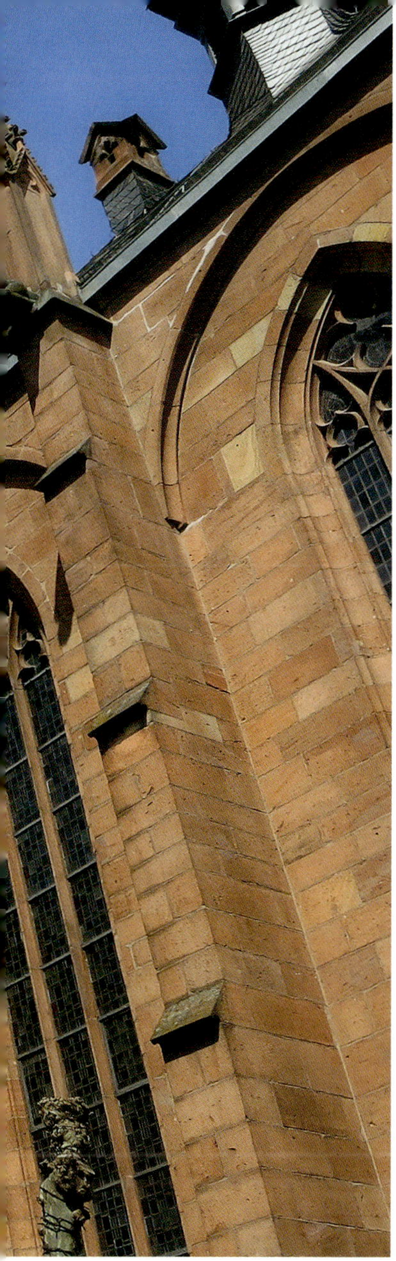

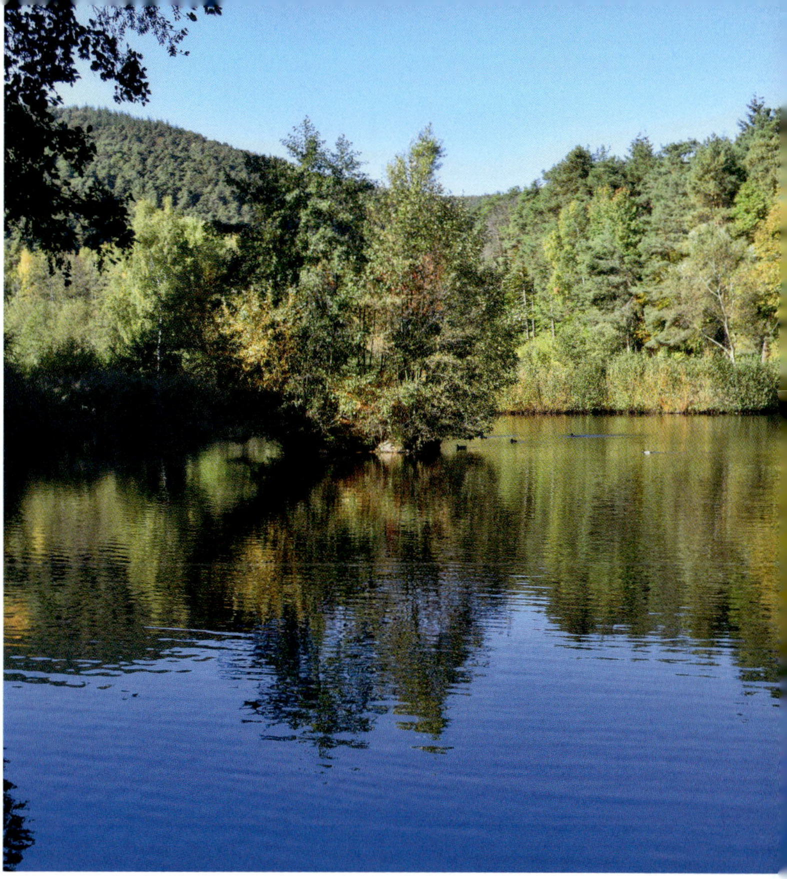

Pfalz Mitte

Rheintal, Mittlerer Pfälzerwald und Haardt

Die gotische Stiftskirche St. Ägidius in Neustadt an der Weinstraße ist Simultankirche für Katholiken und Protestanten (li. o.). Der Pfälzerwald-Verein sorgt für die Erhaltung der Wandermarkierungen (li. u.). Wooge nennt man in der Pfalz aufgestaute Weiher (re. o.). Immer wieder durch die Weinberge geht es auf den Touren in der Rheinebene (re. u.).

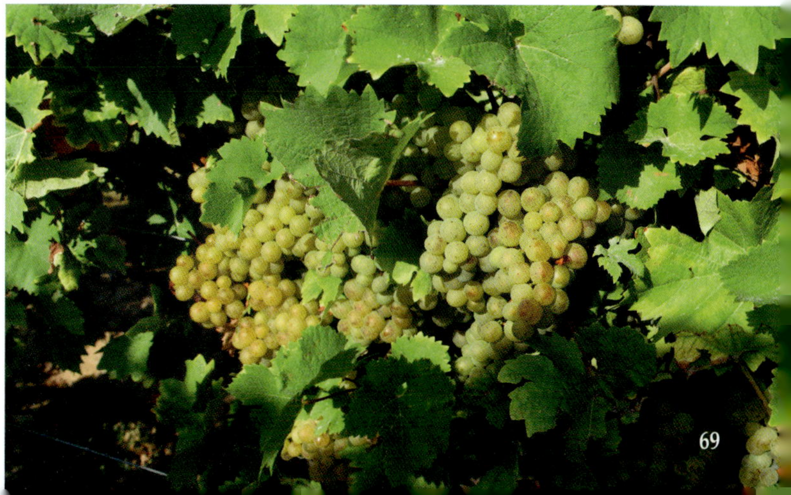

15 Durch den Haßlocher Wald

Langstrecke zur Haardt

schwer 27,8 km 42 Hm 8.15 Std.

Tourencharakter
Streckenwanderung auf Wald-, Forst- und Feldwegen; an den Ausgangs- und Endpunkten auch asphaltierte Streckenabschnitte

Ausgangspunkt
Speyer (100 m)

Endpunkt
Neustadt an der Weinstraße (142 m)

Anfahrt
Auto: Je nach Ausgangspunkt erfolgt die Anfahrt über die B 9 oder B 39 nach Speyer. Parkplätze auf dem Festplatz beim Dom oder im Parkhaus beim Bahnhof (beide gebührenpflichtig).
Bus und Bahn: Mit der Bahn bis Speyer Hbf

Gehzeiten
Speyer – Naturfreundehaus Iggelheim 3.30 Std. – Kreisel bei Haßloch 2.05 Std. – Neustadt/Weinstraße 2.40 Std.

Einkehr
Speyer, Neustadt/Weinstraße sowie verschiedene Gasthäuser unterwegs

Karte
Wandern und Radwandern in der Südpfalz, Wanderkarte des Pfälzerwald-Vereins, 1:50 000

Beste Jahreszeit
April bis Oktober

Informationen
Tourist-Information Haßloch, Rathausplatz 1, 67454 Haßloch, Tel. 06324/93 52 25, www.hassloch.de oder Tourist-Information Speyer, Maximilianstraße 13, 67346 Speyer, Tel. 06232/14 23 92, www.speyer.de

Zusammenhängende Waldgebiete gibt es im westlichen Oberrheingraben nur noch wenige. Die letzten sind der Hardtwald bei Mülhausen oder der Hagenauer Forst, beide im Elsass gelegen. Auf deutscher Seite zählen dazu der Bienwald in der Südpfalz und der Haßlocher Wald. Letzterer ist ein Waldgebiet, das sich fast vollständig vom Rhein bis zur Haardt bei Neustadt/Weinstraße erstreckt.

Unsere Tour beginnt am **A Dom** zu Speyer. Wer Interesse hat, geht noch die wenigen Meter hinunter zur Schiffsanlegestelle am Rhein. Nicht weit davon entfernt befinden sich auch das Technik-Museum Speyer sowie der örtliche Flughafen. Vom Hauptportal des Doms gehen wir auf der Maximilianstraße in westliche Richtung. Nach 150 Metern stoßen wir

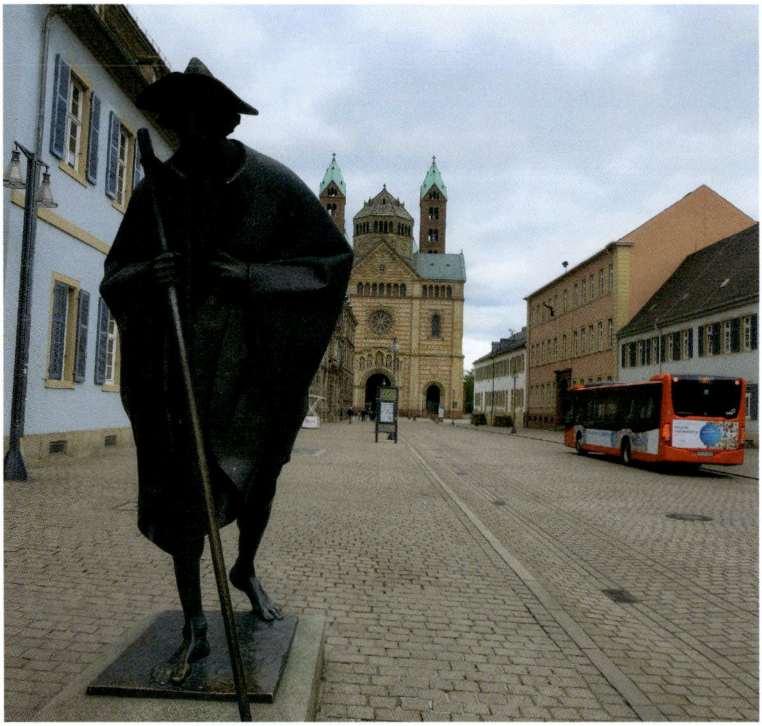

Auf den ersten Metern unserer Wanderung erreichen wir das Denkmal des Jakobspilgers.

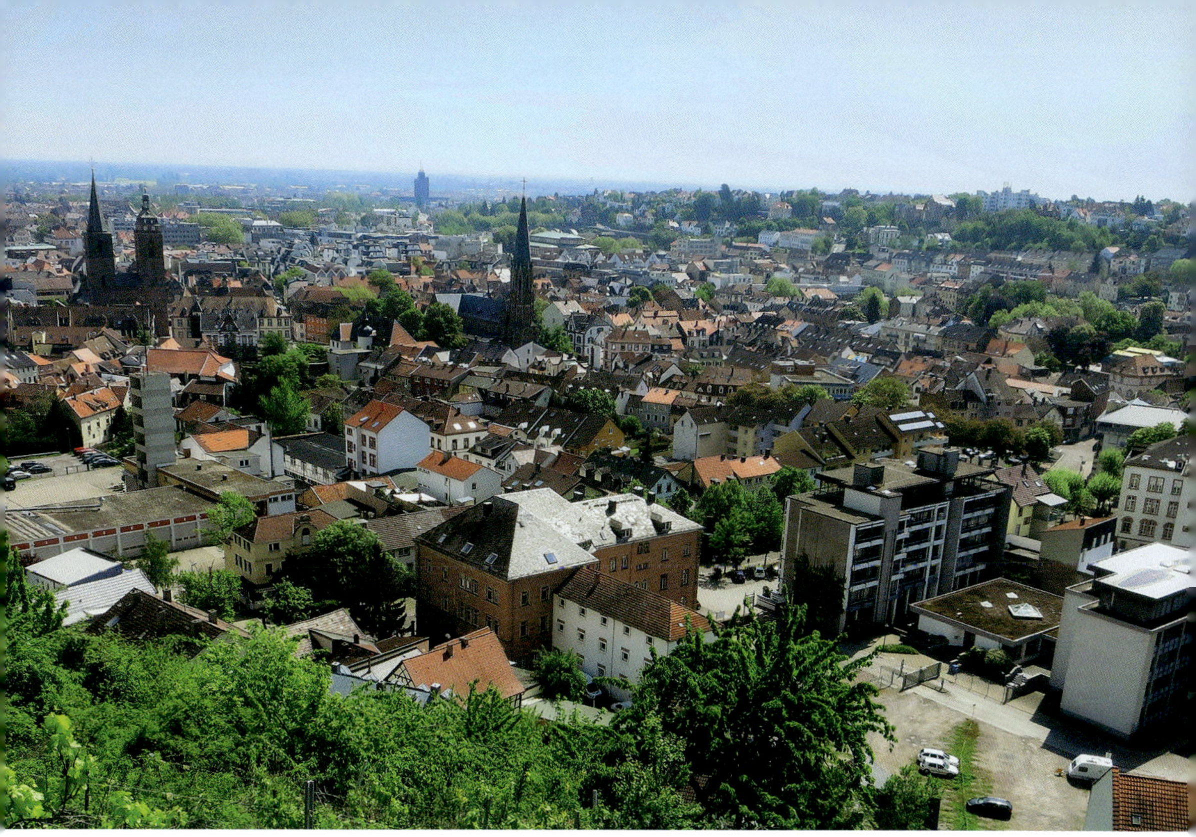

schon auf das Denkmal des Jakobspilgers; die übermannsgroße Bronzeplastik wurde im Jahr 1990 erschaffen. Das Denkmal ist inoffizieller Ausgangspunkt für die nördliche und südliche Route des Pfälzer Jakobswegs. Die erste Etappe der nördli-

Endpunkt dieser langen Tour ist Neustadt an der Weinstraße.

Der Dom zu Speyer

Vermutlich im Jahr 1025 ließ der spätere Kaiser Konrad II. den Bau des Domes beginnen mit dem Ziel, die größte Kirche des Abendlandes zu errichten. 1106 wurde der neue Dom schließlich fertiggestellt: Mit einer Länge von 444 römischen Fuß (134 Meter) und einer Breite von 111 römischen Fuß (33 Meter) war er eines der größten Bauwerke seiner Zeit. In der Nacht vom 5. auf den 6. Mai 1450 brannte der Dom völlig aus. Den Schaden schätzte man damals auf mehr als 300 000 Gulden. Papst Nikolaus V. gewährte im März 1451 einen fünfmonatigen Ablass und im März 1452 abermals einen dreimonatigen Ablass zur Finanzierung des Wiederaufbaues.
Nicht zu glauben, dass im Jahr 1806 daran gedacht wurde, dieses imposante Bauwerk abzureißen! Der Dom war im Verlauf des Pfälzischen Erbfolgekrieges 1689 geplündert und in Brand gesteckt worden. Nach Wiederaufbau zerstörten französische Revolutionstruppen im Jahr 1794 den Dom erneut. Das Gotteshaus war danach baufällig und sollte als Steinbruch dienen. Durch direkte Einflussnahme bei den staatlichen Entscheidungsträgern bzw. bei Kaiser Napoleon selbst, wurde der Dom aus dem Eigentum des französischen Staates an die Domgemeinde von Speyer übertragen und vor dem Abriss gerettet. 1815 kam die Pfalz zum Königreich Bayern. Dessen König veranlasste die Herrichtung des Doms als Bischofskirche. Der Dom gehört seit 1981 zum Weltkulturerbe. Er ist für Besucher täglich geöffnet, werktags 9–19 Uhr; sonn- und feiertags 11.30–17.30 Uhr (bei Gottesdiensten und anderen Veranstaltungen geänderte Öffnungszeiten). Der Eintritt in den Dom ist frei; für Krypta, Kaisergräber, Turmaufstieg und Kaisersaal wird Eintritt verlangt.

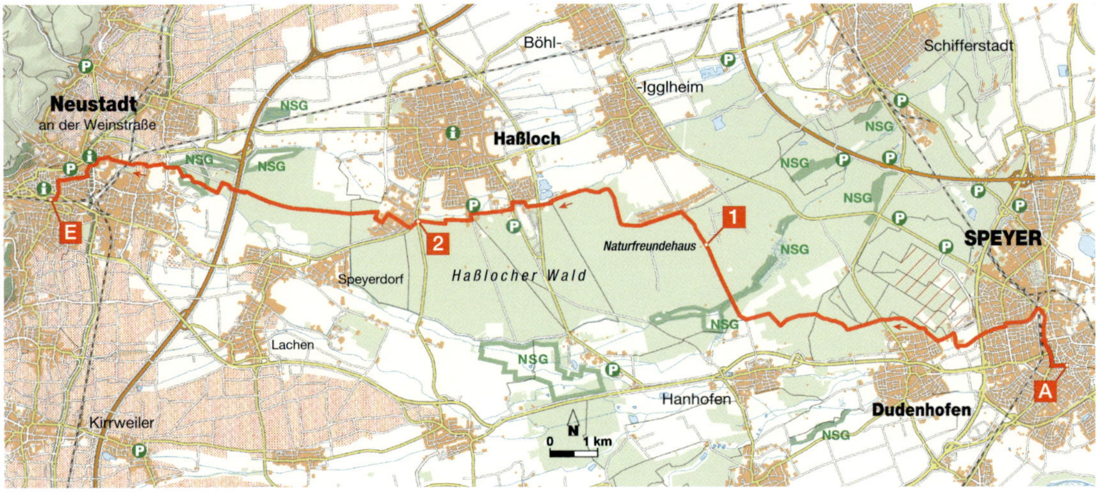

chen Route führt – allerdings auf einem anderen Weg als unserem – ebenfalls nach Neustadt/Weinstraße. Über Lambrecht, Landstuhl und Zweibrücken wird das Kloster Hornbach erreicht. Die südliche Route führt von Speyer über Ilbesheim und Eppenbrunn ebenfalls nach Hornbach; durch alle drei Orte führen auch weitere in diesem Buch beschriebene Touren.

Der Dom zu Speyer ist seit dem Jahr 1981 Teil des Weltkulturerbes.

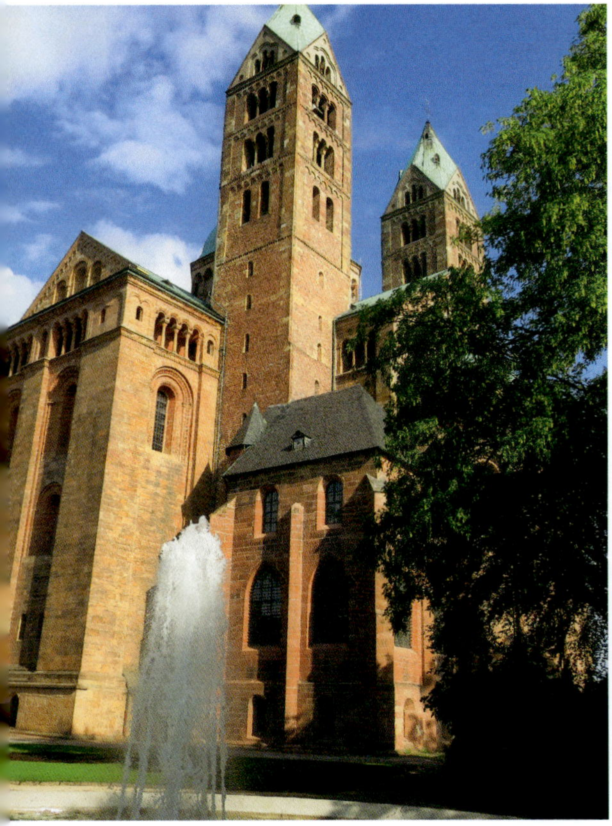

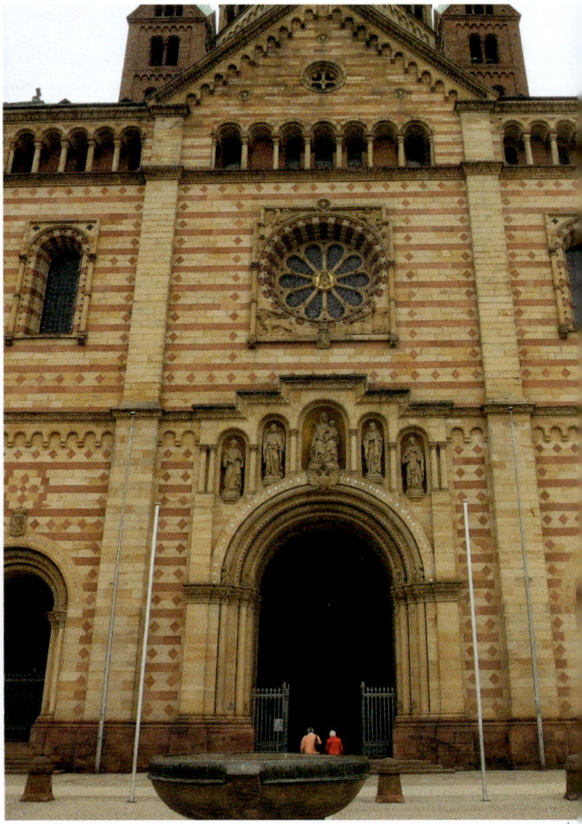

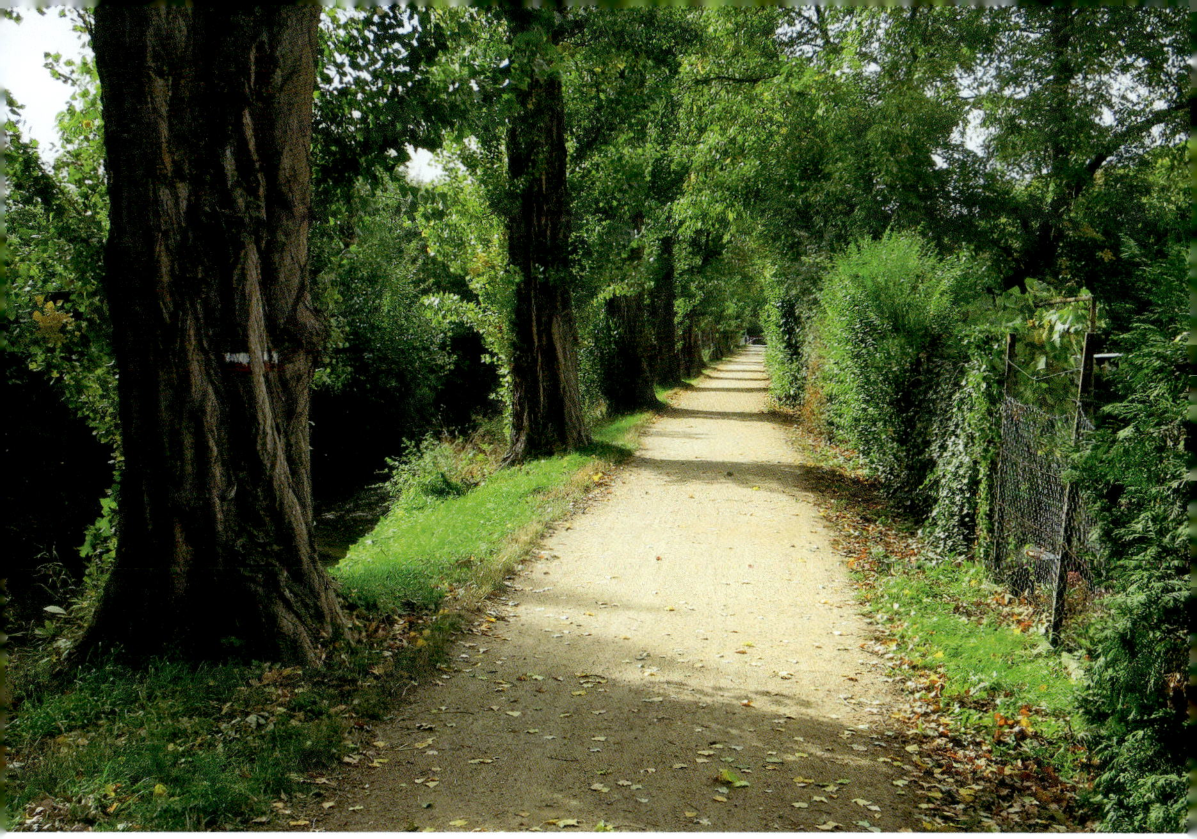

Zwischen Woogbach und Kleingartenkolonie führt unser Weg nach Westen.

Wir folgen der Maximilianstraße weiter, gelangen zum Altpörtel, mit 55 Metern eines der höchsten Stadttortürme Deutschlands. Er wurde Mitte des 13. Jahrhunderts erbaut; auf der Westseite zeigen vorhandene Schießscharten, dass der Turm auch Verteidungszwecken diente. Der Turm wurde bei der Zerstörung Speyers durch französische Truppen im Rahmen des Pfälzischen Erbfolgekrieges als eines der wenigen Gebäude verschont. Hinter dem Altpörtel befindet sich der Postplatz. Hier biegen wir nach rechts in die Bahnhofstraße ein und folgen dieser bis zum Hauptbahnhof Speyer. An dessen Nordseite befindet sich ein spiralförmiger Aufgang zur Brücke über die Bahngleise. Auf der anderen Seite angelangt, gehen wir etwa 200 Meter nach Norden. Wir sind am Woogbach angelangt, der jetzt zunächst unser Begleiter sein wird. Nach Überqueren des Baches gehen wir an seiner nördlichen Seite Richtung Westen. Der Weg führt durch Kleingartenkolonien, an Sport- und Spielplätzen vorbei und unterquert schließlich die Bundesstraße 9. Der Weg macht dann einen Knick; noch im Bereich der Kleingärten geht es für uns nach rechts ab. Wir erreichen dort die südöstliche Nahtstelle des Haßlocher Waldes.

Zum Naturfreundehaus Hier treffen wir auf den Pfälzer Jakobsweg. Zumindest ein Teilstück können wir jetzt dem entsprechenden Wandersymbol, der Jakobsmuschel, folgen. Weitere Markierung ist der weiß-rote Balken. Wir gehen in den Wald hinein; der Weg führt nördlich der Bebauung von Dudenhofen bis zur Kreisstraße 15. Diese wird überquert, und wir bewundern auf unserer Wanderung den herrlichen Kiefernwaldbestand. Entsprechend der Nähe zu Speyer begegnen wir jetzt noch öfter Erholungssuchenden; es sind ausreichend Rastplätze und Sitzgelegenheiten vorhanden. Mit jedem Meter Entfernung zur Stadt wird es aber ruhiger; wir durchschreiten eine Lichtung nördlich des Eichenhofs. Hier biegt unser Weg nach Norden ab; Wanderzeichen ist jetzt eine Krone. Auf die Jakobsmuschel treffen erst kurz vor Neustadt/Weinstraße wieder. Wir befinden uns auf einem geraden Waldweg; bis zum ❶ **Naturfreundehaus Iggelheim** sind es aber noch fast zwei Kilometer zu wandern.

Jetzt am Nordrand entlang Das Naturfreundehaus Iggelheim ist täglich geöffnet (außer Di.). Das Haus verfügt über einen großen Biergarten sowie einen Kinderspielplatz. Wir gehen auf unserem geraden Weg weiter nach Norden und erkennen bald die ersten Häuser der Gemeinde Böhl-Iggelheim. Direkt an der Bebauungsgrenze führt unser Weg nach links; die Markierung ändert sich zu einem gelb-grünen Kreuz. Zuerst am Waldrand entlang, biegt unser Weg am Ende der Bebauung nach rechts ab, um dann wieder nach Westen einzudrehen. Schließlich wird der südliche Bebauungsrand der Stadt Haßloch erreicht. Es geht ein Stück durch bebautes Gebiet, aber immer noch am Nordrand des Haßlocher Waldes entlang. Zahlreiche Gasthäuser laden zur Einkehr ein, darunter auch das Naturfreundehaus Haßloch (geöffnet täglich 10–22 Uhr, außer Do.).

An diesem Holzkunstwerk laden Bänke zur Etappenrast ein.

Zur Haardt Unser Weg führt uns an einen ❷ **Kreisel**. Hier folgen wir der Straße Richtung Speyerdorf, biegen aber nach 200 Metern in das Industriegebiet Süd ab

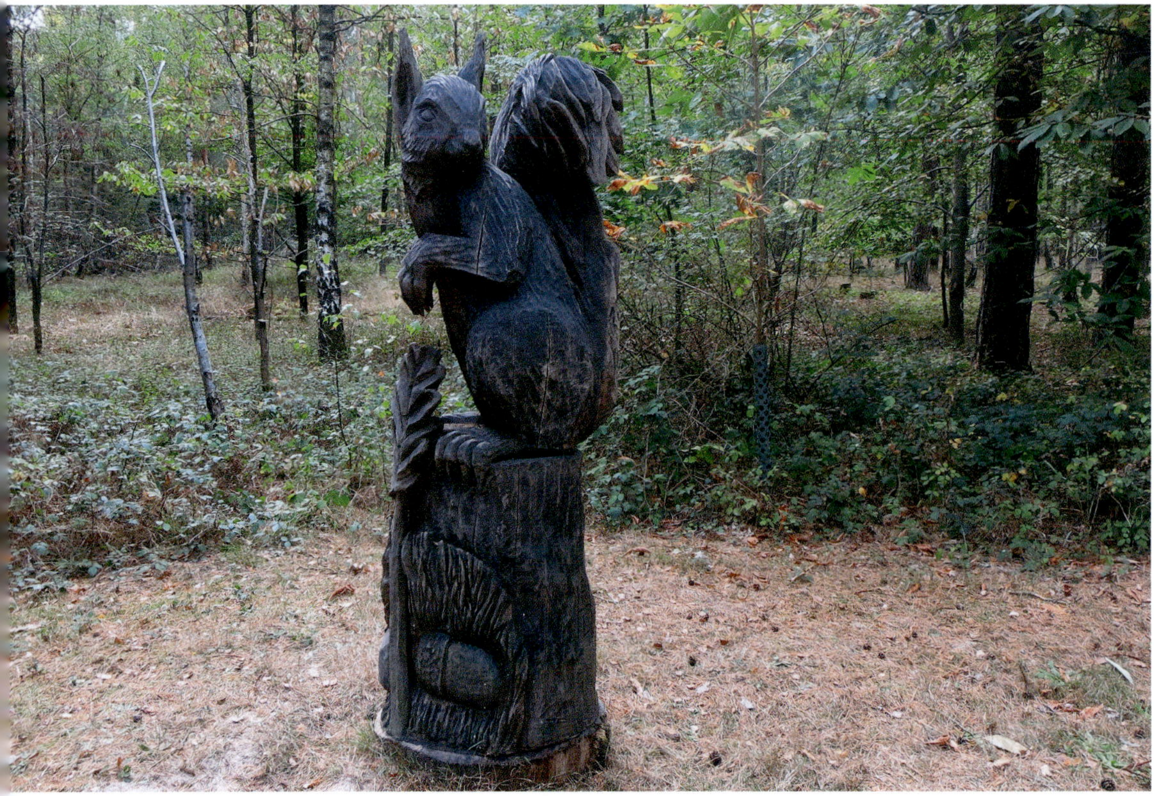

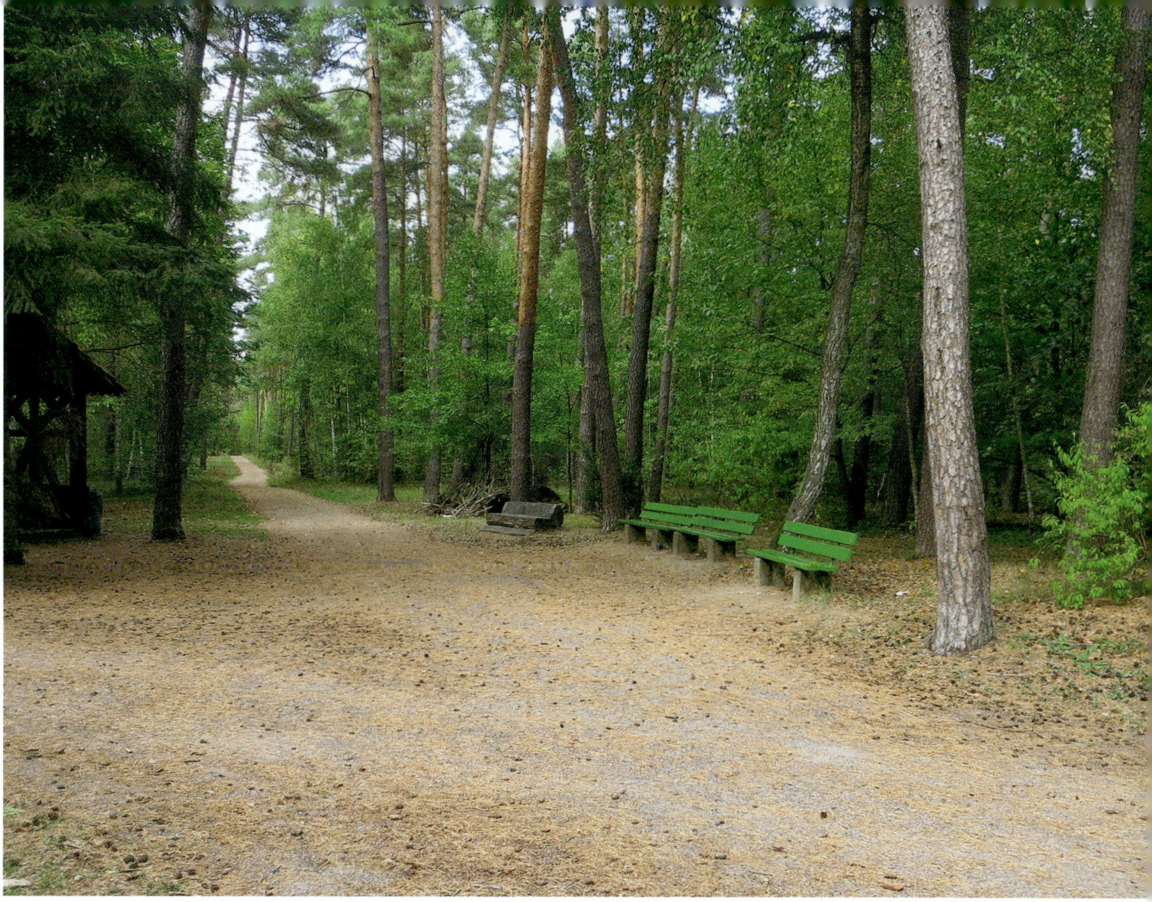

Lange, gerade Wege ziehen sich durch den Haßlocher Wald.

(weiterhin mit gelb-grünem Kreuz markiert). Bald erreichen wir wieder Waldgebiet, durch das wir den letzten Streckenabschnitt in Angriff nehmen. Über teilweise sandige Wege führt uns der Weg zur Autobahn A 65; diese wird auf einer Brücke überquert (kurz hinter dem Industriegebiet sind wir im Übrigen wieder auf den Jakobsweg gestoßen). Noch einmal geht es ein Stück durch den Haßlocher Wald. Dessen äußerster westlicher Zipfel markiert dann den Beginn der Bebauung von Neustadt/Weinstraße. Hier befinden wir uns auch am Rande der Haardt; als Haardt wird der Gebirgsrand des Pfälzerwalds bezeichnet. Diese Vorhügelzone verläuft entlang der Deutschen Weinstraße, also von Schweigen-Rechtenbach bis nach Bockenheim und markiert den Übergang der großflächigen Rebenlandschaft zu den Baumbeständen des Pfälzerwaldes. Diese Region gilt als die wärmste in Deutschland. Belege dafür ergeben sich nicht nur aus Wärmemessungen, sondern auch durch das Vorkommen subtropischer Kulturpflanzen wie der Edelkastanie, Feigen und Mandelbäumen oder durch den Tabakanbau. Die windabgeneigte Beckenlage zwischen Pfälzerwald und Odenwald begünstigt das Klima. Die Bahnlinie Neustadt–Bad Dürkheim wird passiert; wer den ganzen Weg in die Innenstadt von Neustadt/Weinstraße nicht mehr gehen will, nimmt an der ersten Abzweigung (Landwehrstraße) den Weg nach links und gelangt zum Bahnhaltepunkt Neustadt-Böbig. Ansonsten geht man über die Martin-Luther- und die Konrad-Adenauer-Straße in die Innenstadt. Endpunkt der Wanderung ist dann der E **Marktplatz** von Neustadt/Weinstraße.

16

Zur Kirschbaumhütte

Ritterstein am Feuerplatz

mittel | 13,4 km | 606 Hm | 3.55 Std.

Tourencharakter
Im Herzen des Pfälzerwalds wandern wir durch eine bezaubernde Naturlandschaft

Ausgangs-/Endpunkt
Helmbachweiher (212 m)

Anfahrt
Auto: Von Neustadt/Weinstraße nach Lambrecht. Von dort auf der L 499 bis zum Haltepunkt Helmbach; von dort auf der Kreisstraße 51 bis zum Helmbachweiher
Bus und Bahn: Keine Anbindung an den öffentlichen Personennahverkehr

Gehzeiten
Helmbachweiher – Kirschbaumhütte 1.35 Std. – Naturfreundehaus Lambrecht 1.40 Std. – Helmbachweiher 0.40 Std.

Einkehr
Naturfreundehaus Lambrecht

Karte
»Oberhaardt von Neustadt an der Weinstraße bis zum Queichtal«, Wanderkarte des Pfälzerwald-Vereins, 1:25 000

Beste Jahreszeit
April bis Oktober

Informationen
Tourist-Information Elmstein, Bahnhofstraße 67471 Elmstein, Tel. 06328/234, www.elmstein.de/erholung

Will man die Wesensart des Pfälzerwaldes in einer Wanderung erfahren, dann sollte man sich auf diese wenig bekannte Tour machen. Auf naturbelassenen Forst- und Wanderwegen, die durch den Sandstein rot-braun gefärbt und oft mit Kiefernzapfen bedeckt sind, geht es durch dichte Laub- und Nadelwälder. Idyllische Weiher, abwechslungsreiche Fauna, Brunnen und Rittersteine entdecken wir auf dieser besonderen Rundtour.

Unser Ausgangspunkt am Helmbach verfügt über einen großen Ⓐ **Wanderparkplatz**. Ansonsten stehen an der Straße einige Wohnhäuser. Eine

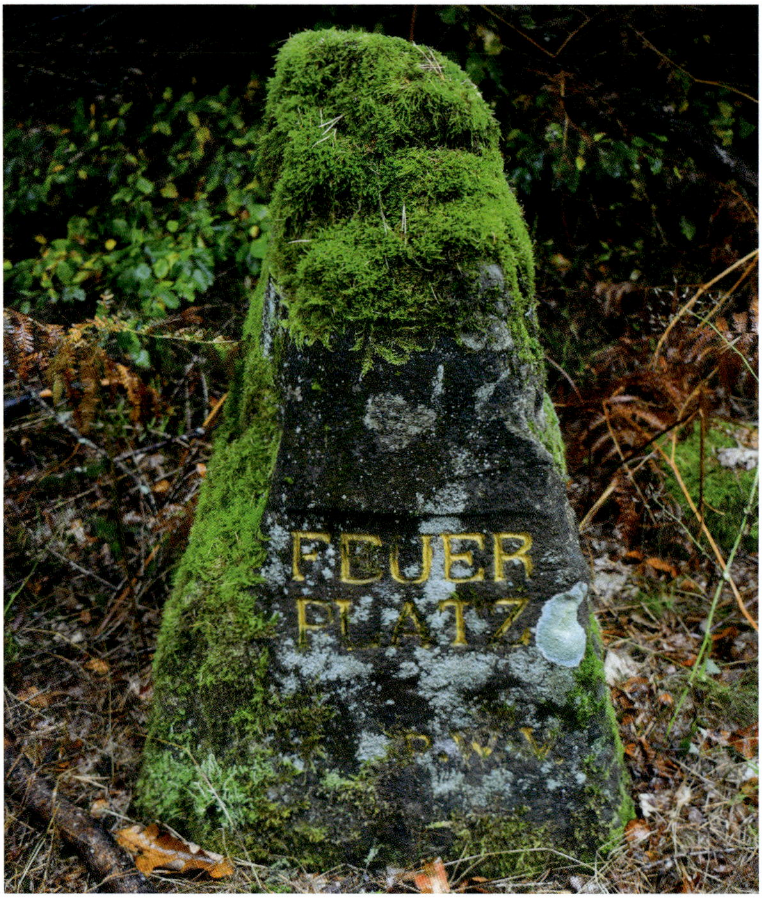

Stark bemoost ist der Ritterstein »Feuerplatz«.

Einkehrmöglichkeit ist erst auf dem Rückweg zum Ausgangspunkt am Naturfreundehaus Lambrecht gegeben.

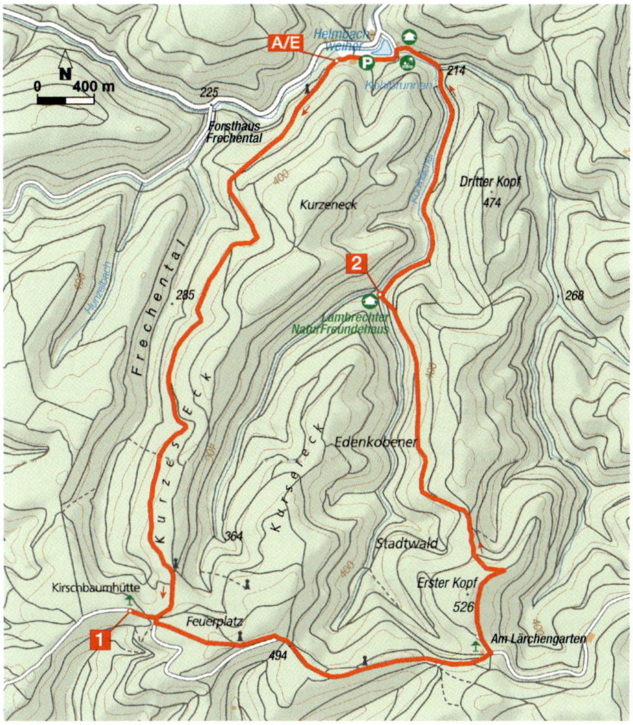

Anstieg zur Kirschbaumhütte Vom Wanderparkplatz gehen wir nicht zurück zur Straße, sondern zu dem alleinstehenden Haus auf der gegenüberliegenden Seite. Dort finden wir unsere Wegmarkierung, den weiß-blauen Balken. Unser breiter, aber naturbelassener Forstweg steigt sogleich an. Bald erreichen wir die erste Orientierungsmöglichkeit, den Rettungspunkt 6613-926. Weiter geht es auf dem ansteigenden Weg, bis schließlich eine Wegspinne erreicht wird. Dort befindet sich die unbewirtschaftete ❶ **Kirschbaumhütte**; die Wegspinne ist im Übrigen mit dem Rettungspunkt 6713-179 gekennzeichnet.

Weiter zum Lärchengarten Unsere Markierung ändert sich nun zum roten Kreuz. Bis zur Schutzhütte »Am Lärchengarten« befinden wir uns auf dem Fernwanderweg E8, der über nicht weniger als 7500 Kilometer von Irland bis zum Schwarzen Meer verläuft. Schon bald kommen wir zum stark bemoosten Ritterstein »Feuerplatz«. Dieser erinnert an eine Feuerstelle, die zu früherer Zeit von Waldarbeitern benutzt wurde. Wir achten an dieser Stelle auf unsere Wandermarkierung, da der Weg vom Feuerplatz nicht geradeaus, sondern leicht nach rechts versetzt weitergeht. Nächstes Etappenziel ist der Orientierungspunkt »Am Kieselecker Bild« (Rettungspunkt 6713-184). Bald schon erkennen wir etwas unterhalb des Weges unseren nächsten Anlaufpunkt, die Schutzhütte »Am Lärchengarten« (Rettungspunkt 6713-192). Sitzgelegenheiten laden hier zur Rast ein.

Zurück zum Helmbachweiher Unsere Wegrichtung zeigt jetzt nach Norden. Wir achten beim Weitergehen auf unsere neue Wandermarkierung, den grün-blauen Balken. Durch die Gemarkungen Ersterkopf und Zweiter Kopf sowie Gommersheimer Wald erreichen wir am Zusammenfluss von Kohlbach und Bollerbach das ❷ **Naturfreundehaus Lambrecht**. Dieses befindet sich etwas unterhalb unseres Weges; deshalb sollte auf die angebrachten Hinweisschilder geachtet werden. Das Naturfreundehaus Lambrecht ist Sa, So und an Feiertagen geöffnet. Unser weiterer Rückweg führt jetzt am Kohlbach entlang; wir erreichen den Kohlbrunnen und nicht viel später bereits wieder den Ⓔ **Helmbachweiher**. An diesem schönen Gewässer gibt es einige Sitzgruppen, die zur verdienten Rast einladen. Wer auf dieser Tour Burgen vermisst haben mag, kann dann im nicht weit entfernten Tal des Speyerbachs noch einen Abstecher zu den Ruinen Breitenstein, Erfenstein und Spangenberg machen.

17

Suppenschüssel und Felsenmeer

Wanderweg unterhalb der Kalmit

mittel 10,1 km 644 Hm 2.55 Std.

Tourencharakter
An verschiedenen Hütten vorbei geht es hinunter zum Stauweiher im Tal des Kropsbach. Steiler Anstieg zum Felsenmeer; danach ohne weitere Steigungen zurück zum Ausgangspunkt.

Ausgangs-/Endpunkt
Totenkopfhütte (515 m)

Anfahrt
Auto: Auf der A 65 bis Edenkoben, dann weiter auf der Landesstraße 514 über St. Martin zur Totenkopfhütte
Bus und Bahn: Keine Anbindung an den öffentlichen Personennahverkehr

Gehzeiten
Totenkopfhütte – Haus an den Fichten 1.10 Std. – Felsenmeer 1.15 Std. – Totenkopfhütte 0.30 Std.

Einkehr
Totenkopfhütte, Haus an den Fichten

Karte
»Oberhaardt von Neustadt an der Weinstraße bis zum Queichtal«, Wanderkarte des Pfälzerwald-Vereins, 1:25 000

Beste Jahreszeit
April bis Oktober

Informationen
Büro für Tourismus Maikammer, Weinstraße Süd 40, 67487 Maikammer, Tel. 06321/95 27 68, www.vg-maikammer.de

Die Kalmit ist mit 672 Metern Höhe der höchste Gipfel des Pfälzerwaldes. Ein naher Wanderparkplatz sowie eine vielbesuchte Pfälzerwaldhütte mit guter Fernsicht machen sie zu einem Besuchermagneten. Auf unserer Wanderung bevorzugen wir unbekanntere Wege. Durch die Nähe zu verschiedenen anderen Hütten ist man auf dieser Tour aber selten allein.

An der Totenkopfhütte gibt es zwei große Wanderparkplätze. Die Hütte selbst verfügt über einen großen Biergarten und ist Sa., So. und an Feiertagen von 11.00 Uhr bis 18.00 Uhr geöffnet. In unmittelbarer Nähe zur Totenkopfhütte finden im Sommer Waldgottesdienste statt, Beginn 10.30 Uhr; nähere Informationen unter www.pwv-maikammer.de. Die Parkplätze sind bei Gottesdiensten sehr schnell belegt.
Wir gehen von der A **Totenkopfhütte** über die Straße zum zweiten Wanderparkplatz. Dort können wir unser Wanderzeichen, den blau-gelben

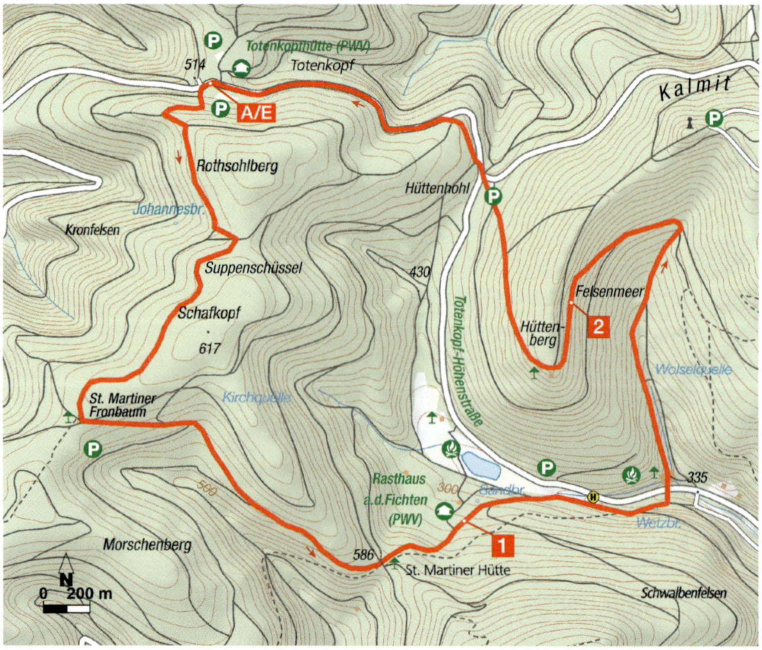

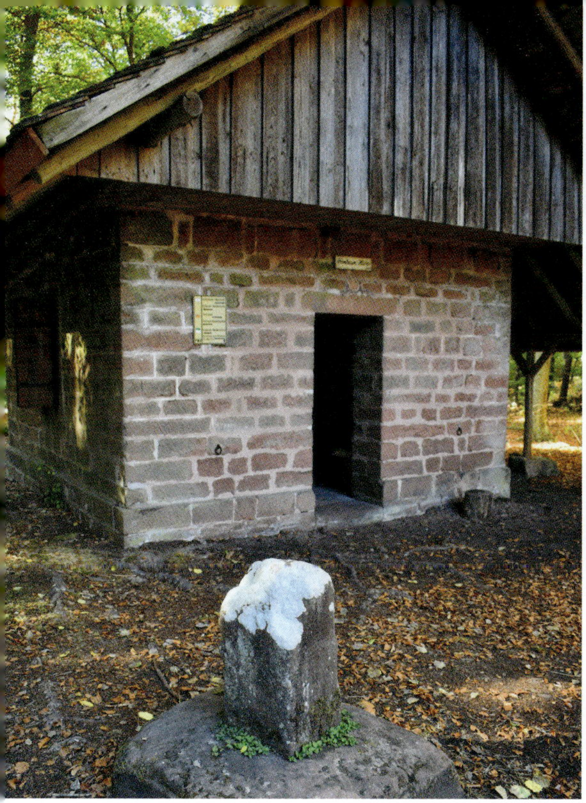

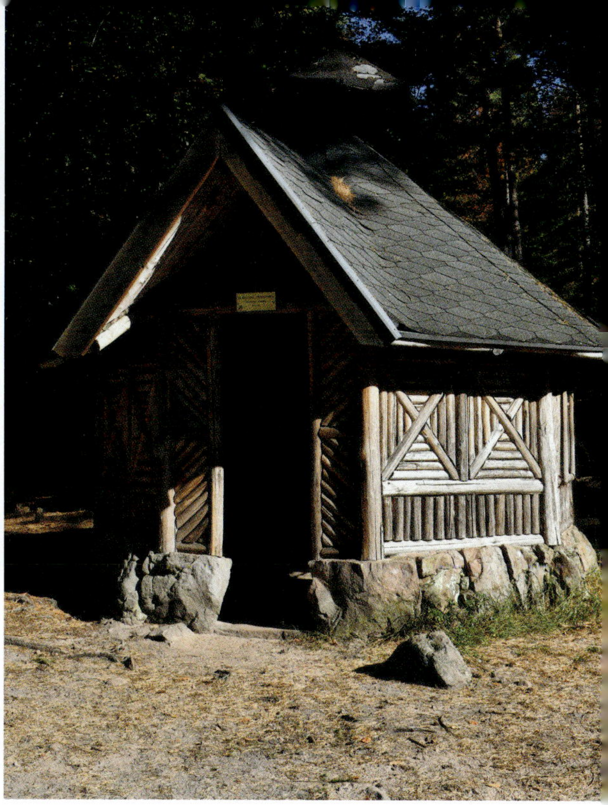

Zwei Schutzhütten finden wir auf dem ersten Teil des Weges – die Fronbaumhütte (links) sowie die St. Martiner Hütte (rechts).

Balken aufnehmen. Über den Rotsohlberg erreichen wir bald die Wegkreuzung Suppenschüssel. Der Platz ist durch einen großen flachen erdverbundenen Ritterstein mit der Eingravierung »Suppenschüssel« gekennzeichnet. Die Sandsteinplatte verfügt über schüsselförmige Vertiefungen, in denen sich das Regenwasser sammelt. Im Volksmund wurden solche Felsformationen auch Hirschtränke, Wassersteine oder eben Suppenschüssel genannt. Der Ort ist mit dem Rettungspunkt 6614-963 gekennzeichnet.

Zum Stauweiher Wir gehen durch die Gemarkung Schafkopf und erreichen bald den St. Martiner Fronbaum (Rettungspunkt 6614-966), auch Fronbaum-Hütte genannt. Diese mächtige Sandstein-Schutzhütte verfügt über ein Holzdach, wobei die längere Dachseite auf Holzstützen ruht und eine Galerie zum Unterstehen bildet. Neben der Hütte gibt es Sitzgelegenheiten. Schon sind wir auf dem Weg zur nächsten Unterstellmöglichkeit, der St. Martiner Hütte. Diese Holzhütte (auch als Hesselbachhütte bekannt) steht auf einem Sandsteinfundament und ist deutlich kleiner als die Fronbaum-Hütte. Jetzt folgt ein steiler Abstieg hinunter zu der Pfälzerwald-Verein Hütte **1 »Haus an den Fichten«**. Die bewirtschaftete Hütte ist in der Sommersaison täglich geöffnet ohne Ruhetag von 09.30 Uhr bis 19.00 Uhr. Gleich neben der Hütte befindet sich der Stauweiher, der von verschiedenen Quellen aus der näheren Umgebung gespeist wird.

Hinauf zur Wolselquelle Wir gehen an dem idyllischen Gewässer vorbei zu den Parkplätzen und dem dortigen Wetzbrunnen. Noch ein kurzes Stück wandern wir bergab; dann überqueren wir die Totenkopfstraße. Auf der anderen Seite der Straße

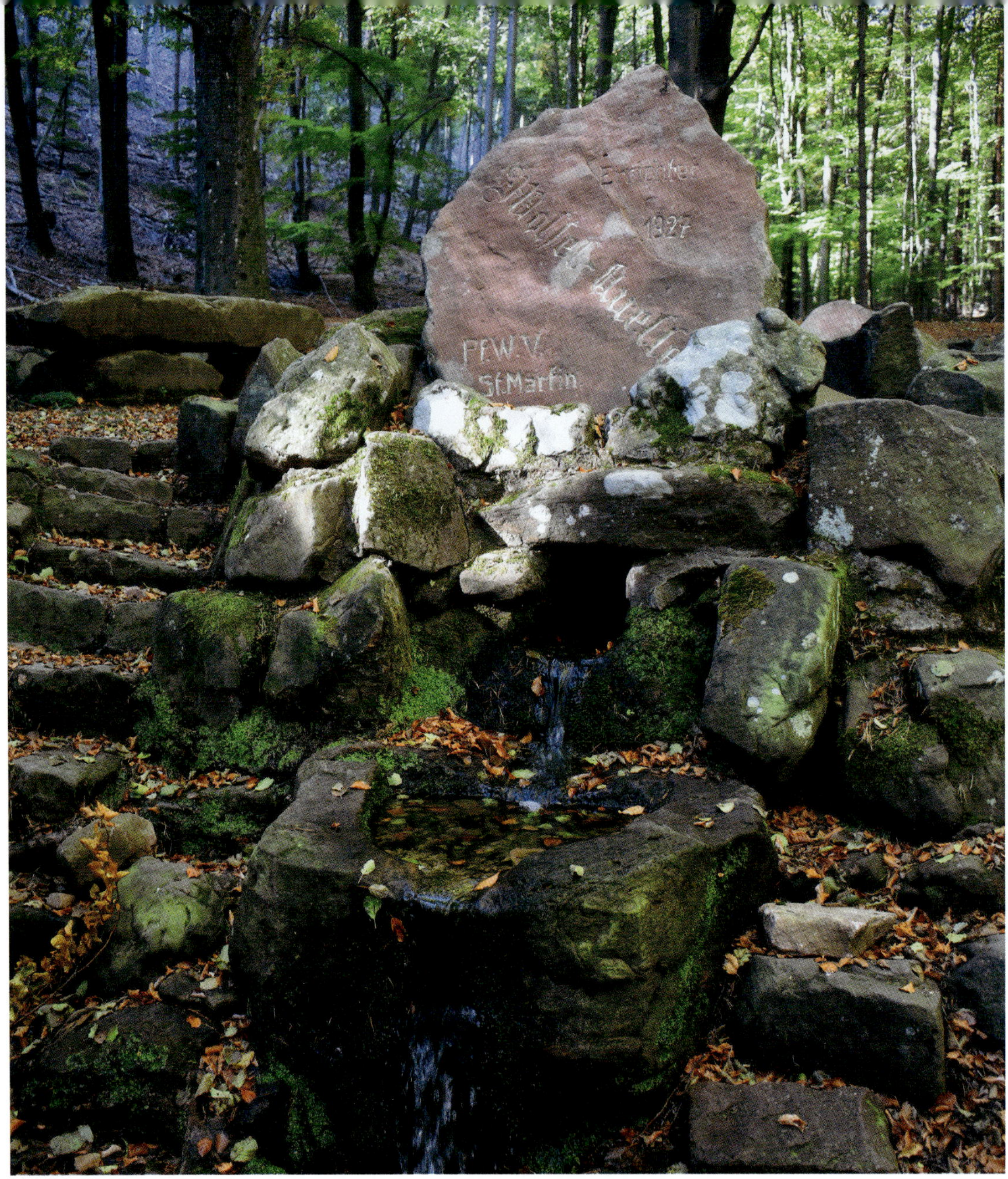

Beim steilen Anstieg Richtung Felsenmeer erreichen wir die Wolselquelle.

finden wir unsere neue Markierung, den weißen Punkt. Der Weg steigt jetzt steil an und führt uns direkt zur Wolselquelle. Die Quelle ist eingefasst von verschiedenen Bundsandsteinblöcken; darüber thront ein glatter Sandsteinfindling, in den der Name der Quelle eingraviert ist; errichtet wurde der Stein im Jahre 1927.

Die Römische Wachstube Der Weg steigt weiter an und beschreibt beim Rettungspunkt 6614-972 einen Schwenk nach Westen, dem kurz darauf eine Richtungsänderung nach Süden folgt. In knapp 600 Metern Höhe sind wir am ❷ **Felsenmeer** angelangt. Das Felsenmeer ist eine Ansammlung von Buntsandsteinen, die sich über knapp einen halben Kilometer erstreckt. Wer diese näher erkunden will, nimmt den

Rechte Seite: Die erste Laubfärbung am Sandwiesenweiher deutet auf den nahenden Herbst hin.

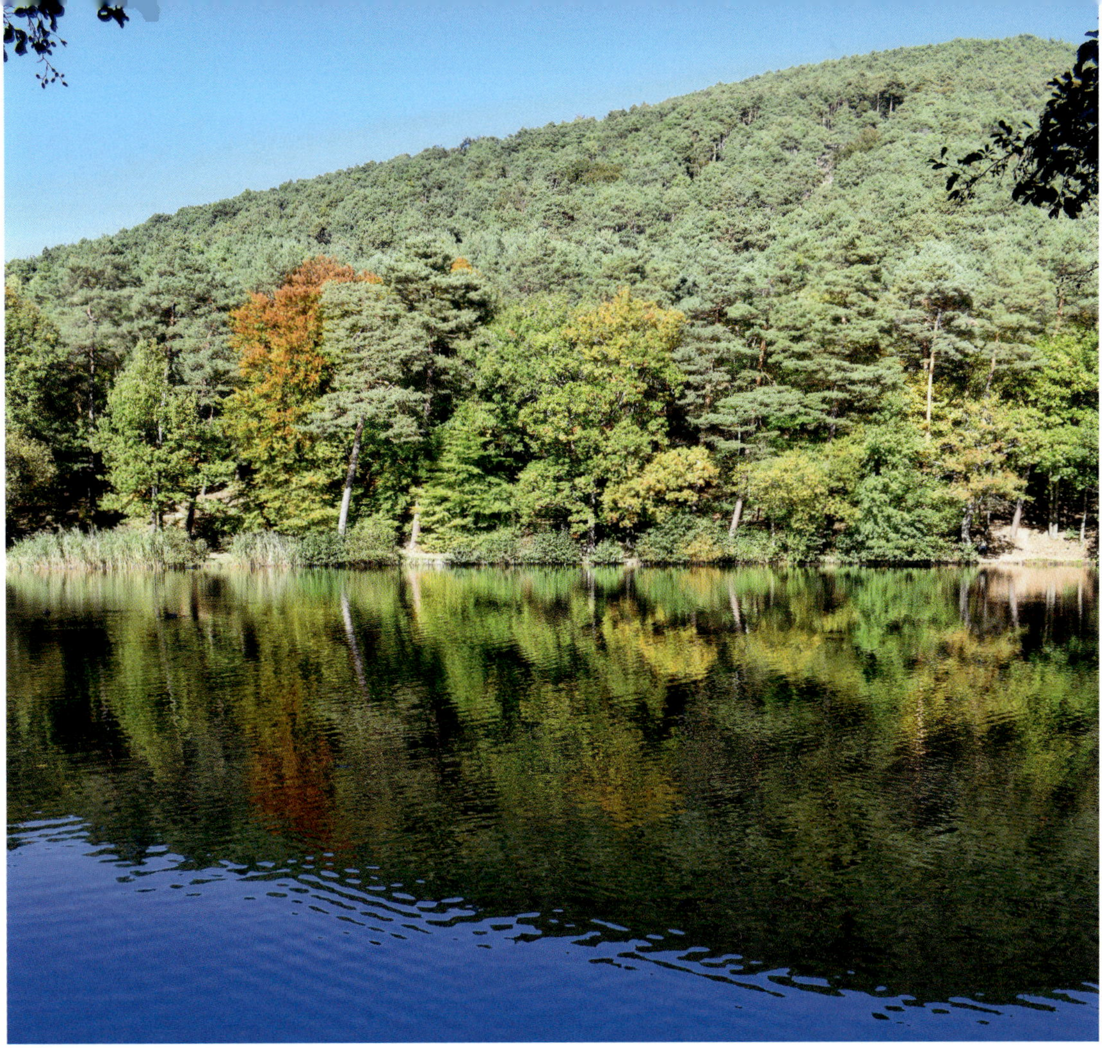

Weg mit weiß-grüner Markierung, der über die Felsen direkt zur Kalmit führt. Wir gehen um die Felsengruppe herum und erreichen auf abfallendem Weg – zuerst mit dem weißen Punkt, dann mit dem weiß-grünen Balken als Markierung – die Straßen- und Wegkreuzung Hüttenhohl. Auf Wanderkarten wird hier noch eine verfallene römische Wachstube genannt; deren Existenz ist aber nicht gesichert. Heute werden die noch vorhandenen Grundmauern als Ruine »Alte Hütte« bezeichnet. Von hier folgen wir auf unserer Schlussetappe der Totenkopfhöhenstraße zur E Totenkopfhütte, die mit dem Wandersymbol weiß-grüner Balken gekennzeichnet ist.

Die Kalmit

Die Attraktion der Kalmit ist aufgrund der Höhe und dem freien Blick nach Osten die besonders gute Fernsicht. Diese reicht weit über das Rheintal bis zu Odenwald, Kraichgau und Schwarzwald. Das bewirtschaftete Kalmithaus, auch unter dem Namen Ludwigshafener Hütte bekannt, verstärkt diese Anziehung noch. Die Gaststätte ist von März bis Dezember täglich außer Mo und Di geöffnet von 10.30 Uhr bis 18.00 Uhr. Die erste bewirtschaftete Hütte stammte aus dem Jahr 1908. 1957 wurde dann das Kalmithaus erbaut. In den Folgejahren erfolgte ein stufenweiser Ausbau zum heutigen Zustand. Der ehemalige Aussichtsturm kann nicht mehr bestiegen werden. Neben dem Kalmithaus befindet sich der Sendeturm Kalmit; dieser dient als Fernmeldeanlage wie auch der Ausstrahlung von UKW-Programmen.

18 Durch den Heltersberger Wald

Boote am Clausensee

leicht 10,8 km 576 Hm 3.10 Std.

Tourencharakter
Einfache Rundwanderung durch die Wälder bei Heltersberg

Ausgangs-/Endpunkt
Heltersberg (431 m)

Anfahrt
Auto: Über die Bundesstraße 48 nach Johanniskreuz; von dort über die Landesstraße 499 nach Heltersberg
Bus und Bahn: Mit der Regionalbahn von Kaiserslautern oder Pirmasens nach Waldfischbach; von dort weiter mit dem Bus nach Heltersberg

Gehzeiten
Heltersberg – Hermersbrunnen 1.00 Std. – Hundsweiher Sägemühle 0.55 Std. – Heltersberg 1.15 Std.

Einkehr
Heltersberg, Clausensee, Hundsweiher Sägemühle

Karte
»Vom Johanniskreuz nach Pirmasens«, Wanderkarte des Pfälzerwald-Vereins, 1:25 000

Beste Jahreszeit
April bis Oktober

Informationen
Tourist Information Waldfischbach-Burgalben, Friedhofstraße 3, 67714 Waldfischbach-Burgalben, Tel. 06333/92 51 60, www.vgwaldfischbach-burgalben.de

Der Ort Heltersberg liegt am östlichen Rand des Westrichs. Der Westrich ist eine geografische Bezeichnung für ein Gebiet zwischen Kusel, Kaiserslautern, Zweibrücken, Teilen des südlichen Saarlands und des westlichen Lothringen. Die Bezeichnung kam im Mittelalter auf und war der Begriff für das »Land im Westen«.

Der beste Ausgangspunkt für diese Tour ist das Ⓐ **Naturfreundehaus Heltersberg**. Es gibt dort ausreichend Parkplätze, man ist gleich im Wald und kann nach Abschluss der Tour dort noch einkehren. Das Haus ist Mittwoch bis Sonntag sowie an Feiertagen von 11 Uhr bis 19 Uhr geöffnet. Heltersberg selbst gehört zur Verbandsgemeinde Waldfischbach-Burgalben und zählt etwa 2000 Einwohner.

Zum Hermesbrunnen Vor dem Naturfreundehaus stehend, achten wir auf den Weg, der links vom Haus in den Wald hineinführt. Nach einem kurzen Abstieg erreichen wir eine Lichtung; weiter geht es steil hinunter ins Tal des Hundsbächel (teilweise über Treppenstufen). Im Talboden angekommen, nehmen wir den Weg nach rechts. Wenn man nach links geht, so kommt man dann auf den Pfälzerwaldpfad; dieser ist neben dem Pfälzer

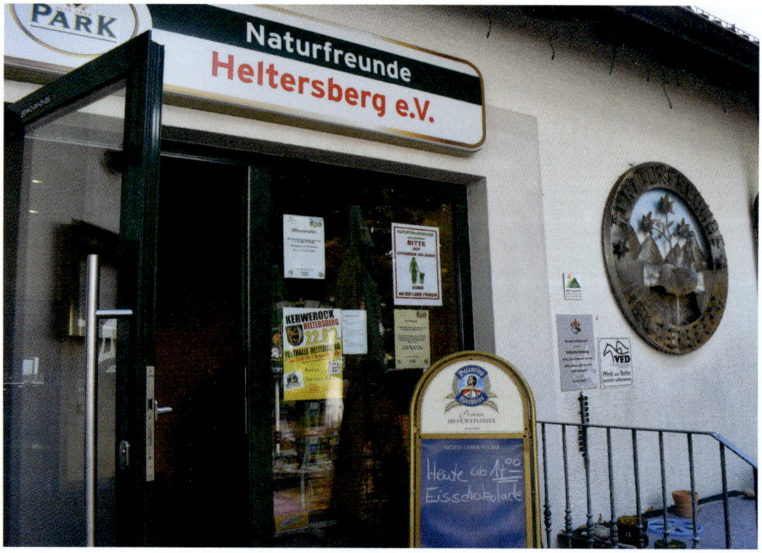

Ausgangs- und Endpunkt dieser Tour ist das Naturfreundehaus Heltersberg.

Weinsteig und dem Pfälzer Höhenweg ein Fernwanderweg mit 142 Kilometer Länge. Wir wählen den etwas unbekannteren Weg rechts. Dieser biegt, nachdem wir uns eben nach rechts orientiert haben, gleich wieder nach links. Durch ein kleines Tal steigt er an. Der Weg führt am Reitersköpfchen entlang und trifft auf den eben erwähnten Waldpfad. Diesem folgen wir ein kurzes Stück bis zur Wegspinne am Rettungspunkt 6712-912. Mit dem Wanderzeichen gelbes Kreuz fällt unser Weg jetzt zum ❶ **Hermersbrunnen** ab. Neben der plätschernden Quelle des Hermersbächels lädt eine Sitzgruppe zur Rast ein.

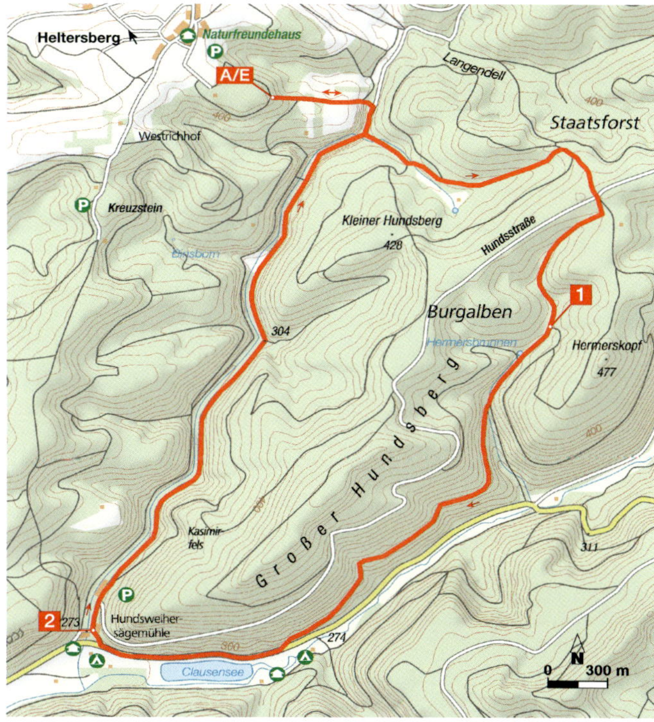

Weiter zum Clausensee Wir gehen weiter bergab, achten auf unsere Markierung gelbes Kreuz. Unser Weg geht nämlich nach etwa 300 Metern rechts ab; der Hauptweg geht mit der Markierung blauer Punkt geradeaus weiter. Entlang des Großen Hundsbergs erreichen wir auf einem breiten und weiter abfallenden Weg das Schwarzbachtal sowie den Clausensee. Der Clausensee ist ein Badesee; dort gibt es eine Gaststätte mit Biergarten, Tret- und Ruderbootverleih, Liegewiesen und Kinderspielplätzen. Für den Zugang ist Eintritt zu entrichten. Der Biergarten ist in den Monaten März bis Oktober geöffnet (Di.–So.; Mo. Ruhetag).

Durch das Hundsbächeltal Vom Clausensee müssen wir nach Westen ein Stück an der Straße entlanggehen. Nach etwa 750 Metern haben wir dann aber auch schon die ❷ **Hundsweiher Sägemühle** erreicht. Unser Weg biegt jetzt nach Norden ins Hundsbächeltal ein. Für die hier häufige Verwendung des Wortes »Hund« in geografischen Bezeichnungen gibt es mehrere Deutungen. Zum einen wird damit der Begriff Hun(d)s in Verbindung gebracht; dieser Begriff aus dem Althochdeutschen bedeutet so viel wie »höher gelegen«. Auch die Einteilung der fränkischen Gaue in Hundertschaften lässt sich in Gewannnamen wie Hundheim, Hundsdorf oder Hundsstraße ableiten. Eher profan ist die Deutung, dass es sich dabei um ein Beiwort für ein Schimpfwort gehandelt hat. Östlich von unserem Weg durch das Tal des Hundsbächels lag im Übrigen diese Hundsstraße, die um den Großen Hundsberg herumführte. Sie war eine alte Römerstraße und stellte die Verbindung zwischen dem Rheintal und dem Bliesgau her. Mit Bliesgau wird das Gebiet zwischen Saarbrücken, Zweibrücken und Saargemünd bezeichnet. Wir erreichen wieder den Abzweig am Reitersköpfchen und nehmen das schon bekannte letzte Teilstück der Wanderung bis zum Ⓔ **Naturfreundehaus** in Angriff.

19

Auf dem Blücher-Rundweg

Auf den Spuren des großen Generals

leicht 11,1 km 44 Hm 2.50 Std.

Tourencharakter
Einfache Rundwanderung durch die Weinberge; auf Sonnenschutz achten, da die Tour ausschließlich durch offenes Gelände führt.

Ausgangs-/Endpunkt
Kirrweiler (151 m)

Anfahrt
Auto: Auf der A 65 bis Edenkoben; weiter auf der Landesstraße 516 zum zweiten Kreisel in Maikammer, dort nach rechts zum Bahnhaltepunkt Maikammer-Kirrweiler
Bus und Bahn: Mit der Regionalbahn von Neustadt/Weinstraße oder Karlsruhe nach Maikammer-Kirrweiler

Gehzeiten
Kirrweiler – Umkehrpunkt bei Lachen 1.10 Std. – Kirrweiler 1.40 Std.

Einkehr
Kirrweiler

Karte
»Wandern und Radfahren in der Südpfalz«, Wanderkarte des Pfälzerwald-Vereins, 1:50 000

Beste Jahreszeit
April bis Oktober

Informationen
Tourismus- und Gemeindebüro Kirrweiler, Hauptstraße 7,67489 Kirrweiler, Tel. 06321/50 79, www.kirrweiler.de

Rechte Seite oben: Die Wiege der deutschen Demokratie – das Hambacher Schloss – dominiert über Wald und Reben.

Kirrweiler gehört mit 614 Hektar Anbaufläche zu den ganz großen Weinbaugemeinden der Pfalz. Entsprechend führt diese Wanderung fast ausschließlich durch Weinberge. Beeindruckend sind auf dieser Tour die Fernsichten auf die Kalmit und das Hambacher Schloss. Auf der Schlussetappe klären wir, was der große General Blücher in der Südpfalz gemacht hat.

Der Ort Kirrweiler zählt etwa 2000 Einwohner und gehört zur Verbandsgemeinde Maikammer. Sehenswert ist die Denkmalzone im Ortskern; neben zahlreichen erhaltenen Hofanlagen mit Torbögen sowie Fachwerkbauten sind die Reste der Stadtmauer, die Weinbergmauer sowie die Friedhofskapelle Mater Dolorosa sehenswert.

Zum Wooggraben Am Ⓐ **Bahnhaltepunkt** Maikammer-Kirrweiler finden wir einige Parkplätze; wir gehen zum Bahnübergang, den wir Richtung Osten überschreiten. Gleich dahinter biegen wir nach links in die Raiffei-

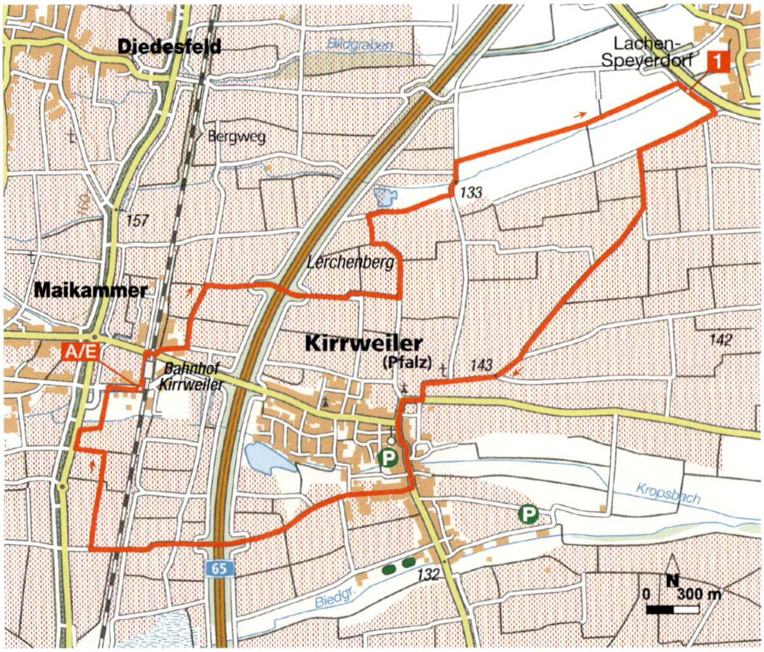

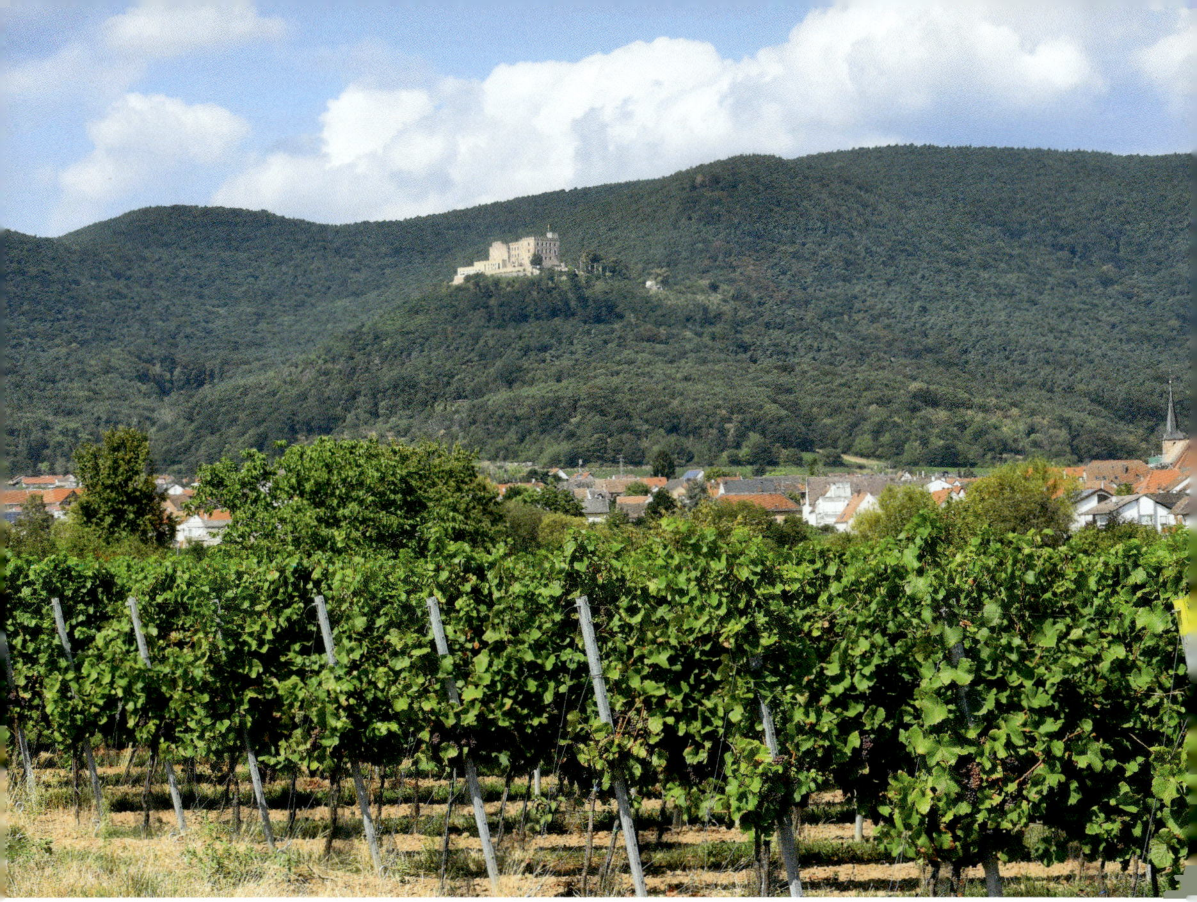

senstraße ein, gehen an der Flaschenfabrik vorbei und biegen in den ersten Weg nach links ein. Und schon befinden wir uns in den Weinbergen. Wir folgen unserem Weg geradeaus und orientieren uns an der zweiten Wegkreuzung nach rechts. Eine Brücke bringt uns über die Autobahn A 65; dem Weg folgen wir ein weiteres Stück geradeaus, bis dieser sich nach rechts und links teilt. Hier halten wir uns links und folgen dem Weg bis zum Wooggraben. Hier geht es jetzt in Richtung Osten. Bei der ersten Möglichkeit wechseln wir von der Südseite zur Nordseite dieser Gewässerniederung. Dort folgen wir dem Weg weiter nach Osten; nach knapp eineinhalb Kilometern ist die Bundesstraße 39 erreicht. An deren Rand gehen wir etwa 300 Meter in östlicher Richtung. Hier befindet sich der ❶ **Umkehrpunkt** unserer Wanderung (jenseits der Straße liegt der Ort Lachen). Wir entfernen uns dann etwas von der Straße, um dann gleich nach rechts in den langen Probstschemelweg einzubiegen; dieser führt parallel zu unserem Herweg, allerdings jetzt nach Westen.

Immer noch ein wichtiger Wirtschaftszweig in der Pfalz ist der Weinbau.

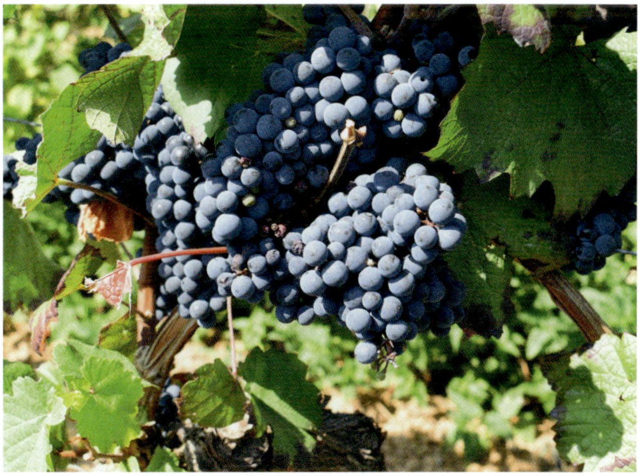

Rechte Seite: Hinweistafeln erläutern Blüchers Werdegang und seine Erfolge.

Im Rebenmeer Wir nehmen eine lange Gerade in Angriff, biegen aber schon an der zweiten Möglichkeit nach links ab. Nach 200 Metern erreichen wir eine kleine Grüninsel mit Holzbank und -tisch, eine der wenigen Rastmöglichkeiten auf dieser Tour. Kurz dahinter biegen wir auf eine etwas mehr als einen Kilometer lange Diagonale ein, die uns weiter durch die Weinberge Richtung Kirrweiler leitet; dieses erreichen wir beim örtlichen Friedhof. Wir gehen durch die Marktstraße nach Süden und biegen dann in den Edenkobener Weg ein. Wir folgen diesem Richtung Westen; ab der nächsten Wegkreuzung ist der Weg identisch mit dem Blücher-Rundweg (verschiedene Hinweistafeln erläutern das Leben des preußischen Generalfeldmarschalls). Geradeaus erkennen wir schon die Brücke über die A 65. Hinter der Brücke gehen wir geradeaus weiter zum ebenerdigen Bahnübergang (der Blücher-Rundweg biegt vorher nach links ab). Über die Gleise der Bahnstrecke Landau–Neustadt/Weinstraße gehen wir noch ein Stück geradeaus und biegen bei der ersten Gelegenheit nach rechts ab. Auf einer langen Geraden geht es bis zum Kropsbach. Hier wieder nach links bis zur L516. Dieser müssen wir etwa 100 Meter nach rechts, heißt nach Norden, folgen; dann können wir rechter Hand in den Bordmühlweg einbiegen. Dieser leitet uns zurück an unseren Ausgangspunkt am E **Bahnhof** Maikammer-Kirrweiler.

Ein Regenbogen markiert den Übergang der Haardt in den Pfälzerwald.

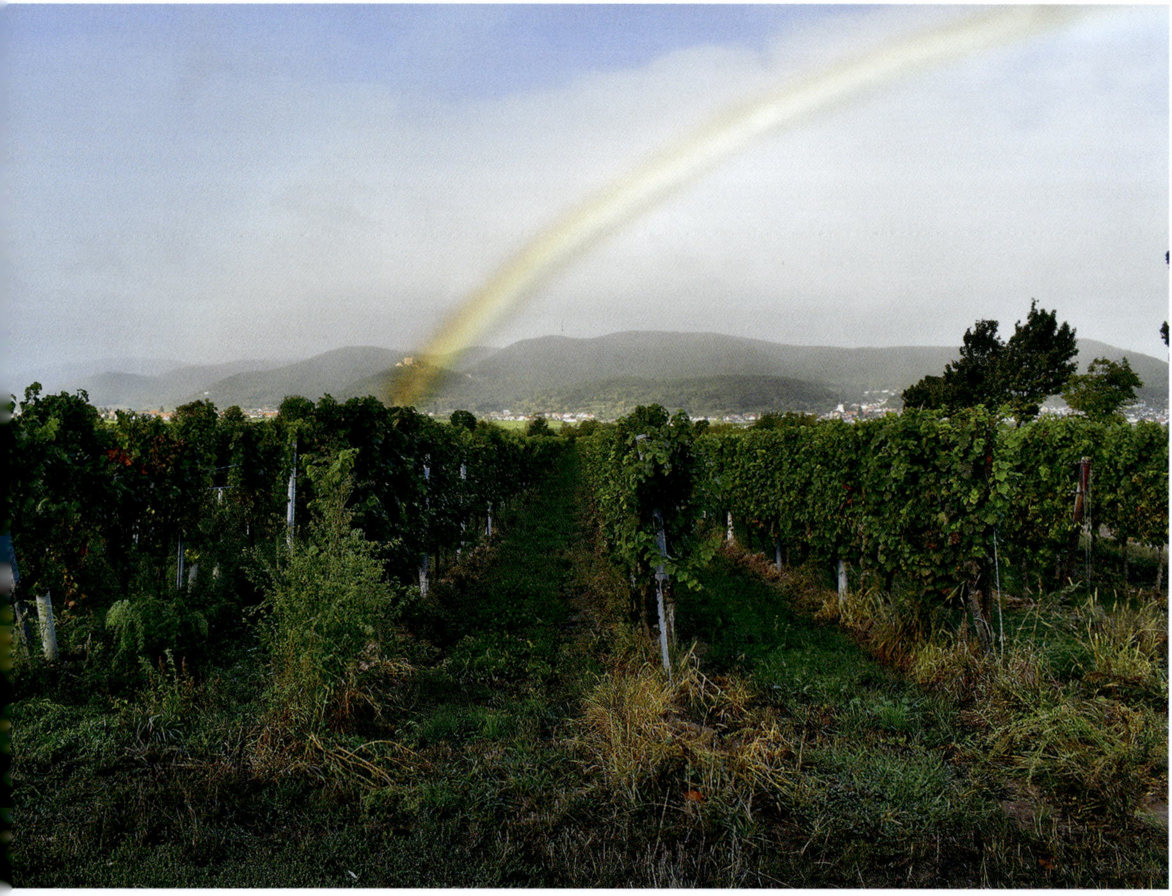

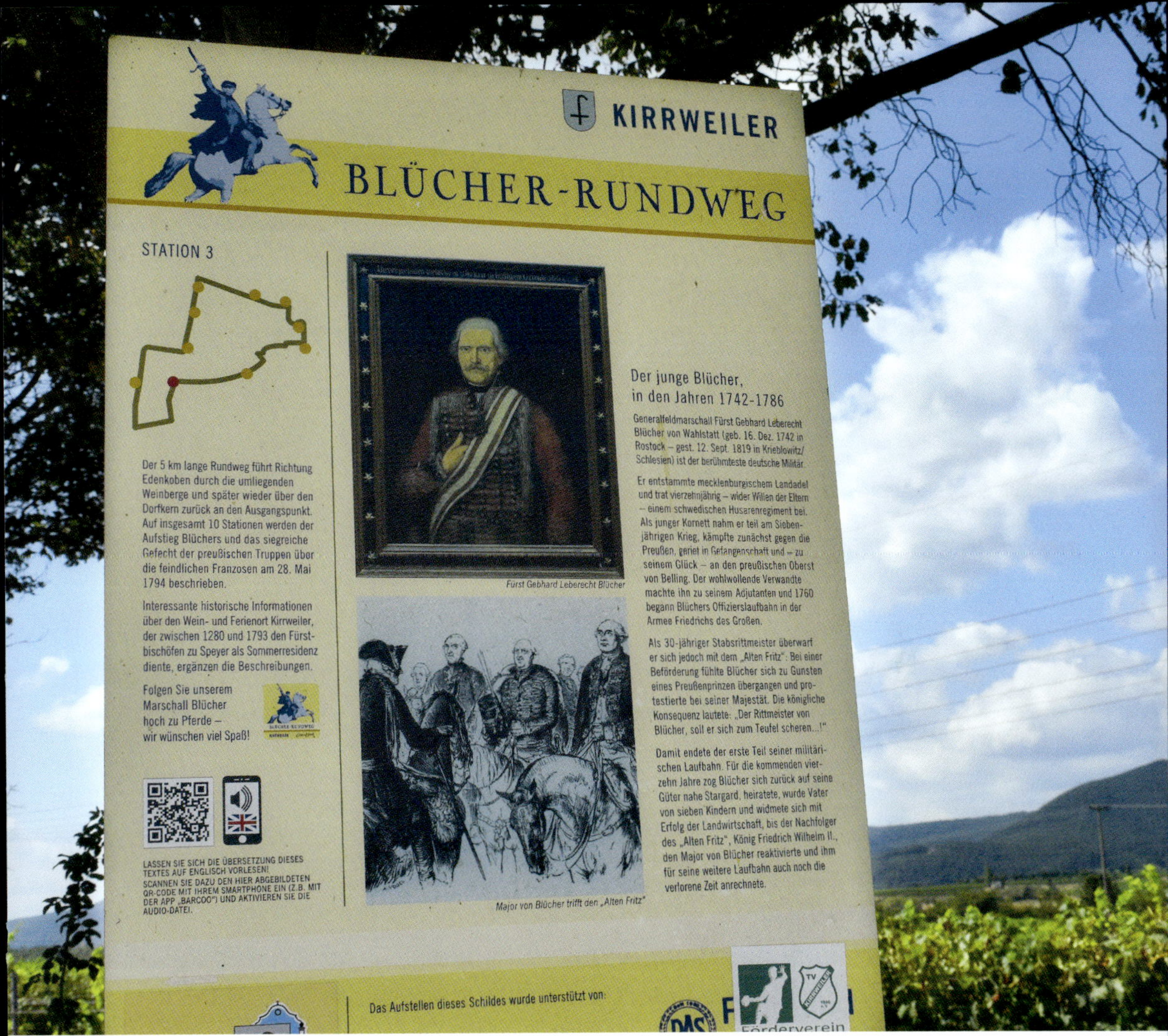

Blücher und das Gefecht von Kirrweiler

Von den zahlreichen kriegerischen Ereignissen der letzten Jahrhunderte sind der Bauernkrieg, der 30-jährige Krieg sowie der Pfälzische Erbfolgekrieg am stärksten in den Erinnerungen der Pfälzer verankert. Fast keine Rolle spielt heute der Erste Koalitionskrieg mehr, der von 1792 bis 1797 dauerte und der auch sehr viel Leid über die Pfalz gebracht hatte. Im Rahmen dieses Krieges kam es im Mai 1794 zum Gefecht bei Kirrweiler. Auch das revolutionäre Frankreich hatte das Ziel, die linksrheinischen Gebiete zu annektieren; Österreich, Preußen und England als Hauptmächte der Koalition versuchten ihr Herrschaftssystem gegen umstürzlerische Bewegungen zu sichern. Im Rahmen einer Offensivbewegung der französischen Truppen Richtung Neustadt griff der in preußischen Diensten stehende Blücher in einer erfolgreichen Überraschungsaktion den Gegner an. Dieser musste sich Richtung Landau zurückziehen. Gebhard Leberecht von Blüchers Leben zeichnet eine Karriere in Preußens Armeen: Im Jahr 1742 in Rostock geboren, absolvierte er schnell verschiedene Offiziersränge. Jahre nach Kirrweiler verewigte er sich in der Völkerschlacht bei Leipzig als erfolgreicher Kommandeur, wurde dann Generalfeldmarschall und zusammen mit Wellington Kriegsheld in Waterloo. Dort hatten seine Truppen im Jahr 1815 entscheidend in die Schlacht eingegriffen. Kirrweiler war, verglichen mit Leipzig und Waterloo, nur ein kleines Gefecht; für Blücher bedeutete es eine weitere Beförderung sowie die Stärkung seines Rufes als entschlossen eingreifender und taktisch geschickt vorgehender Militär.

20 Zum Forsthaus Heldenstein

Fernblick zum Trifels

leicht 14,1 km 388 Hm 3.50 Std.

Tourencharakter
Einfache Rundtour durch dichten Pfälzerwald

Ausgangs-/Endpunkt
Ramberg (402 m)

Anfahrt
Auto: Von Landau auf der Bundesstraße 10 Richtung Annweiler; hinter Albersweiler dann auf der L 505 und L 506 nach Ramberg und weiter zum Wanderparkplatz Drei Buchen (oberhalb von Ramberg)
Bus und Bahn: Keine Verbindung mit öffentlichen Verkehrsmitteln

Gehzeiten
Ramberg – Forsthaus Heldenstein 1.35 Std. – Ramberg 2.15 Std.

Einkehr
Ramberg, Forsthaus Heldenstein, Pfälzerwald-Verein Hütte Drei Buchen

Karte
»Oberhaardt von Neustadt an der Weinstraße bis zum Queichtal«, Wanderkarte des Pfälzerwald-Vereins, 1:25 000

Beste Jahreszeit
April bis Oktober

Informationen
Büro für Tourismus, Annweiler am Trifels, Meßplatz 1, 76855 Annweiler am Trifels, Tel. 06346/22 00, www.vg-annweiler.de

Rechte Seite: Auf dem letzten Teil der Wanderung bietet sich dieser Fernblick Richtung Trifels.

Das Flüsschen Queich durchbricht den Pfälzerwald zwischen Annweiler und Albersweiler nach Osten. Nicht weit davon entfernt, am Zusammenfluss der Seitenbäche Eußerbach und Dernbach, führt der Weg über Ramberg zu den Drei Buchen. Die alte Burg Meistersel wurde in den letzten Jahren saniert und wieder geöffnet. Ein Besuch dieser Burg gehört zum Schlusshöhepunkt dieser Wanderung.

Am Ⓐ **Wanderparkplatz Drei Buchen** finden wir ausreichend Parkmöglichkeiten. Wir gehen am Kulminationspunkt der Landesstraße 506 zuerst in nördliche Richtung. Unser Wegzeichen ist dabei der weiße Balken mit schwarzem Punkt. Auf dem ersten Anstieg umrunden wir den Drenselberg und erreichen unseren ersten Anlaufpunkt, das »Manfred-Eschbacher-Plätzel«.

Zum Fernwanderweg E8 Unser Weg steigt zunächst weiter an und fällt dann bis zum ❶ **Forsthaus Heldenstein** ab. Das Forsthaus Heldenstein

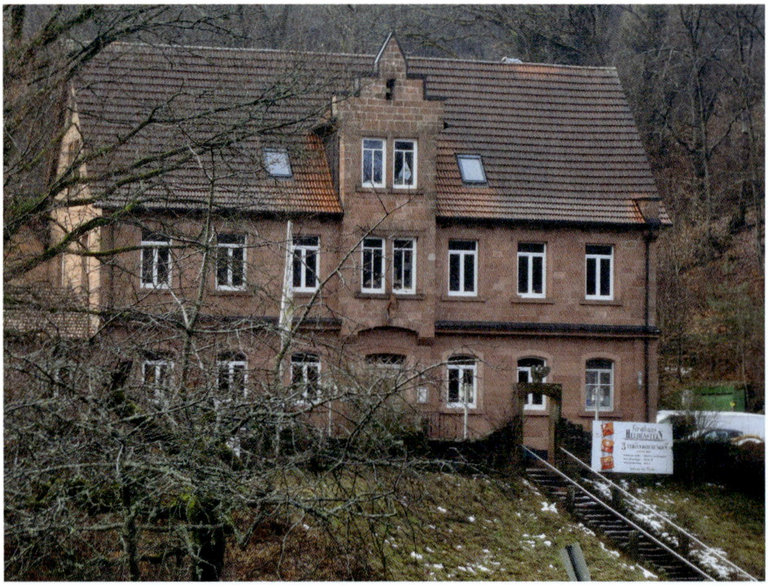

Das Forsthaus Heldenstein ist unser erstes Etappenziel auf dieser Wanderung.

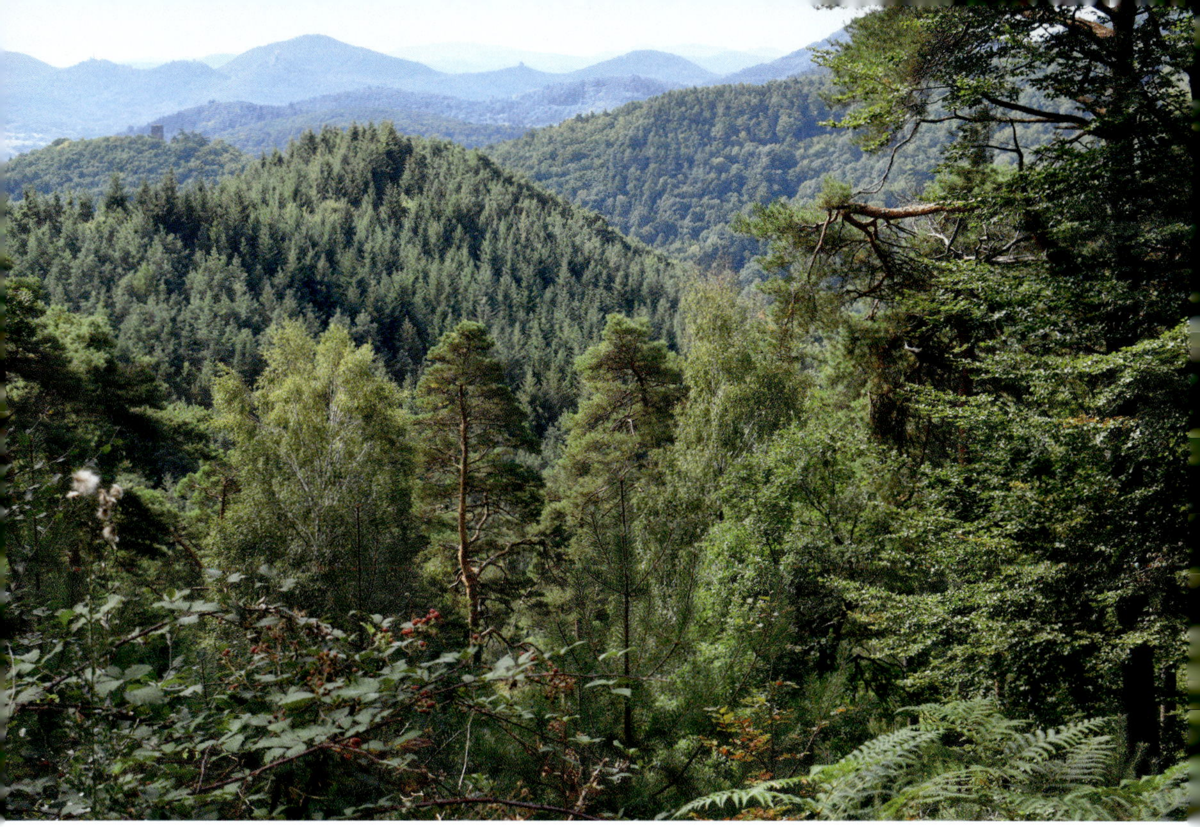

ist zur Einkehr geöffnet: Mi, Sa, So sowie an Feiertagen 11.00 Uhr bis 18.00 Uhr. Bis hierher führte unsere Gehrichtung nach Norden; mit der neuen Markierung rotes Kreuz sind wir ab sofort Richtung Westen unterwegs. Wir befinden uns für dieses Teilstück der Wanderung auf dem Europäischen Fernwanderweg E8, der von Irland bis an das Schwarze Meer führt. Auf diesem Weg erreichen wir am Pfaffenkopf eine Wegkreuzung; hier treffen vier Wanderwege zusammen. Etwas unterhalb der Wegspinne befindet sich eine kleine Schutzhütte.

Fernsicht zum Trifels Wir verabschieden uns hier schon wieder von unserer Wandermarkierung rotes Kreuz; jetzt geht es mit dem Zeichen grün-blauer Balken nach Süden. Am Langtalkopf steht dann

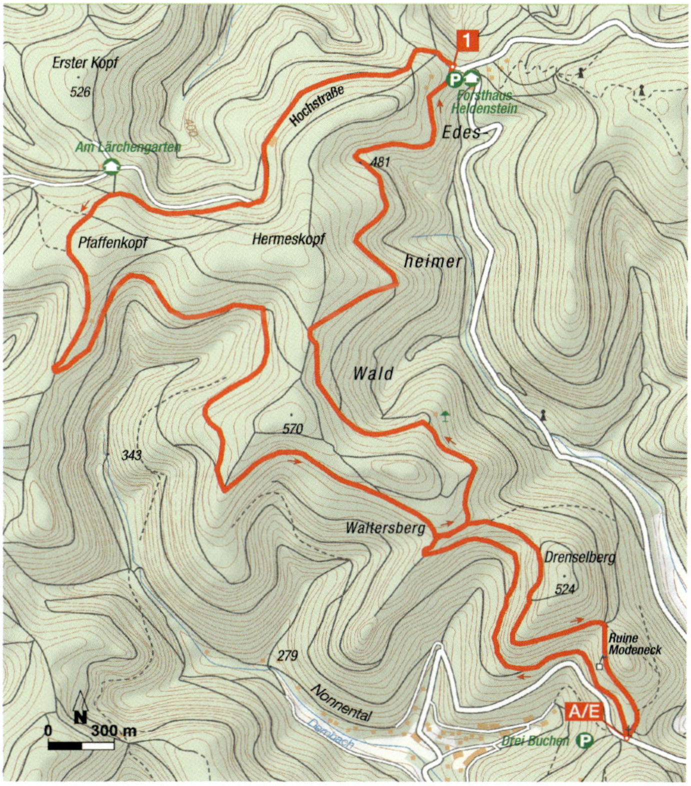

eine erneute Richtungsänderung an; die Wegverzweigung ist im Übrigen als Rettungspunkt 6713-191 gekennzeichnet. Von hier leitet uns das Wegzeichen weißer Punkt weiter. Schon bald erreichen wir den Eulenbrunnen. Mit einem Holzgeländer gesichert, geht es über Treppenstufen hinunter zur Quelle. Nicht viel weiter werden wir dann mit einem einzigartigen Fernblick belohnt. Zuerst in Blickrichtung sind Teile der Ramburg zu erkennen; dahinter sehen wir über dem Queichtal dann das Burgen-Dreigestirn Trifels, Anebos und Scharfenberg. Wir folgen weiter unserem Weg und erreichen dann wieder die kleine Wegspinne am Manfred-Eschbacher-

Bürstenbindermuseum

Einen Besuch wert ist das einzigartige Bürstenbindermuseum in Ramberg. Die Entwicklung des Bürstenbinderhandwerks von der Hand- zur maschinellen Fertigung wird an zahlreichen Ausstellungsstücken dargestellt. Ein Teil der vorhandenen Fabrikationsmaschinen ist noch funktionsfähig. Das Museum ist im Gebäude einer ehemaligen Bürstenfabrik untergebracht. Die Figur eines Bürstenhändlers vor dem Museum versinnbildlicht nicht nur die schwierige soziale Lage der Arbeiter, sondern auch den mühsamen Vertrieb dieser Produkte; Öffnungszeiten des Museum sind Mi, Sa, So sowie an Feiertagen von 14.00 Uhr bis 17.00 Uhr, Parkmöglichkeiten gibt es direkt vor dem Gebäude.

Vom anstrengenden Dasein der Bürstenbinder erzählt das Bürstenbindermuseum in Ramberg.

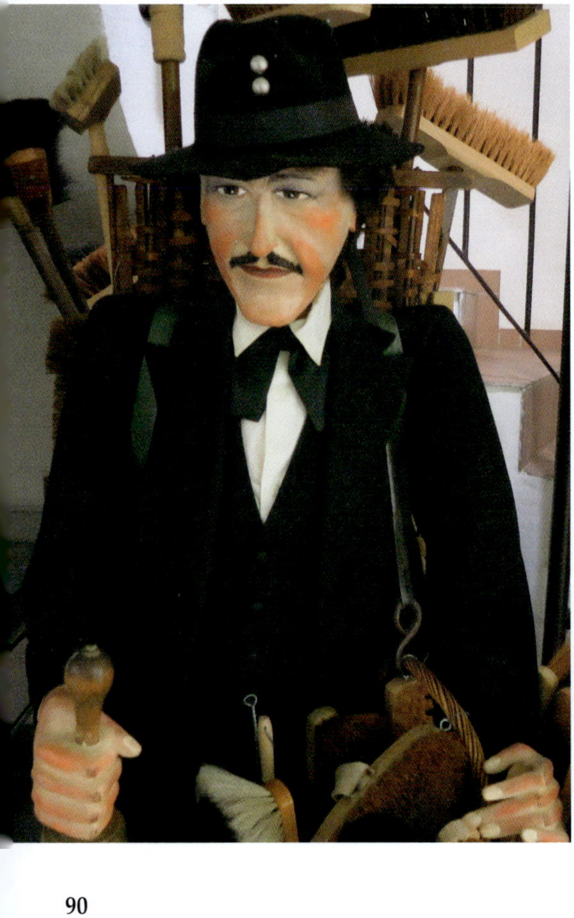

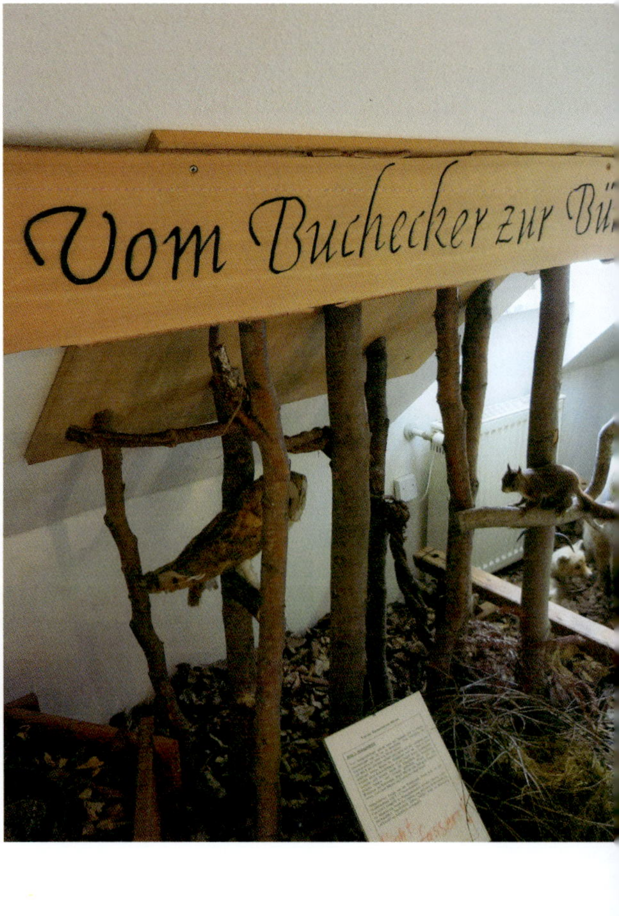

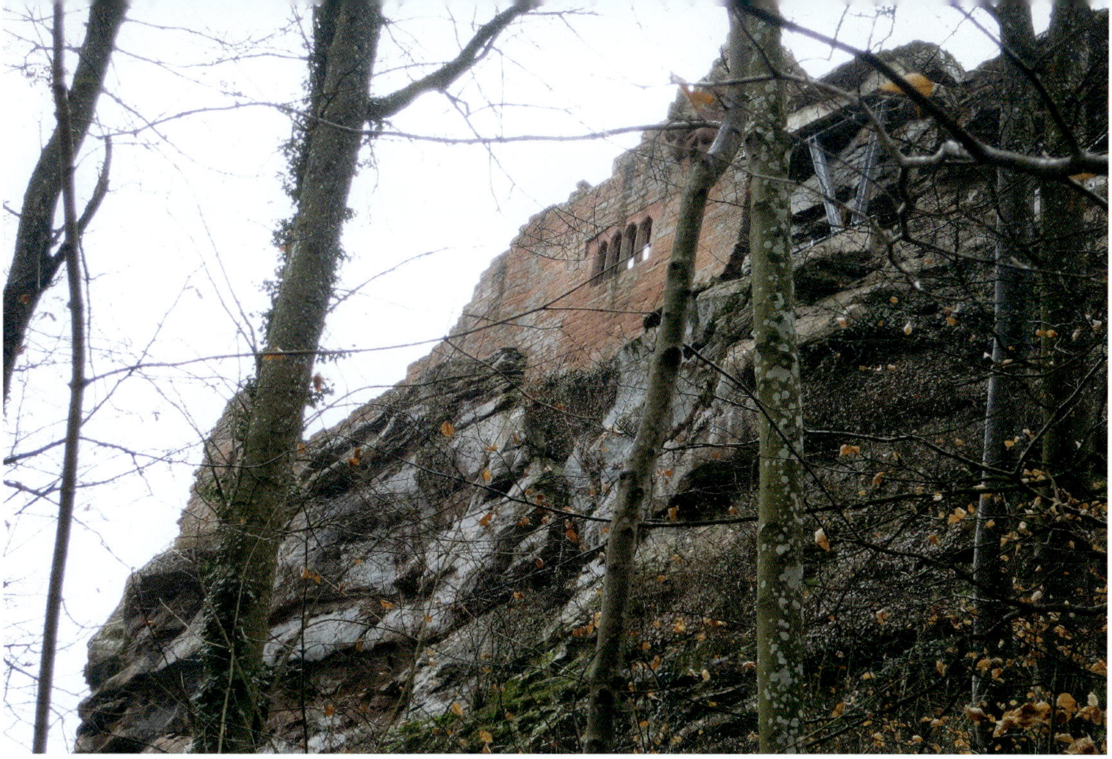

Die Burg Modeneck ist eine der ältesten Burgen in der Pfalz; sie wurde in den letzten Jahren aufwendig restauriert.

Plätzel. Hier benutzen wir aber nicht den Herweg; stattdessen gehen wir noch ein Stück Richtung Forsthaus Heldenstein. Wir achten aber auf den Wegweiser, der die Abzweigung zur Ruine Meistersel markiert. Von der Abzweigung sind es dann noch einmal 1,3 Kilometer bis zur Burg. Von dort erreichen wir dann wieder unseren Ausgangspunkt am E **Wanderparkplatz Drei Buchen**. Nicht weit von diesem Wanderparkplatz entfernt befindet sich die Pfälzerwald-Vereinshütte »Waldhaus Drei Buchen«. Idyllisch im Wald gelegen und mit großem Biergarten ist diese geöffnet Mi bis So ab 11.00 Uhr.

Burgruine Modeneck (Meistersel)

Hoch über dem Tal des Modenbach gelegen, zählt die Burgruine Modeneck, auch Meistersel genannt, zu den ältesten Burganlagen in der Pfalz. Erbaut wurde sie bereits im 11. Jahrhundert; allerdings wurden bei Sicherungsarbeiten Mauerreste einer noch älteren Vorgängerburg gefunden. Im 12. Jahrhundert wurde Meistersel zur Reichsburg; zuvor war sie im Besitz des Bischofs von Speyer. Im späten Mittelalter wurde sie dann zur Ganerbenburg. Schon im Bauernkrieg in Mitleidenschaft gezogen, wurde die Burg nach den Zerstörungen im 30-jährigen Krieg nicht wieder aufgebaut. Die Haupt- oder Oberburg befindet sich im östlichen Teil auf einem hohen Buntsandsteinfelsen; die Unterburg auf der westlichen Seite. Im Norden liegen der Halsgraben sowie das Vorwerk. Die Burg befand sich seit den 1930er-Jahren in Privatbesitz; das Land Rheinland-Pfalz übte dann sein Vorkaufsrecht aus, als die Burg zum Verkauf stand. Damals war die Burg in einem schlechten Bauzustand; aus Gefährdungsgründen musste deswegen der Zugang zur Burg gesperrt werden. In einem ersten Schritt wurden die einsturzgefährdeten Teile der Burg gesichert. Dazu mussten u. a. Stahlanker (siehe Bild oben) eingebaut werden. Restauriert wurden danach die Torpfeiler, Unterburg und Oberburg wie auch die im südöstlichen Bereich der Burg gelegene Schnabelecke; die Sanierungskosten lagen bei drei Millionen Euro.

21

Zum Harzofenberg

Galgenberg und Schwörstein

mittel 13,4 km 780 Hm 3.45 Std.

Tourencharakter
Überwiegend auf breiten Forstwegen geht es mit zahlreichen An- und Abstiegen durch die Waldgebiete rund um Dernbach und Ramberg.

Ausgangs-/Endpunkt
Dernbach (206 m)

Anfahrt
Auto: Von Landau auf der Bundesstraße 10 Richtung Annweiler; hinter Albersweiler dann auf der L 505 und L 506 nach Dernbach
Bus und Bahn: Mit der Regionalbahn bis Landau; von dort mit dem Bus nach Dernbach

Gehzeiten
Dernbach – Schwörstein 1.50 Std. – Ramburg 0.40 Std. – Dernbach 1.15 Std.

Einkehr
Dernbach, Ramburg, Ramberg

Karte
»Oberhaardt von Neustadt an der Weinstraße bis zum Queichtal«, Wanderkarte des Pfälzerwald-Vereins, 1:25 000

Beste Jahreszeit
April bis Oktober

Informationen
Büro für Tourismus, Annweiler am Trifels, Meßplatz 1, 76855 Annweiler am Trifels, Tel. 06346/22 00, www.vg-annweiler.de

Rechte Seite: Der Sage nach war der Schwörstein ein Hexentanzplatz.

Zahlreiche Burgen im Umkreis des Ortes Dernbach unterstreichen die Bedeutung der Gegend im Mittelalter. Heute sind die Orte Eußerthal, Ramberg und Dernbach durch ihre Lage in Seitentälern vom überörtlichen Verkehr abgehängt. Wir machen das Beste daraus und gehen auf stillen Wanderwegen zu den Zeugen vergangener Machtentfaltung.

Dernbach gehört zur Verbandsgemeinde Annweiler am Trifels. Der Ortsteil hat eine enge Ortsdurchfahrt. Parkplätze finden wir an der Hauptstraße. Vor allem an Wochenenden kann es allerdings manchmal schwierig sein, einen Parkplatz zu finden. Im Notfall weicht man nach Ramberg aus; die Tour kann auch von dort begonnen werden.

Zum Galgenberg In der Ortsmitte von Ⓐ **Dernbach** gehen wir Richtung Ramberg. Am Ortsausgang achten wir auf die Markierung Pfälzer Weinpfad (rotes Traubensymbol) oder auch auf den weißen Punkt. Wir biegen in die Forststraße ein; an den letzten Häusern des Ortes vorbei steigt der Weg gleich steil an. Am Waldrand erreichen wir das Gewann Galgen-

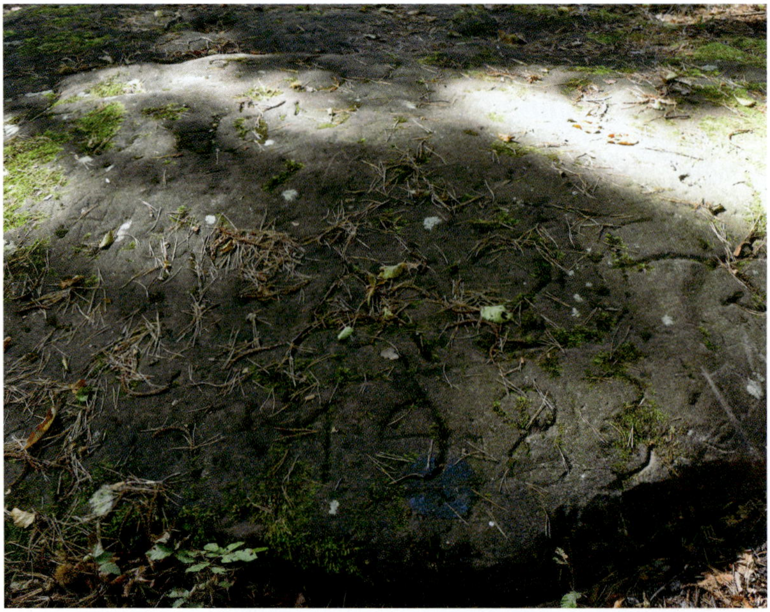

Angehende Förster wurden über lange Zeit am Schwörstein auf den Schutz des Waldes vereidigt.

berg. Wie der Name vermuten lässt, handelt es sich hier um einen ehemaligen Gerichtsplatz bzw. um eine Richtstätte der Dörfer Ramberg und Dernbach. Die Anfänge dieser Stätte werden Ende des 15. Jahrhunderts vermutet; schriftlichen Dokumenten ist zu entnehmen, dass im Jahr 1506 hier Hanssen von Zabern, ein Kuhhirte aus Ramberg, verurteilt wurde. 1566 wurde der Galgenplatz nach Frankweiler verlegt; ein Jahrhundert später nach Albersweiler. Die Richtstätte war also nur etwas mehr als ein halbes Jahrhundert in Gebrauch; der Name hat sich aber bis heute erhalten. Es geht weiter den Berg hinauf; zuerst nach Norden, beschreibt der Weg jetzt einen Schwenk nach links, also in westliche Richtung. Wir erreichen das Sanatorium Eußerthal; es wird an deren nördlichen Rand auf dem Weiterweg nur gestreift. Unser Weg biegt jetzt nach Süden ab; an einer Wegkreuzung treffen wir auf einen vom nahen Eußerthal kommenden Wanderweg.

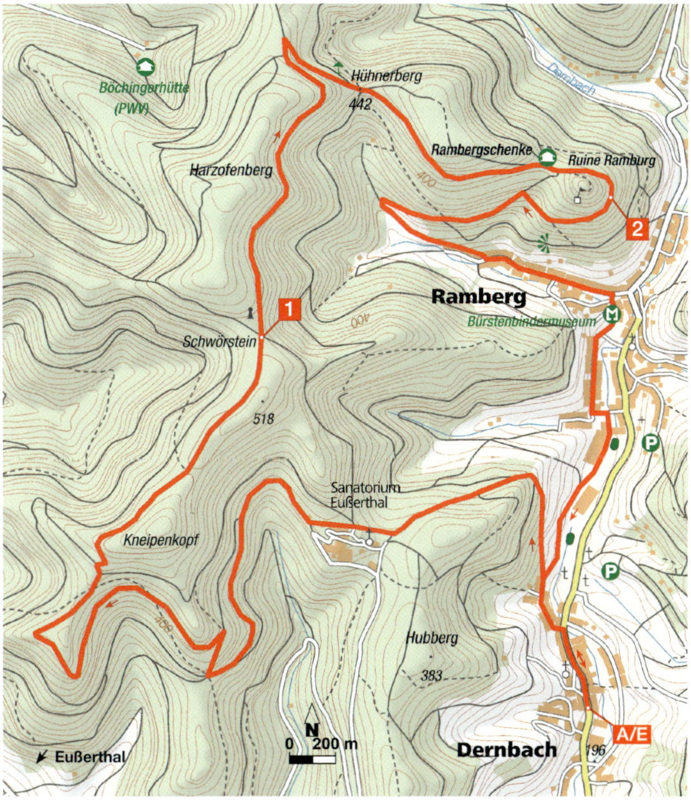

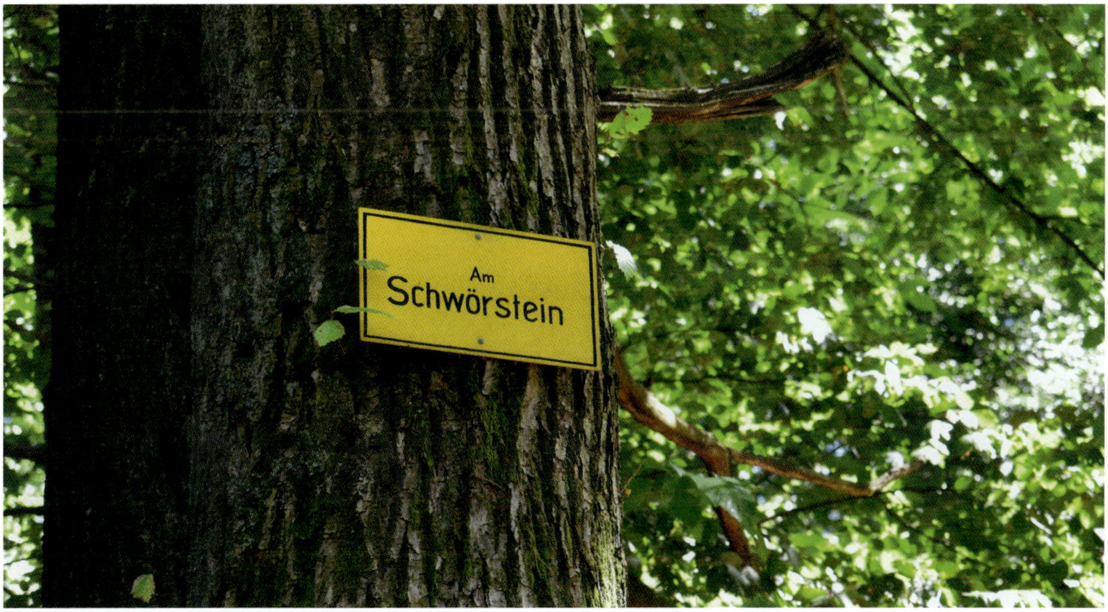

Am Schwörstein Dieser Wanderweg ist mit einem grün-blauen Balken gekennzeichnet. Wir folgen dieser Markierung nach Norden. Ein steiler Anstieg auf sandigem Waldboden bringt uns nur langsam voran; bald schon schwenkt der Weg aber wieder nach Westen, um nach einer großen Kehre um den Walterskopf wieder nach Norden einzubiegen. Schließlich wird der Orientierungspunkt ❶ **Schwörstein** erreicht (Rettungspunkt 6713-230). Der flache Sandsteinfindling stellt eine Grenzmarkierung dar, ohne dass jedoch Grenzzeichen auf dem Stein zu erkennen wären. Das Kloster Eußerthal war im Mittelalter durch Schenkung Miteigentümer der Oberhaingeraiden geworden. Der Klosterwald lag somit an der Grenze zu den Mittelhaingeraiden. Diese Mittelhaingeraiden (gemeinsam bewirtschaftete Forstbezirke), auch zweite Haingeraide genannt, befanden sich u. a. im Besitz der Dörfer Dernbach und Ramberg. Im Jahr 1816 wurde die Pfalz dem Königreich Bayern zugeschlagen; die Haingeraiden wurden dann 1820 unter den an den Forsten beteiligten Gemeinden aufgeteilt. Der Volkssage nach fanden sich am Schwörstein in der Walpurgisnacht die Hexen zusammen, um den Maitanz aufzuführen. Der Begriff Schwörstein lässt sich urkundlich erst im 18. Jahrhundert nachweisen. Darin wird erklärt, dass die Förster der Haingeraiden ab Mitte des 16. Jahrhunderts am Schwörstein auf den besonderen Schutz des Waldes vereidigt wurden.

Weiter zur Ramburg Wir setzten unseren Weiterweg auf der langen Geraden fort, die uns zum Schwörstein geführt hatte. Am Harzofenberg entlang nähern wir uns einer Wegkreuzung, an der wir auf das Wegzeichen roter Punkt treffen. Hier biegt der Weg scharf nach rechts. Nach einem Kilometer Wegstrecke erreichen wir die ❷ **Ruine Ramburg** sowie die nahe Ramburgschenke. Die Ramburgschenke wird vom Ramburgverein betrieben. Im Jahr 1977 errichtet, wird der müde Wanderer hier

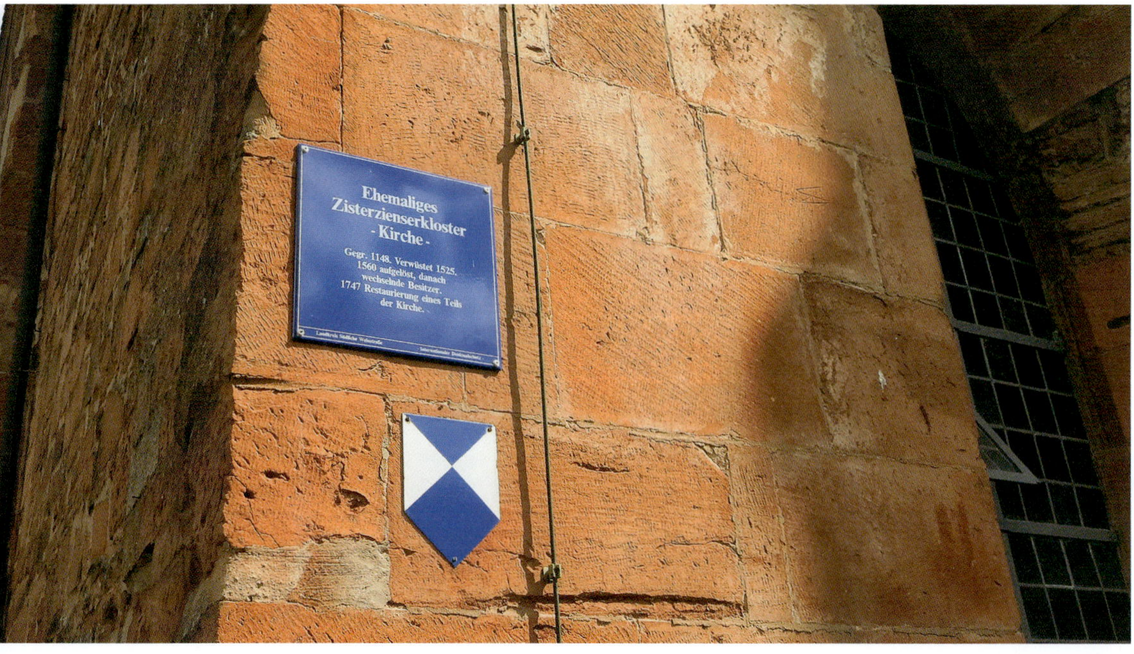

Vom ehemaligen Zisterzienserkloster Eußerthal sind nur noch Chor und Querhaus erhalten.

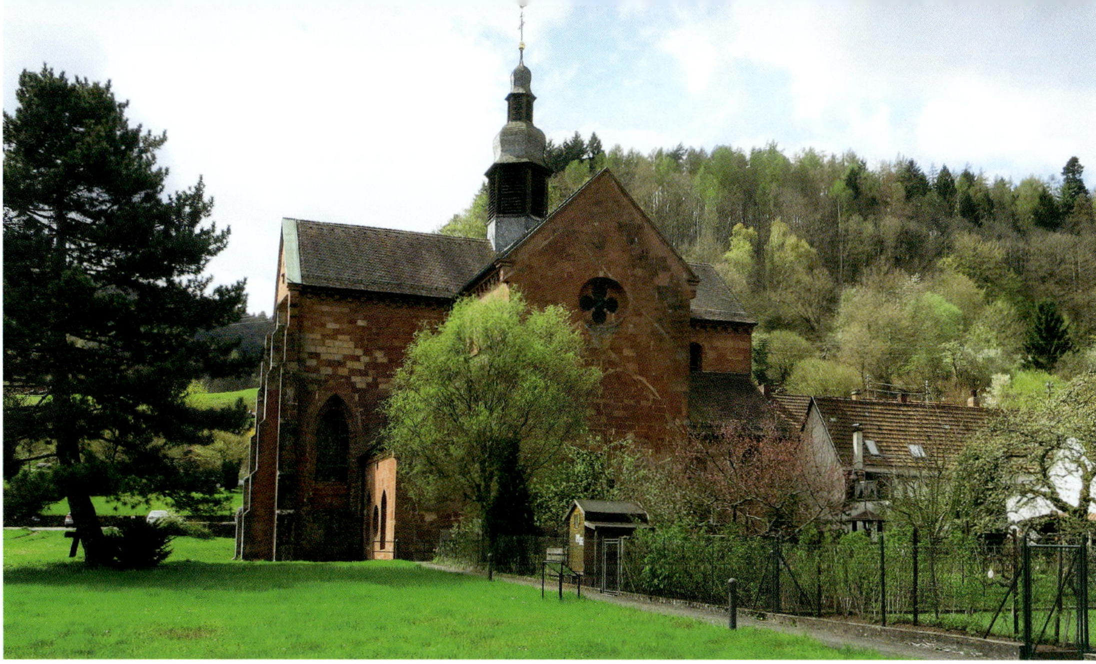

Der noch erhaltene Teil des ehemaligen Klosters Eußerthal steht dem Besucher offen.

an Sonn- und Feiertagen zwischen 10.00 Uhr und 18.00 Uhr bewirtet; zusätzliche Öffnungszeiten in den Sommer- und Herbstferien (jeweils Rheinland-Pfalz) sowie über Weihnachten. Die Ramburg wurde vermutlich im 12. Jahrhundert als Reichsburg erbaut. Sie wurde im Bauernkrieg 1525 durch Brand zerstört; im Besitz der Grafen von Löwenstein wurde die Burg im 30-jährigen Krieg geplündert und verfiel in der Folgezeit. Erhalten sind Teile der Ringmauer, die als Schildmauer verstärkt wurde, sowie des Halsgrabens. Unter den Felsen wurde ein tiefer Keller ausgebaut.

Zurück nach Dernbach Für unseren Rückweg nehmen wir von der Burg den mit einem roten Punkt gekennzeichneten Weg. Unterwegs ergeben sich einige Abkürzungsmöglichkeiten. Auf jeden Fall erreicht man in Ramberg zuerst die lange Schlossbergstraße; diese führt zur Ortsmitte. Am Bürstenbindermuseum vorbei gehen wir auf der Kreuzwoog- und dann auf der Hermersbacherstraße weiter. Diese führt uns parallel zur Landesstraße 506 zurück nach E Dernbach.

Eußerthal

Einen Abstecher wert ist das sich im nahen Eußerthal befindliche ehemalige Zisterzienserkloster gleichen Namens. Vom Klosterkomplex noch erhalten sind Chor und Querhaus (heute katholische Pfarrkirche). Auf dem Klostergelände wird auf verschiedenen Schautafeln Wissenswertes über das Kloster vermittelt. Vor der Kirche wird auf den Mönchsweg hingewiesen; dabei handelt es sich um einen Wanderweg zur Burg Trifels, der den Weg der Klostermönche nachzeichnen soll. Diesen war die Obhut der Reichskleinodien auf der Burg Trifels übertragen worden; bis ins Jahr 1529 hatten sie darüber hinaus das Amt des dortigen Burgkaplans inne. Im Bauernkrieg soll das Kloster von Nußdorfer Bauern geplündert worden sein; in der Beschreibung zur Tour 26 dieses Buches überprüfen wir den Wahrheitsgehalt dieser oft gelesenen Behauptung.

22 Holländerklotz und Jagdfelsen

Im Quellgebiet der Wieslauter

schwer 17,8 km 836 Hm 5.50 Std.

Tourencharakter
Körperlich anspruchsvolle Tour durch ein Schutzgebiet der Wieslauter. Begehung auf eigene Gefahr!

Ausgangs-/Endpunkt
Wanderparkplatz Luitpoldstein bei Hermersbergerhof (567 m)

Anfahrt
Auto: Von Landau auf der Bundesstraße 10 nach Wilgartswiesen. Von dort weiter auf der Kreisstraße 56 zum Hermersbergerhof. Von dort noch einen Kilometer weiter zum Wanderparkplatz Luitpoldstein.
Bus und Bahn: Mit der Regionalbahn von Landau nach Hauenstein, von dort mit dem Anruflinientaxi nach Hermersbergerhof (keine Verbindung am Wochenende).

Gehzeiten
Luitpoldstein – Ruine Gräfenstein 3.30 Std. – Luitpoldstein 2.20 Std.

Einkehr
Hermersbergerhof, Gräfensteinhütte

Karte
»Vom Johanniskreuz bis Pirmasens«, Wanderkarte des Pfälzerwald-Vereins, 1:25 000

Beste Jahreszeit
April bis Oktober

Informationen
Verbandsgemeinde Hauenstein, Schuhmeile 1, 76846 Hauenstein, Tel. 06392/92 33 380, www.hauenstein.de

Mit der Einrichtung von Urwaldzonen soll im Biosphärenreservat Pfälzerwald-Nordvogesen der natürlichen Entwicklung und dem Schutz von Flora und Fauna entsprochen werden. Dies bedeutet, dass ein Teilstück dieser Wanderung durch ein Gebiet führt, in dem umgestürzte Bäume nicht beseitigt und abgerutschte Wege nicht erneuert werden. Entsprechend anspruchsvoll und herausfordernd ist diese als schwer gekennzeichnete Tour.

Unser Ausgangspunkt ist der Ⓐ **Luitpoldstein** in der Nähe von Hermersbergerhof. Dieser Ritterstein wurde anlässlich des 90. Geburtstags von Prinzregent Luitpold von Bayern im Jahr 1911 errichtet. Die Pfalz gehörte damals schon fast ein Jahrhundert lang zum Königreich Bayern. Unser erstes Wanderziel ist rasch ausgemacht: der Luitpoldturm, der sich in gerade einmal 500 Metern Entfernung von unserem Wanderparkplatz

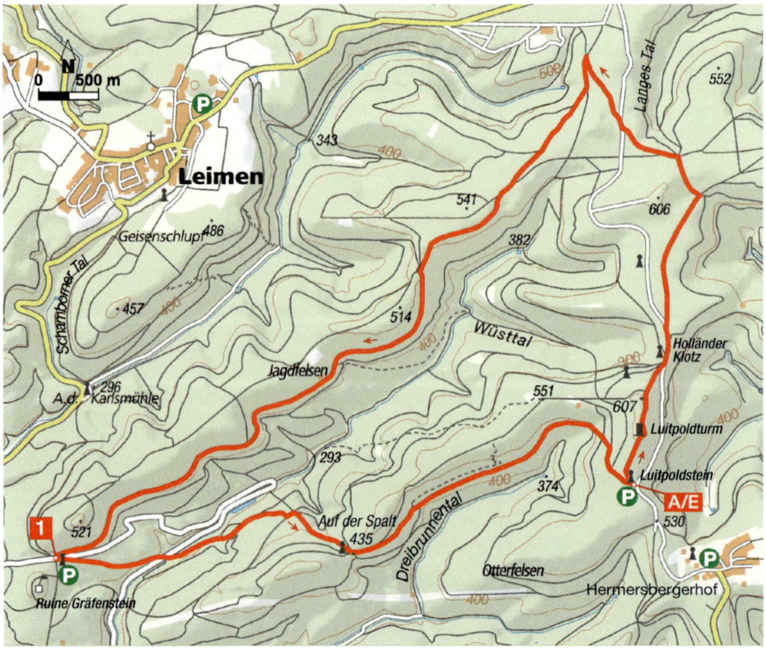

Rechte Seite unten: Der Holländerklotz ist Ritterstein und Wegmarkierung zugleich.

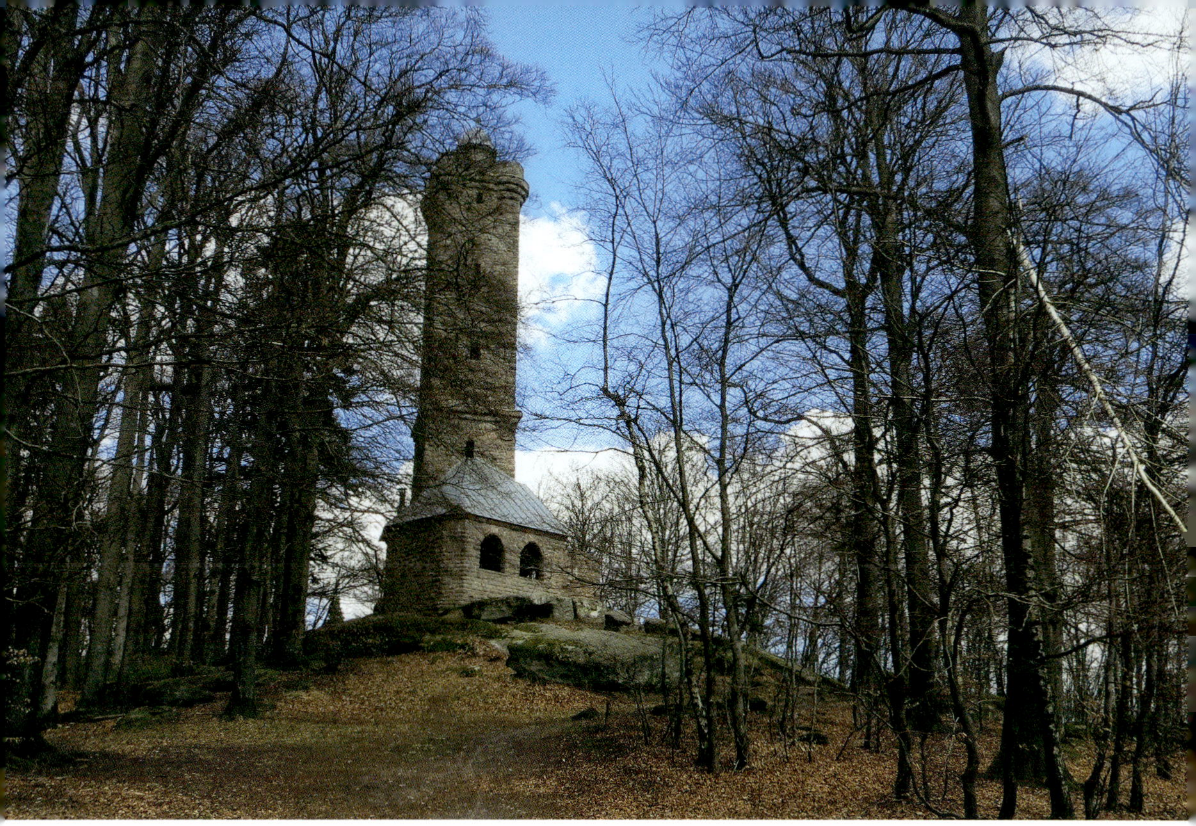

befindet. Der Weg steigt etwas an, dann befinden wir uns schon auf über 600 Metern Höhe auf dem Weißenberg. Der Bau des Turmes wurde im Jahr 1908 begonnen und ein Jahr später fertiggestellt. Zur Jahrtausendwende erfolgte eine Sanierung des Turmgebäudes. Die Aussichtsplattform befindet sich in knapp 30 Metern Höhe. Die Fernsicht weit über den Pfälzerwald ist aufgrund von Lage und Höhe des Turmes einzigartig.

Oben: Wer auf den Luitpoldturm steigt, wird mit einer grandiosen Fernsicht belohnt.

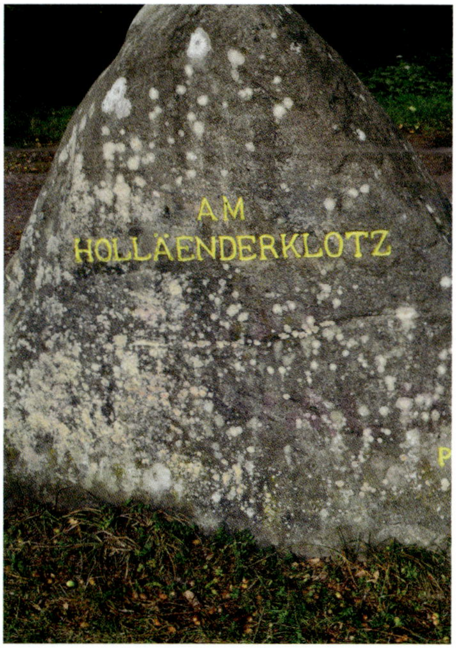

Vom Holländerklotz zu den Jagdfelsen Wir gehen vom Luitpoldturm in nördliche Richtung; dabei achten wir auf den schmalen Weg, der sich vom Hauptweg gleich hinter dem Turm nach rechts entfernt. Dieser Weg ist mit dem blauen Kreuz bzw. dem blau-roten Balken gekennzeichnet. Der Weg fällt ab und wir erreichen den Wegpunkt und den Ritterstein Holländerklotz in nur noch 550 Metern Höhe. Wie auch im Schwarzwald wurden im Pfälzerwald im 18. Jahrhundert Tannen für den Schiffsbau in Holland geschlagen; daran erinnert dieser Ritterstein. Weiter geht es mit dem blauen Kreuz als Wegbegleiter nach Norden. An einer Wegverzweigung verlässt uns nach rechts ein Wanderweg (mit der Markierung blau-rot), nach einem weiteren Stück Wegs nehmen wir von rechts einen Wanderweg mit der Markierung gelber Bal-

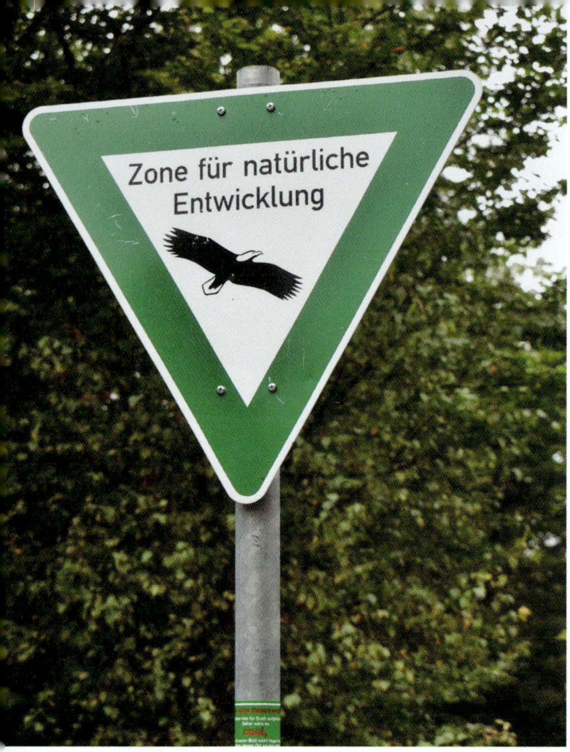

ken auf. Dieser begleitet uns bis zur nächsten Wegspinne. Dort befindet sich für uns der Umkehrpunkt. Statt weiter nach Norden geht es jetzt nach Südwesten. Begleitet werden wir dabei von dem Wegzeichen grünes Kreuz. Bald treffen wir auf den Pfälzerwaldpfad (Markierung weißes Blatt auf grünem Grund). Diesem folgen wir ein Stück, achten aber auf die Abzweigung, die mit unserer Markierung (grünes Kreuz) nach links abgeht. Dieser Weg verläuft parallel zum Pfälzerwaldpfad, ist für mich aber um einiges schöner. Auf dem schmalen Weg erreichen wir bald die Jagdfelsen. Weiter geht es auf dem abfallenden Weg, bis schließlich der Parkplatz bei der Burgruine ❶ **Gräfenstein** erreicht ist. Hinauf zur Burgruine ist es noch ein kurzer steiler Anstieg. Ebenfalls nicht in unmittelbarer Nähe, sondern weitere Wanderminuten entfernt, befindet sich die Gräfensteinhütte des Pfälzerwald-Vereins. Diese ist geöffnet Mi bis So sowie an Feiertagen von 11.00 Uhr bis 19.00 Uhr.

Das Quellgebiet der Wieslauter gehört zu den besonderen Schutzgebieten im Pfälzerwald.

Durch geschütztes Gebiet An der Burgruine Gräfenstein beginnt der schwierigste Teil dieser Wanderung. Zuerst geht es noch bequem bergab bis ins Tal des Wartenbach (ausgeschildert ab Parkplatz). Mit der Markierung blau-weißer Balken folgt dann der lange Schlussanstieg zurück zu unserem Ausgangspunkt am Luitpoldstein. Wir befinden uns ab Talboden im Quellgebiet der Wieslauter. Dieses Gebiet umfasst 2400 Hektar und gehört zu der Kernzone des Biosphärenreservats Pfälzerwald-Nordvogesen. Das bedeutet, dass in diesem Gebiet keine Pflegemaßnahmen im Wald durchgeführt werden dürfen – der Wald wird sich also selbst überlassen. Der Wanderer merkt dies, wenn er den ersten mächtigen Baum erreicht hat, der den Weg versperrt. Und es sind bestimmt ein Dutzend Bäume, die bis zum Ziel noch im Weg liegen. Dieser steigt dabei an; nicht immer kann ein umgestürzter Baum umgangen werden. Allzu oft muss man darüber klettern. Beim Eintritt in das Quellgebiet wird der Wanderer auf Hinweistafeln überdies darüber aufgeklärt, dass der Aufenthalt in diesem Gebiet auf eigene Gefahr geschieht. Man sollte sich also im Klaren sein, auf was man sich einlässt. Im Winter sowie bei starkem Sturm sollte das Gebiet überhaupt nicht betreten werden. Es ist ein langer, schweißtreibender Anstieg zurück zum Ausgangspunkt. Kurz vor Erreichen des Parkplatzes am Ⓔ **Luitpoldstein** gehen wir durch eine Holzbarriere; dort zeigt ein Hinweisschild an, dass wir die Kernzone des Biosphärenreservats verlassen haben.

Rechte Seite: Auch wenn noch ein weiterer Anstieg bevorsteht – ein Besuch der Burgruine Gräfenstein lohnt sich in jedem Fall.

Burgruine Gräfenstein

Die Burg wurde vermutlich im späten 12. Jahrhundert erbaut. Zuerst in Leininger Besitz, wechselten die Besitzer mehrmals. Seit der zweiten Hälfte des 16. Jahrhunderts bis 1793 war sie in badischem Besitz. 1525 im Bauernkrieg zerstört, wurde sie noch einmal aufgebaut. Seit 1653 gilt sie als Ruine. Aufgrund der Nähe zu Merzalben wird sie auch Merzalber Schloss genannt. Eine Besonderheit ist der siebeneckige Bergfried, der von hohen Umfassungsmauern geschützt wird.

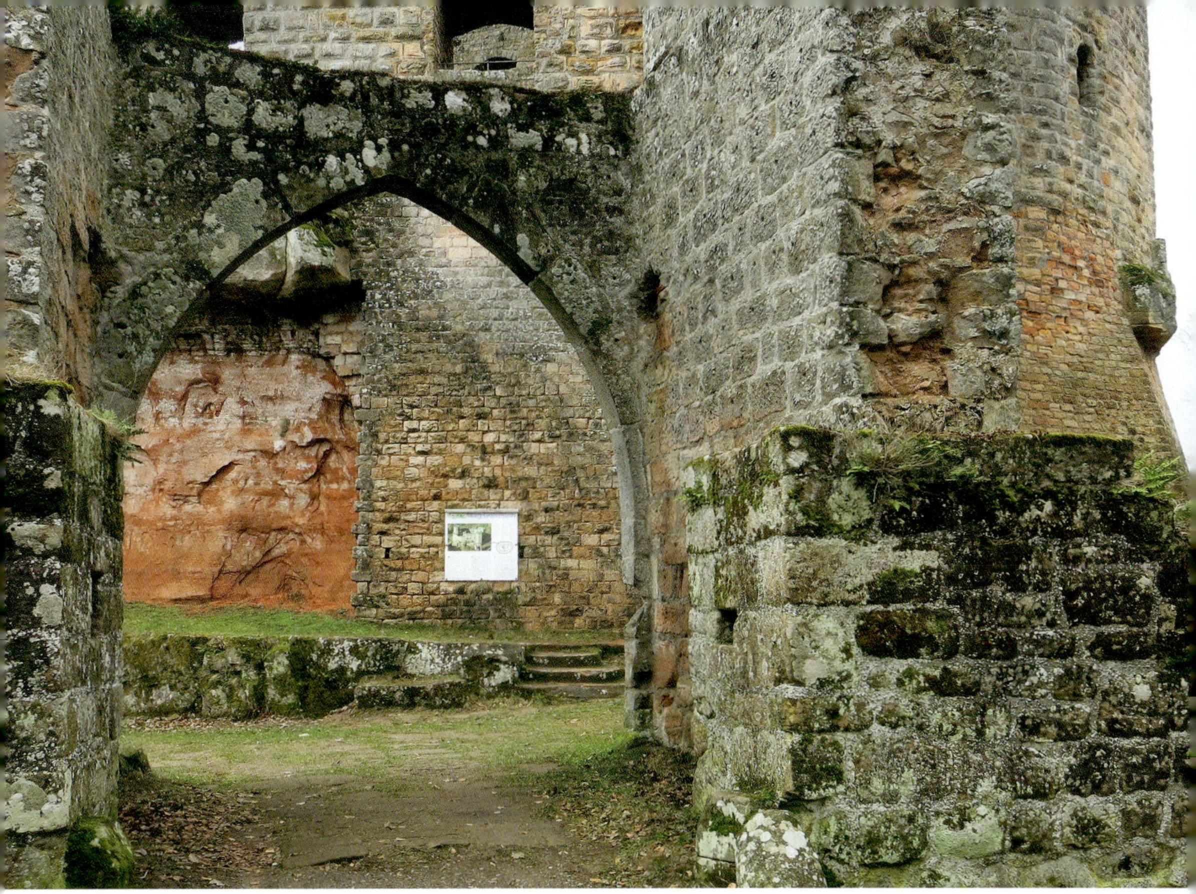

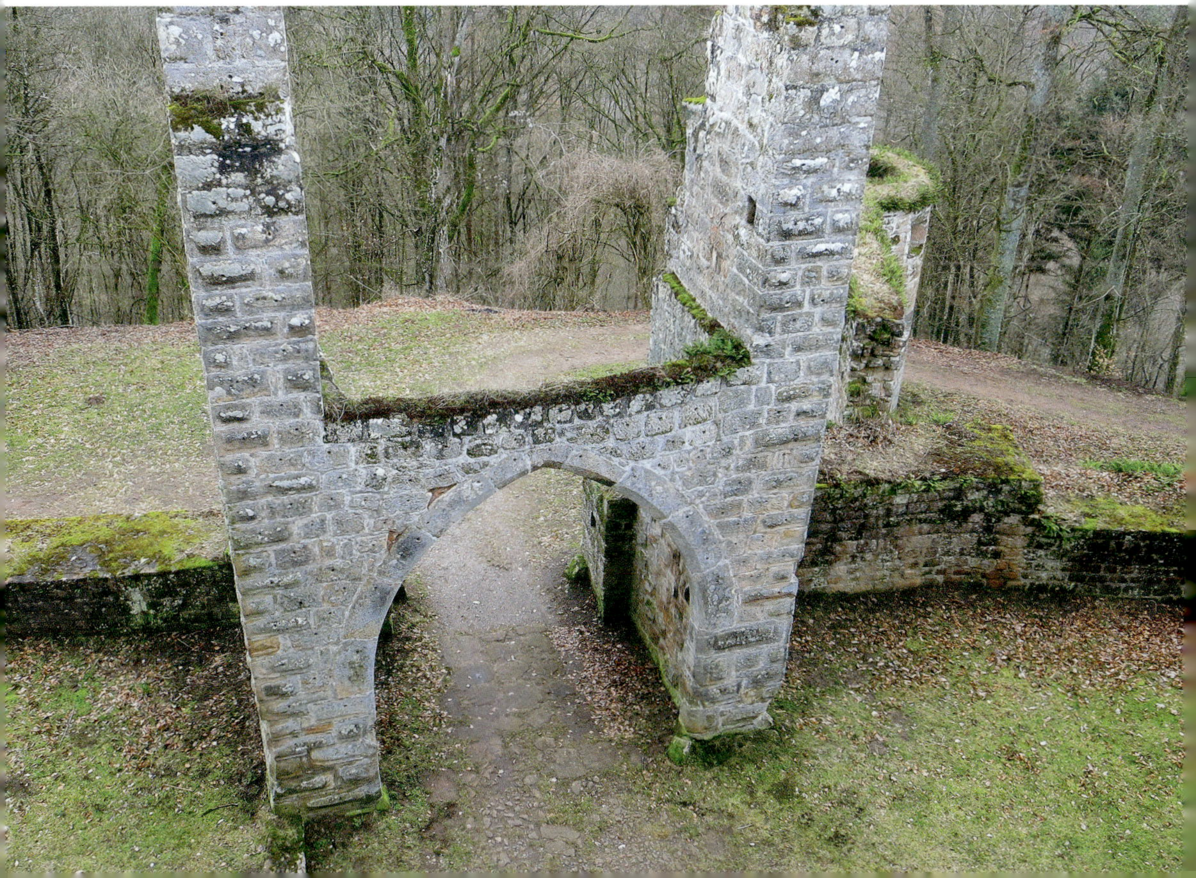

23

Durch die Weinberge bei Essingen

Ein Meer von Reben

leicht 13,4 km 116 Hm 3.35 Std.

Tourencharakter
Rundwanderung durch die Rebenlandschaft der Südpfalz, fast ohne Höhenunterschiede

Ausgangs-/Endpunkt
Knöringen (165 m)

Anfahrt
Auto: Auf der A 65 bis Landau-Nord, weiter auf B 10 Richtung Annweiler, an der ersten Ausfahrt Richtung Walsheim/Knöringen abfahren. Auf der L 516 und L 513 bis Knöringen
Bus und Bahn: Mit der Regionalbahn von Neustadt/Weinstraße oder Karlsruhe nach Knöringen-Essingen

Gehzeiten
Knöringen – Kaltenbach 0.55 Std. – Essingen 1.50 Std. – Knöringen 0.50 Std.

Einkehr
Knöringen, Essingen

Karte
Ein Teil der Wanderung wird auf der Wanderkarte des Pfälzerwald-Vereins »Oberhaardt«, 1:25 000 abgebildet; die gesamte Tour auf der Karte »Wandern und Radwandern in der Südpfalz«, 1:50 000

Beste Jahreszeit
April bis Oktober

Informationen
Landau Büro für Tourismus, Marktstraße 50, 76829 Landau in der Pfalz, Tel 06341/13 83 01, www.landau-tourismus.de

Wein- und Winzerstuben, Felder, Weiden und Wiesen bis zum Horizont, bunte Wochenmärkte in bezaubernden Dörfern und Städtchen, urige Gastronomie und beliebte Ausflugslokale – das alles findet man in der Südpfalz.

Mit der Regionalbahn erfolgt die Anreise über Karlsruhe oder Neustadt an der Weinstraße zum Haltepunkt Knöringen-Essingen. Wer mit dem Auto anfährt, findet am Bahnhof nur beschränkte Parkmöglichkeiten. Falls alles belegt sein sollte, kann man sein Fahrzeug auch auf dem Parkplatz am örtlichen Friedhof abstellen (Zufahrt von der Bahnhofstraße). Bei dieser Wanderung ist zu beachten, dass es keine Schutzhütten oder Unterstellmöglichkeiten gibt. Im Sommer wird es sehr heiß, und in den übrigen Jahreszeiten ist man Wind und Wetter direkt ausgesetzt. Weiter muss bemerkt werden, dass die Route nicht ausgeschildert ist.

Über Feld und Flur Wer die Wanderung am Ⓐ **Friedhof** beginnt, darf nach wenigen Metern gleich die erste Erdölpumpe bestaunen. Die soge-

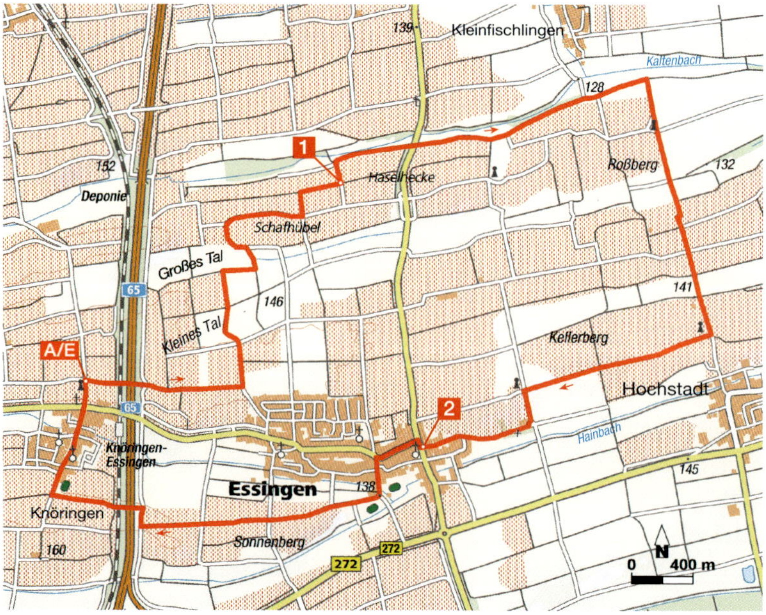

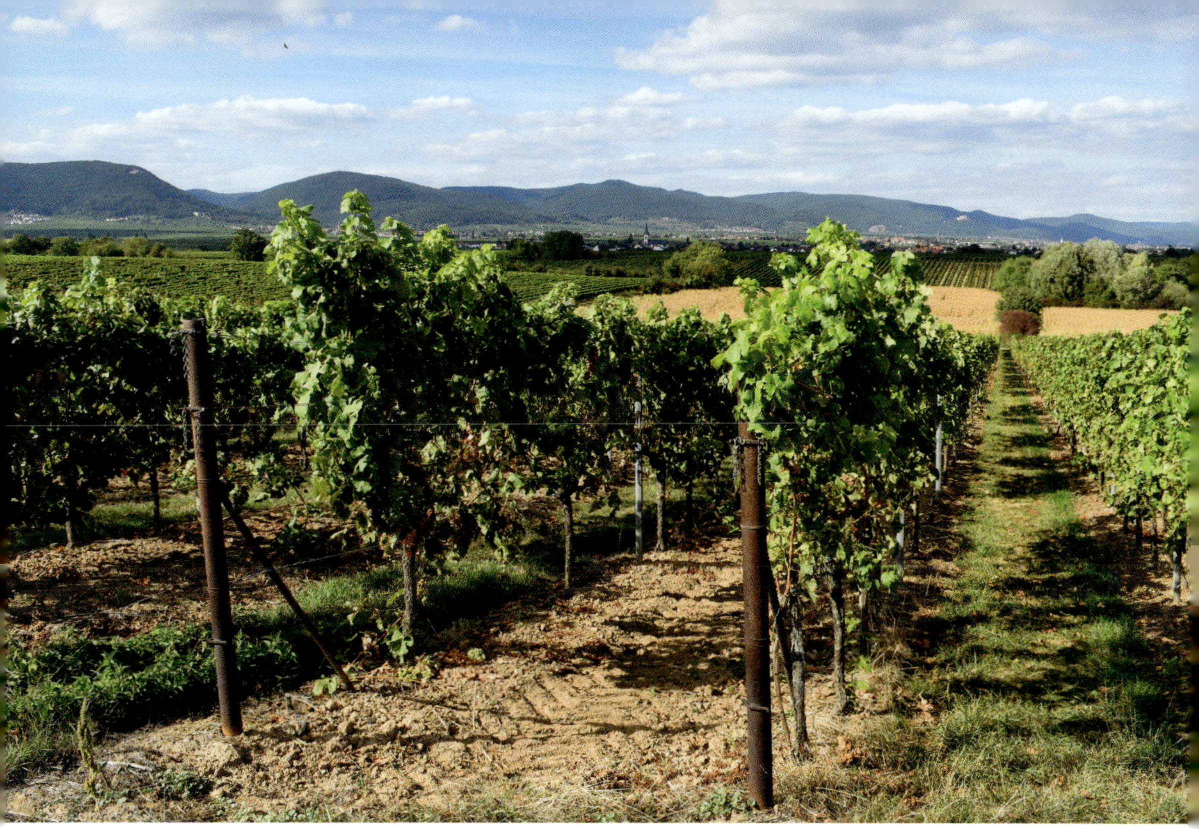

nannten Pferdekopfpumpen sind Tiefpumpen, mit denen sich Erdöl fördern lässt, wenn der Druck einer Lagerstätte nicht ausreicht, das Erdöl selbstständig an die Oberfläche gelangen zu lassen. Dieser Pumpentyp wurde in Texas entwickelt und vor nicht einmal 100 Jahren zum Patent angemeldet. Auf unserem Weg nach Osten überqueren wir dann schon die Bahnlinie Landau-Neustadt/Weinstraße sowie die parallel dazu verlaufende Autobahn A 65. Wer vom Bahnhaltepunkt aufbricht, überquert auf der dortigen Brücke die beiden Verkehrswege und biegt nach der Brücke gleich nach links ein. Beide Wege treffen sich dann an der nördlich gelegenen Brücke. Danach gehen wir geradeaus weiter nach Osten und entfernen uns von der doch recht lauten Autobahn. Es geht etwa 700 Meter geradeaus; wir befinden uns dann am Rande der Bebauung von Essingen. Hier biegen wir nach Norden ab; der Weinbau wechselt mit dem Anbau von Zuckerrüben und anderen landwirtschaftlichen Produkten ab. Unser Weg zeigt nur wenige Höhenunterschiede, beschreibt dann im weiteren Verlauf einen halbkreisförmigen Bogen und führt schließlich gen Osten. Wieder nach links gehen wir hinunter in die Niederung des ❶ **Kaltenbachs**.

Weit reicht der Blick über die Weinberge bis zur Haardt.

Die Pfalz ist das zweitgrößte Weinanbaugebiet Deutschlands.

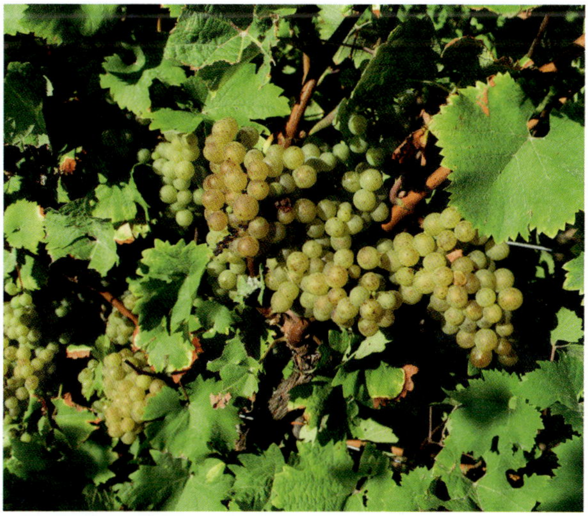

Rechte Seite: Mitten in den Weinbergen bei Knöringen steht diese Erdölpumpe.

Nach Essingen Dem Kaltenbach folgen wir auf dessen Südseite weiter nach Osten. Wir überqueren die Landesstraße 542 und bleiben weiter auf unserem Weg. Dieser ist meist als Weinwirtschaftsweg ausgebaut; es gibt aber auch naturbelassen Abschnitte. Von links erreicht uns dann der Weg von Kleinfischlingen; wir gehen geradeaus weiter und biegen dann an der übernächsten Abzweigung nach rechts, sprich nach Süden, ab. Es folgt eine Gerade von etwa eindreiviertel Kilometer Länge, die durch sanfte Hügelketten führt. Vor Erreichen der Bebauung von Hochstadt geht es auf die nächste Gerade, dieses Mal in westliche Richtung. Wir erreichen einen Gedenkstein, der aus Anlass der beendeten Flurbereingung im diesem Gebiet aufgestellt wurde. Darauf können wir nachlesen, dass im Rahmen dieser Arbeiten archäologische Funde aus der Jungsteinzeit entdeckt wurden. An dieser Stelle nach links und dann gleich wieder nach rechts, bis wir ❷ **Essingen** erreichen.

Zurück durch die Weinberge Über die Garten- und die Dalbergstraße erreichen wir die Schulstraße. Am örtlichen Sportplatz treten wir wieder hinaus in Felder und Weinberge. Der Weg führt nach Westen; wir genießen den Blick auf den Pfälzerwald. Dieser reicht bis zur Kalmit und zum Hambacher Schloss. Nach eineinhalb Kilometern haben wir wieder die Autobahn erreicht. Ein kurzes Stück nach rechts und schon geht es auf einer Brücke über die Schnellstraße und die danach folgende Bahntrasse. Noch einmal erleben wir eine großflächige Rebenlandschaft; am Sportplatz von Knöringen biegen wir nach rechts in die Hauptstraße ein. Auf dieser gelangen wir zur Ⓔ **Bahnhofstraße** des Ortes.

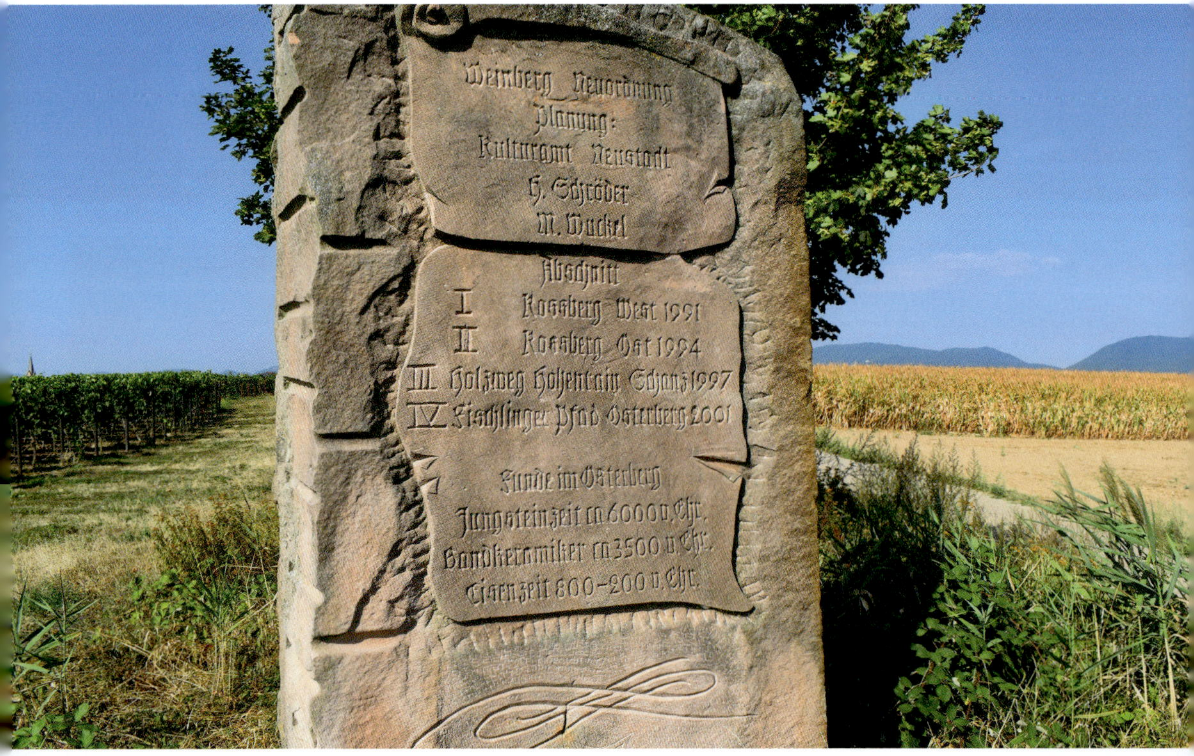

Ein Sandsteindenkmal bei Essingen erinnert an die verschiedenen Stufen der örtlichen Flurbereinigung.

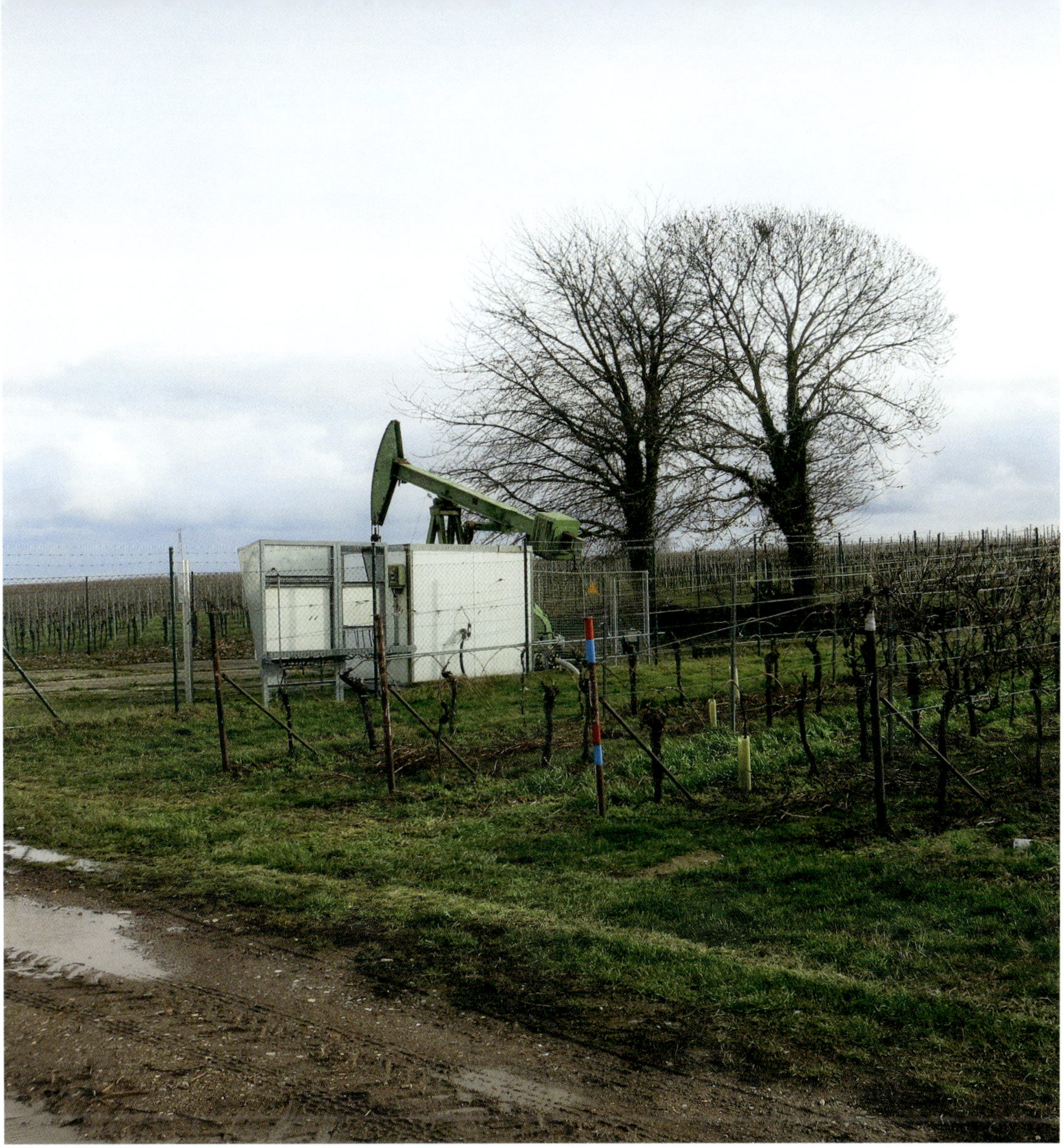

Erdöl in der Südpfalz

Auf dieser Tour sehen wir die eine oder andere Pferdekopf-Erdölpumpe. Diese Pumpen sind in der Südpfalz hauptsächlich nahe den Orten Dammheim, Knöringen, Nußdorf und Walsheim zu finden. Im nahen Elsass hatte man bei Pechelbronn schon Mitte des 18. Jahrhunderts Ölsande abgebaut, wobei die Vorkommen schon Jahrhunderte vorher belegt waren. In der Pfalz wurde erst Ende des 19. Jahrhunderts mit der Erdölsuche begonnen. Die ersten Bohrungen gingen bis in 206 Meter Tiefe, blieben aber ohne Erfolg. Weitere Suchbohrungen bis zum Jahr 1938 ergaben keine abbauwürdigen Funde. Nach dem 2. Weltkrieg kamen verbesserte Messverfahren zum Einsatz. 1955 wurde dann bei Landau abbaufähiges Erdöl gefunden. Von fast 200 Bohrungen bei Landau waren zwei Drittel erfolgreich. Heute sind noch etwa 70 Pumpen im Einsatz. Gefördert wird ein Gemisch, das zu 90 Prozent aus Wasser und zu 10 Prozent aus Erdöl besteht. Das Wasser wird abgetrennt und in die Gesteinsschicht zurückgepumpt. Diese befindet sich in Tiefen von bis zu 2000 Metern. Innerhalb der Bundesrepublik ist Rheinland-Pfalz nach Schleswig-Holstein und Niedersachsen das drittgrößte Erdöl-Förderland.

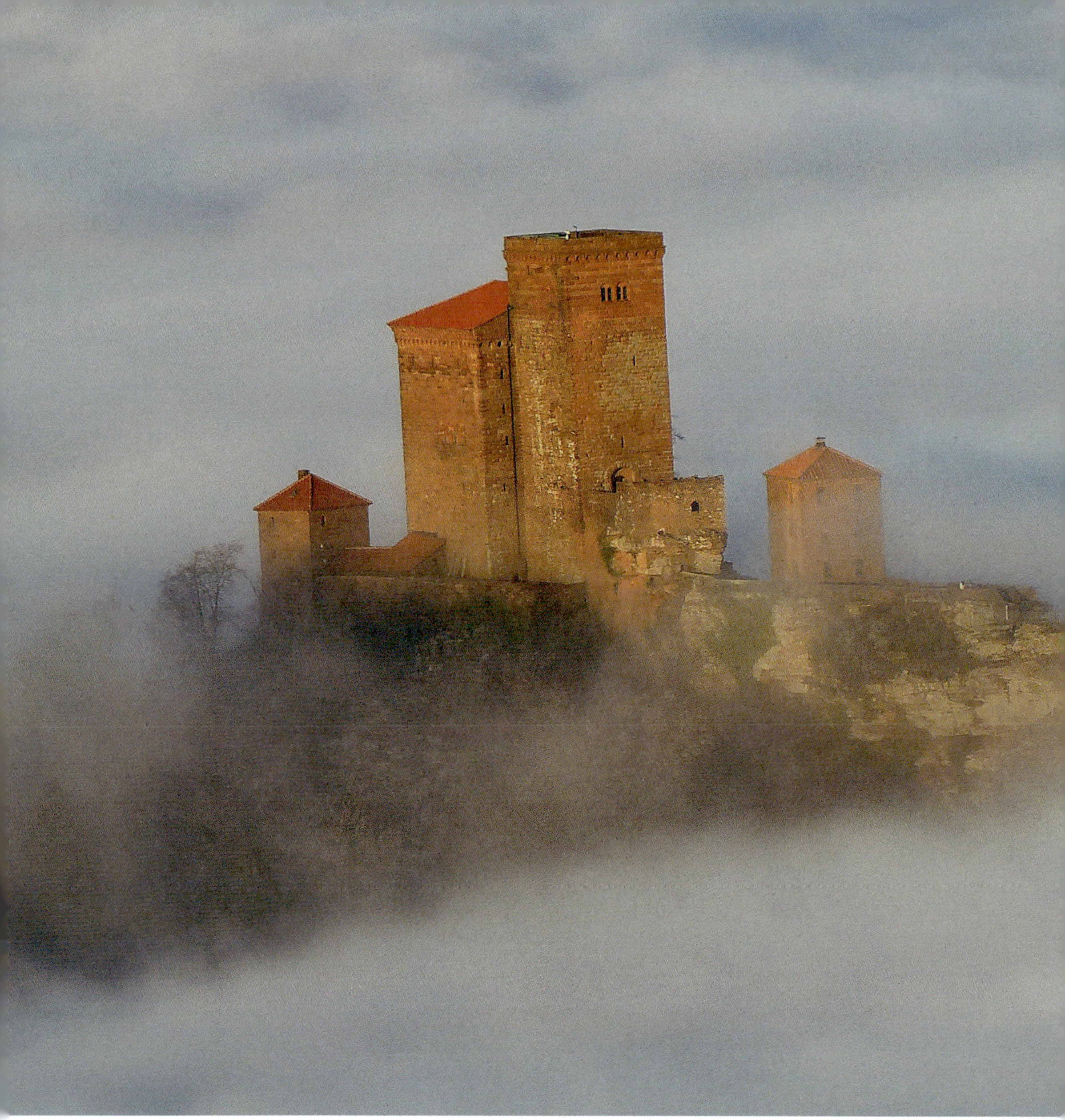

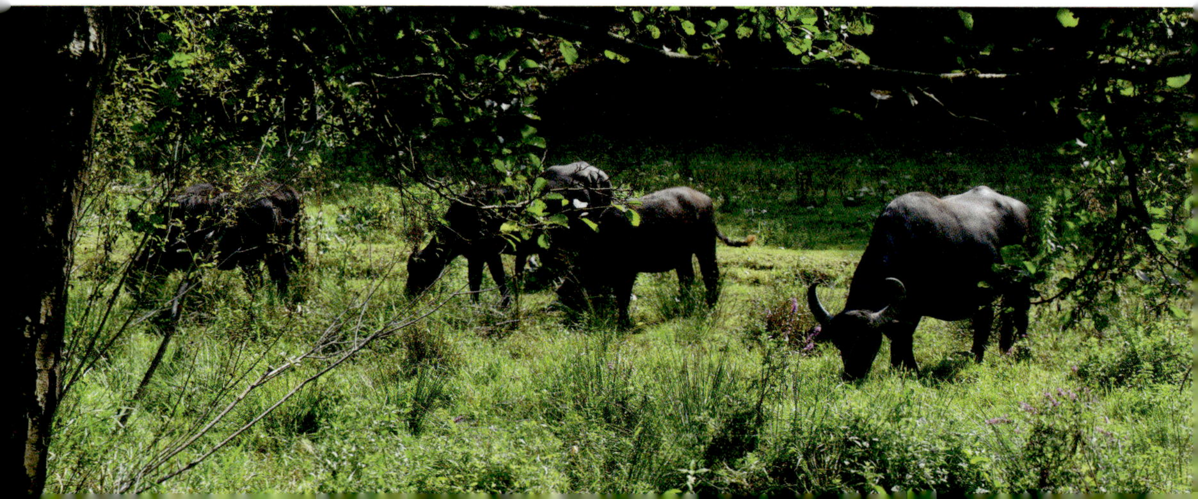

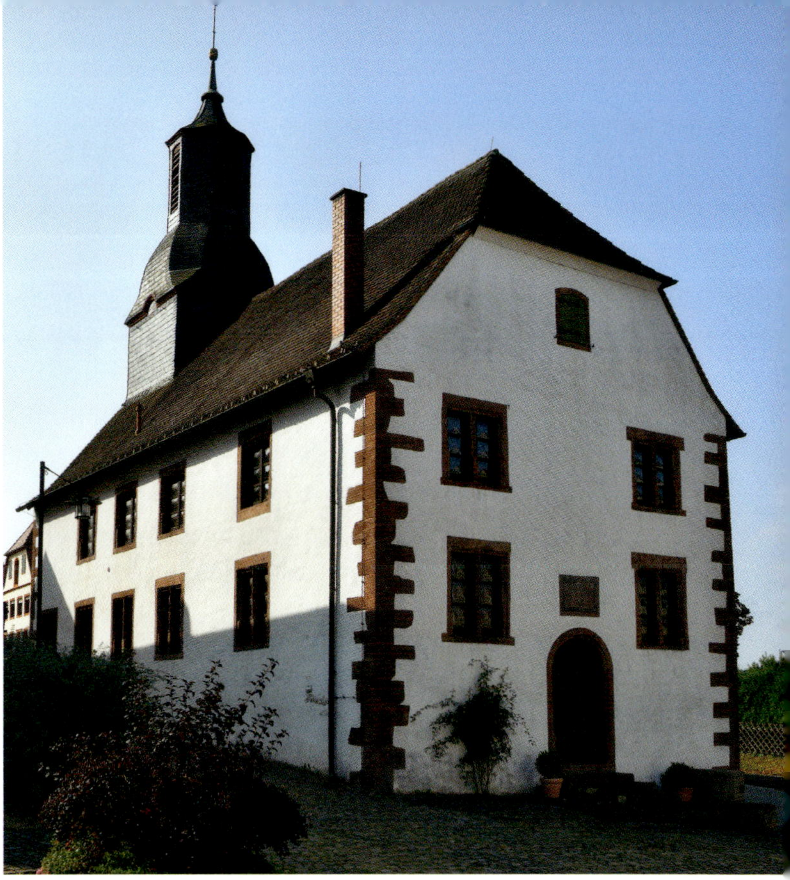

Pfalz Süd

Bienwald, Südlicher Pfälzerwald, Westrich

Die bekannteste der Pfälzer Burgen, der Trifels, ist Blickfang hoch über Annweiler (Tour 30, li. o.). Wasserbüffel werden als Landschaftspfleger im Blümelstal eingesetzt (Tour 29, li. u.). In Hornbach steht dieses schmucke Rathaus (Tour 28, re. o.). Auf dem Weg durch die Weinberge bei Eschbach zeigt sich die Ruine Scharfenberg (Tour 27, re. u.).

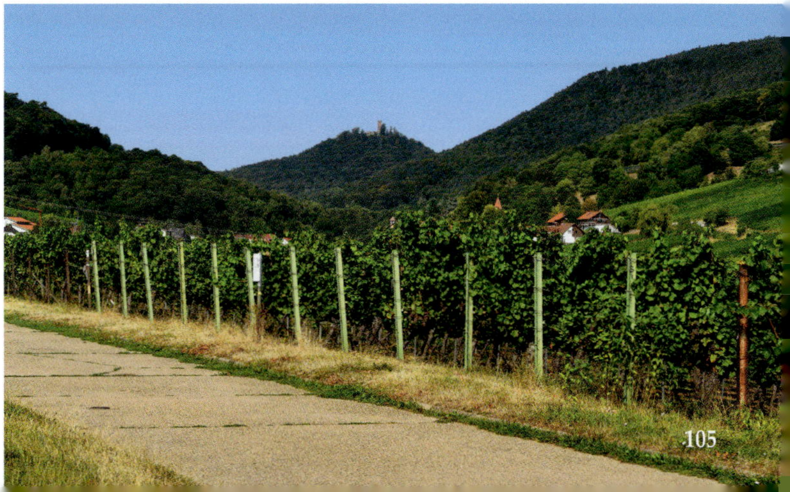

24

Zu den Buchholzfelsen

Trifels, Anebos und Scharfenberg

mittel 17,8 km 800 Hm 4.55 Std.

Tourencharakter
Markante Buntsandsteinfelsen sowie besondere Burgenblicke zeichnen diese Wanderung im Bereich Annweiler aus.

Ausgangs-/Endpunkt
Spirkelbach, Wanderparkplatz (244 m)

Anfahrt
Auto: Von Landau über die Bundesstraße 10 bis Wilgartswiesen; von dort nach Spirkelbach
Bus und Bahn: Mit der Regionalbahn von Neustadt/Weinstraße oder Karlsruhe über Landau nach Annweiler am Trifels: von dort mit dem Bus nach Spirkelbach

Gehzeiten
Spirkelbach – Buchholzfelsen 1.20 Std. – Wernersberg 1.30 Std. – Spirkelbach 2.05 Std.

Einkehr
Wernersberg

Karte
»Östlicher Wasgau mit Bad Bergzabern«, Wanderkarte des Pfälzerwald-Vereins, 1:25 000

Beste Jahreszeit
April bis Oktober

Informationen
Büro für Tourismus Annweiler am Trifels, Meßplatz 1, 76855 Annweiler am Trifels, Tel 06346/22 00, www.vg-annweiler.de

Die ehemalige Reichsburg Trifels spielt im Konzert der Pfälzer Burgen eine besondere Rolle. Nach der Zerstörung durch Blitzschlag zu Beginn des 17. Jahrhunderts wurde sie im 20. Jahrhundert in idealisierter Form wieder aufgebaut. Das heutige Aussehen hat mit dem Ursprungszustand nur wenig gemein. Der Trifels ist aber auf vielen Wanderrouten in der Südpfalz eine schnell zu identifizierende Landmarke. Auf dieser Wanderung werden wir ihn mehrfach zu Gesicht bekommen.

Der Ⓐ **Wanderparkplatz** in Spirkelbach befindet sich direkt beim örtlichen Friedhof; dieser wiederum liegt am Ortsausgang Richtung Lug. Wir gehen Richtung Ortsmitte; an der Kreuzung biegen wir nach links in die Hauptstraße ein und folgen dieser. Aus der Hauptstraße wird bald die Talstraße. Diese führt uns aus dem kleinen Ort heraus. Am Ende der Bebauung geht dann nach rechts ein Weg mit der Markierung roter Punkt ab.

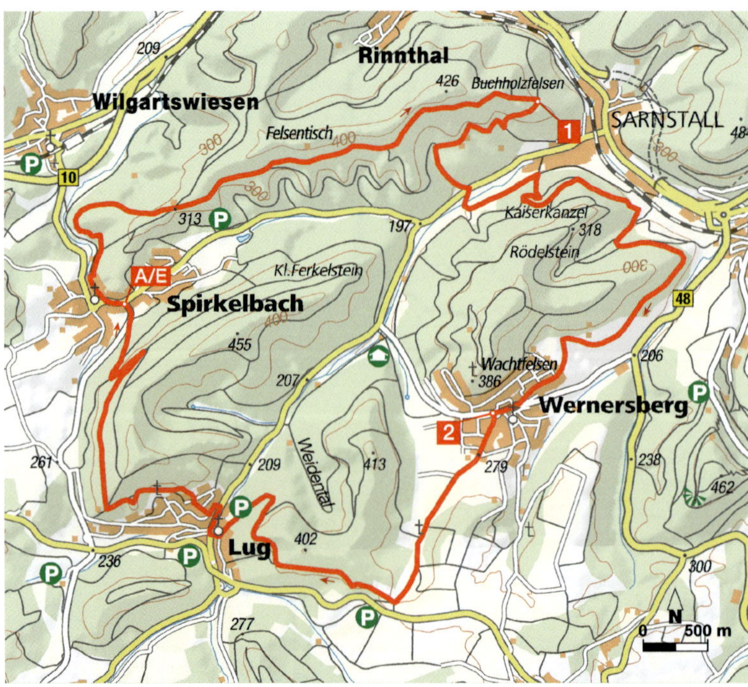

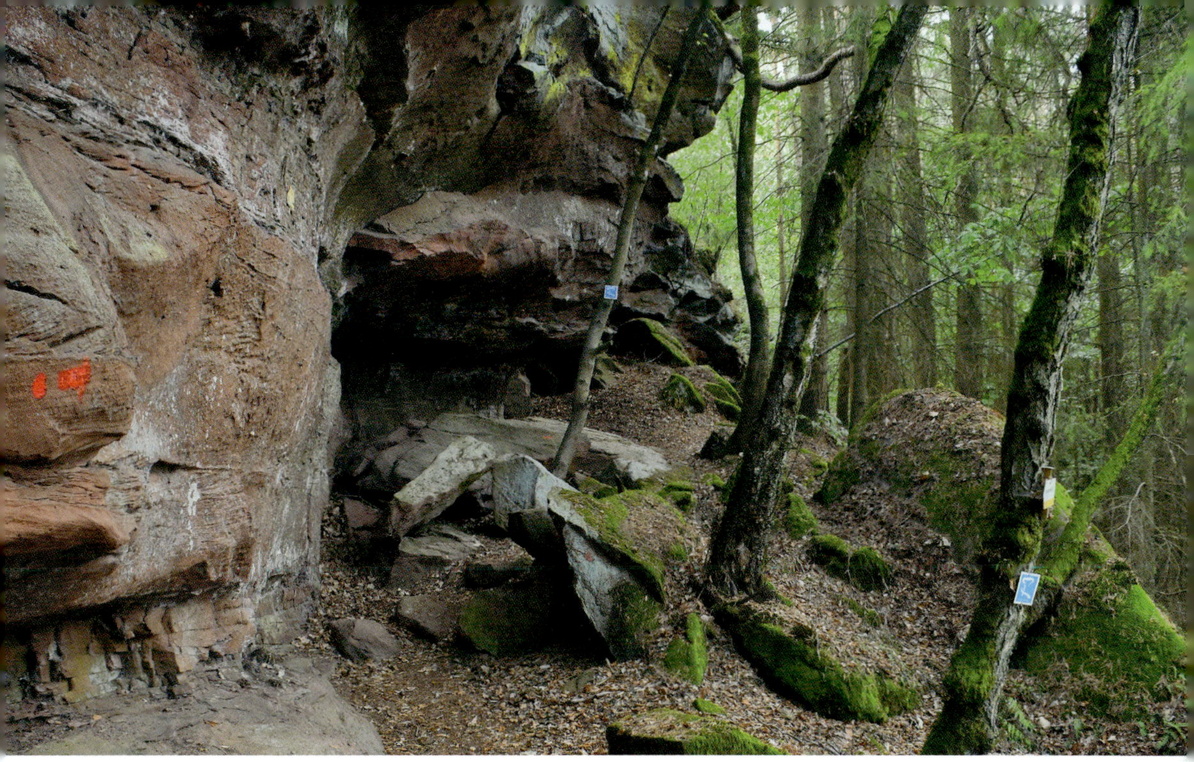

Kletterparadies Buchholzfelsen Auf einem angenehm zu begehenden Waldweg und durch bezaubernden Waldbestand führt uns eine lange Gerade direkt zu den ❶ **Buchholzfelsen**. Bei diesen Felsen handelt es sich um ein mehrstufiges Massiv, wobei die Wandhöhen bis zu 35 Meter erreichen. Über Sandsteinstufen erreichen wir den Aussichtspunkt, an dem auch eine Sitzgelegenheit vorhanden ist. Diese wird gerne angenommen, ist doch der Ausblick auf die drei Annweilerer Burgen von dieser Stelle aus einzigartig. Wir schauen von unserem Aussichtspunkt nach unten und erkennen die Gleise der Bahnlinie Landau–Pirmasens; in Halbdistanz ist ein Teil der Stadt Annweiler zu sehen. Dahinter erhebt sich der Trifels, der zur Rechten von den Bergkuppen mit den Burgruinen Anebos und Scharfenberg – unter den Einheimischen auch »Münz« genannt – flankiert wird. Hinter dem Trifels dominiert das beeindruckende Massiv des Hohenbergs. Nach rechts fällt der Blick dann weit über die Höhen des Pfälzerwaldes. Besonders ansprechend ist der Ausblick im Herbst, wenn die Laubfärbung eingesetzt hat. Aber auch im Sommer lassen sich durch die verschiedenen Grüntöne der Wälder Rückschlüsse auf die Baumarten ziehen.

Unser Wanderweg führt direkt unter den überhängenden Buchholzfelsen hindurch.

Die Wanderwege im Pfälzerwald sind durchgehend gut ausgeschildert.

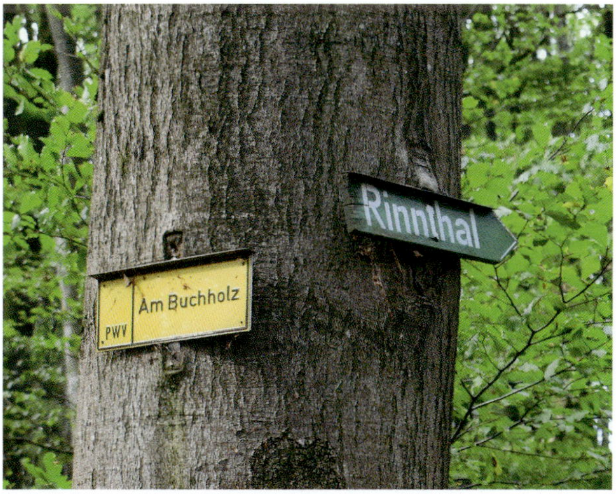

Zweiter Trifelsblick Unterhalb der Felsen stoßen wir auf die Abzweigung nach Rinnthal. Wir gehen aber in östlicher Richtung.

Der Weg ist stellenweise schwer begehbar. Nach ca. 500 Metern führt nach links ein Weg nach Sarnstall. Wir behalten unsere Richtung aber bei; nach einem kurzen Anstieg wird der Weg dann besser. Es geht hinunter zu einer Lichtung; dort folgen wir dem Weg, der ins Tal führt. Die Straße wird überquert und es geht zur anderen Talseite. Weiter dann Richtung Annweiler. Der Weg verzweigt sich; nach links geht es mit der Markierung weiß-blau direkt in die Stadt; wir folgen aber der Markierung grün-blau. Der Weg biegt in Höhe der Gemarkung Galgenberg nach Südwesten ab. Kurz vor Erreichen von Wernersberg erreichen wir freie Flur. Auf der linken Seite sehen wir erneut die drei Annweiler Burgen, diesmal aus einem anderen Blickwinkel. In ❷ **Wernersberg** gehen wir auf der Hauptstraße an der Kirche vorbei; nach einer Kurve achten wir auf den Abzweig zur Kapellenstraße. Dieser folgen wir aus dem Ort hinaus. Bald erreichen wir wieder unbebautes Gelände. Ein Blick zurück auf Wernersberg lässt uns oberhalb des Ortes die Wachtfelsen erkennen.

Der Dingentalturm (unten links) und der Vordere Hornstein (unten rechts) sind beliebte Kletterziele im Pfälzerwald.

Weiter nach Lug Wir behalten die Markierung grün-blau bei; in Gehrichtung erkennen wir die nächste Buntsandsteinformation, die Geiersteine. Wir umrunden diese unterhalb derselben an der Nahtstelle von Feld und Wald und treten in den Wald hinein. Der folgende Streckenabschnitt führt uns wieder über Waldboden in die Ort-

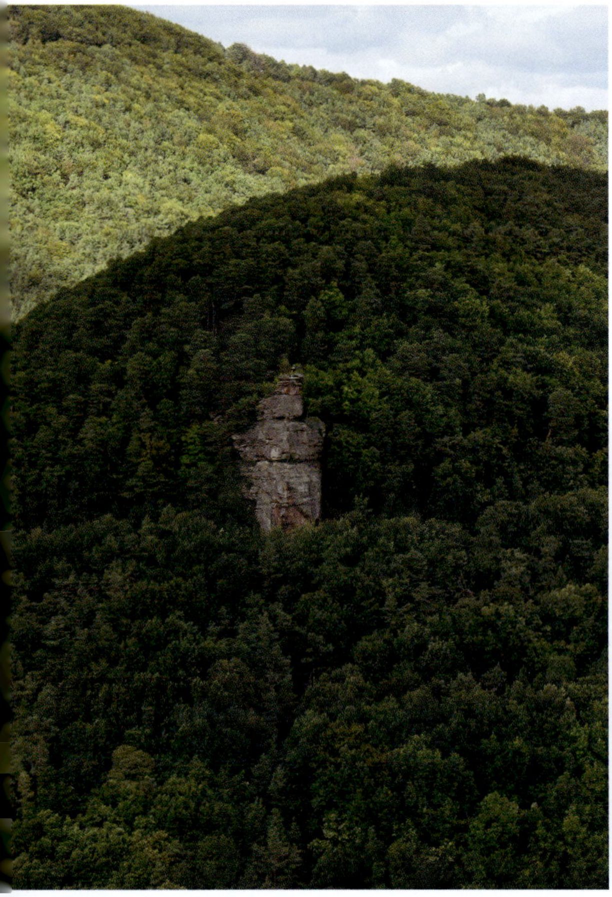

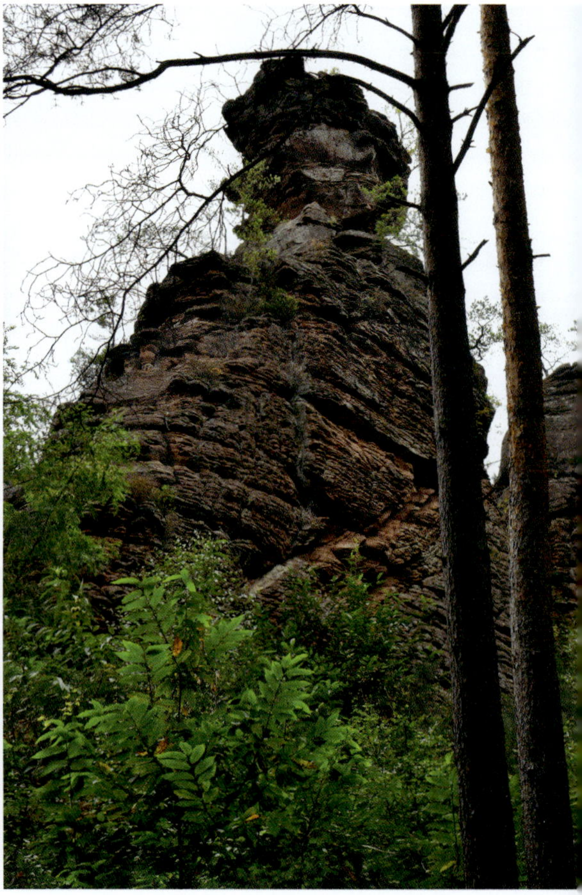

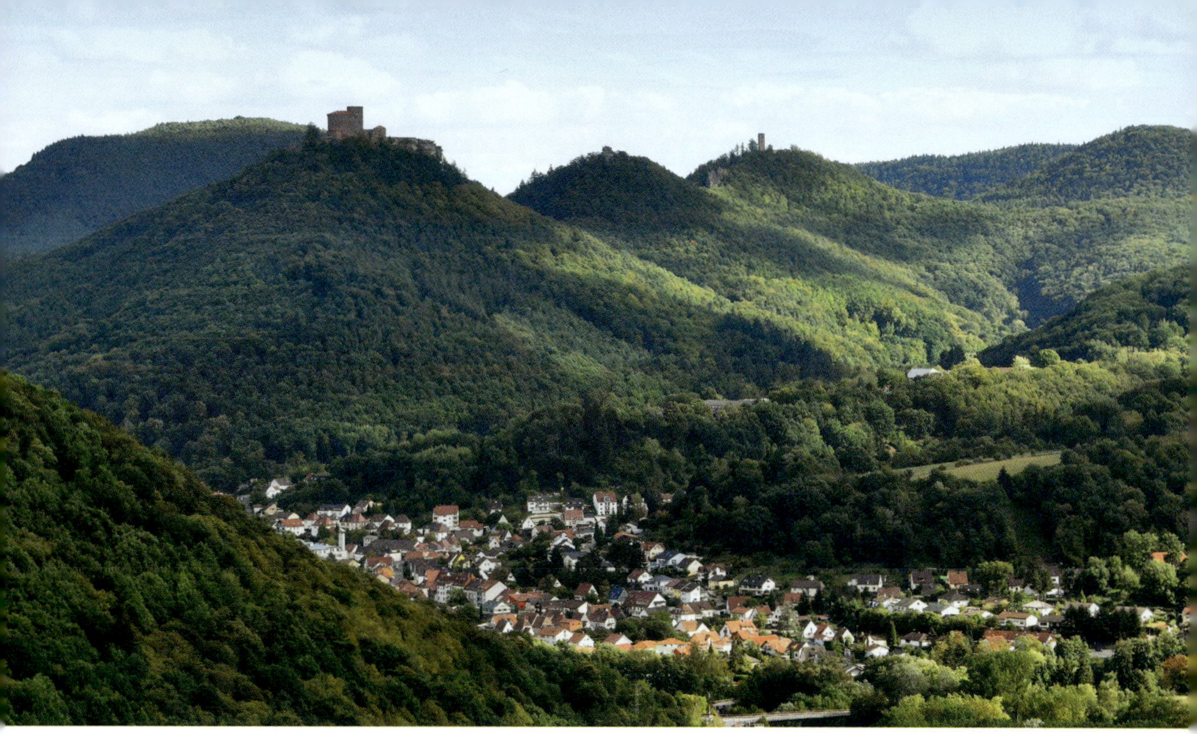

Weit reicht der Blick von den Buchholzfelsen zum Dreigestirn Trifels, Anebos und Scharfenberg.

schaft Lug. Die Ortsgemeinde gehört zur Verbandsgemeinde Hauenstein. Wir gehen die wenigen Schritte bis zur Hauptstraße und folgen dieser nach rechts. Nach links über die Gartenstraße und dann nach rechts durch die Straße »Im Maisfeld« erreichen wir die Luger Hütte des Pfälzerwald-Vereins. Diese Hütte ist nicht bewirtschaftet; im Außenbereich gibt es aber Rastmöglichkeiten. Erneut geht es in den Wald hinein; nächstes Etappenziel ist der Friedrichsfels, das Wahrzeichen des Ortes, der von den Einheimischen auch als »Luger Fritz« bezeichnet wird. Ein längerer Wanderabschnitt führt uns durch ein Waldgebiet dann zurück nach Spirkelbach. Den Ort erreichen wir schließlich genau an unserem Ausgangspunkt, dem E **Wanderparkplatz** beim Friedhof.

Ein Abstecher zu den Trifelsburgen Auf unserer Wanderung hatten wir mehrfach eine Fernsicht auf die Trifelsburgen. Der Trifels war im Mittelalter das Zentrum der Machtentfaltung des Reiches und der Herrschergeschlechter der Staufer und Salier. Zu verschiedenen Zeiten wurden die Reichskleinodien, also Reichskrone, Reichskreuz und Reichsschwert auf der Burg Trifels verwahrt. Heute werden auf der Burg Repliken ausgestellt; die Originale befinden sich in Wien. Geschichte machte der Trifels, als der gefangen genommene englische König Richard I., genannt Löwenherz, für eine kurze Zeit auf der Burg inhaftiert war. Wer die Burg Trifels noch aus der Nähe erleben will, fährt am besten über Lug und Wernersberg zur Bundesstraße 48. Von dort ist am Ortseingang Annweiler der Weg zu den Burgen ausgeschildert. Die Burg Trifels ist von März bis Oktober täglich von 10.00 Uhr bis 18.00 Uhr geöffnet. Der Parkplatz unterhalb der Burg ist kostenpflichtig; der Anstieg zur Burg dauert etwa 15 Minuten. Es wird Eintritt beim Zugang zur Burg verlangt; weitere Informationen zu Führungen und Sonderausstellungen findet man unter www.reichsburg-trifels.de.

25

Zum Almersberg bei Rinnthal

Rastplatz an den Wolken

mittel 14,5 km 728 Hm 4.15 Std.

Tourencharakter
Rundtour durch dichten Pfälzerwald zum Schaupunkt Almersberg

Ausgangs-/Endpunkt
Rinnthal (200 m)

Anfahrt
Auto: Von Landau oder Pirmasens über die B 10 bis Rinnthal
Bus und Bahn: Mit der Regionalbahn von Neustadt/Weinstraße oder Karlsruhe nach Landau, von dort weiter nach Rinnthal

Gehzeiten
Rinnthal – Almersberg 1.55 Std. – Kehrenkopf 1.20 Std. – Rinnthal 1.00 Std.

Einkehr
Rinnthal

Karte
»Oberhaardt von Neustadt an der Weinstraße bis zum Queichtal«, Wanderkarte des Pfälzerwald-Vereins, 1:25 000

Beste Jahreszeit
April bis Oktober

Informationen
Verbandsgemeinde Annweiler am Trifels, Meßplatz 1, 76855 Annweiler, Tel. 06346/30 10, www.vg-annweiler.de

Rechte Seite: Rinnthal verfügt über einen Haltepunkt an der Bahnstrecke Landau–Pirmasens, darüber ragt der Kostenfels auf.

Der Pfälzerwald wird häufig als das größte zusammenhängende Waldgebiet Deutschlands bezeichnet. Der Almersberg ist sicher einer der Orte, an dem sich das eindrucksvoll verifizieren lässt. Die Fernsicht über den Wald bis zu den Vogesen ist einzigartig. Vorher ist aber Anstrengung angesagt, denn die Bergkuppe lässt sich erst nach einem langen Anstieg erreichen.

Rinnthal ist eine kleine Ortsgemeinde mit knapp 700 Einwohnern, die zur Verbandsgemeinde Annweiler am Trifels gehört. Der Ort verfügt über eine Bahnhaltestelle an der Strecke Landau–Annweiler–Pirmasens; am Bahnhalt finden wir ausreichend Parkplätze. Wir gehen die Bahnhofstraße hinunter und finden an der Hauptstraße die kleine, aber beeindruckende evangelische Pfarrkirche des Ortes. Sie wurde im klassizistischen Stil in den Jahren zwischen 1831 und 1834 erbaut. Die hohe Giebelfront mit Turm, die auf ionischen Säulen ruht, erscheint nur im ersten Augenblick angesichts der danebenstehenden Profanbauten des kleinen Ortes

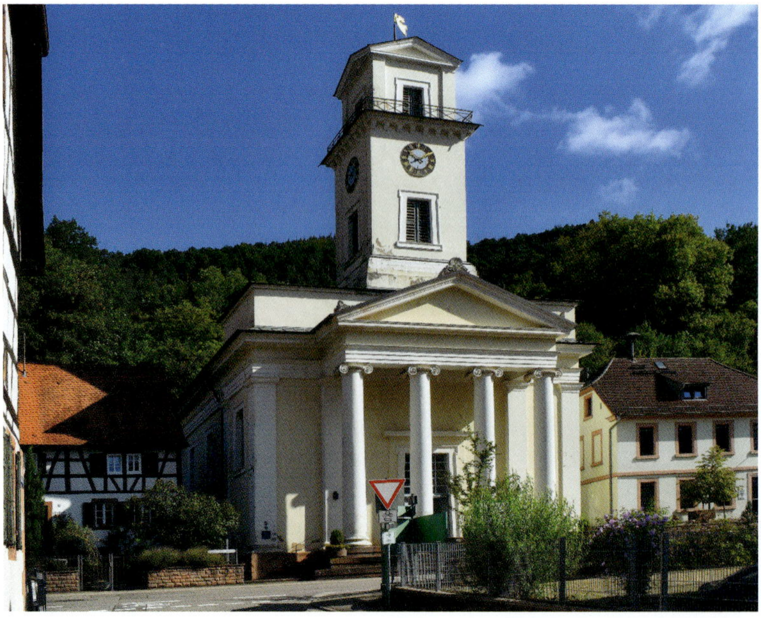

Eine Besonderheit in der Pfalz ist die klassizistische Kirche in Rinnthal.

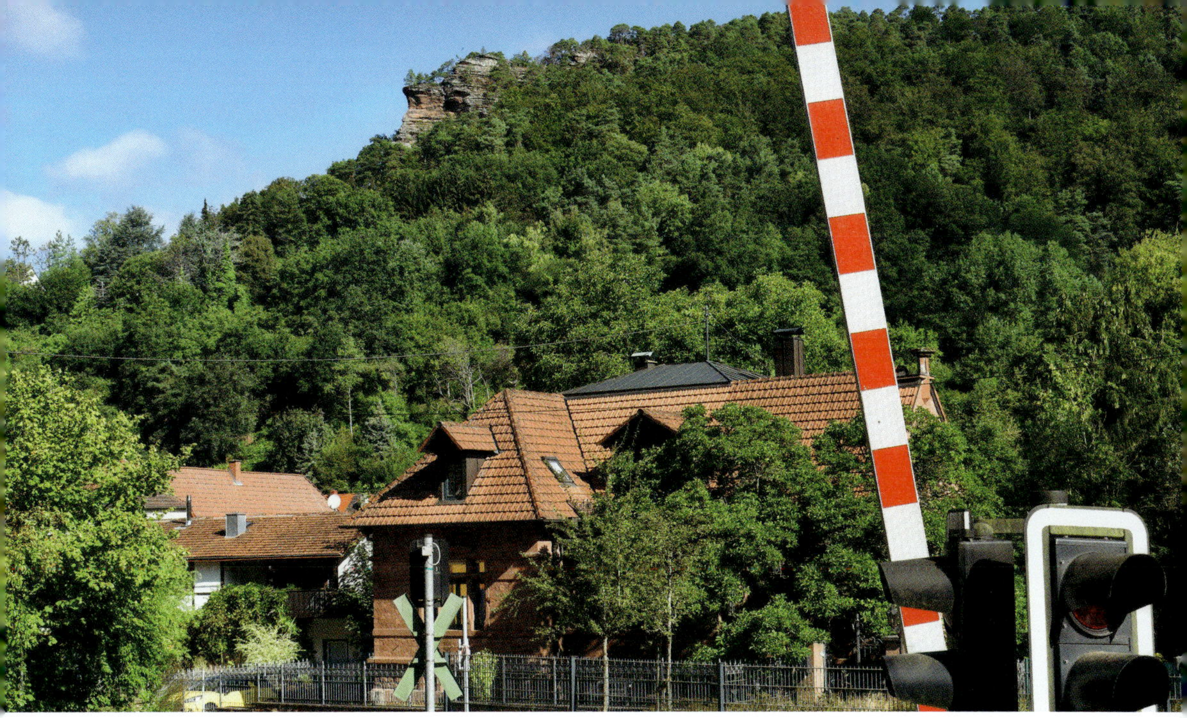

als befremdlich. Im Langhaus ruht die große Emporenanlage auf toskanischen Säulen. In der Mitte der halbrunden Apsis stehen der Altar und die Kanzel.

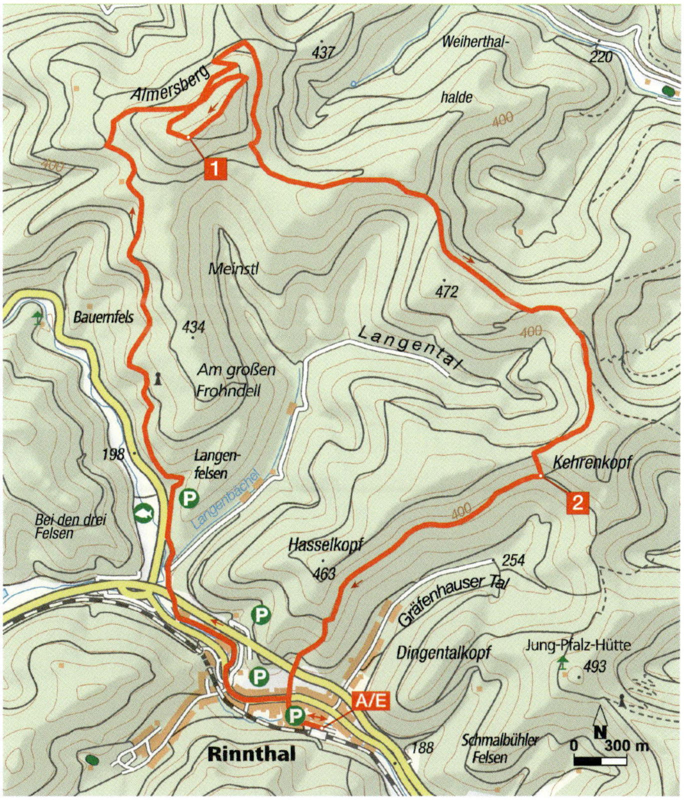

Es geht bergauf An der Ⓐ **Kirche** orientieren wir uns nach links, achten auf unser Wanderzeichen roter Punkt und folgen der Hauptstraße zum Ortsausgang. Die Straße beschreibt eine Kurve; wir biegen nach rechts in die Mühlstraße ein, die in ein kleines Gewerbegebiet führt. Wir folgen der Mühlstraße bis zu deren Ende und gehen dann geradeaus in den Wald hinein. Hoch über uns befindet sich die Brücke der Bundesstraße 10, die über das Tal des Wellbaches führt. Ein kurzes Stück führt unser Weg an diesem idyllischen Bächlein entlang. Gleich darauf stoßen wir auf die Bundesstraße 48, die nach Kaiserslautern führt. Hier finden wir auch den Rettungspunkt 6713-251. Der Wanderweg verläuft zwar noch parallel zur Straße, unser Weg steigt jetzt aber steil an. Der breite

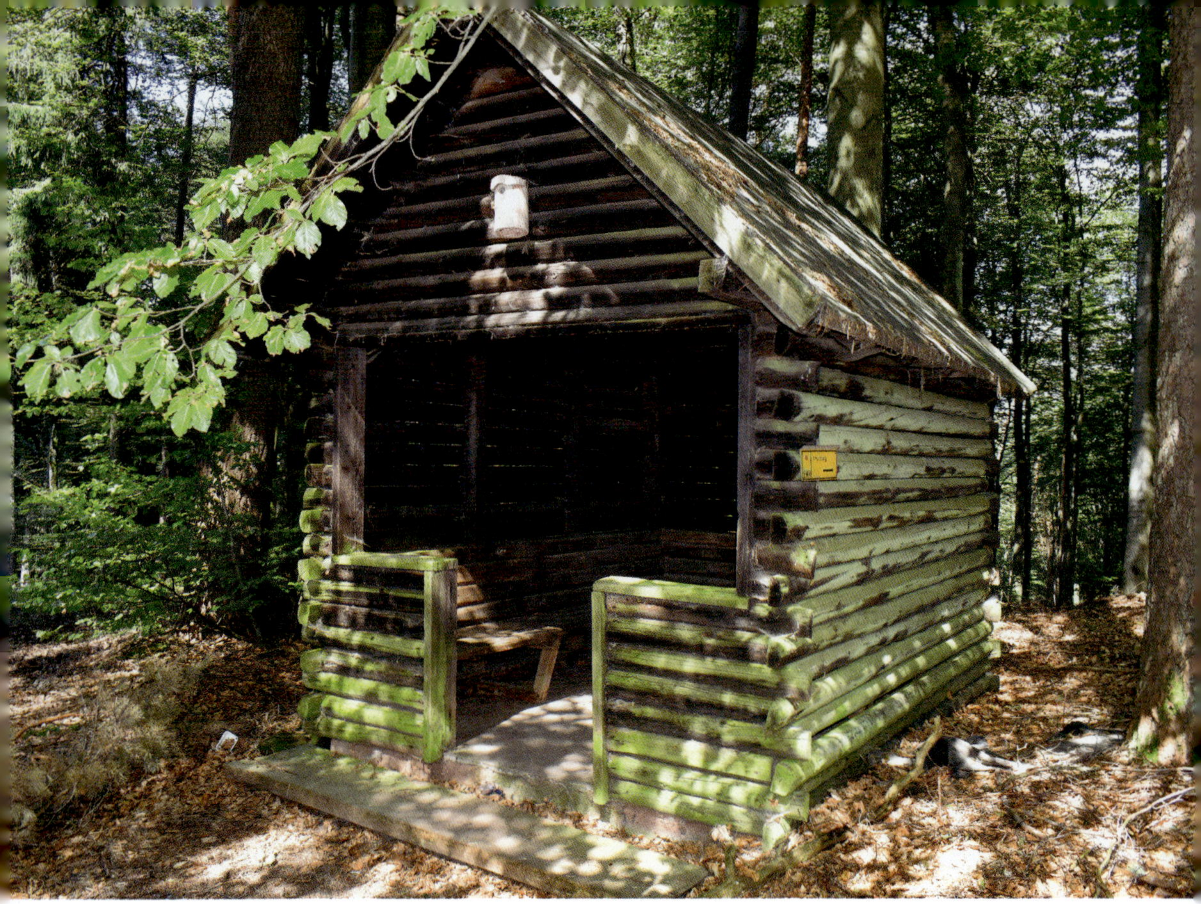

Nach dem ersten Anstieg lädt diese einfache Holzhütte zur ersten Rast ein.

Forstweg führt uns schließlich zu einer Schutzhütte (Rettungspunkt 6713-218); hier ist der erste Anstieg beendet. Die einfache Holzhütte verfügt über Sitzgelegenheiten im Inneren. Sie steht an einer Waldschneise; diese gibt den Blick über den Langwiesenkopf nach Westen frei.

Vorbei an rotem Stein Unser Weg führt uns noch ein kurzes Stück ohne Anstieg weiter. Bald stößt von links ein Weg mit der Markierung weiß-rot auf unseren Wanderpfad. An dieser Stelle befindet sich ein Tümpel, und hier biegt unser Weg mit der Markierung roter Punkt nach rechts ab. Jetzt folgt noch einmal eine Herausforderung, ein steiler Anstieg über schmale Pfade bergauf. Dabei kreuzen wir einen Forstwirtschaftsweg. Diesem werden wir beim Abstieg folgen. Das Ende des Anstiegs wird durch eine Buntsandsteinformation angekündigt. Wir umrunden dieses sehenswerte Felsensemble; unser Wanderzeichen bleibt weiterhin der rote Punkt. Der Weg steigt nicht mehr an; über ein kurzes Wegstück haben wir einen Wildzaun an unserer rechten Seite. Bald darauf zweigt nach links ein schmaler Pfad ab; dieser leitet uns zum Aussichtspunkt auf dem 1 **Almersberg**. Zwei Holzbänke bieten Sitzgelegenheiten – der Blick über den Pfälzerwald ist großartig. Von links nach rechts und bis zum Horizont ist ein zusammenhängendes Waldgebiet zu sehen; nur wenige Bauten lassen sich erkennen. Im Süden geht der Pfälzerwald übergangslos in die Vogesen über. Im Osten ist jenseits der Rheinebene der lang gezogene Nordschwarzwald zu erkennen.

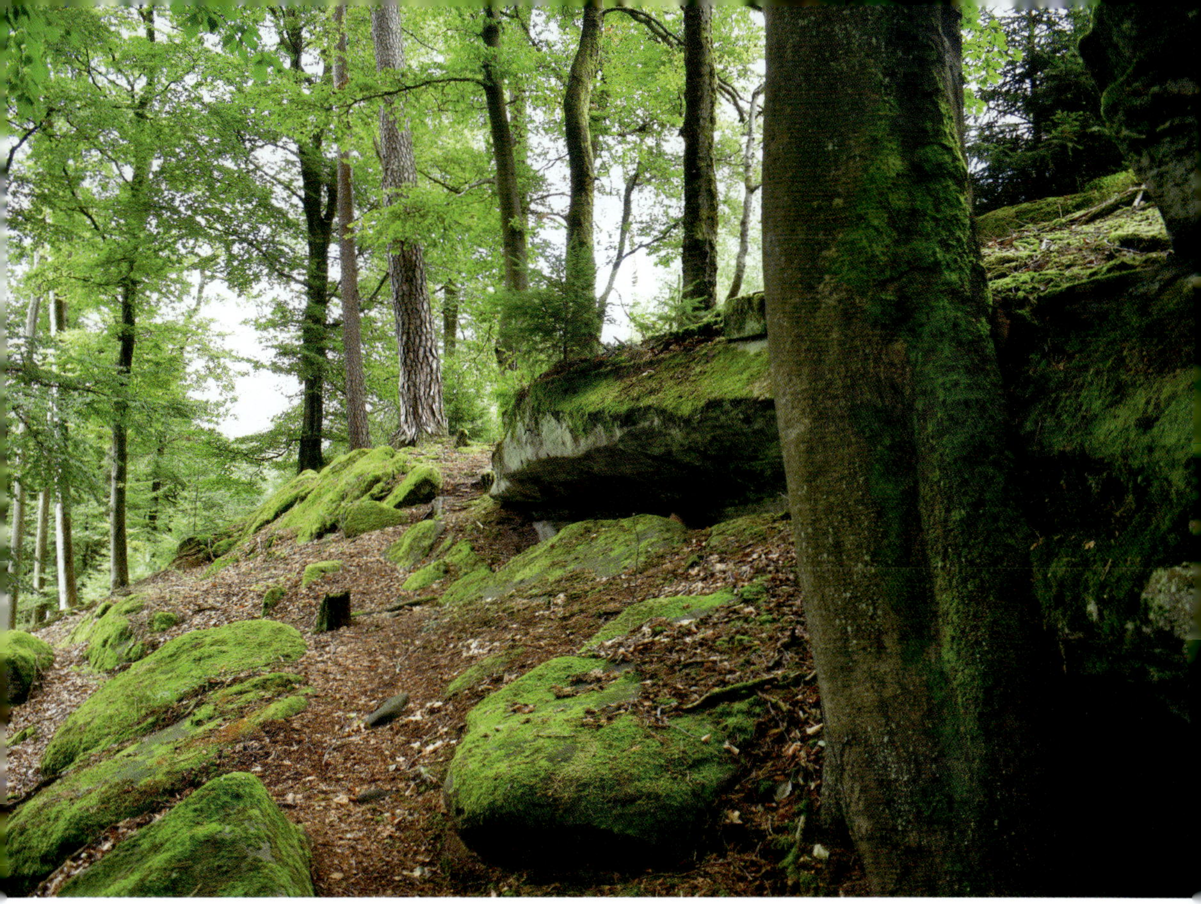

Zum Forstwart-Kühner-Platz Vom Aussichtspunkt gehen wir ein kurzes Stück zurück und nehmen den roten Punkt als Wegbegleiter wieder auf. Der Weg führt bergab und kreuzt unseren Anstiegsweg. Nach Auslaufen einer Kehre erreichen wir einen Forstweg, der mit einem blauen Balken markiert ist. Dieser Weg führt uns jetzt zur Schutzhütte am Forstwart-Kühner-Platz. Neben dem dortigen Gedenkstein erklärt eine Tafel das Schicksal dieses Försters und Revierleiters. Danach war dieser im September 1955 bei einem Kontrollgang auf einen Fuhrmann aufmerksam geworden, der sich beim Holzrücken mit Pferden zwischen zwei Stämmen eingeklemmt hatte. Als Kühner diesem zu Hilfe eilen wollte, riss eine Kette, wodurch Kühner selbst unter die Holzstämme geriet. Der Fuhrmann eilte nach Gräfenhausen, um Hilfe zu holen; allerdings war der tapfere Kühner beim Eintreffen der Helfer bereits seinen Verletzungen erlegen.

Puh – fast geschafft! Der Schlussanstieg zum Almersberg ist recht anstrengend.

Zurück nach Rinnthal Wir folgen jetzt weiter unserem vertrauten blauen Balken als Markierung, die uns durch herrlichen Mischwald weiter voran führt. Ein naturbelassener Waldweg führt uns hinunter zur nächsten Wegkreuzung am ❷ **Kehrenkopf**. Hier geben wir die Markierung blauer Balken ab und wenden uns nach rechts. Neues Symbol ist jetzt der grün-blaue Balken; dieser bringt uns auf einem stetig abfallenden Weg zu einer Wegverzweigung oberhalb von Rinnthal. Hier werden zwei gleichlange Varianten in den Ort angeboten; auf beiden können wir die Hauptstraße in Ⓔ **Rinnthal** erreichen.

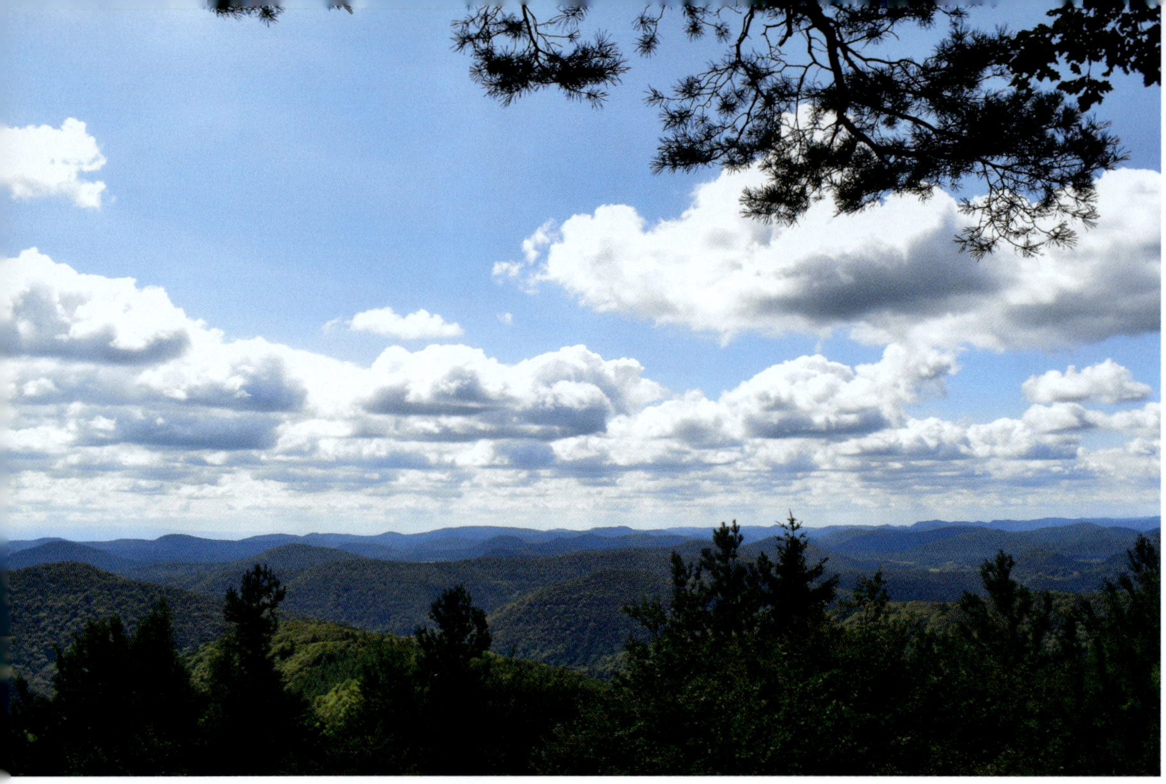

Fernblick bis in die Vogesen – der Almersberg lohnt wegen seines Panoramas als Wanderziel.

Der Pfälzerwald

Was macht den Pfälzerwald zum größten zusammenhängenden Waldgebiet in Deutschland? Zum einen zerschneiden nur wenige überregionale Verkehrswege das Waldgebiet. Zum anderen hat die Landwirtschaft und die Wohnbebauung in weit geringerem Ausmaß Waldflächen für sich beansprucht als in anderen deutschen Mittelgebirgen. Die Ausdehnung des Pfälzerwaldes beträgt etwa 177 000 Hektar; es wird geschätzt, dass 85 bis 90 Prozent davon mit Wald bedeckt sind. Der Begriff Pfälzerwald kam im Übrigen erst Mitte des 19. Jahrhunderts auf. Aufgrund des dichten Waldbestandes war die Gegend in der Vorzeit kaum besiedelt; Römerstraßen stellten später die Verbindung über das Mittelgebirge sicher. Die Gründung von Klöstern im Mittelalter führte dann zu Ansiedlungen im Pfälzerwald selbst; der Klosterort Eußerthal ist dafür ein Beispiel. Zum Ende des Mittelalters sorgten Seuchen und Hungersnöte dafür, dass sich die Bevölkerungsentwicklung nicht stabilisieren konnte. Das Gleiche galt in der Neuzeit; eine Vielzahl von kriegerischen Auseinandersetzungen (30-jähriger Krieg, Pfälzischer Erbfolgekrieg, Revolutionskriege) ließen das Gebiet nicht zur Ruhe kommen. Heute spielt im Pfälzerwald neben der Holzwirtschaft vor allem der Tourismus eine große Rolle. Seit 1998 gehört der Pfälzerwald überdies zum Biosphärenreservat Pfälzerwald-Nordvogesen. Einhergehend damit wurde das Gebiet in drei Zonen eingeteilt: Die Kernzonen genießen den höchsten Schutzstatus und werden wirtschaftlich nicht genutzt. Dazu gehören etwa zwei Prozent der Fläche des Pfälzerwaldes, z. B. das Quellgebiet der Wieslauter. Pflegezonen (etwa 28 Prozent der Flächen) schließen sich an die Kernzonen großräumig an und sollen deren Schutzfunktion verstärken. Die größten Flächen gehören zur Entwicklungszone; hier sollen für bestehende und zu erwartende Nutzungskonflikte zwischen Infrastruktur, Siedlungsbau, Erholung und Landwirtschaft wirtschaftliche und ökologisch schlüssige Lösungen gefunden werden.

Rechte Seite oben: Auch auf dieser Tour beeindrucken die skurrilen Sandsteinformationen.

Rechte Seite unten: Hier ruht man sich gerne etwas länger aus – Rastplatz auf dem Almersberg.

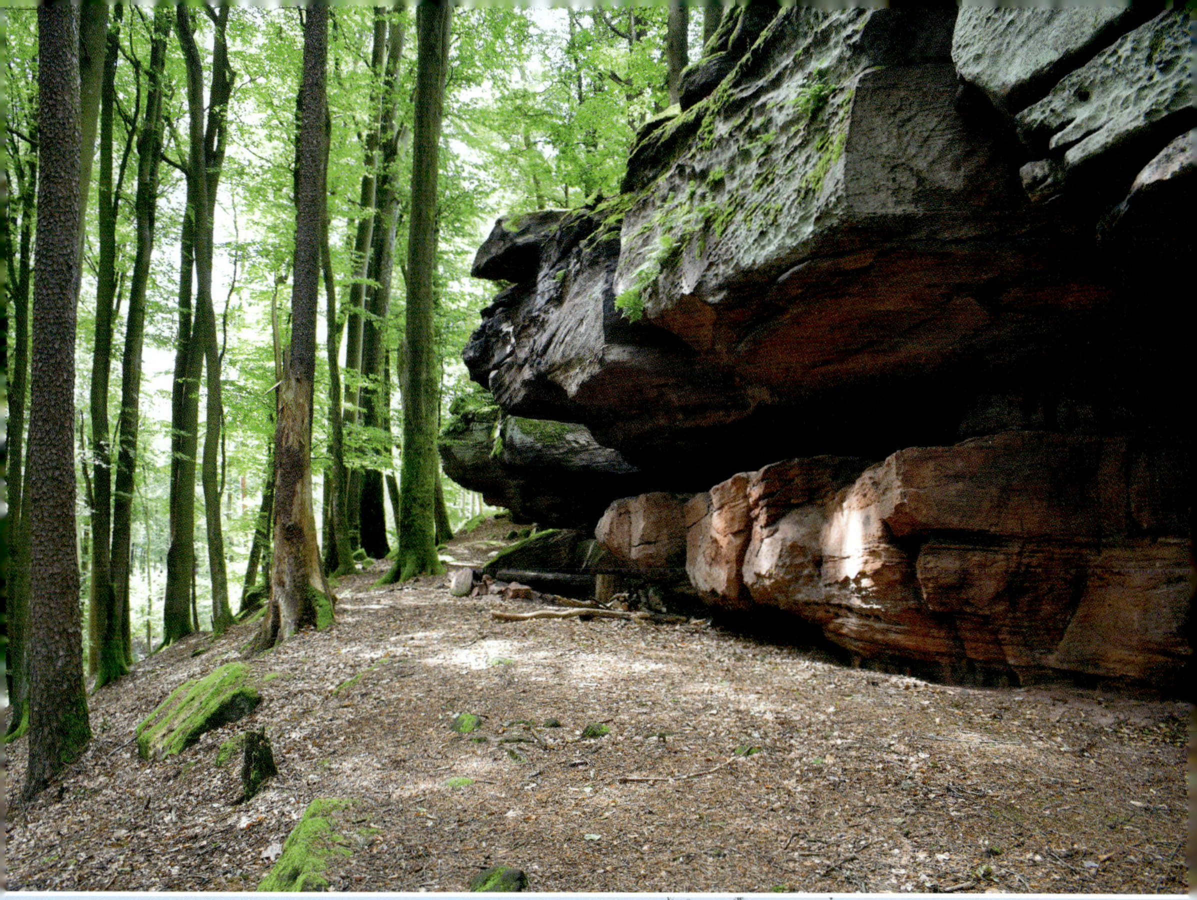

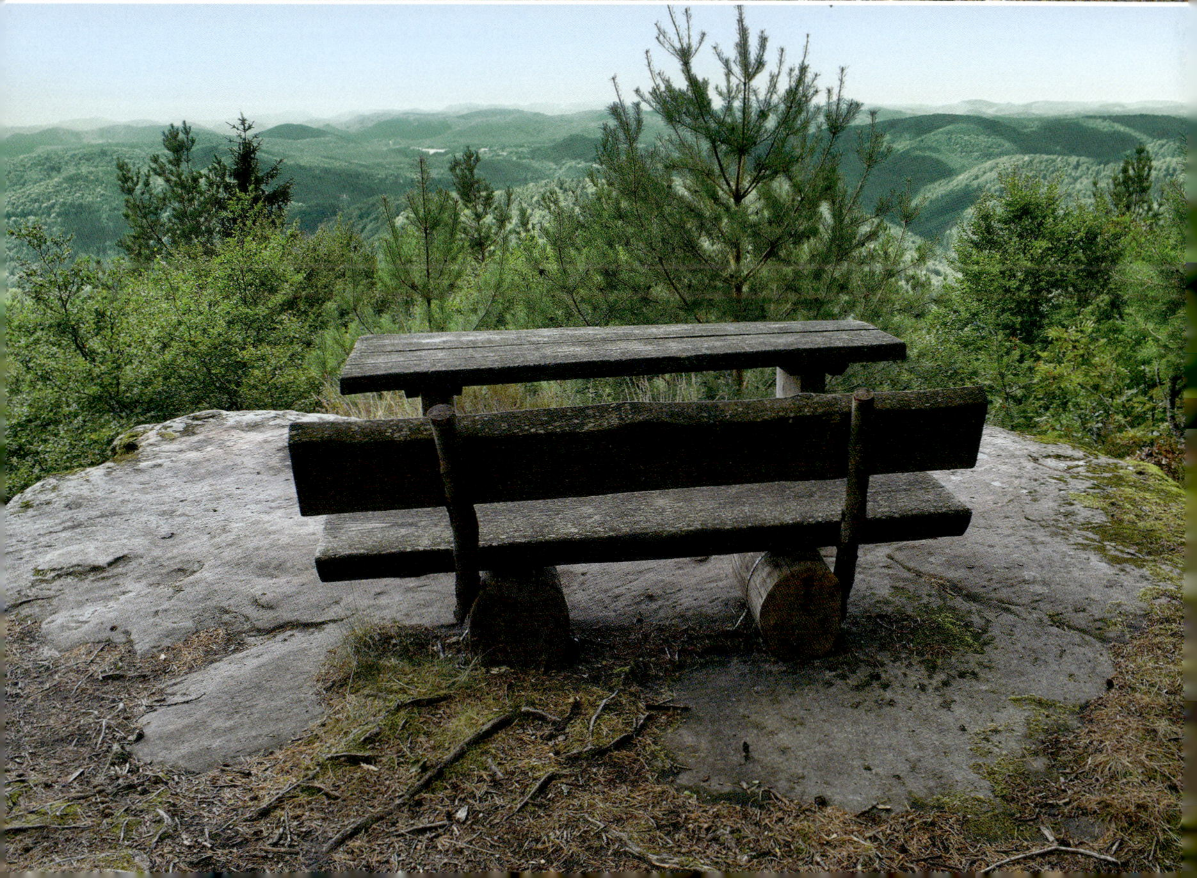

26

Rund um Nußdorf

Vom Nußdorfer Bauernhaufen

leicht 13,1 km 246 Hm 3.45 Std.

Tourencharakter
Einfache Rundwanderung durch die Weinberge rund um Nußdorf. Die Wege sind größtenteils nicht markiert.

Ausgangs-/Endpunkt
Nußdorf (205 m)

Anfahrt
Auto: Beim Autobahnkreuz Landau-Nord (A 65) auf die Bundesstraße 10 Richtung Annweiler; dann gleich die erste Abfahrt nach Nußdorf
Bus und Bahn: Mit der Regionalbahn bis Landau; von dort mit dem Bus nach Nußdorf

Gehzeiten
Nußdorf – Geilweilerhof 1.25 Std. – Frankweiler 0.35 Std. – Nußdorf 1.45 Std.

Einkehr
Nußdorf, Frankweiler

Karte
»Oberhaardt von Neustadt an der Weinstraße bis zum Queichtal«, Wanderkarte des Pfälzerwald-Vereins, 1:25 000

Beste Jahreszeit
April bis Oktober

Informationen
Stadtverwaltung Landau, Büro für Tourismus, Markstraße 50, 76829 Landau in der Pfalz, Tel. 06341/13 83 01, www.landau-tourismus.de

Vor einem halben Jahrtausend erschütterte der Bauernkrieg große Teile des Deutschen Reiches. Der Pfälzer Bauernaufstand nahm dabei von Nußdorf seinen Ausgang. Im Rahmen einer Wanderung um Nußdorf beschäftigen wir uns mit Verlauf und Auswirkungen dieses Aufstands in der Pfalz.

In der Stadtmitte von Nußdorf ist es manchmal etwas schwierig, einen Parkplatz zu finden; am besten, man versucht es bei der A **Turnhalle/Sportplatz** am Schelmengässel. Dort kann man auch gleich in die Tour einsteigen. Wir gehen zuerst in westlicher Richtung durch die Weinberge. In dieser Richtung und in gerade einmal zehn Kilometer Entfernung befand sich das Kloster Eußerthal. War dieses Kloster tatsächlich das Ziel des Nußdorfer Haufens zu Beginn des Pfälzer Bauernkriegs? Am 23. April 1525 war in Nußdorf Kirchweih, und nach zeitgenössischen Berichten sollen sich 200 Personen zusammengerottet haben. Bauernaufstände hatte es in anderen Teilen des Reiches schon im Februar und März jenes Jahres gegeben. Dies mag als Vorlage für den Nußdorfer Haufen ge-

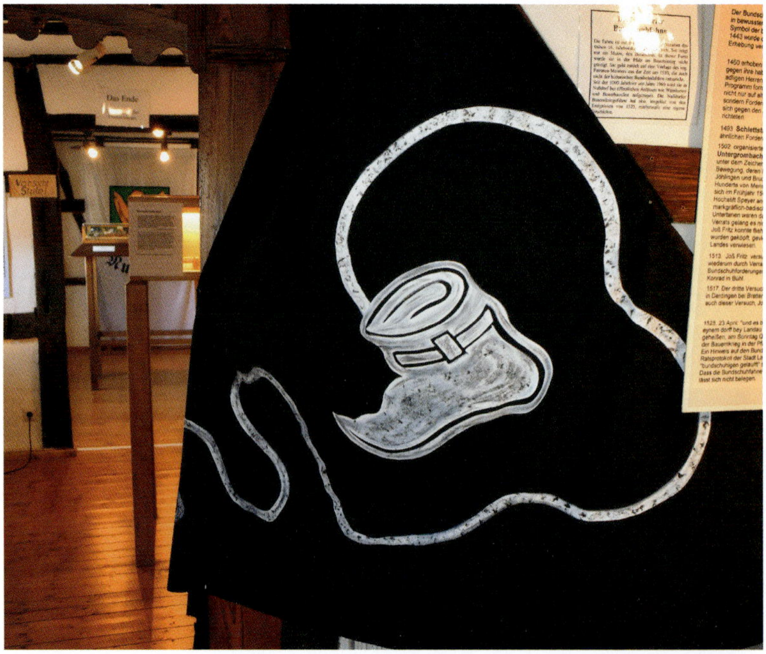

Die Bundschuhbewegung war die Wegbereiterin des Bauernkrieges 1525 (Bundschuhfahne in Nußdorf).

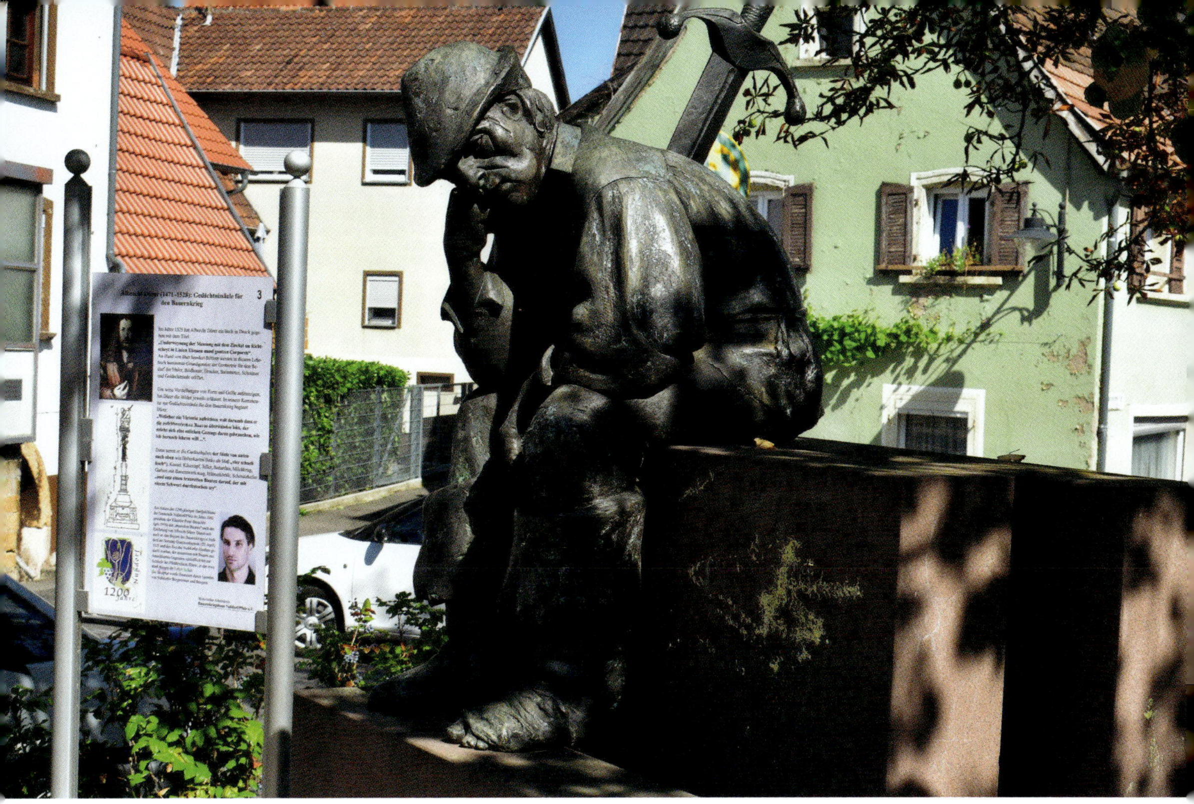

dient haben. Dieser zog zum Hofgut Geilweiler, übte aber keine Gewalt aus. Ende des Monats begannen dann die Plünderungen. Längst konnte man dann nicht mehr ausschließlich von einem Nußdorfer Haufen sprechen. Es waren Banden, die sich aus Bauern der umliegenden Dörfer und Ortschaften zusammensetzten. Somit kann die Plünderung des Klosters Eußerthal nicht ausschließlich den Nußdorfer Bauern zugeschrieben werden. Zumal Nußdorf zu jener Zeit gar nicht über eine so große Einwohnerzahl verfügte. Nachdem zuerst nur kirchliche Besitztümer ausgeraubt wurden, griffen die Bauernhaufen ab Mai dann auch die Burgen an.

Von Albrecht Dürer stammte die Vorlage – das Bauernkriegsdenkmal in Nußdorf.

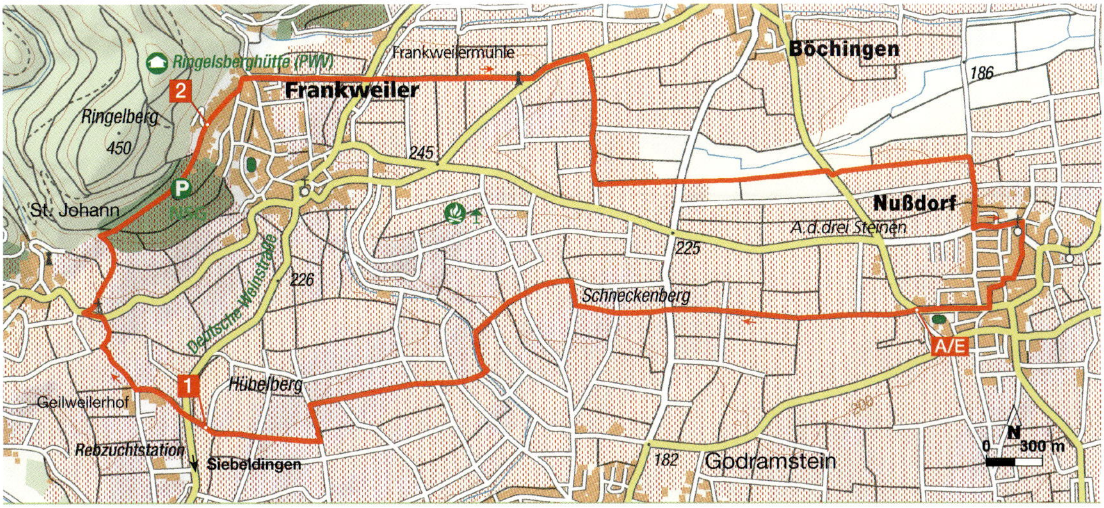

Zum Geilweilerhof Auf schnurgeradem Weg geht es durch die Weinberge nach Westen. Die Kreisstraße 6 wird überquert. Dann geht es ein Stück hinunter zum Ransgraben. Wir orientieren uns weiter Richtung Pfälzerwald: Das erste Etappenziel, der Geilweilerhof, liegt zwischen den Orten Frankweiler im Norden und Albersweiler im Süden. Nach Erreichen einer kleinen Kuppe erkennen wir den ❶ **Geilweilerhof**; dort ist das Institut für Rebenzüchtung angesiedelt. Dieses gehört zum Julius-Kühn-Insitut, dem Bundesforschungsinstitut für Kulturpflanzen. Auf dem Gelände des Geilweilerhofs erläutern Schautafeln allerlei Wissenswertes über die Rebenforschung.

Was führte zu der Niederlage der Bauern? Die Erfolge der Bauern, die in kurzer Zeit zahllose Klöster und Burgen plündern und brandschatzen konnten, ließ die Obrigkeit zu Gegenmaßnahmen greifen. Die Bauern versuchten, vor den Gefechten ihren Haufen eine effektive Organisationsform zu geben. So wurden z. B. Feldordnungen eingeführt. Darin waren Verbote festgelegt (z. B. Gotteslästerung, Meuterei, Plünderung auf eigene Faust). Die (Zwangs-)Verpflichtung eines erfahrenen Ritters wie Götz von Berlichingen aus dem Württembergischen unterstrich die fehlende Kenntnis der Bauern in Kriegstaktiken. Die Schlacht bei Pfeddersheim beendete den Bauernkrieg in der Pfalz. Die Niederlage der Bauern ist zum einen auf ihre fehlende militärische Ausbildung, die taktischen Defizite ihrer Anführer sowie das Fehlen einer Reiterei zurückzuführen.

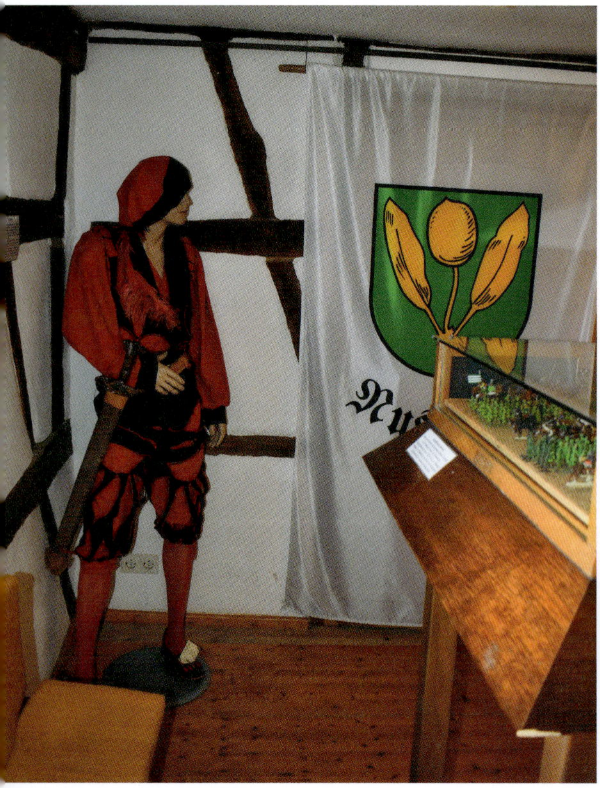

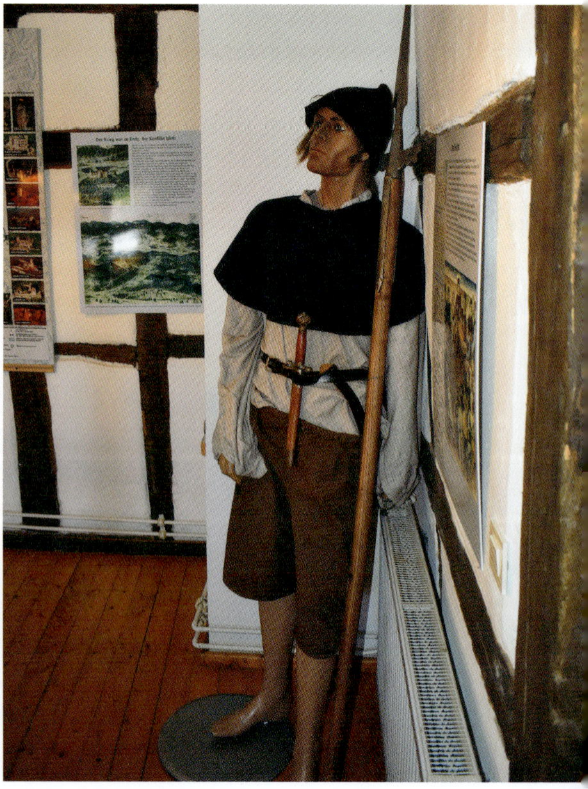

Informationen zum Bauernaufstand vor einem halben Jahrtausend vermittelt das Bauernkriegsmuseum.

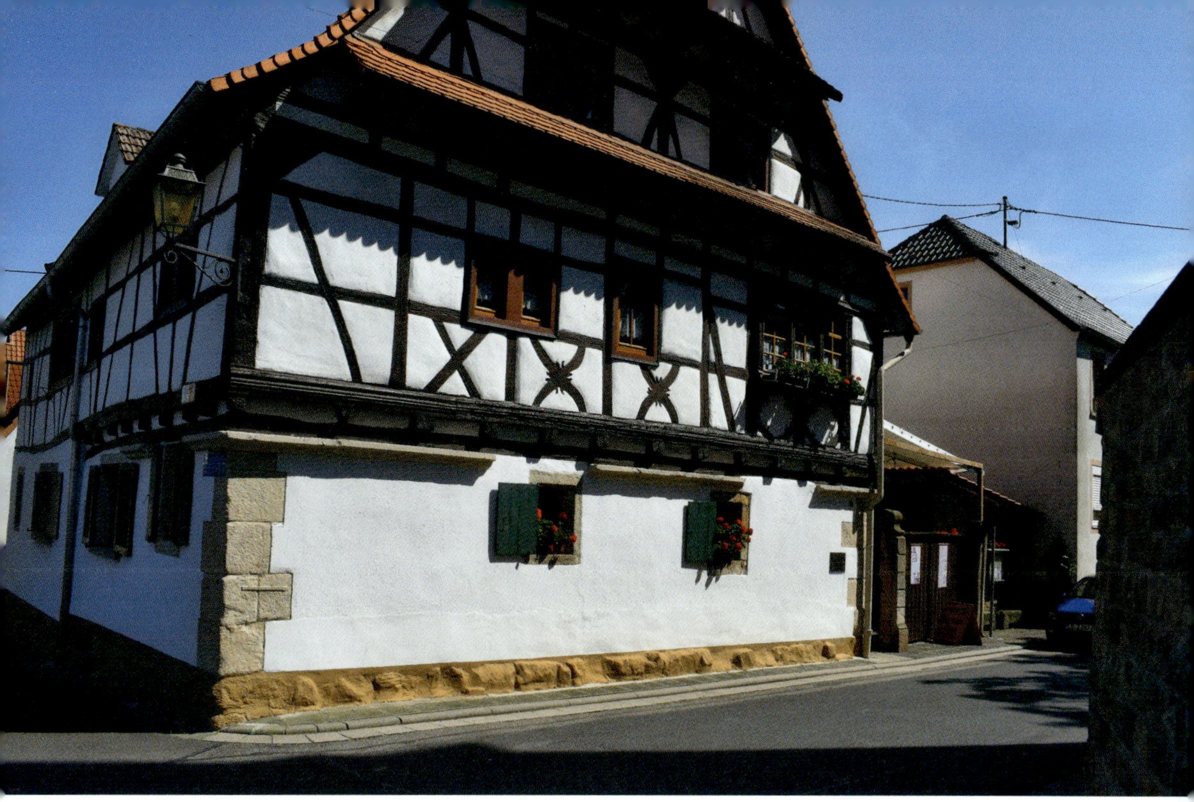

Das Bauernkriegshaus befindet sich in der Ortsmitte von Nußdorf und beherbergt das Bauernkriegs- und das Dorfmuseum.

Zum Waldrand und zurück zu den Reben Vorläufig haben wir jetzt eine Wegmarkierung. Mit dem roten Balken geht es bergauf und die Landesstraße 507 wird überquert. Dann folgt nochmals ein Anstieg, bis der Saum des Pfälzerwaldes erreicht ist. Am Waldrand entlang gehen wir jetzt in nördliche Richtung und erreichen den Ort ❷ **Frankweiler**. Auf der Ringelbergstraße durchqueren wir den Ort. Diese Straße biegt dann in die Frankenburgstraße ein. Dieser folgen wir hinunter bis zur L507. Wir überqueren diese und gehen einen knappen Kilometer weiter geradeaus. Dann geht es über die Kreisstraße 52. Ein Stück folgen wir dieser; dann biegen wir im rechten Winkel nach Süden ab. Jetzt geht es etwa 600 Meter geradeaus. Eine erneute Richtungsänderung bringt uns auf einen Weg südlich des Ranzgrabens. Der Weg führt uns weiter durch Weinberge, überquert die L512 und leitet uns zum Nordrand von Nußdorf. Nicht weit von der Bebauung entfernt, lässt uns eine letzte Richtungsänderung in die Gartenstraße einbiegen. In Nußdorf angekommen, biegen wir in die Straße Kirchhohl nach links. Diese führt uns direkt zum Ⓔ **Bauernkriegshaus**. Nicht weit davon entfernt befindet sich das Denkmal für die geschlagenen Bauern. Diese Arbeit des Künstlers Peter Brauchle geht auf einen Entwurf Dürers aus dem Jahr 1528 zum Bauernkrieg »Die Bauernsäule« zurück.

Das Bauernkriegshaus

Das Haus wurde um das Jahr 1500 erbaut. Im 30-jährigen Krieg zerstört, wurde das Haus danach im Fachwerkstil wiederaufgebaut. Lange als landwirtschaftliches Anwesen genutzt, kam das Gebäude im letzten Jahrhundert in den Besitz der protestantischen Kirchengemeinde. Es beherbergt heute das Bauernkriegs- sowie das Dorfmuseum; Öffnungszeiten: Mai bis Oktober, Sa und So, 14.00 Uhr bis 16.00 Uhr. Das Museum zeigt die Situation der Bauern im Mittelalter, die Züge des Nußdorfer Haufens sowie eine Nachstellung des Gefechts von Pfeddersheim, das den Aufstand der Bauern in der Pfalz beendete.

27 Rund um die Kleine Kalmit

Rast auf der Napoleonbank

leicht · 11,9 km · 412 Hm · 2.55 Std.

Tourencharakter
Leichte Wanderung durch die Weinberge der Südpfalz. Im Hochsommer sollte man eine Kopfbedeckung dabei haben; es gibt kaum Schatten auf dieser Tour.

Ausgangs-/Endpunkt
Ilbesheim (210 m)

Anfahrt
Auto: Auf der A 65 bis Landau-Zentrum, dann auf der Landesstraße 509 nach Ilbesheim
Bahn: Mit der Regionalbahn nach Landau. Von dort mit dem Bus nach Ilbesheim.

Gehzeiten
Ilbesheim – Leinsweiler Hof 0.40 Std. – Eschbach 0.20 Std. – Göcklingen 0.35 Std. – Ilbesheim 1.20 Std.

Einkehr
Ilbesheim, Leinsweiler Hof, Eschbach, Göcklingen

Karte
«Östlicher Wasgau mit Bad Bergzabern«, Wanderkarte des Pfälzerwald-Vereins, 1:25 000

Beste Jahreszeit
April bis Oktober

Informationen
Büro für Tourismus Landau-Land, Hauptstraße 4, 76829 Leinsweiler, Tel. 06345/35 31, www.landauland.suedlicheweinstrasse.de

Die Kleine Kalmit ist ein einzigartiges Naturschutzgebiet im Oberrheingraben. Unsere Wanderung führt uns von dort durch Weinberge zum Ostrand des Pfälzerwaldes. Auf dem Rückweg beantworten wir die Frage, warum es in Ilbesheim eine Napoleonbank gibt.

An der Ⓐ **Grundschule in Ilbesheim** (Arzheimer Straße) sollte man (zumindest am Wochenende) immer einen Parkplatz finden. Man befindet sich dort direkt am Westhang der Kleinen Kalmit. Das Naturschutzgebiet wurde im Jahr 1984 eingerichtet. Der Schutzzweck war die Erhaltung des Biotops als Lebensstätte für seltene, in ihrem Bestand bedrohte Pflanzen und Tierarten.

Zum Leinsweiler Hof Auf der Arzheimer Straße gelangen wir in die Innenstadt. Wir werfen einen Blick auf den interessanten Ortskern. Dazu gehört etwa der Fachwerkbau des Rathauses aus der Mitte des 16. Jahrhunderts mit Erdgeschossarkaden, barocken Bogenpforten und mit einer Jahreszahl versehene Bogenschlusssteinen, des Weiteren Eckerkerne an

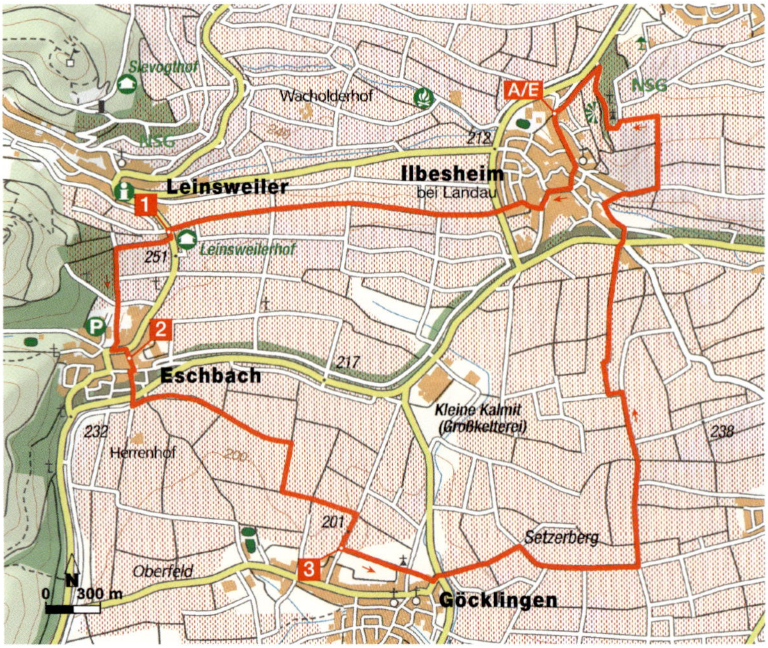

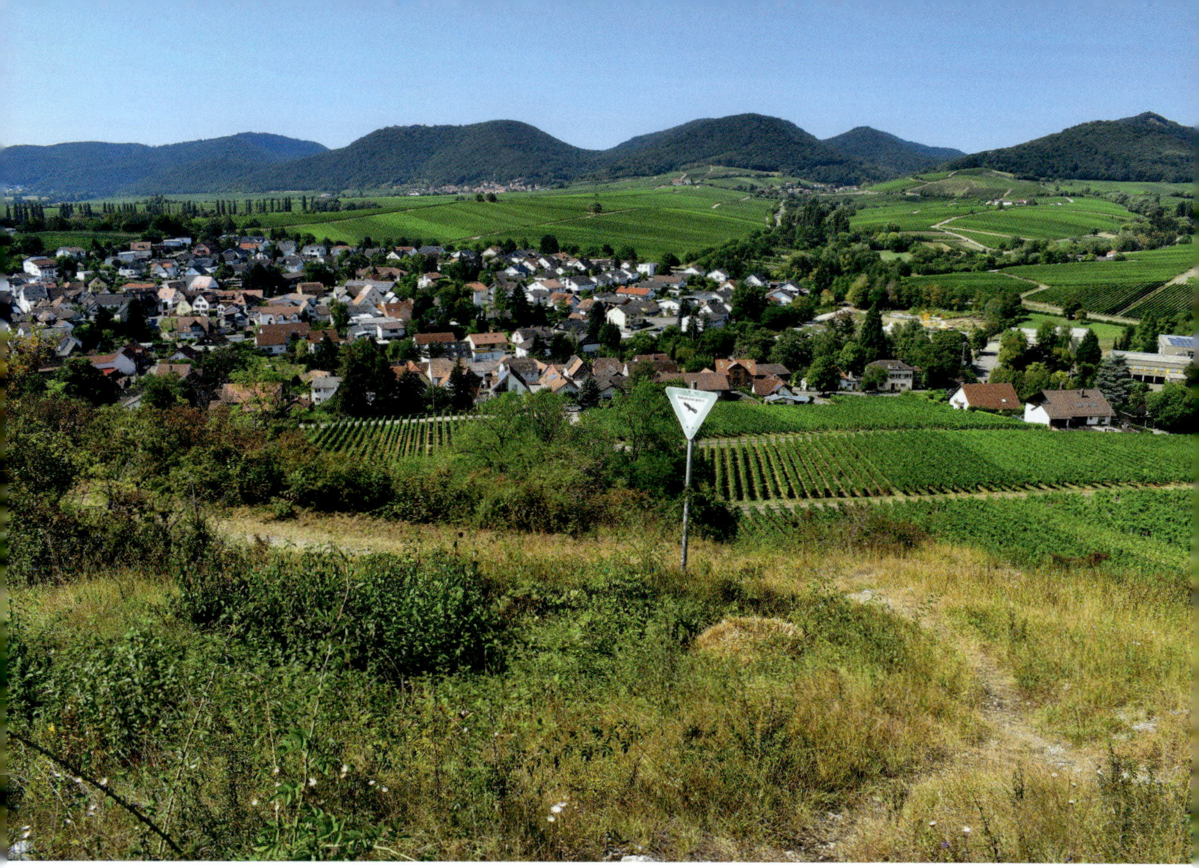

Häusern oder Hofanlagen. Richtung Westen verlassen wir das Zentrum über die Leinsweiler- und Oberdorfstraße und gelangen zur Umgehungsstraße des Ortes. Nach Überqueren derselben befinden wir uns schon in der Weinberglandschaft. Bis nach Eschbach befinden wir uns im Übrigen auf der Südroute des Pfälzer Jakobswegs. Der Weg steigt durch die Weinberge leicht an; in Gehrichtung erkennt man über dem Pfälzerwald eine der Trifelsburgen, nämlich die Burgruine Scharfenberg, auch Münz genannt, mit ihrem charakteristischen, 20 Meter hohen Bergfried. Etwas weiter zur Linken ist auch die Madenburg zu erkennen. Wir erreichen unser erstes Etappenziel, den ❶ **Leinsweiler Hof**.

Eng an die Kleine Kalmit schmiegt sich der Winzerort Ilbesheim.

Der Eschbacher Hasen ist eine Weinlage im gleichnamigen Ort.

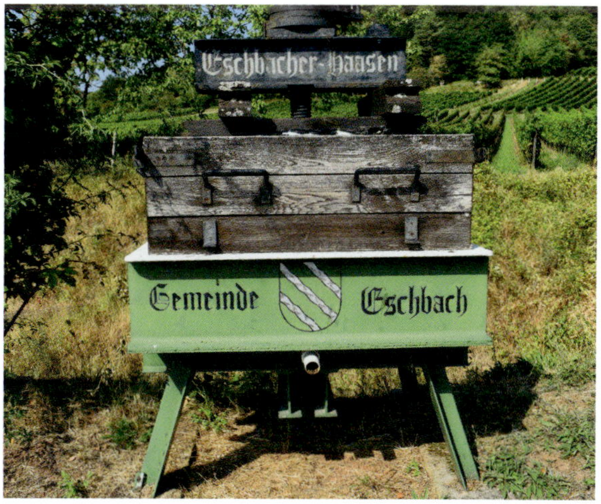

Dorf der bunten Esel Dort überqueren wir die Straße und setzen den etwas steileren Anstieg fort. Nach etwa 300 Metern wird eine Wegkreuzung erreicht. Nach Süden erblicken wir das nächste Etappenziel, den Ort Eschbach; im Norden können wir das Dorf Leinsweiler mit dem Slevogthof Neukastel erkennen. Natürlich erlauben wir uns noch einen Blick zurück: Hinter dem Leinsweiler Hof taucht Ilbesheim auf und dahinter die Kleine Kalmit. Links und rechts davon fällt der Blick auf die Oberrheinische Tiefebene. Der Weg führt auf einem halben Kilometer bergab; beim örtlichen Friedhof erreichen wir ❷ **Eschbach**. Die bunten Eselsfiguren, die im Ort aufgestellt sind, nehmen Bezug auf einen mittelalterlichen Ritterbund. Danach gehörten die Ritter der oberhalb von Eschbach gelegenen Madenburg der Gesellschaft mit dem Esel an. Es war eine Interessenvereinigung mit strengen Aufnahmeregeln, Kleider- und Anwesenheitsvorschriften; mit dem Niedergang des Rittertums war diese Vereinigung jedoch bald wieder verschwunden.

Wir gehen nach Süden durch den Ort und treffen auf der Windhorststraße oder dem Raiffeisenring auf die Landesstraße 509. Der folgende unmarkierte Weg durch die Weinberge führt zuerst ein kurzes Stück parallel zur genannten Landstraße und biegt dann nach rechts weiter in die Weinfelder ab. Wir folgen dem Weg, bis sich dieser nach links und nach rechts verzweigt. Auf der rechten Variante geht es bis zur nächsten Verzweigung, dann wieder nach links. Der Friedhof der Gemeinde ❸ **Göcklingen** wird erreicht; der Ort gehört zur Verbandsgemeinde Landau-Land und zählt etwa 900 Einwohner. Auch hier finden wir zahlreiche barocke Fachwerkhäuser bzw. Hofanlagen.

Kleine Kalmit in Sicht Beim Friedhof wird auch die Umgehungsstraße überquert; geradeaus geht es wieder ansteigend durch die Weinberge. Ein Blick zurück über

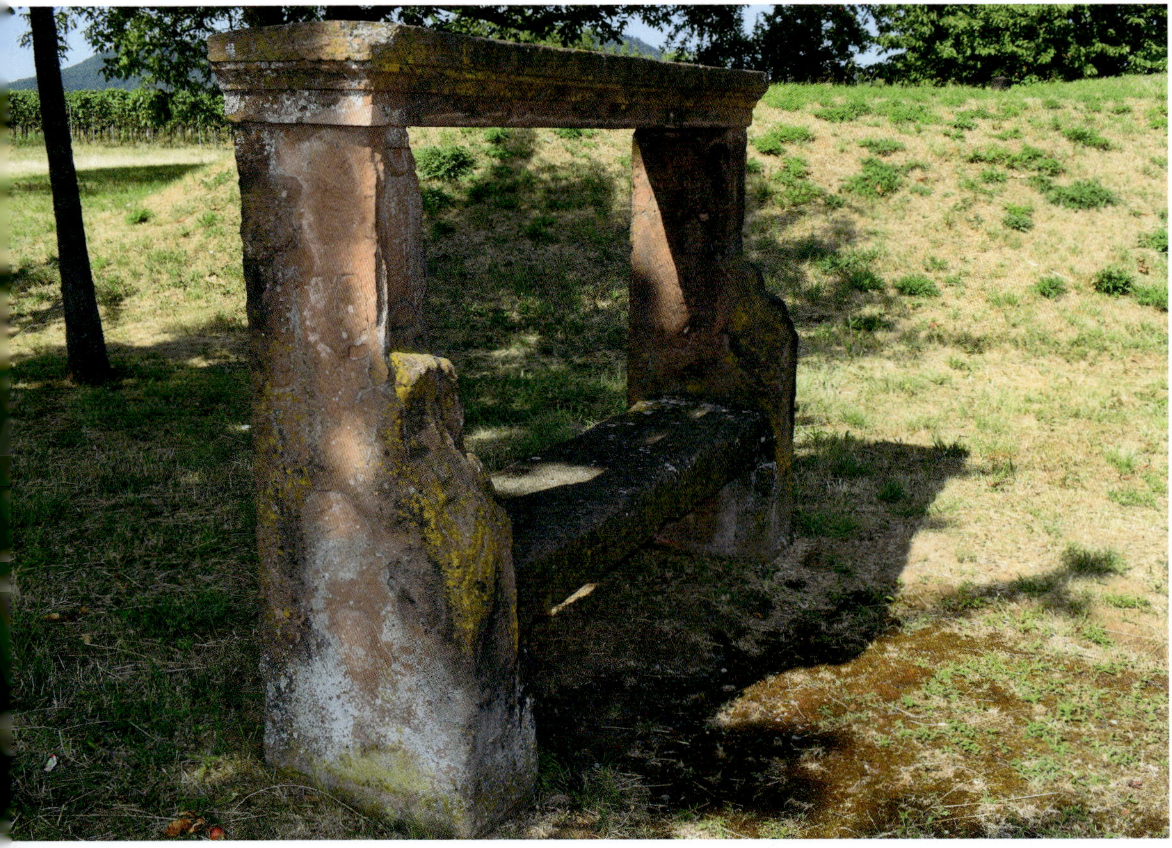

Sie wurde aus Anlass der Geburt von Napoleons Sohn Franz Bonaparte erbaut – die Napoleonbank in Ilbesheim.

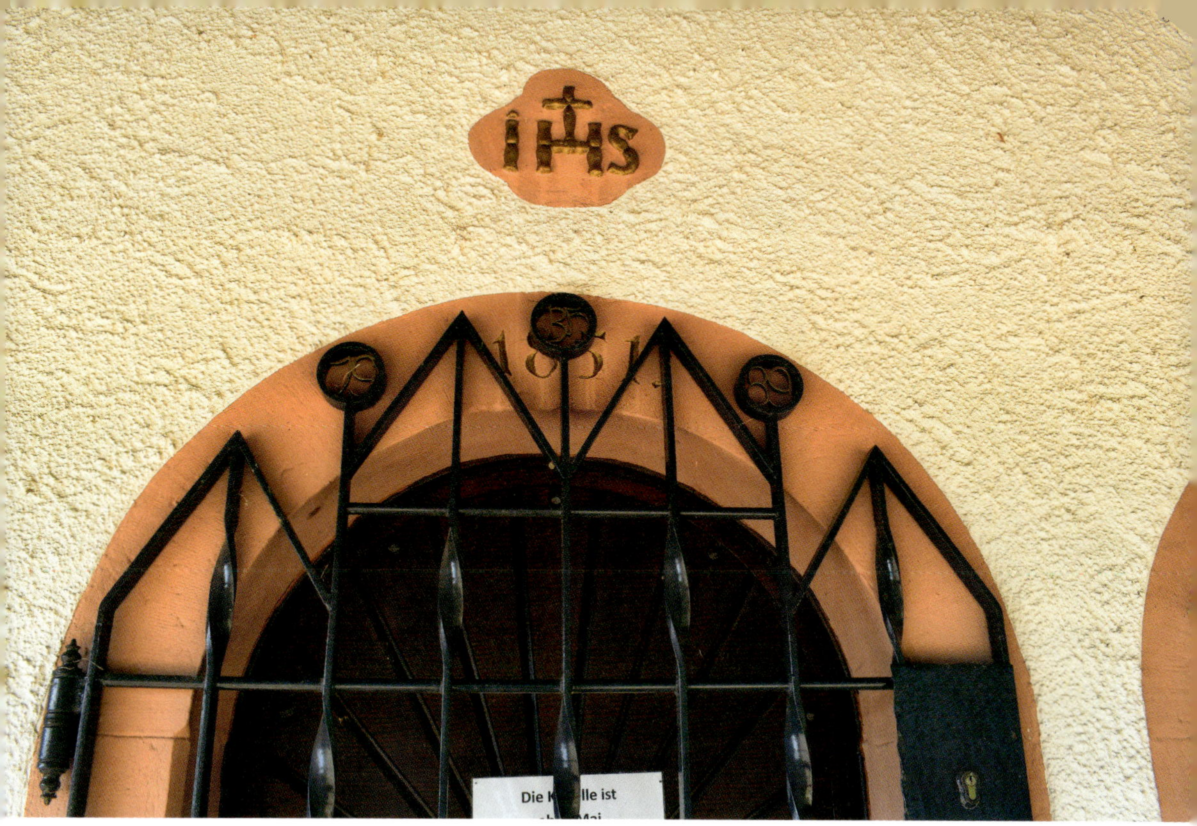

Eine vergitterte Tür befindet sich an der Mater-Dolorosa-Kapelle auf der Kleinen Kalmit.

Göcklingen lässt uns die weiter im Süden gelegene Burg Landeck erkennen. Nach 500 Metern folgen wir dem nach rechts abbiegenden Weg. Dieser führt zuerst in südöstlicher Richtung und schwenkt dann nach Osten. Etwa einen dreiviertel Kilometer weiter erreichen wir eine Wegkreuzung (nicht weit von der Kreuzung befinden sich zwei kleine Gebäude in den Weinbergen). Jetzt nach Norden kommen wir zu einer Kuppe. Von dort lässt sich unser nächstes Ziel erkennen, die Kleine Kalmit mit der markanten Kapelle. Wieder geht es auf breiten Weinwirtschaftswegen bergab; am Ortseingang erreichen wir dann an die steinerne Napoleonbank. Von 1798 bis 1814 war die Pfalz Teil der französischen Republik bzw. des Kaiserreichs von Napoleon I. Aus Anlass der Geburt von Napoleons Sohn Franz Bonaparte im Jahr 1811 ließ die Gemeinde Ilbesheim diese Sitzbank errichten.

Schlussanstieg zur Kapelle Der Weg hinauf zur Kleinen Kalmit ist von der Napoleonbank deutlich zu erkennen. Wir überqueren die Landesstraße, gehen ein kurzes Stück in den Ort, müssen dann aber etwa 200 Meter zurück Richtung Osten gehen. Dort geht es dann steil ansteigend hinauf zur Kleinen Kalmit. Die kleine Kapelle ist eine weithin sichtbare Landmarke. Der Begriff Kalmit (erstmals 1345 erwähnt) wird auf das lateinische »calvus mons« (kahler, waldloser Berg) zurückgeführt. Allerdings gibt es auch Stimmen, die eine Herleitung vom keltischen »kal« (hart) und »munt« (Berg) als wahrscheinlich erachten. Von der Kapelle genießen wir den Fernblick Richtung Pfälzerwald bzw. über den Rheingraben. Unterhalb der Kapelle (Blickrichtung Ilbesheim) folgen wir nach rechts einem abfallenden Weg und gelangen zur **E Arzheimer Straße**, unserem Ausgangspunkt.

28 Auf den Höhen des Westrich

Becherbachweiher und Gimpelwaldhütte

leicht 13,6 km 484 Hm 4.05 Std.

Tourencharakter
Einfache Rundwanderung über die Höhen des Westrich

Ausgangs-/Endpunkt
Hornbach (241 m)

Anfahrt
Auto: Auf der Autobahn A 8 bis Zweibrücken-Contwig, auf der L 700 durch den Gewerbepark am Flughafen nach Hornbach.
Bus und Bahn: Mit der Regionalbahn bis Zweibrücken; von dort mit Bus oder Anruflinientaxi nach Hornbach

Gehzeiten
Hornbach – Übergang L 201 1.40 Std. – Becherbachweiher 1.45 Std. – Hornbach 0.40 Std.

Einkehr
Hornbach, Gimpelwaldhütte

Karte
»Pfälzer Mühlenland mit Sickingerhöhe«, Wanderkarte des Pfälzerwald-Vereins, 1:25 000

Beste Jahreszeit
April bis Oktober

Informationen
Klosterstadt Hornbach, Denkmalstraße 1, 66500 Hornbach, Tel. 06338/80 91 53, www.klosterstadt-hornbach.de

Hornbach war im Mittelalter durch sein bedeutendes Benediktinerkloster überregional bekannt. Kriege, Seuchen und die Glaubensspaltung ließen den Ort später fast in der Bedeutungslosigkeit versinken. Nach dem Wiederaufbau des Klosterbezirks und als Etappenziel des Pfälzer Jakobswegs finden wieder mehr Touristen den Weg in die abgelegene Grenzstadt.

Parkplätze finden wir in Hornbach beim Bürgerhaus/Pirminiushalle in der Ⓐ **Bahnhofstraße**. Angesichts einer Bahnhofstraße fragen wir uns: Hatte Hornbach je einen Bahnhof? Es gab tatsächlich früher eine Eisenbahnverbindung in diese Stadt. In den Jahren von 1913 bis 1916 wurde die Strecke Zweibrücken–Hornbach, genannt Hornbachbahn, fertiggestellt. Da Lothringen zwei Jahre später wieder an Frankreich fiel, hatte die Bahn ab Ende des 1. Weltkrieges schon keine Berechtigung mehr. Nach dem 2. Weltkrieg wurde zuerst die Teilstrecke zum Grenzort Bren-

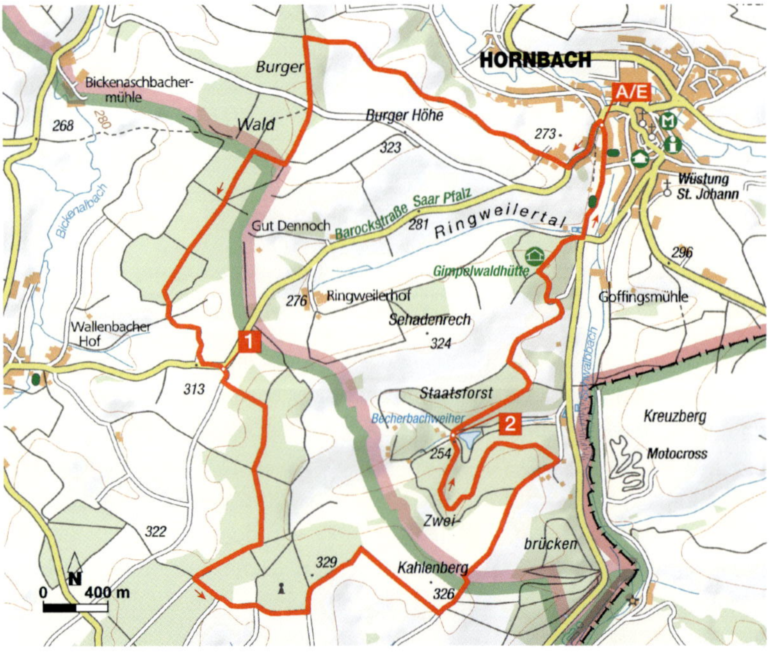

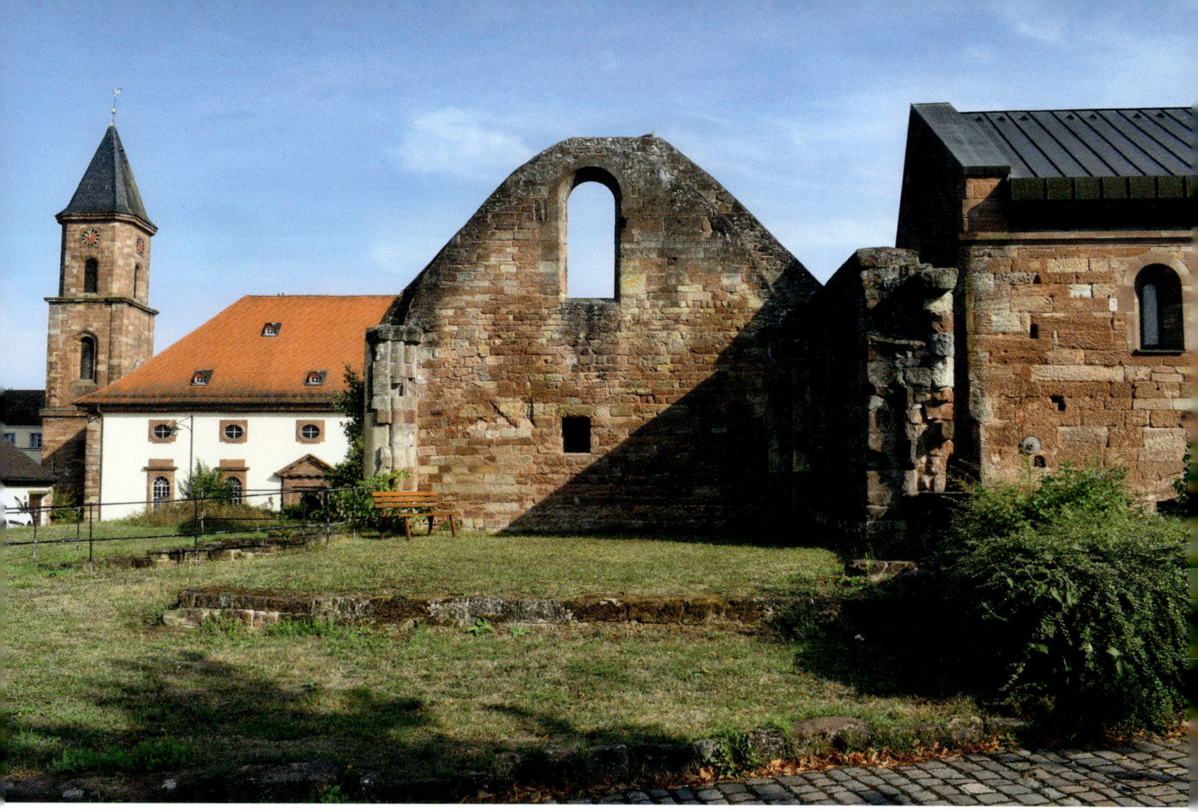

schelbach, in den Jahren darauf wurden weitere Teilstrecken eingestellt. Der Name Bahnhofstraße blieb.

Der Ort Hornbach ist Ziel beider Varianten des Pfälzer Jakobsweges.

An der Grenze zum Saarland Wir gehen ein paar Meter die Bahnhofstraße zurück und biegen dann gleich nach links in die Altheimer Straße ein. Nach einem kurzen Anstieg geht der Weg nach rechts in die Straße Auf der Platte. Wir folgen dieser und befinden uns kurz darauf schon in landwirtschaftlichem Gebiet. Der Blick fällt zurück auf Hornbach und mit jedem Meter Anstieg ergibt sich eine bessere Aussicht auf die Höhen des Westrich und dessen tief eingeschnittene Täler.

Weideflächen, Obstbäume und die eine oder andere Sitzgelegenheit sehen wir auf unserem weiteren Anstieg, bevor wir den Waldrand erreichen. Wir treten in den Wald ein; kurz darauf biegt der Weg nach links ab. Wir überqueren die Kreisstraße 62 und genießen auf dem weiteren Weg den herrlichen Laubwald. Unser Weg führt dann ein kurzes Stück

Über den Hausdächern von Hornbach erinnert dieser Torbogen an die Glanzzeiten des Klosters.

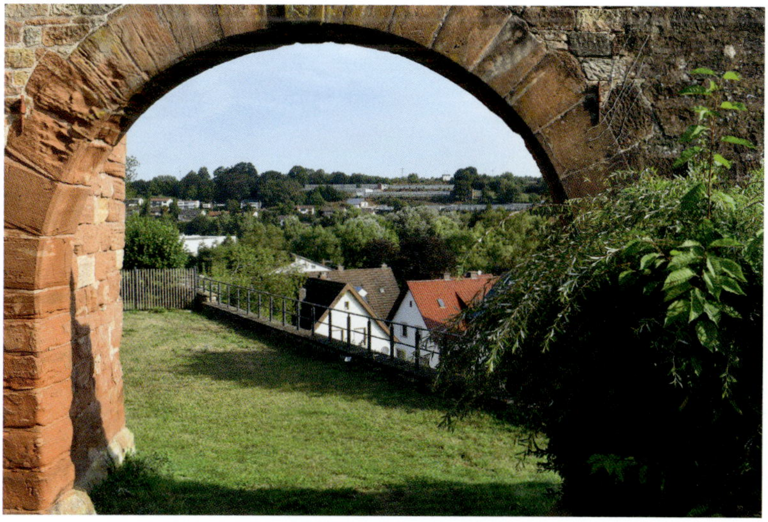

Rechte Seite: Dieses originelle Rathaus ist Blickfang im Zentrum von Hornbach.

Stadt und Kloster Hornbach

Die Stadt Hornbach ist Teil der Verbandsgemeinde Zweibrücken-Land und zählt knapp 1500 Einwohner. Ursprung der Stadt war das Dorf Gamundias. Dort erfolgte um das Jahr 737 die Gründung des Benediktinerklosters Hornbach. Die Stadt breitete sich dann westlich und südlich des Klosters aus. Eine Stadtmauer gab es vermutlich in der zweiten Hälfte des 12. Jahrhunderts; Stadtrechte wurden 1352 erworben. 1559 wurde das Kloster im Rahmen der Reformation aufgehoben. Die ungünstige geografische Randlage verhinderte eine nachhaltige wirtschaftliche Entwicklung. Hornbach wurde im 2. Weltkrieg gezielt zerstört; der damalige Gauleiter wollte den Ort zu einer mittelalterlichen Stadt neu aufbauen. Nach dem Krieg wurde das Kloster wieder aufgebaut. Seit der Jahrtausendwende befindet sich im Klostergebäude ein Hotel.

am Waldrand entlang, bevor es wieder in den Wald hineingeht. Wir befinden uns jetzt bereits auf saarländischem Gebiet. Erneut erreichen wir offenes Feld; auf einem befestigten Weg geht es schließlich zur ❶ **Landesstraße 201**. Dort angekommen, orientieren wir uns nach links und müssen etwa 150 Meter entlang der Straße wandern. Vor der kommenden Straßenkehre biegt unser Weg nach rechts zu einem Waldstück ab.

Nach dem ersten Anstieg fällt der Blick weit über die Höhen des Westrich.

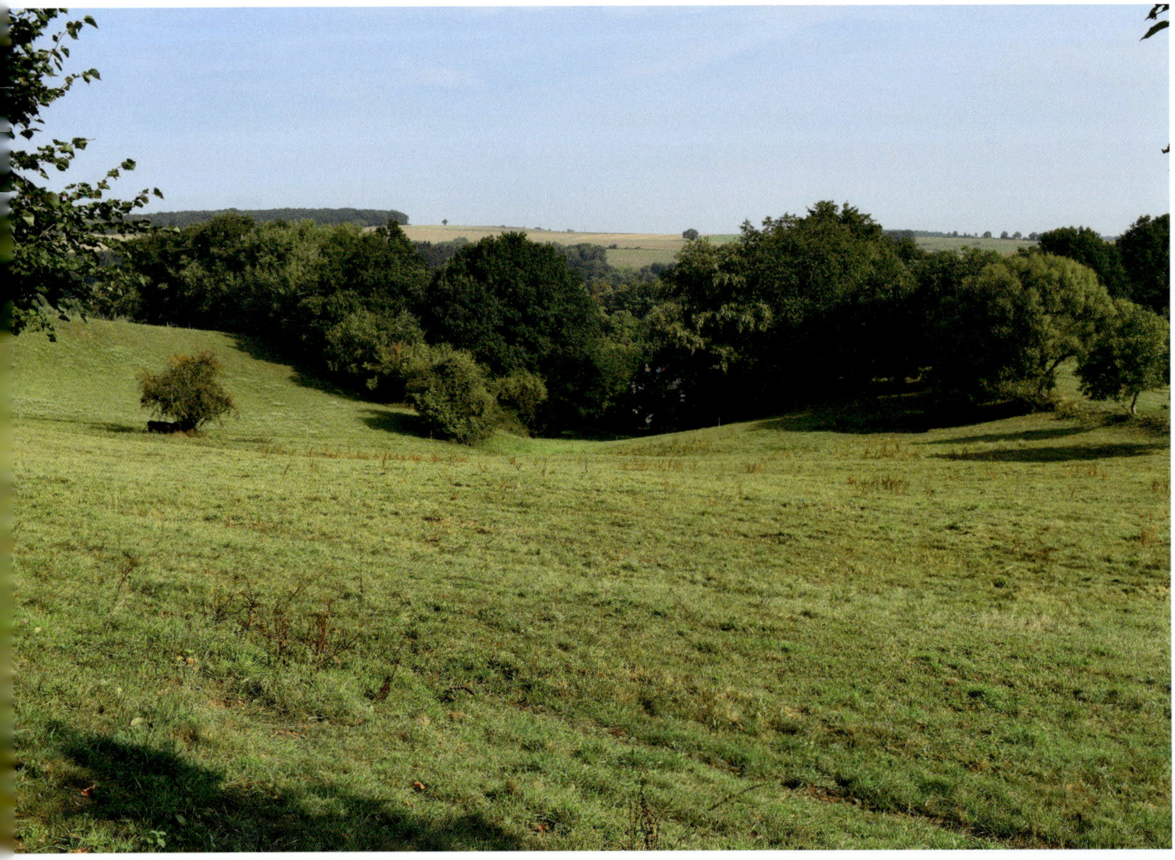

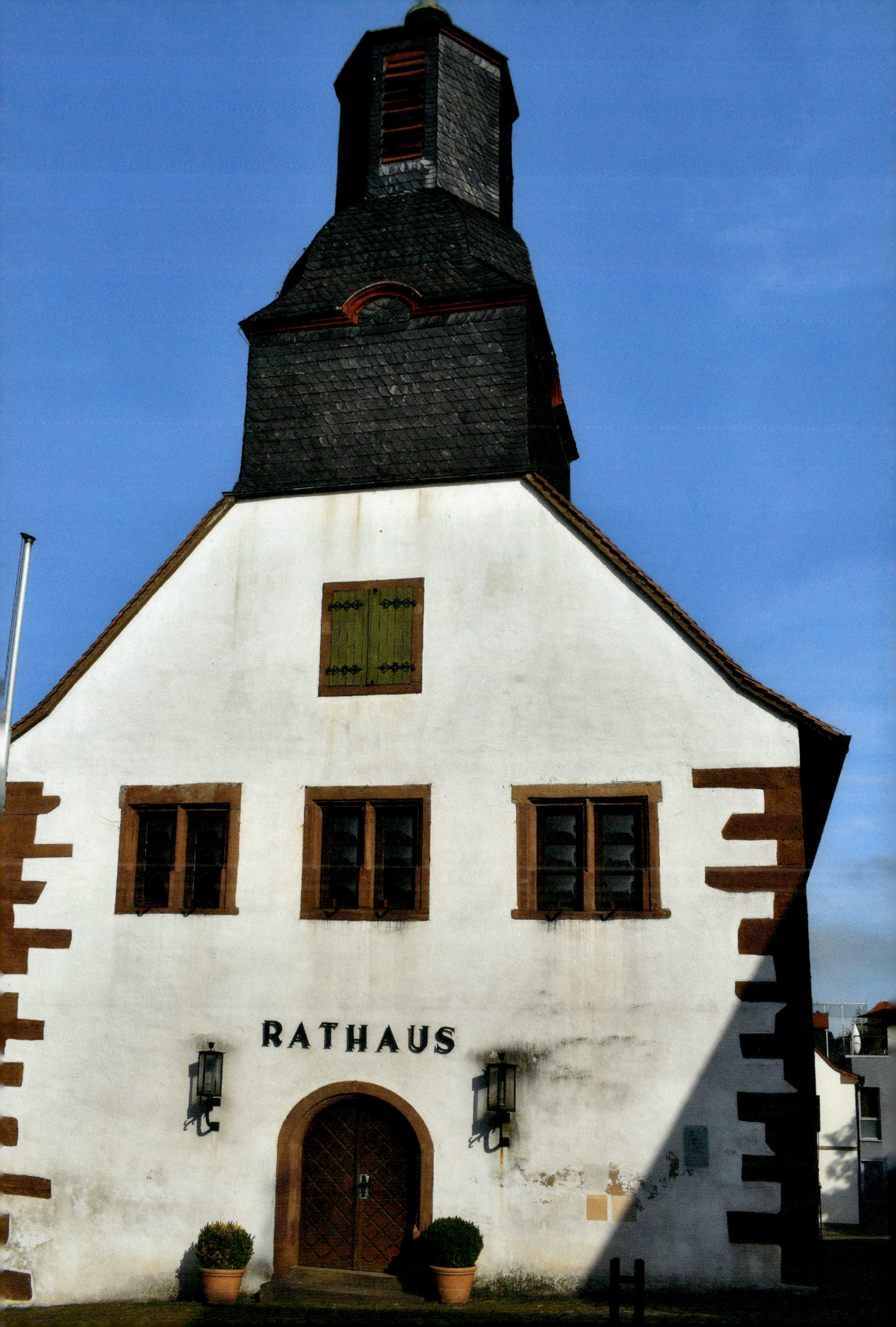
RATHAUS

Rechte Seite: Besuchern zugänglich ist das Grab des heiligen Pirminius.

Zum Becherbachweiher An den dortigen Parkplätzen gehen wir geradeaus in den Wald hinein. Nach 200 Metern biegt der Weg nach rechts ab. Es folgt ein etwa 850 Meter langes Teilstück durch den Wald; an einer Wegkreuzung beschreibt der Weg einen leichten Knick nach rechts. Hier biegt unser Weg nach Osten, also nach links, ab. Es geht hinunter durch den Dachswald bis knapp vor den Waldsaum; an dieser Stelle geht es dann nach rechts, also nach Süden, bis wieder der Waldrand erreicht ist. Unser Blick fällt nach Lothringen, das in gerade einmal 1,5 Kilometer Entfernung beginnt. Der Weg führt uns jetzt etwa 400 Meter nach Nordosten und biegt dann im rechten Winkel nach Südosten ab. Über Feld und Flur des Kahlenbergs geht es weiter bis zur nächsten Wegkreuzung. Hier biegen wir nach links ab und überschreiten nach knapp 300 Metern Strecke wieder die Grenze zu Rheinland-Pfalz. Der Weg fällt jetzt ab; auf der linken Seite begleitet uns bald ein Waldgebiet. Wir haben noch nicht die Talsohle und die Landesstraße 479 erreicht, wenn wieder eine Richtungsänderung ansteht. Geradeaus befindet sich die französische Grenze in gerade einmal 150 Metern Entfernung: Wir orientieren uns aber nach links in den Wald hinein. Nach einem ersten Anstieg führt uns der Weg in einer großen Kehre zum kleinen idyllischen ❷ **Becherbachweiher**. Weiter geht es durch den Wald, dann wieder ein Stück durch freie Flur; ein letzter Anstieg bringt uns dann zur Gimpelwaldhütte. Diese ist geöffnet: Mi bis So von 11.00 bis 21.00 Uhr. Von der Hütte fällt der Weg jetzt steil ab hinunter nach Hornbach. Am örtlichen Sportplatz vorbei erreichen wir wieder unseren Ausgangspunkt beim Ⓔ **Bürgerhaus**.

Teile des ehemaligen Klosters beherbergen heute ein Hotel.

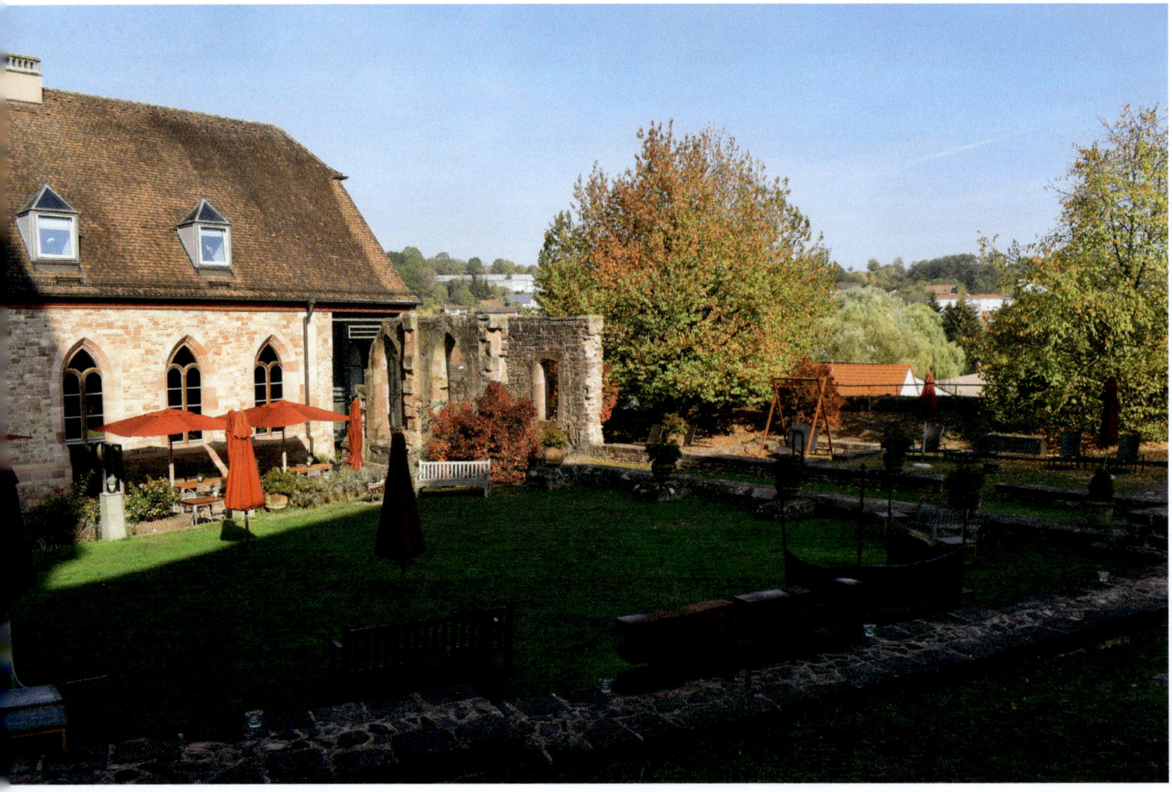

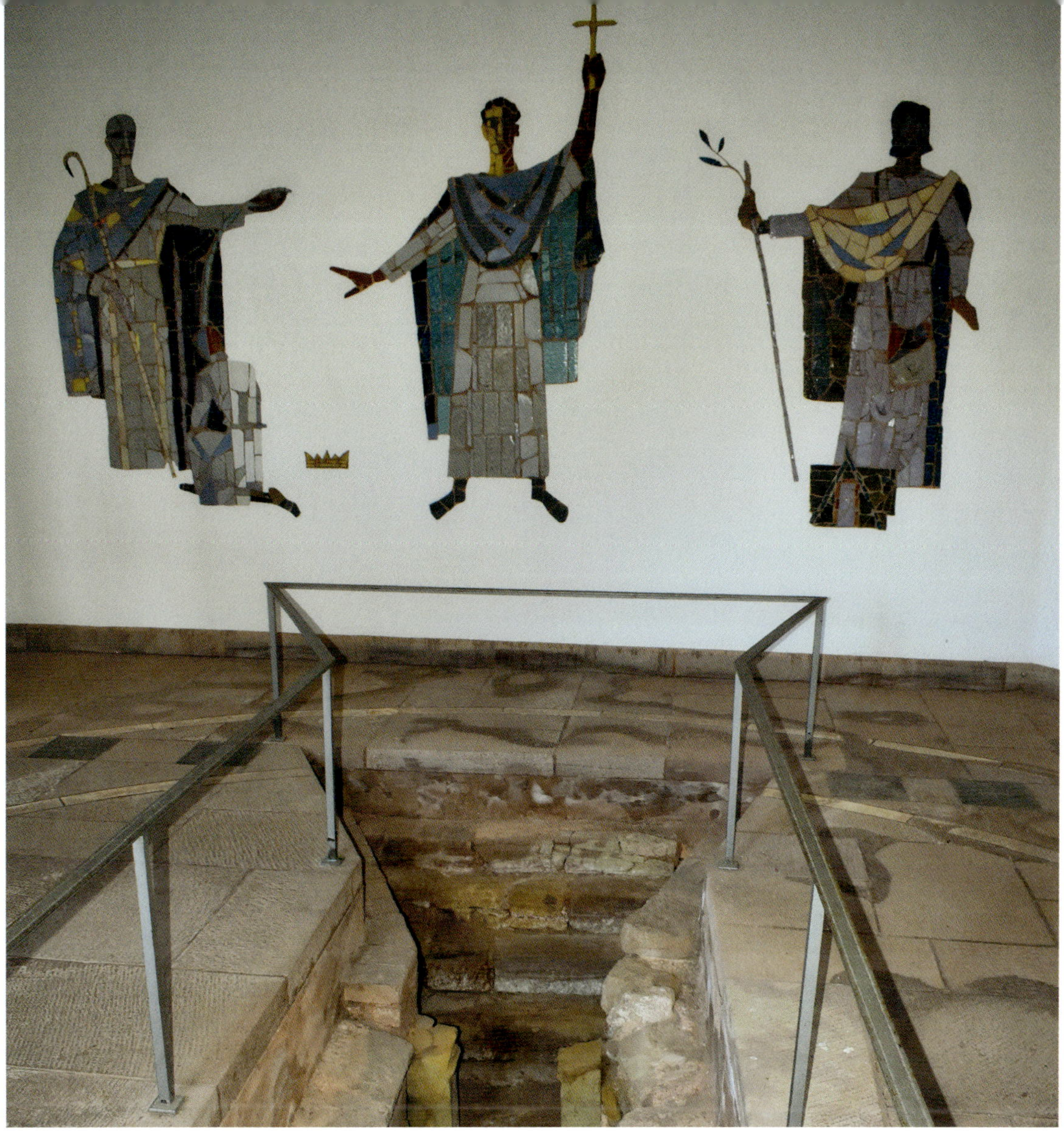

St. Pirminius

Der heilige Pirminius war ein Wanderprediger und Klostergründer im 8. Jahrhundert. Er stammte vermutlich aus Irland und wurde in Hornbach begraben. Er ist der Schutzpatron der Pfalz, des Elsass und der Stadt Innsbruck. Er gründete zahlreiche Klöster, darunter z. B. das Kloster Weißenburg im Elsass. Seine letzte Gründung war das Kloster Hornbach. Schon bald nach seinem Tode im Jahr 753 setzten Wallfahrten ein. Dabei konnten die Pilger an seiner Grabstätte zu seinem Sarkopharg hinabsteigen. Hornbach entwickelte sich zu einem der reichsten und größten Benediktinerklöster. Nach Aufhebung des Klosters im Zuge der Reformation wurden die Gebeine des heiligen Pirminius 1558 zuerst nach Speyer und dann im Jahr 1575 nach Innsbruck überführt. Dort befinden sie sich noch heute in der römisch-katholischen Jesuitenkirche. Im Jahr 1954 wurde in Hornbach das Originalgrab entdeckt und freigelegt. Ein Teil der Reliquien wurde von Innsbruck an Hornbach zurückgegeben. Drei Jahre später ließ die protestantische Kirche, in deren Besitz sich das Klostergelände befindet, eine Kapelle über dem Grab bauen. Daraufhin lebte die Wallfahrtsaktivität nach Hornbach wieder auf.

29 Durch das Tal der Felsalbe

Zum Bösbrunnen und zur Hexenklamm

leicht 15,1 km 264 Hm 4.10 Std.

Tourencharakter
Einfache Rundwanderung durch Feld und Wald mit wenigen An- und Abstiegen

Ausgangs-/Endpunkt
Eichelsbacher Mühle (272 m)

Anfahrt
Auto: Auf der B 10 bis Pirmasens, dann auf der A 62 bis Pirmasens-Winzeln, anschließend auf der L 600 bis zum Kreisel in Winzeln. Weiter über die L 482 zur Eichelsbacher Mühle
Bahn: Mit der Regionalbahn bis Pirmasens. Von dort mit dem Bus zur Eichelsbacher Mühle

Gehzeiten
Eichelsbacher Mühle – Abzweig ins Blümelstal 1.00 Std. – Brücke über L 600 1.30 Std. – Eichelsbacher Mühle 1.40 Std.

Einkehr
Eichelsbacher Mühle

Karte
»Pfälzer Mühlenland«, Wanderkarte des Pfälzerwald-Vereins 1:25 000

Beste Jahreszeit
April bis Oktober

Informationen
Verbandsgemeindeverwaltung Pirmasens-Land, Bahnhofstraße 19, 66953 Pirmasens, Tel. 06331/ 87 20, www.pirmasens-land.de

Auf alten Mühlenwegen wandern wir durch die Wälder im Tal der Felsalbe. Über die unbewaldeten Höhen des Westrich erreichen wir die Hexenklamm. Das (traurige) Schicksal der verschiedenen Mühlen an diesem Wanderweg wird auf diversen Informationstafeln geschildert.

In Sichtweite der Eichelsbacher Mühle gibt es einen Ⓐ **Waldparkplatz**. Dort kann man sein Fahrzeug parken; gleichzeitig ist hier der Ausgangspunkt der Wanderung. Die Eichelsbacher Mühle wurde um 1525 erbaut. Ein Jahrhundert später, im Jahr 1635, wird die Mühle im Dreißigjähren Krieg erstmals zerstört. Nach dem Wiederaufbau, etwa 50 Jahre später fiel die Mühle einer Brandstiftung zum Opfer. Im Jahr 1938 wurde die Mühle abgetragen; im Rahmen des Westwallbaus musste sie einem Stausee weichen.

Entlang der Felsalbe Auf unserem breiten Wirtschaftsweg erreichen wir bald die erste Informationstafel. Hier wird das Schicksal der Papier-

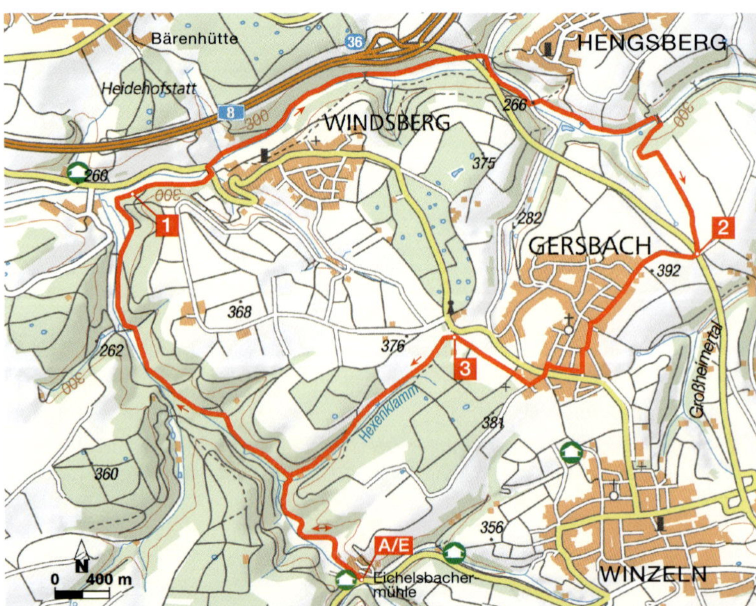

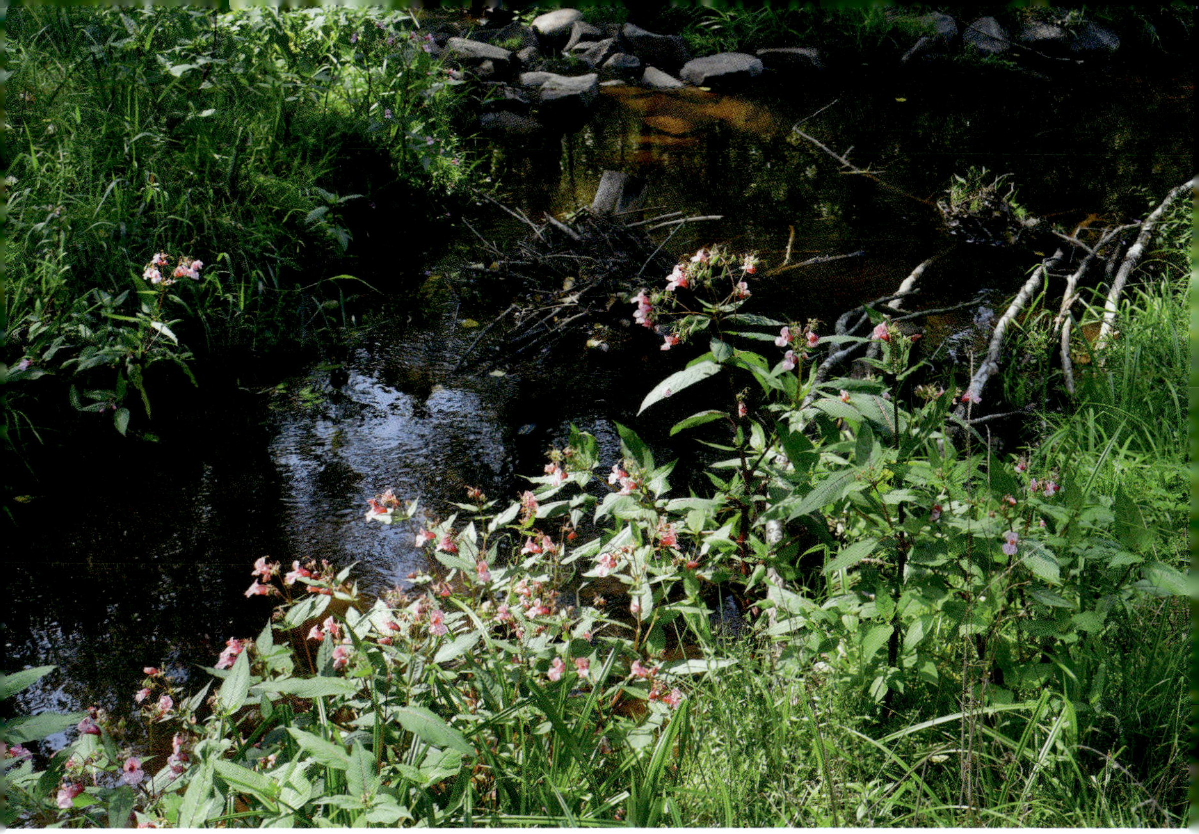

mühle geschildert. Im 18. Jahrhundert erbaut, wurde zuerst Papier, später dann Kartons hergestellt. Anfang des 20. Jahrhunderts wurde die Mühle auf Mahlbetrieb umgestellt; im Rahmen des Westwallbaus wurde sie 1937/1938 abgerissen. Am Ausgang des Felsalbetals wird das nächste Mühlenschicksal geschildert. Die Drusenbrücker Mühle wurde Mitte des 19. Jahrhunderts mit zwei Wasserrädern als Öl- und Schrotmühle erbaut. Schon damals gab es einen Anschlusszwang (Mühlenbann), d. h. die Bauern der näheren Umgebung mussten trotz eigener Mühlen in der Drusenbrücker Mühle mahlen lassen. Dieser Bann wurde später aufgehoben. Wie die vorgenannten Mühlen stand sie dem Westwallbau im Wege und wurde 1938 gesprengt. Von der Mühle ist infolgedessen heute nichts mehr zu sehen.

Stille Gewässer sind die Begleiter auf dem ersten Teil unserer Wanderung.

Das Beste haben wir uns bis zum Schluss aufgehoben – den Abstieg durch die Hexenklamm.

Vorbei an Sumpfwiesen Zwischenzeitlich haben wir das ❶ **Blümelstal** erreicht und bewegen uns wieder in offenem Gelände. Letzte ehemalige Mühle auf unserem Weg ist die Rothmühle, auch Windsberger Mühle genannt. Im ersten Viertel des 18. Jahrhunderts erbaut, besaß sie ein oberschlächtiges Mühlrad. Durch den Aufstau eines Weihers zu Kriegsende in Mitleidenschaft gezogen, konnte die Mühle nicht mehr benutzt werden. Sie brannte

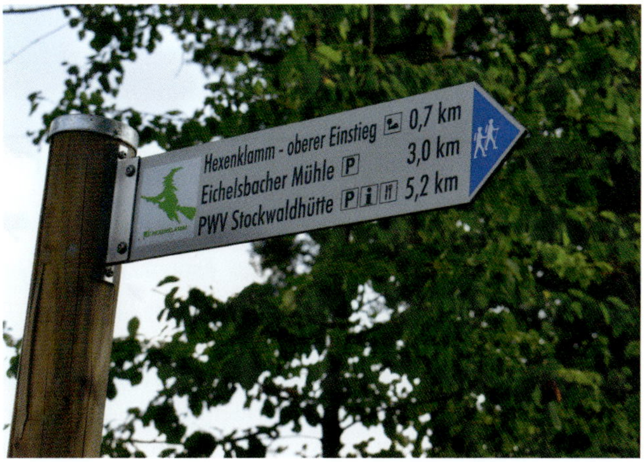

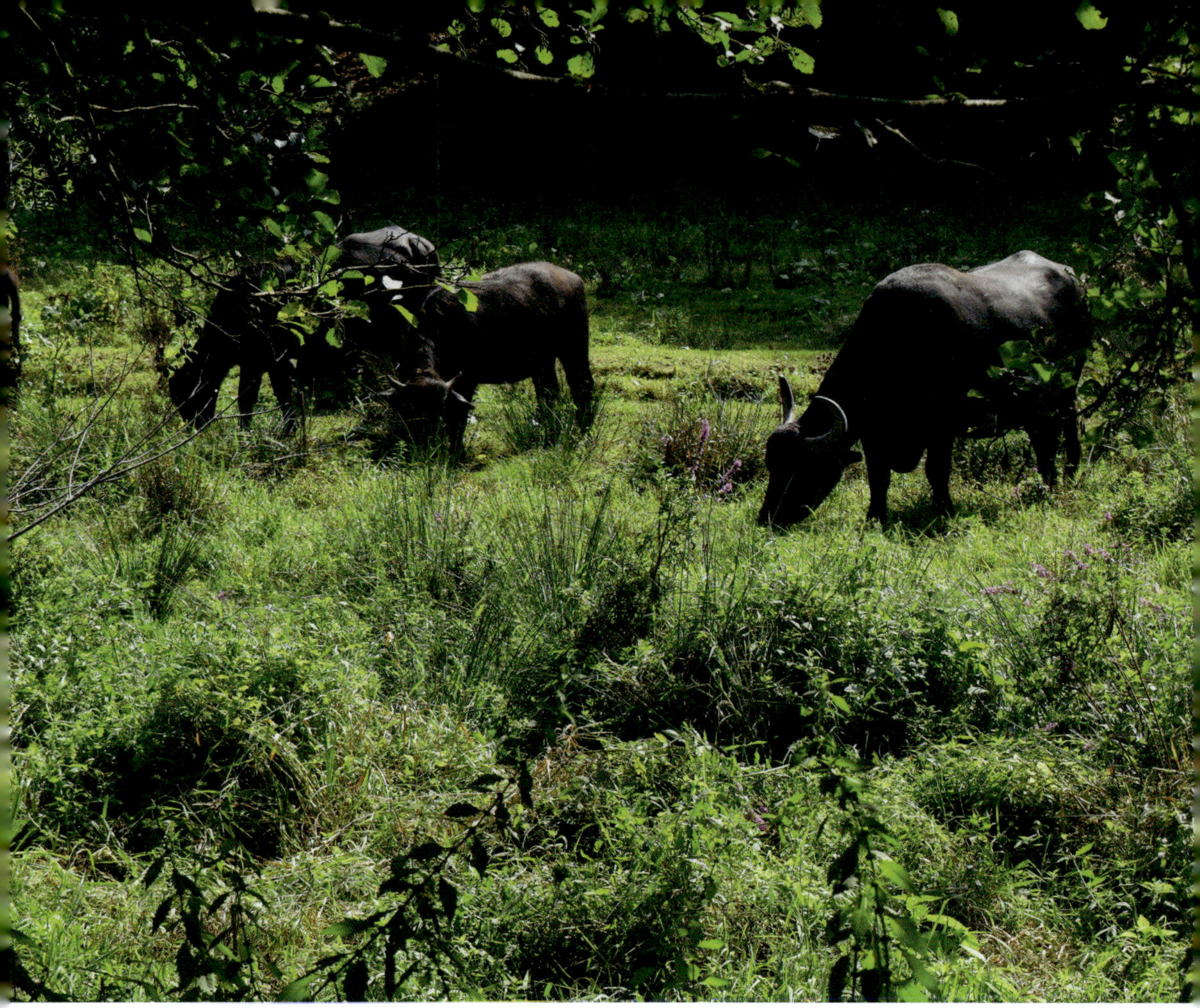

Asiatische Wasserbüffel können bei ihren »Mäharbeiten« beobachtet werden.

dann ab und wurde nicht wieder aufgebaut. Der Blümelbach wurde in den letzten Jahren auf 1,8 Kilometern Länge renaturiert. Bäume eines kleinen Wäldchens wurden gefällt; diese wurden dabei zu natürlichen Hindernissen in dem ehemals geraden Flussbett eingebracht. Das Bachbett selbst wurde auf knapp einem Kilometer verlegt und mit Steinschüttungen versehen. Damit soll die Abflussgeschwindigkeit des Wassers im Sinne des Hochwasserschutzes verringert werden. Eine weitere Maßnahme war die Ansiedlung einer Herde Wasserbüffel. Der Einsatz dieser aus Asien stammenden Rinder soll im Rahmen der Renaturierung verhindern, dass die Talaue wieder zuwächst. Die Tiere beweiden die Uferränder und drängen die dichte Vegetation zurück. Durch die stärkere Besonnung der Uferränder können sich dort verschiedene gefährdete Arten wieder ansiedeln.

Bösbrunnen und Aschbach Die Quelle des heutigen Naturdenkmals Bösbrunnen diente bis Anfang des 20. Jahrhunderts der Trinkwasserversorgung des nahe gelegenen Ortes Hengsberg. Nicht weit vom Bösbrunnen finden wir ein Hinweisschild auf die Wüstung Aschbach. Der ehemalige Ort Atschbach oder Atzbach wurde im Dreißigjährigen Krieg komplett zerstört und nicht wieder aufgebaut. Hinweise auf den Ort gibt es nur noch durch den Flurnamen Atzbach; diesen Namen trägt auch der

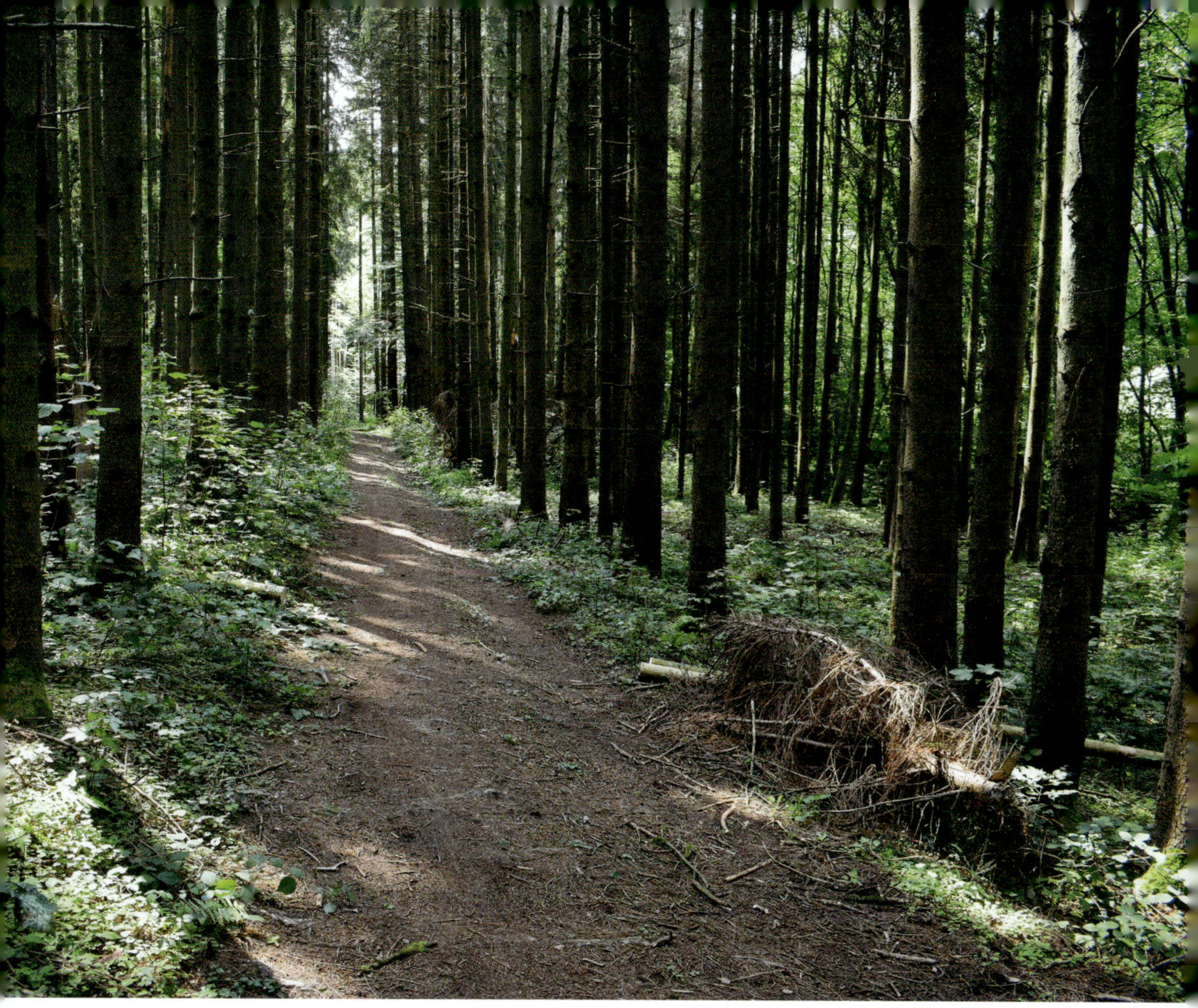

Im oberen Bereich der Hexenklamm führt der Weg zunächst flach bergab.

kleine Bach, der zum Blümelbach fließt. Durch das Blümelstal ging auch der Fluchtweg der französischen Vogesenarmee. Diese hatte die Schlacht bei Pirmasens am 14. September 1792 im Verlauf des Ersten Koalitionskrieges gegen die verbündeten preußischen und österreichischen Truppen verloren. Auch wenn die Verluste der französischen Truppen deutlich höher waren als die der Verbündeten, hatte die Schlacht keine kriegsentscheidenden Auswirkungen. Zwei preußische Offiziere sind auf dem Alten Friedhof in Pirmasens bestattet.

Durch die Hexenklamm Der Weg steigt jetzt steil an, freies Gelände wird erreicht und auf einer ❷ **Brücke** überqueren wir die Landesstraße 600. Wir gehen etwa einen Kilometer durch den Ort Gersbach und biegen an der Rotmühlstraße nach rechts ab. Wir folgen ihr bis zum örtlichen Friedhof und nehmen den Weg, der rechts des Gottesackers weiter zum dortigen ❸ **Sportplatz** führt. Der Weg zur Hexenklamm ist dort ausgeschildert. Die feuchte und wasserreiche Schlucht ist als Naturdenkmal ausgewiesen. Der Legende nach wurden in der Klamm Reisende von Geistern verhext; heute muss der Wanderer auf dem manchmal steilen Pfad nur auf sich selbst aufpassen. Wir erreichen den breiten Waldweg im Tal der Felsalbe, dem wir zurück zu unserem Ⓔ **Ausgangspunkt** folgen.

30

Zollstock und Hohenberg

Im Land der Staufer

leicht 9,6 km 562 Hm 2.45 Std.

Tourencharakter
Rundwanderung zum »hohen Berg« über Annweiler mit einem steilen Anstieg. Großartige Fernsichten über die Höhen des Pfälzerwalds

Ausgangs-/Endpunkt
Trifels, Wanderparkplatz Ahlmühle (380 m)

Anfahrt
Auto: Von Landau auf der Bundesstraße 10 bis Annweiler. Abfahrt nach dem zweiten Tunnel; dann den Hinweisschildern Richtung Trifels folgen
Bus und Bahn: Mit der Regionalbahn von Neustadt/Weinstraße oder Karlsruhe über Landau nach Annweiler am Trifels

Gehzeiten
Trifels Wanderparkplatz – Hohenberg 1.00 Std. – Zollstock 1.05 Std. – Trifels Wanderparkplatz 0.40 Std.

Einkehr
Annweiler am Trifels, Burg Trifels

Karte
»Östlicher Wasgau mit Bad Bergzabern«, Wanderkarte des Pfälzerwald-Vereins, 1:25 000

Beste Jahreszeit
April bis Oktober

Informationen
Büro für Tourismus Annweiler am Trifels, Meßplatz 1, 76855 Annweiler am Trifels, Tel 06346/22 00, www.vg-annweiler.de

Rechte Seite: Die Mühen des Anstiegs waren es wert – der Blick vom Hohenberg zum Trifels.

Die Burg Trifels gehört neben dem Teufelstisch zu den Besuchermagneten in der Südpfalz. Entsprechend viel ist vor allem an den Wochenenden hier los. Wir gehen auf einer weniger bekannten Route auf den Hohenberg. Dort befindet man sich oberhalb des Trifels und genießt einen besonders guten Blick auf die Burgengruppe.

Im Bereich der Burg Trifels gibt es verschiedene Wanderparkplätze. Von Annweiler kommend erreichen wir zuerst den Windhof und kurz danach in einer Kurve den A **Parkplatz Ahlmühle**. Dort gibt es ausreichend

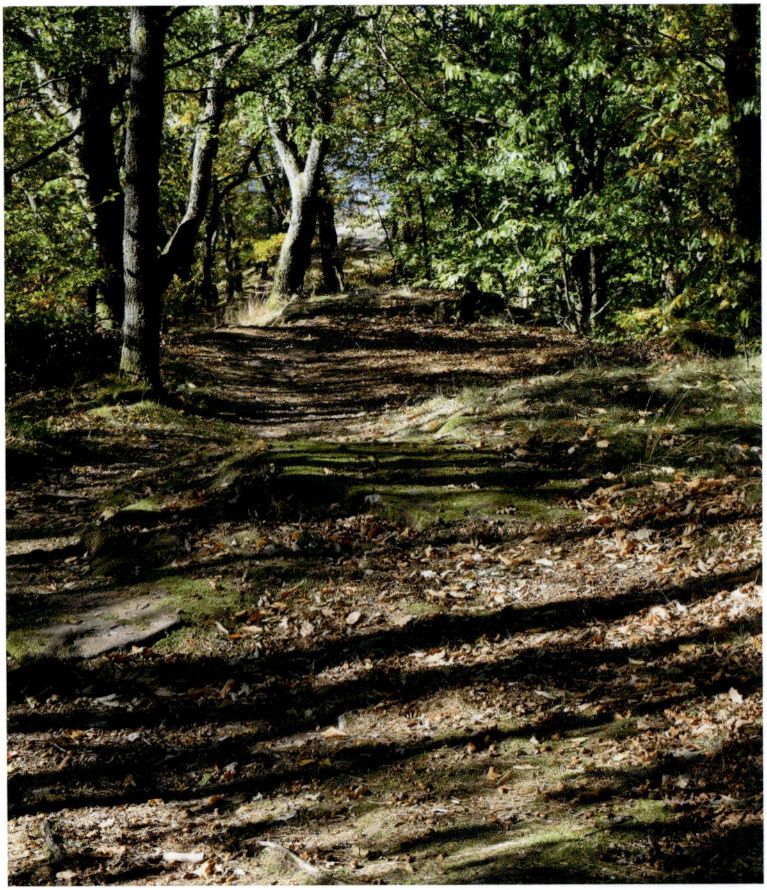

Über weiche Waldpfade führt uns der Weg zum Aussichtspunkt auf dem Hohenberg.

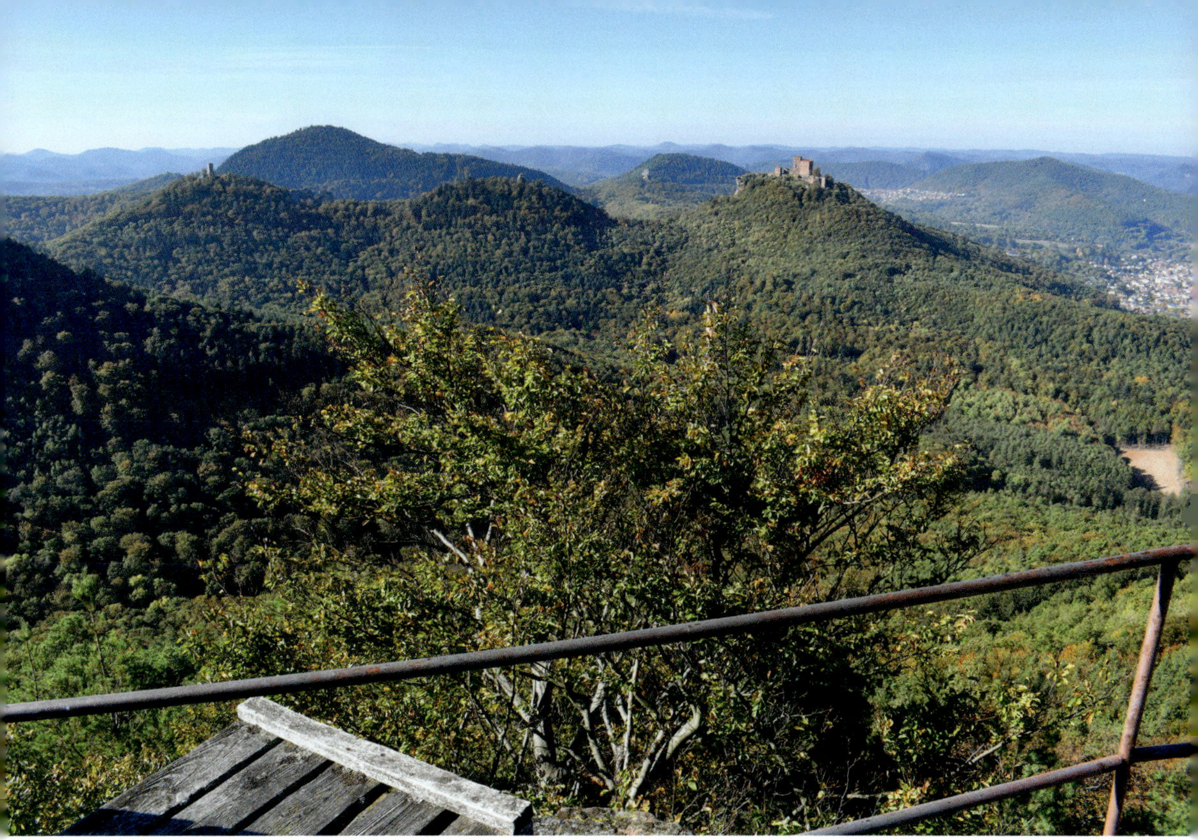

Parkmöglichkeiten; die Parkplätze unterhalb der Burg Trifels sind kostenpflichtig.

Auf den »hohen Berg« Am Wanderparkplatz treffen sich verschiedene Wege. Wir gehen zur Straße und erkennen einen nach rechts abgehenden Weg. Dieser ist mit der Markierung schwarzer Punkt in weißem Feld versehen. Der Weg führt um den Föhrlenberg herum zur Wegspinne Zollstock. Dort befindet sich eine kleine Schutzhütte. Die Wegkreuzung ist schnell erreicht; von hier geht es nun aber richtig aufwärts. 200 Höhenmeter gilt es auf kurze Distanz zu überwinden. Zuerst an der Ostseite des Berges entlang geht es schließlich in Kehren auf den Gipfel. Der dort befindliche **1 Hohenbergturm**, ein kleiner Aussichtspodest mit neun Metern

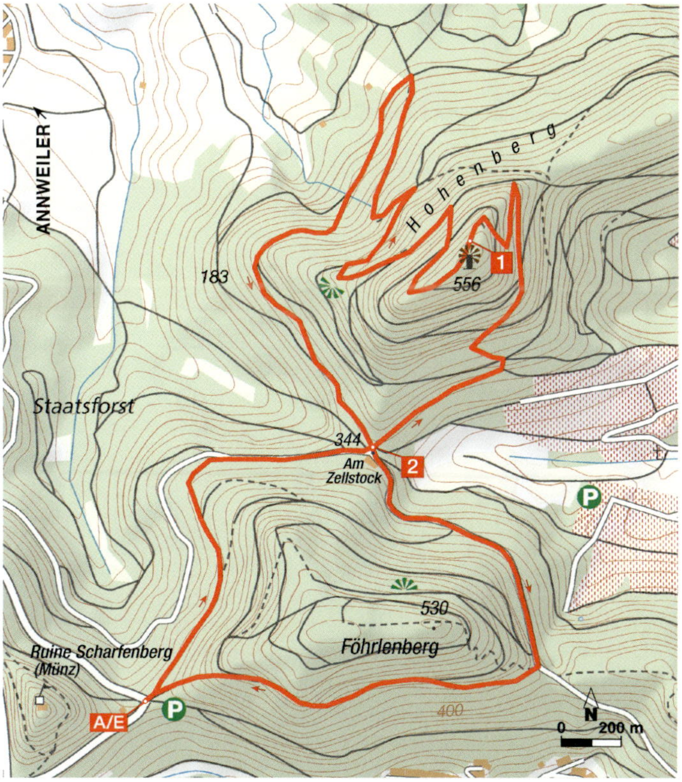

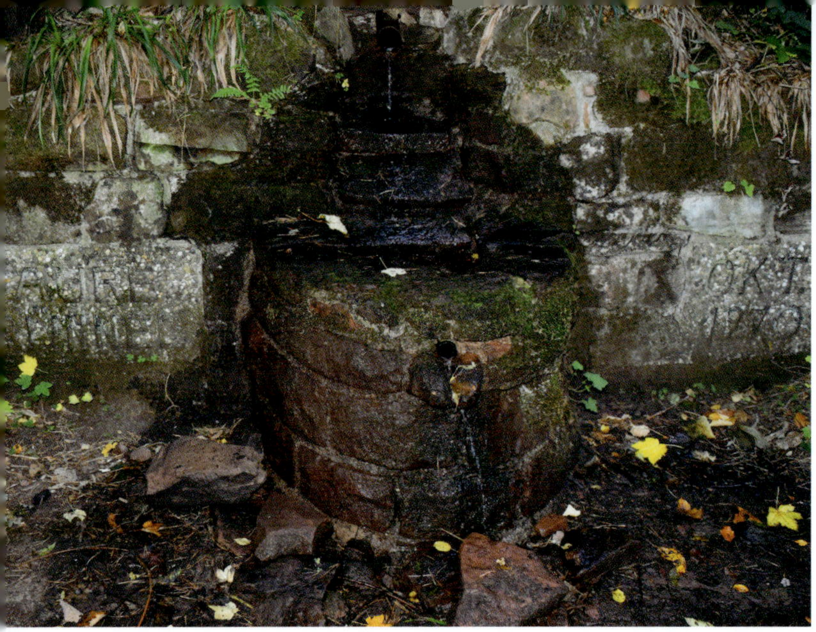

Beliebter Rastplatz beim Abstieg vom Hohenberg ist das Baurebrünnel.

Höhe, ist leider eingefallen. Andererseits öffnet sich an dieser Stelle eine große Lichtung nach Nordwesten: Die Stadt Annweiler, das Queichtal, der gegenüberliegende Große Adelberg sowie am Horizont der Almersberg schaffen ein beeindruckendes Panorama. Wir gehen geradeaus weiter; ein breiter Forstweg verjüngt sich zu einem schmaleren Wanderweg. Dieser führt zu unserem ersten Ziel, den Aussichtspunkt auf die Burgengruppe Trifels. Dort gibt es eine Rampe für Gleitschirmflieger sowie verschiedene Holzbänke zum Ausruhen. Auf der gegenüberliegenden Talseite ist die Burg Trifels zu sehen, links davon die Burgreste der Ruine Anebos und weiter im Süden erkennt man den Bergfried der Ruine Scharfenberg.

Rechte Seite: Der 20 Meter hohe Bergfried der Ruine Scharfenberg (auch Münz genannt, oben) ragt aus dem Herbstnebel. Auf der benachbarten Burg Trifels sind die Reichsinsignien als Nachbildungen zu bestaunen (unten).

Baurebrünnel und Zollstock Direkt am Aussichtspunkt finden wir den Weg, der uns jetzt wieder bergab führt. Am malerischen Baurebrünnel vorbei führt der Weg jetzt nach Norden. Wir erreichen dann einen Umkehrpunkt. Hier ändert sich die Markierung. Ein Kastaniensymbol zeigt uns den Weg zurück zum Zollstock. Dort nehmen wir allerdings nicht denselben Weg zurück. Stattdessen folgen wir der Kastanienmarkierung weiter bis zur nächsten Wegverzweigung. Hier biegen wir nach Westen ab und erreichen bald wieder unseren E **Ausgangspunkt**.

Scharfenberg und Anebos

Anstatt den stark frequentierten Trifels zu besuchen, bietet sich ein Kurzabstecher zu den näheren Burgen Scharfenberg und Anebos an. Da nicht so bekannt und nicht so spektakulär wie der Trifels, hat es den Vorteil, dass man dort kaum jemanden antrifft. Beeindruckend ist der gut erhaltene Bergfried. Von der Straße Richtung Trifels geht nach links ein Weg ab, der uns zur Ruine führt. Die Burg wurde im 11. Jahrhundert als Reichsburg erbaut und diente unter Heinrich V. als Staatsgefängnis; hier soll auch Richard Löwenherz kurzzeitig inhaftiert gewesen sein. Im späten Mittelalter war die Burg in wechselndem Besitz und danach ein Streitfall zwischen den Herrschaften der Pfalz, Zweibrücken und Weißenburg. Die Burg wurde im Bauernkrieg zerstört und verfiel seitdem. Am besten erhalten ist der etwa 20 Meter hohe Bergfried; dieser verfügt über Buckelquader mit Randschlag. Ansonsten sind noch Teile der Ringmauer erhalten. Im Volksmund wird die Burg auch »Münz« genannt, weil sie in Zusammenhang mit der Prägung von Geldstücken gebracht wurde. Naheliegender ist allerdings ein lateinischer Ursprung, was auf das Wort »Festung« schließen ließe. Die Burgruine Anebos kann solche Mauerreste wie Scharfenberg nicht mehr bieten. Dies liegt vermutlich daran, dass nach Errichtung der Burg im 12. Jahrhundert diese bereits im 13. Jahrhundert wieder aufgegeben wurde. Zu sehen ist noch der Burgfelsen (genannt »Dickkopf«), an dem noch Reste vom ehemaligen Mauerwerk zu erkennen sind.

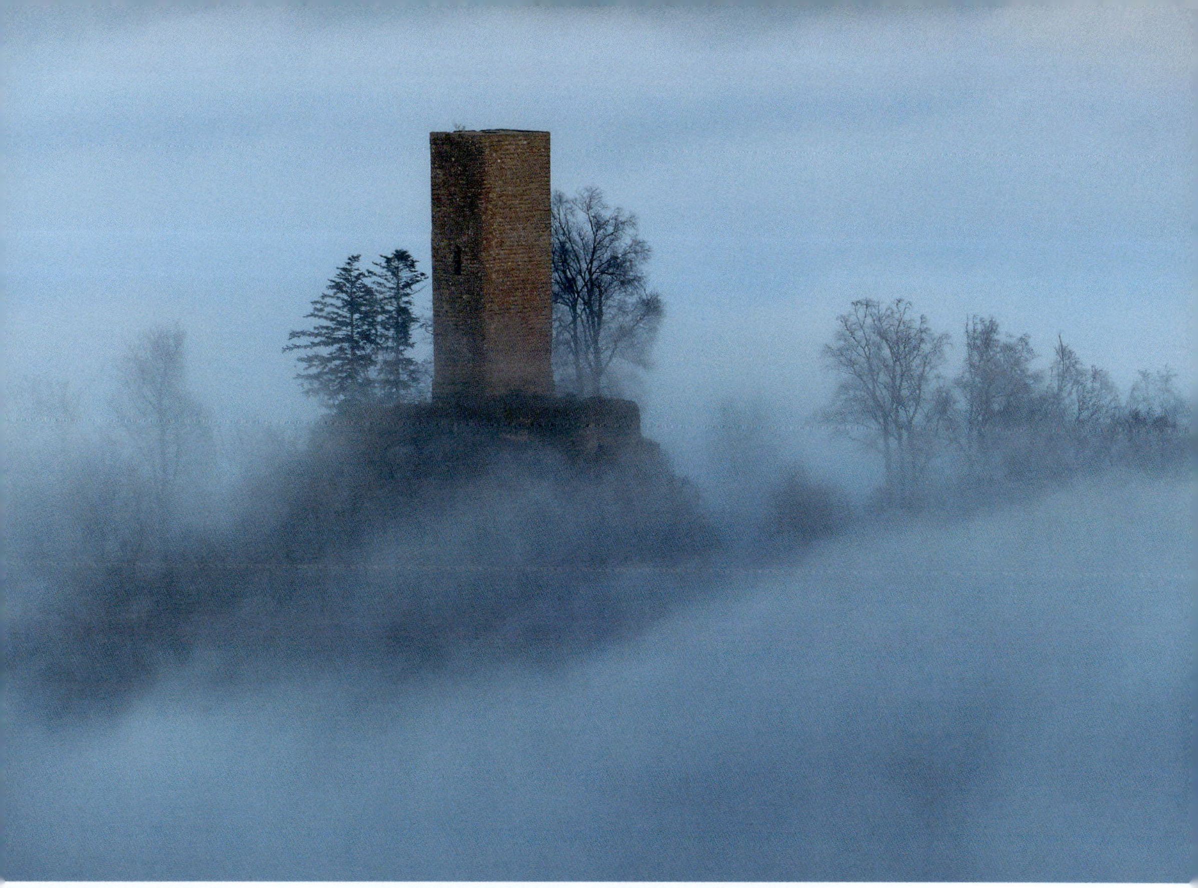

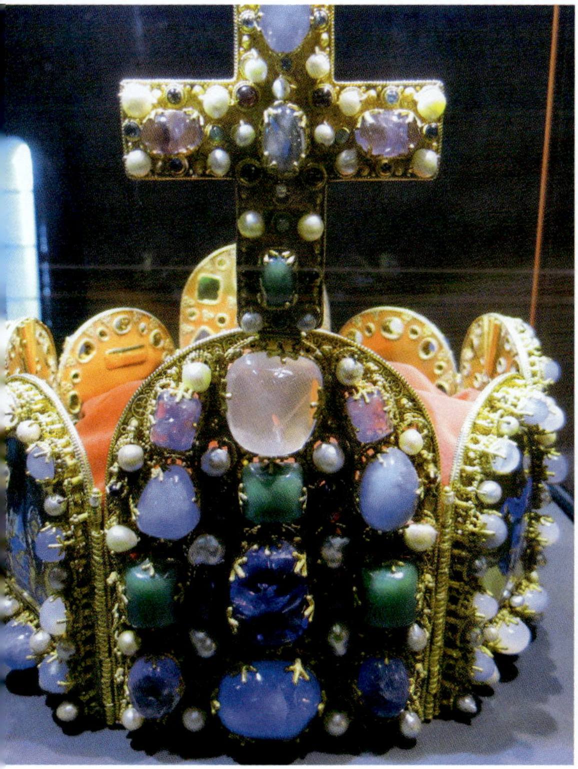

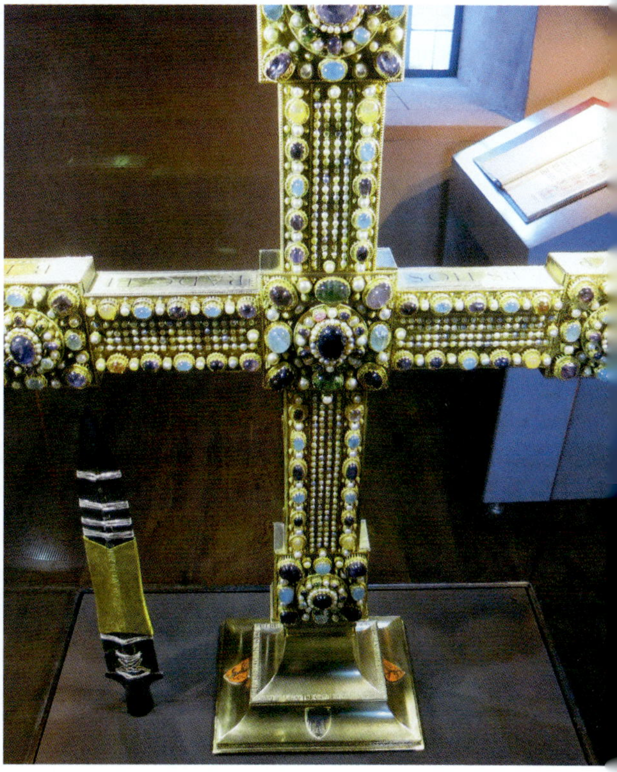

31

Zum Bühlhof

Kühhungerfelsen und Rödelstein

leicht 13,2 km 550 Hm 3.45 Std.

Tourencharakter
Einfache Rundwanderung mit diversen Einkehrmöglichkeiten

Ausgangs-/Endpunkt
Oberschlettenbach (251 m)

Anfahrt
Auto: Von Landau auf der Bundesstraße 10 bis Wilgartswiesen, dann weiter über Spirkelbach, Schwanheim und Darstein nach Oberschlettenbach bzw. von Bad Bergzabern über die L 427 nach Vorderweidenthal und dann weiter nach Oberschlettenbach
Bus und Bahn: Mit der Regionalbahn über Winden nach Bad Bergzabern; von dort mit dem Bus nach Oberschlettenbach

Gehzeiten
Oberschlettenbach – Wasgauhütte 1.30 Std. – Lindelbrunn 1.35 Std. – Oberschlettenbach 0.40 Std.

Einkehr
Oberschlettenbach, Bühlhof, Darstein, Wasgauhütte, Lindelbrunn

Karte
»Östlicher Wasgau mit Bad Bergzabern«, Wanderkarte des Pfälzerwald-Vereins, 1:25 000

Beste Jahreszeit
April bis Oktober

Informationen
Tourismusverein Südliche Weinstraße, Kurtalstraße 27, 76887 Bad Bergzabern, Tel. 06343/98 96 60, www.vg-bad-bergzabern.de

Charaktkeristisch für den südlichen Pfälzerwald sind die Buntsandsteinfelsen. Dies zieht natürlich die Kletterer von nah und fern an. Geklettert wird an mehr als 80 freistehenden Türmen sowie an der doppelten Anzahl von Massiven. Auf unserer Tour kommen wir mit dem Rödelstein und den Kühhungerfelsen an solch exemplarischen Sandsteinformationen vorbei.

Oberschlettenbach ist eine Ortsgemeinde der Verbandsgemeinde Bad Bergzabern. Der kleine Ort zählt knapp 150 Einwohner. Direkt an der Landesstraße 490, an der Abzweigung nach Oberschlettenbach, befindet sich ein A **Wanderparkplatz**. Diese Tour kann aber auch von Lindelbrunn oder auch von der Wasgauhütte aus begonnen werden. Beide Alternativen sind mit dem Fahrzeug erreichbar. Unser Ausgangspunkt liegt im unteren Bereich des Ortes Schlettenbach. Deshalb ist erst einmal ein Anstieg angesagt. Über die August-Becker-Straße erreichen wir den Ortskern; von dort geht es weiter bergauf an der Lindelbrunnhalle vorbei.

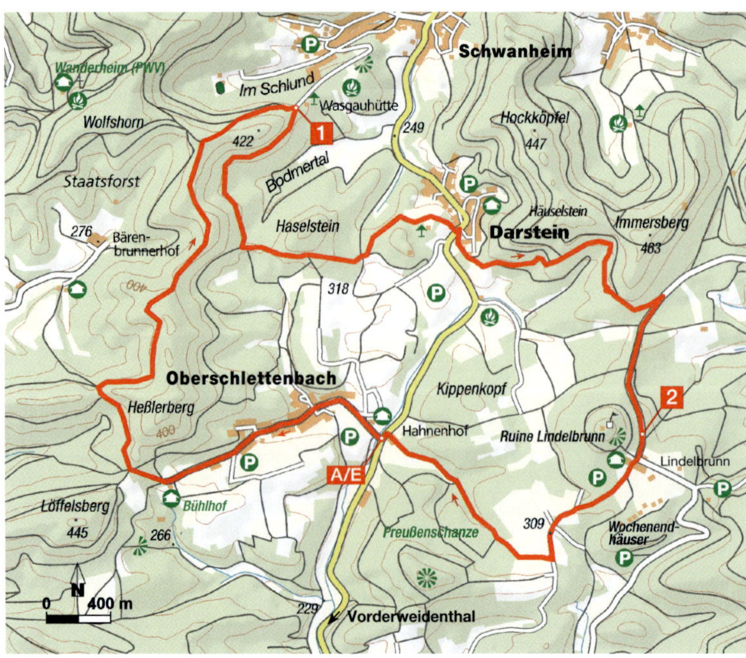

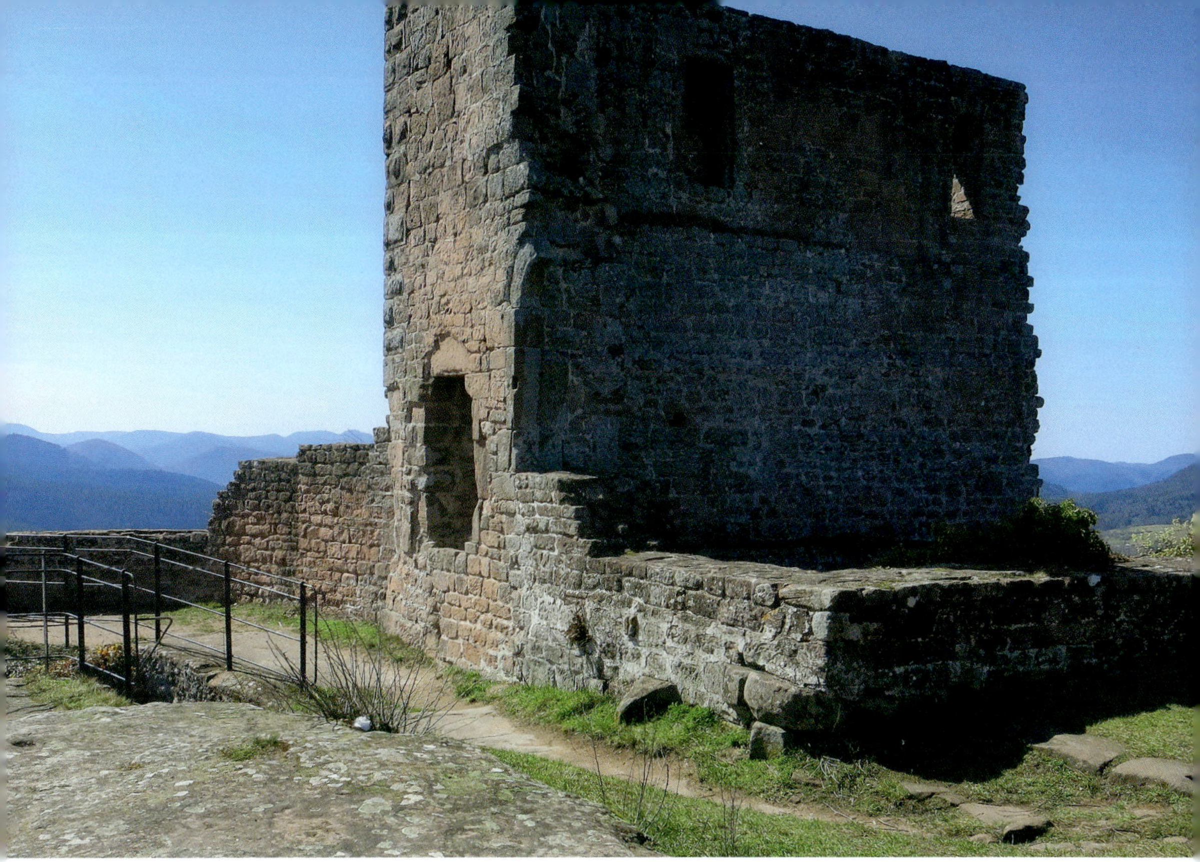

Auf der Glimbornstraße passieren wir die letzten Häuser; dann befinden wir uns schon in der Natur; vorläufig allerdings noch nicht auf Feld- oder Waldwegen.

Nur noch wenige Teile der Burg Lindelbrunn sind erhalten; erstklassig ist von dort oben die Fernsicht über den Pfälzerwald.

Kühhungerfelsen und Wasgauhütte Bald ist der erste Etappenpunkt der Bühlhof erreicht. Die Bühlhofschenke ist geöffnet am Di, Mi, Sa, So sowie an Feiertagen von 11.00 bis 18.00 Uhr. Bevor wir weitergehen, genießen wir den Blick hinunter ins Tal des Erlenbachs. Ab hier haben wir dann Waldboden unter dem Schuhwerk; der Weg steigt zunächst noch ein kurzes Stück an (Markierung gelb-roter Balken). Dann ist eine Wegspinne in der Nähe des Galgenfelsens erreicht. Hier nehmen wir die Markierung blau-gelb auf; diese führt uns mit weiteren Anstiegen über den Schindberg. Danach achten wir auf die kommende Wegverzweigung; ab hier geht es nach Osten zu den Kühhungerfelsen (Markierung roter Punkt). Von diesen Felsen ergibt sich eine großartige Fernsicht. Da die Felsränder recht ausgesetzt sind, besteht dort Absturzgefahr: Entsprechende Vorsicht sollte man dort walten lassen. Der Weg fällt jetzt bergab und führt uns direkt zur **1** **Wasgauhütte**. Diese verfügt über verschiedene Gasträume sowie über einen großen Außenbereich; Öffnungszeiten täglich außer Mo und Di von 10.00 bis 18.00 Uhr.

Lindelbrunn

Wegen der sehr guten Fernsicht lohnt es sich, den steilen Weg zur Burg hinaufzusteigen. Der Anstieg vom Parkplatz dauert etwa 20 Minuten. Von der Burg selbst ist nicht viel erhalten. Im 12. Jahrhundert erbaut, wurde sie im späten Mittelalter zur Ganerbenburg, d. h. die Burg war von verschiedenen Familien bewohnt. Dies wiederum führte zu umfangreichen An- und Umbauten innerhalb der Burg. Im Bauernkrieg 1525 wurde die Burg niedergebrannt und danach nicht mehr aufgebaut.

Abstecher zum Berwartstein

Von Oberschlettenbach schnell zu erreichen ist die Burg Berwartstein; Parkmöglichkeiten befinden sich direkt unter der Burg. Berwartstein, im Jahr 1152 errichtet, ist eine der wenigen noch heute bewohnten Burgen im Pfälzerwald. Die Burg wurde im 16. Jahrhundert nicht durch kriegerische Ereignisse, sondern durch Blitzschlag zerstört. Neben Führungen durch teilrestaurierte Bereiche der Burg steht dem Besucher eine Gaststätte im historischen Rittersaal zur Verfügung. Die Burg ist ganzjährig geöffnet, von März bis Oktober täglich.

Anstieg nach Lindelbrunn Wir folgen weiter dem Wanderweg mit dem roten Punkt. Mit wenigen Höhenunterschieden führt uns dieser um das Bodmertal herum, bevor es dann steil hinunter in den Ort Darstein geht. Dort überqueren wir die Hauptstraße; weiter geht es mit der gleichen Markierung. Der Weg steigt wieder an; am Häuselstein gelangen wir zum Rettungspunkt 6813-486. Kurz danach stoßen wir auf eine Wegverzweigung. Hier geht es nach rechts und mit der Markierung blaues Kreuz zum Wanderparkplatz ❷ **Lindelbrunn**. Dort befindet sich mit dem Cramerhaus ein beliebtes Ausflugslokal (täglich ab 11.00 Uhr geöffnet, außer Mo und Di). Zur Burgruine Lindelbrunn wartet dann noch ein kurzer, steiler Anstieg.

Der bis zu 60 Meter hohe Rödelstein zählt zu den bedeutendsten Kletterfelsen in der Südpfalz.

Zum Rödelstein Zwischen Parkplatz und Cramerhaus gehen wir mit der Markierung Gelb-Rot in südliche Richtung. Der Weg fällt wieder ab; wir achten darauf, die Abzweigung nach rechts nicht zu übersehen. Von hier kann man, den Weg zu-

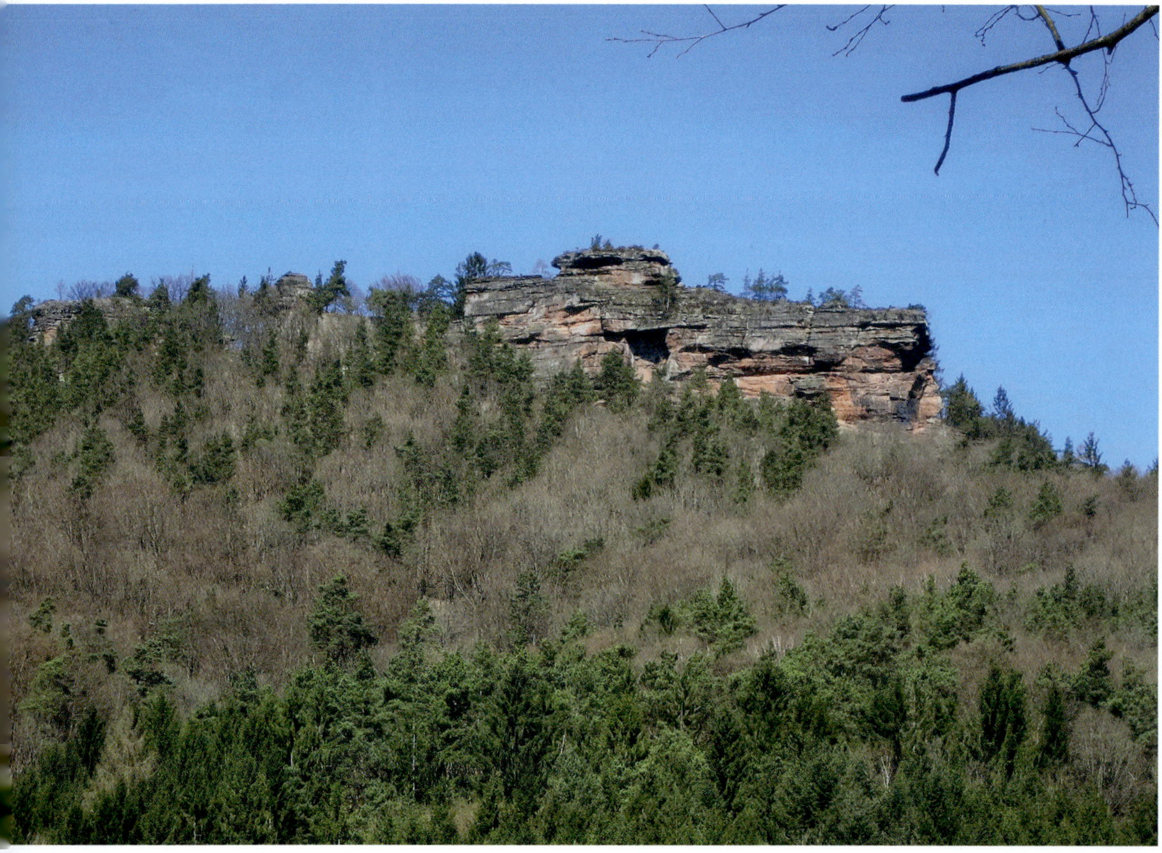

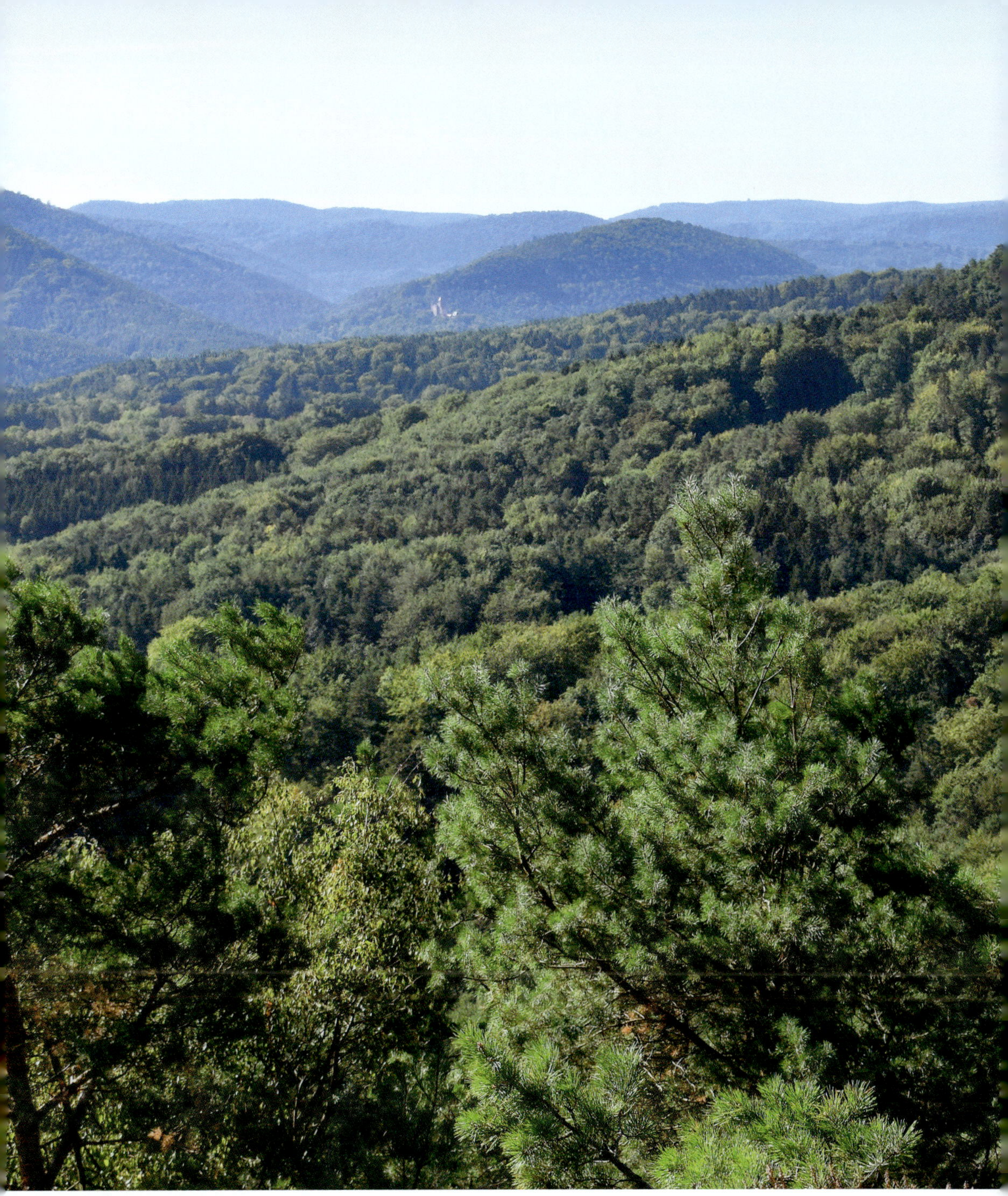

rückblickend, die Burg Lindelbrunn erkennen. Der Blick voraus zeigt eine typische Pfälzer Felsformation, den Rödelstein; die Felshöhe beträgt dort bis zu 60 Meter. Wir lassen den Rödelstein jedoch links liegen und betreten wieder den Wald. Auf stetig abfallendem Weg erreichen wir bald die Landesstraße 490. Nach deren Überquerung haben wir unseren Ausgangspunkt, den E **Wanderparkplatz Oberschlettenbach**, wieder erreicht.

Über den schier endlosen Hügeln des Pfälzerwaldes lässt sich in der Ferne die Burg Berwartstein ausmachen.

32

Über den Eselskopf zur Hohen List

Fernblicke zu den Vogesen

leicht 11,1 km 384 Hm 3.05 Std.

Tourencharakter
Einfache Wanderung mit gelegentlichen An- und Abstiegen

Ausgangs-/Endpunkt
Wanderparkplatz an der L 478 (369 m)

Anfahrt
Auto: Auf der Bundesstraße 10 bis Hinterweidenthal, dann über die L 485 über Langmühle und Glashütte Richtung Eppenbrunn. An der Verzweigung vor Eppenbrunn dann nach links auf der L 478 noch zwei Kilometer bis zum Wanderparkplatz
Bus: Von Pirmasens gelangt man bis nach Eppenbrunn; die Tour kann auch dort begonnen werden.

Gehzeiten
Wanderparkplatz – Abzweigung 0.45 Std. – Wanderheim Hohe List 1.50 Std. – Wanderparkplatz 0.30 Std.

Einkehr
Wanderheim Hohe List, ansonsten Eppenbrunn

Karte
»Westlicher Wasgau mit Dahn«, Wanderkarte des Pfälzerwald-Vereins, 1:25 000

Beste Jahreszeit
April bis Oktober

Informationen
Verbandsgemeindeverwaltung Pirmasens-Land, Bahnhofstraße 19, 66953 Pirmasens, Tel. 06331/87 20, www.pirmasens-land.de

Der südliche Bereich des Pfälzerwaldes ist eine Gegend, die man gerne als strukturschwach bezeichnet. In der Tat ist sie wenig besiedelt, und rauchende Industrie-Schornsteine wird man hier nicht finden. Wanderpfade durch herrlichsten Pfälzerwald gibt es aber genügend!

Die Tour lässt sich auch in Eppenbrunn beginnen; beim Bürgerhaus kann das Auto geparkt werden. Über die Talstraße und die Weiherstraße geht es aus dem Ort hinaus. Bei der Klinik nach rechts und gleich wieder links. Die Altschlossstraße wird gleich wieder nach links verlassen; der Weg geht oberhalb des Mühlweihers entlang bis zum Wanderparkplatz am Stüdenbach. Dem grün-blau markierten Wanderweg folgen wir jetzt bergan Richtung Hohe List.

Zum Hinteren Geißkopf Am Ⓐ **Wanderparkplatz** an der Landesstraße 478 (Rettungspunkt 6811-218) nehmen wir die Markierung grünes Kreuz auf. Auf breiten Forstwegen geht es Richtung Süden; der Weg führt durch

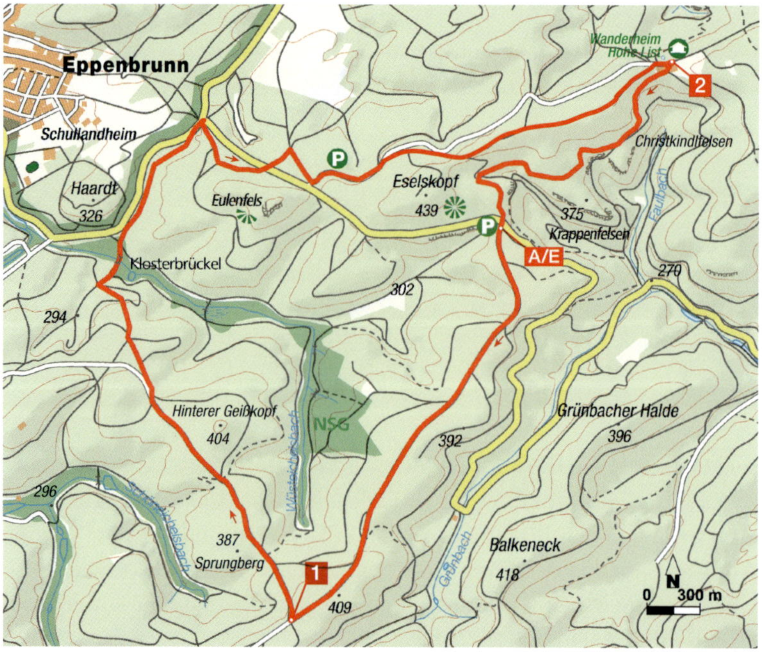

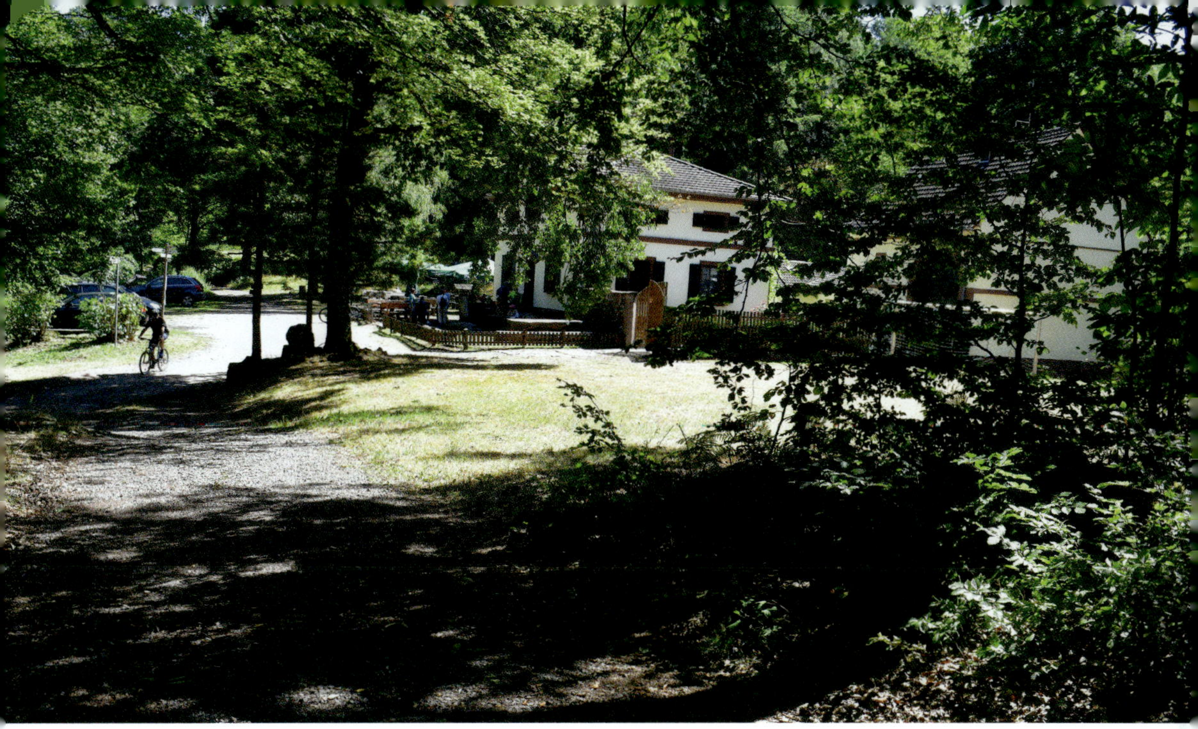

In tiefstem Wald befindet sich die einzige Örtlichkeit auf dieser Wanderung – das Wanderheim Hohe List.

den abwechslungsreichen Mischwald der Gewanne Husareneck und Eichelsfirst. Der Weg zeigt sich wellenförmig mit kurzen An- und Abstiegen. An einer ❶ **Weggabelung** (Rettungspunkt 6911-459) geht unser Wanderweg nach Norden ab. Die Markierung ist ab sofort der rote Punkt. Die durchschrittenen Gewanne heißen jetzt Sprungberg und Hinterer Geißkopf. Im Gewann Klosterbrückel fällt der Weg kurzzeitig steil ab; wir achten jetzt auf die Markierung grün-blauer Balken. Diese führt uns parallel zur Landesstraße 478 wieder bergauf.

Wanderheim mit Übernachtungsmöglichkeit Der Weg führt jetzt ansteigend rechts der Landesstraße; nach einem kurzen Anstieg wird diese erreicht und folgt dieser noch einige Hundert Meter parallel. Schließlich wird die Straße überquert. Auf den ersten Metern noch in der Nähe zu dieser verlaufend, wird der Abstand zur Straße mit jedem Meter größer. Der Weg steigt über federnden Waldboden leicht an; im Gewann Eselskopf genießen wir dann an einem Aussichtspunkt den Fernblick über den südlichen Pfälzerwald bis weit zu den Vogesen. Bald wird eine kleine Lichtung erreicht; dort steht das ehemalige ❷ **Forsthaus Hohe List**. Das Forstgebäude wurde im Jahr 1832, als die Pfalz zum Königreich Bayern gehörte, erbaut. Danach war es knapp eineinhalb Jahrhunderte das Dienstgebäude verschiedener Förster. Anfang der 1970er-Jahre wurde das Anwesen zu einem Gasthaus umgebaut. Für die nächsten 40 Jahre zeigte sich die Ortsgruppe Ludwigswinkel des Pfälzerwald-Vereins dafür verantwortlich. Es stand anschließend einige Jahre leer, bis sich eine neu gegründete Ortsgruppe des Anwesens annahm. Seit dem Jahr 2016 kann dort wieder gespeist und auch übernachtet werden; die Öffnungszeiten: Sa 11.00 bis 18.00 Uhr, So 9.00 bis 18.00 Uhr; Mi 11.00 bis 18.00 Uhr (Mai bis Oktober); weitere Infos unter www.hohelist.de. Vom Wanderheim gelangen wir mit der Markierung grünes Kreuz zurück zum Ⓔ **Wanderparkplatz**.

33 Südpfälzer Feldrainwanderung

Kulturpflanze Tabak

leicht 12,2 km 21 Hm 3.00 Std.

Tourencharakter
Einfache Streckenwanderung ohne Höhenunterschiede entlang Südpfälzer Feldraine

Ausgangspunkt
Rheinzabern (115 m), Haltestelle der Regionalbahn

Endpunkt
Steinweiler (136 m), Haltestelle der Regionalbahn

Anfahrt
Auto: Auf der B 9 bis Rheinzabern; Parkplätze am Bahnhaltepunkt
Bus und Bahn: Mit der Regionalbahn von Neustadt/Weinstraße oder Karlsruhe nach Wörth, von dort weiter nach Rheinzabern. Rückfahrt von Steinweiler nach Karlsruhe oder Neustadt/Weinstraße

Gehzeiten
Rheinzabern – Hayna 1.35 Std. – Steinweiler 1.25 Std.

Einkehr
Rheinzabern, Hayna, Steinweiler

Karte
»Wandern und Radwandern in der Südpfalz«, Wanderkarte des Pfälzerwald-Vereins, 1:50 000

Beste Jahreszeit
April bis Oktober

Informationen
Verbandsgemeinde Jockgrim, Untere Buchstraße 22, 76751 Jockgrim, Tel. 07271/59 90, www.vg-jockgrim.de

Das römische Rheinzabern lag zu jener Zeit an einer wichtigen linksrheinischen Verbindungsstraße. An einer Furt über den Erlenbach war die Ansiedlung als Tabernae (Rasthaus) kurz nach der Zeitenwende gegründet worden. Vor unserer Wanderung bietet sich der Besuch des örtlichen Römermuseums an; anschließend wandern wir auf Feldwegen ins Dorf Steinweiler.

Vom **A** **Bahnhaltepunkt Rheinzabern** sind es nur wenige Meter bis zum Terra-Sigillata-Museum. Man geht die Mühlgasse hinunter und dann schräg über die Hauptstraße. Das Museum ist von Mi bis So ab 11.00 Uhr geöffnet. In der Ausstellung wird auf die Entwicklung des Dorfes zu einem Zentrum der römischen Ziegelproduktion ebenso eingegangen wie auf die Standortfaktoren, die letztlich zur Produktion von Ziegeln an dieser Stelle geführt haben. Weitere Themen sind die industrielle Herstellung von Ziegeln (bis zu 20 000 Stück im Monat), der Handel, Absatz und der Vertrieb derselben wie auch die Lebensweise der Römer einschließlich Grabkultur und Grabbeigaben. Außerhalb des Museums, im Ortsbereich von Rheinzabern, befinden sich darüber hinaus noch freigelegte römische Brennöfen.

Über Hatzenbühl Wir gehen zurück zum Bahnhaltepunkt. Vorher achten wir auf das Schild, das am Zugang zum Museum an der Hauptstraße angebracht ist. Auf diesem wird auf den Beginn des Zabernwegs hingewiesen. Dieser Fernwanderweg führt von Rheinzabern über Bad Bergzabern

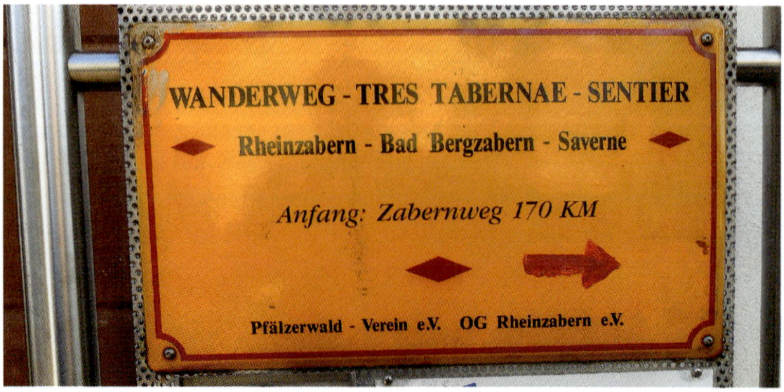

Der Startpunkt des Zabernwegs befindet sich in der Ortsmitte von Rheinzabern.

ins elsässische Zabern (Saverne). Auf Französich wird der Wanderweg als Sentier Tres Tabernae bezeichnet. Gleich daneben finden wir die katholische Pfarrkirche St. Michael. Sie stammt aus dem Jahr 1777 und zeichnet sich durch einen Saalbau mit großer Westempore sowie einem eingezogenen dreiseitig geschlossenen Chor aus. Der spätgotische Turm wurde im 18. Jahrhundert erhöht. Wir gehen zum Bahnhaltepunkt, überqueren die Bahngleise und folgen der Mühlgasse ortsauswärts. Ein Stück müssen wir leider an der Straße entlanggehen; ein gefahrloser Übergang über die Landesstraße 549 ist aber nur an der Kreuzung möglich, die wir bald erreichen. Wir folgen dieser Landesstraße auf deren westlicher Seite in nordöstlicher Richtung. Nach etwa 500 Metern haben wir den Punkt erreicht, an dem der Weg nach Nordwesten abbiegt. Nach weiteren 150 Metern biegen wir in einen Feldrain ein. Dieser führt, im Gegensatz zu den meisten anderen landwirtschaftlichen Wegen, nicht als exakte Gerade weiter, sondern beschreibt aufgrund seiner Eigenschaft als Grünzäsur geschwungene Wegrichtungen. Auf knapp zweieinhalb Kilometern führt dieser Weg mit den Bezeichnungen Spitz- und Eichbaumgraben durch die unterschiedlichsten landwirtschaftlichen Anbauflächen. Der Weg ist in seiner Feldraineigenschaft unbefestigt und trennt die Landwirtschaft von der Natur. Wir erreichen die Kreisstraße 10 nördlich von Hatzenbühl, die wir mit der gebotenen Vorsicht überqueren.

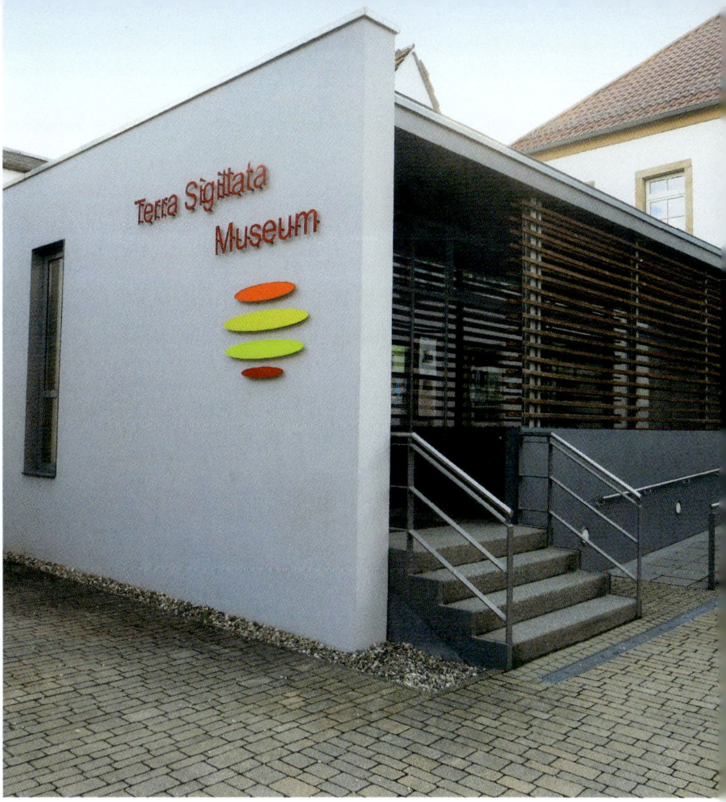

Hier wird spannende römische Geschichte erzählt – das Terra Sigillata-Museum.

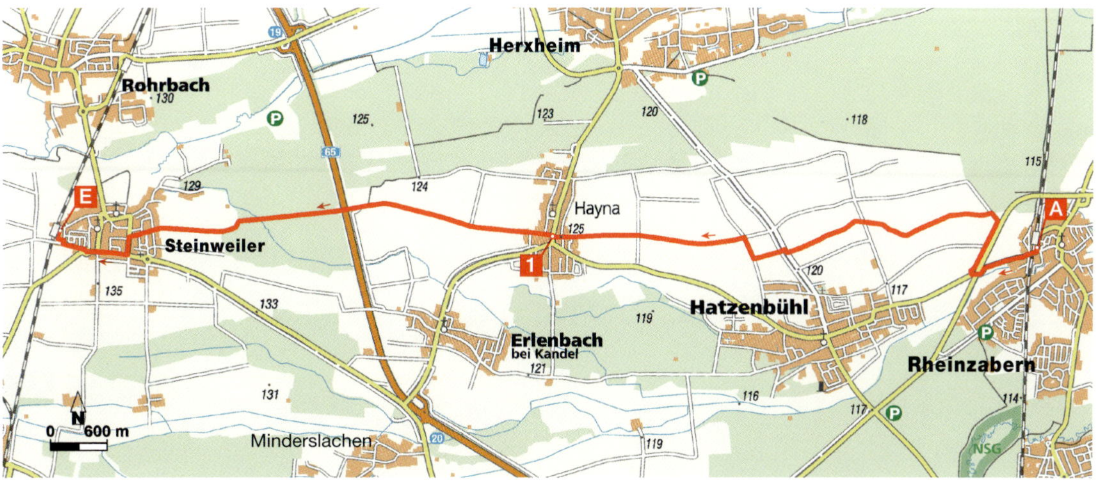

Auf dem Landauer Weg Einige Schritte gehen wir jetzt nach Norden, um dann wieder auf unseren Weg nach Westen einzubiegen. An der nächsten Wegverzweigung biegen wir nach rechts ab, um auf den parallel verlaufenden Weg etwas weiter nördlich zu kommen. Dort können wir dann schon die weiße Kirche des Ortes ❶ **Hayna** erkennen. Hayna ist ein Ortsteil von Erlenbach, das zur Verbandsgemeinde Herxheim gehört. Hayna zählt knapp 1000 Einwohner; der Ort ist bekannt für den Tabakanbau. Nach weiteren zwei Kilometern Wanderung durch Flur und Felder sind wir dann auf der Hauptstraße von Hayna angekommen. Wir gehen geradeaus weiter und verlassen den Ort über die Kreuzstraße. Noch einmal geht es zwei Kilometer durch die Felder; dann haben wir die Brücke über die Autobahn A 65 erreicht.

Gut erhaltene Fachwerkhäuser gruppieren sich um die Kirche St. Michael in Rheinzabern.

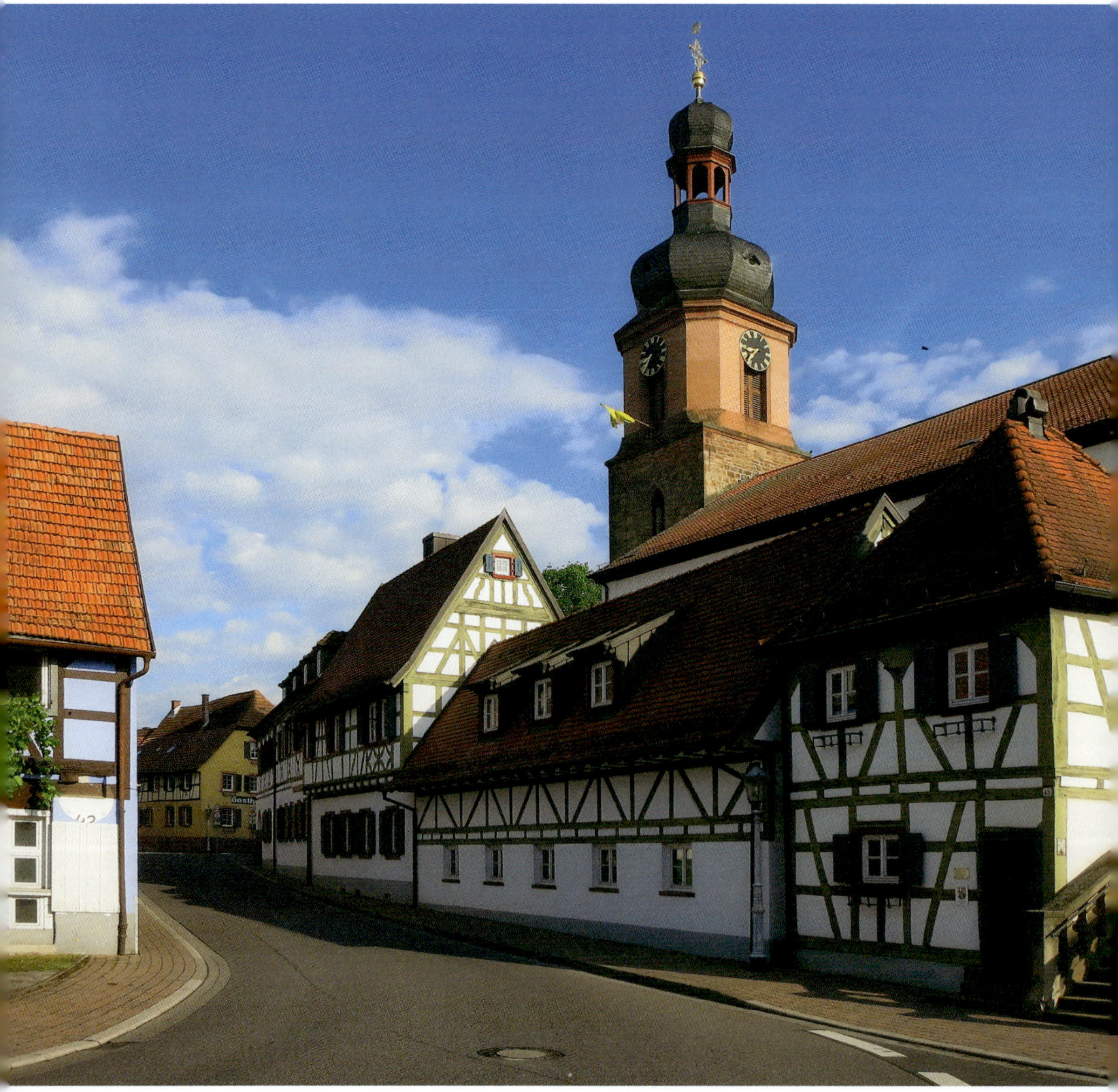

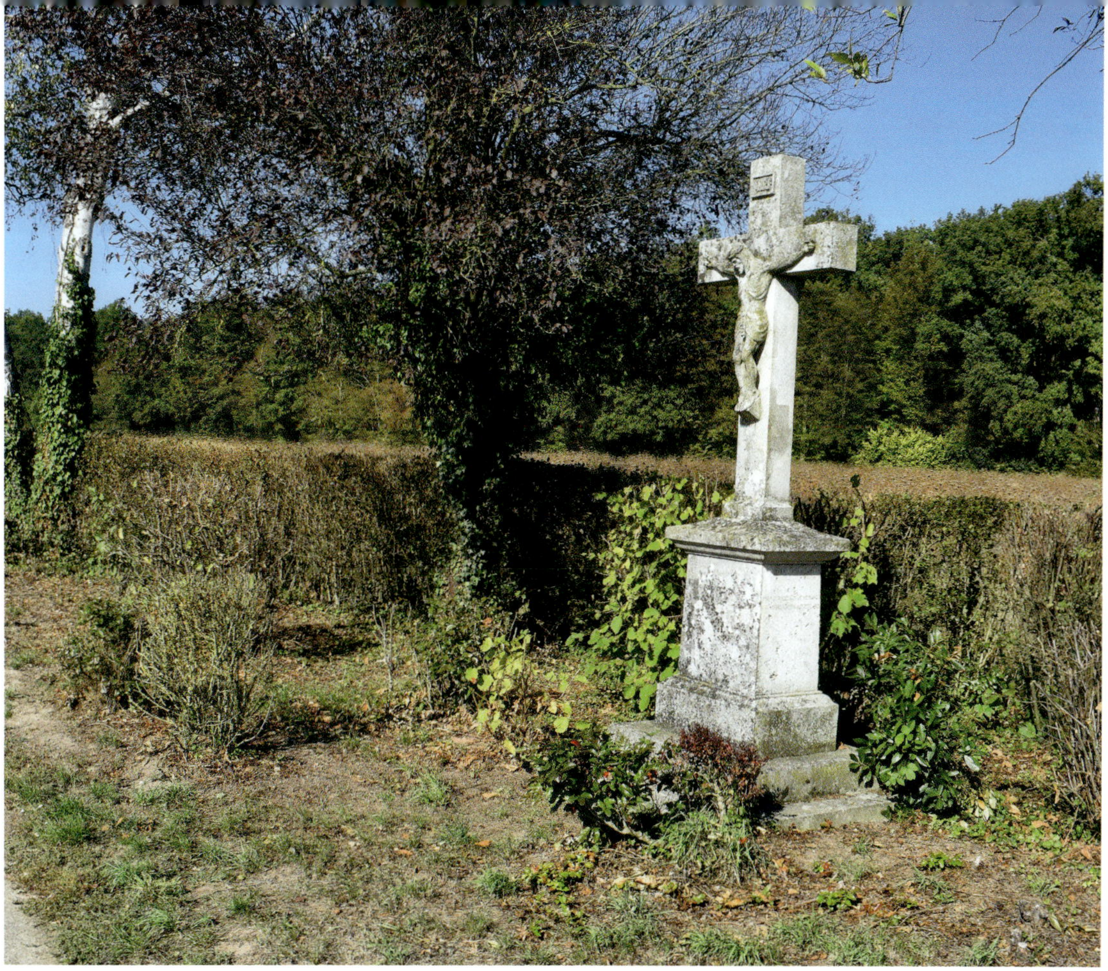

Auf dem Weg nach Hayna entdecken wir dieses alte Wegkreuz.

Auf dem Landauer Weg geht es jetzt durch ein Waldgebiet; anschließend gehen wir ein letztes Stück an Feldern entlang. Steinweiler erreichen wir auf der Haynaer Straße. An der Hauptstraße gehen wir nach links bis zu deren Ende. Wir orientieren uns dann nach rechts und gelangen über die Brotackerstraße, einen Kreisverkehr und dann am Rande der Bebauung entlang zum E **Bahnhaltepunkt Steinweiler**.

Tabakanbau in der Südpfalz

Rund um Hayna liegt die größte Tabakanbaufläche Deutschlands. Die Lehm-Sand-Böden eignen sich durch ihre feine Krümelstruktur, die gute Durchlüftung und Durchwurzelung besonders für den Tabakanbau. Pfälzer Tabaksorten sind Virgin, Burley und Geudertheimer; dabei werden nur die letzten beiden in Tabakschuppen getrocknet. Bei der Sorte Virgin erfolgt dies in speziellen Öfen. Luftgetrocknete Tabake sind dabei aromatischer und kräftiger als heißluftgetrocknete Sorten. Die maschinelle Auspflanzung des Tabaks findet im Mai statt; geerntet werden die Blätter von Juli bis September. Mit dem Erntezeitpunkt muss der optimale Reifegrad gefunden werden; davon hängt letztendlich die Qualität des Tabaks ab. In Hayna erinnert der Tabakbrunnen an diese Kulturpflanze, die seit nunmehr 450 Jahren in der Pfalz angebaut wird.

34

Über Dierbach nach Kapellen

Durch Südpfälzer Kulturlandschaft

leicht 12,2 km 147 Hm 3.00 Std.

Tourencharakter
Einfache Wanderung auf meist befestigten landwirtschaftlichen Wegen

Ausgangspunkt
Winden (142 m)

Endpunkt
Kapellen-Drusweiler (161 m)

Anfahrt
Auto: Auf der A 65 bis Kandel-Nord, dann weiter über Kandel-Minderslachen nach Winden, Parkplätze am Bahnhof
Bahn: Mit der Regionalbahn von Neustadt/Weinstraße oder Karlsruhe nach Winden

Gehzeiten
Winden – Dierbach 1.20 Std. – Kapellen-Drusweiler 1.40 Std.

Einkehr
Winden, Dierbach, Kapellen-Drusweiler

Karte
Topographische Karte 1:25 000, Blatt 6914 »Schaidt«

Beste Jahreszeit
April bis Oktober

Informationen
Verbandsgemeindeverwaltung, Gartenstraße 8, 76870 Kandel, Tel. 07275/96 00, www.vg-kandel.de

Obst, Spargel, Wein – die Südpfalz ist mit landwirtschaftlichen Produkten gesegnet. Wir gehen direkt durch die Weinberge zum kleinen Winzerdorf Dierbach. Immer den Pfälzerwald im Blick, beenden wir die Wanderung im beschaulichen Ort Kapellen-Drusweiler.

Winden ist für die Südpfalz ein wichtiger Bahnknotenpunkt mit Stichbahnen nach Weißenburg/Wissembourg und nach Bad Bergzabern. Wer über etwas Zeit verfügt, geht auf der Hauptstraße zur Ortsmitte. Dort steht das schmucke historische Fachwerk-Rathaus, und gleich daneben befindet sich die ehemalige Wachstube des Nachtwächters.

Durch reiche Kulturlandschaft Am **A Bahnhof in Winden** halten wir uns links und gehen am Spielplatz vorbei und nehmen die nächste Abbiegung wieder nach links. Durch Obst- und Gemüsekulturen führt der Weg, der dann einmal kurz nach links und gleich wieder nach rechts schwenkt – erst durch einen Hohlweg, bald darauf wieder nach rechts (Wegweiser Richtung Dierbach). Der Blick des Wanderers fällt auf die Vogesen und den Pfälzerwald. Unsere Route führt abwechselnd über befestigte und unbefestigte Wirtschaftswege. Nachdem sich bisher ausschließlich Getreide- und Gemüsekulturen abwechselten, erscheinen jetzt die ersten Rebstöcke. Ein schöner Rastplatz ist die an einer Wegkreuzung erhöht stehende Holzbank; von dort lässt sich in der Ferne die Madenburg ausmachen. Nach Südwesten zeigen sich tief im Rebenmeer die ersten Häuser von **1 Dierbach**. Über einen kurzen, aber steilen Abstieg erreichen wir das beschauliche Dorf.

Wechselvolle Geschichte Dierbach wurde bereits im Jahr 1084 urkundlich erwähnt. Von den Jahren 1219 bis 1303 musste Dierbach die Kaisergruft in Speyer mit Kerzen beliefern; die im heutigen Wappen von Dierbach abgebildete Kerze nimmt darauf Bezug. Im Jahr 1605 lebten 45 Familien mit 205 Personen im Ort. Um 1660 begann der Zuzug von Glaubensflüchtlingen aus der Schweiz, Frankreich und Flandern. 1793 wird Dierbach in die Französische Republik aufgenommen. 1816 gehört der Ort kurze Zeit zu Österreich, danach zum Königreich Bayern.

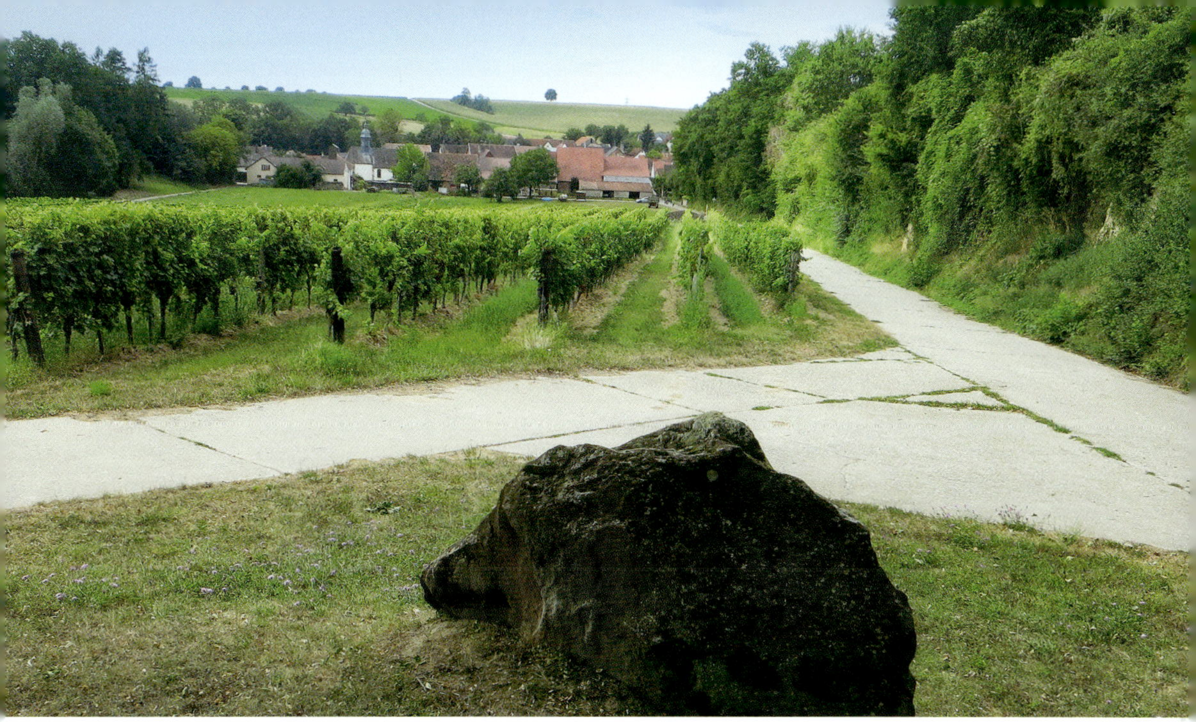

Weiter nach Westen Wir gehen auf der Hauptstraße ein kurzes Stück durch den Ort und biegen bei der Weinstube Geiger nach rechts ab. Der Weg steigt jetzt kurze Zeit an. Es geht kurz nach links und dann wieder nach rechts und wir erreichen den Weg, den wir bis zur Abzweigung nach Dierbach benutzt hatten. Wir nähern uns dem Pfälzerwald und können dort Einzelheiten wie den Stäffelsturm oder die Burg Landeck erkennen. Bald wird die ❷ **Landesstraße 544** überquert; wir folgen dem Weg durch weitere Rebenhänge bis zur Kreisstraße 16. Dort lädt eine Sitzgruppe zur Rast ein. Wir wandern weiter auf unserem Weg und orientieren uns an der nächsten Abzweigung nach rechts. Ab jetzt geht es bergab zur Oberen Hauptstraße in Kapellen-Drusweiler. An verschiedenen Weinlokalen vorbei erreichen wir die örtliche Kirche. Von dort sind es dann nur noch wenige Meter bis zum Ⓔ **Bahnhaltepunkt**.

Von diesem Rastplatz sind es nur noch wenige Meter hinunter nach Dierbach.

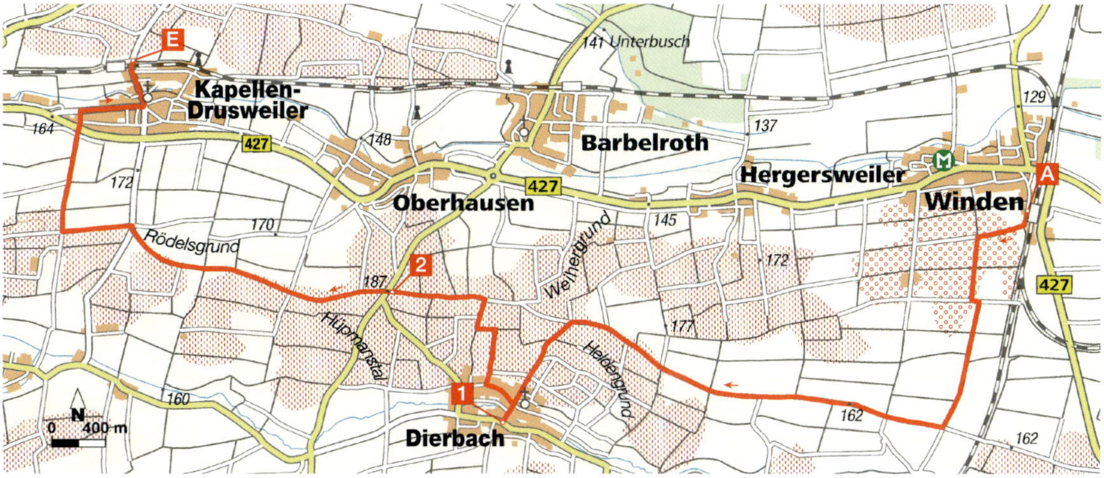

35 Von Kapsweyer nach Kandel

Die wechselvolle Geschichte eines Grenzwaldes

mittel 19,3 km 23 Hm 4.30 Std.

Tourencharakter
Lange Streckenwanderung ohne Höhenunterschiede auf Forstwirtschafts- und Waldwegen

Ausgangspunkt
Kapsweyer, Haltepunkt Regionalbahn (145 m)

Endpunkt
Kandel, Bahnhof (122 m)

Anfahrt
Auto: Auf der A 65 bis Kandel-Mitte, dann auf der L 427 bis Kapsweyer
Bahn: Mit der Regionalbahn von Karlsruhe oder Neustadt an der Weinstraße nach Kandel, dann weiter nach Kapsweyer

Gehzeiten
Kapsweyer – Weißes Kreuz 1.45 Std. – Naturfreundehaus Bienwald 2.30 Std. – Kandel 0.40 Std.

Einkehr
Kapsweyer, NFH Bienwald, Kandel

Karte
»Wandern in der Südpfalz«, Wanderkarte des Pfälzerwald-Vereins, 1:50 000

Beste Jahreszeit
April bis Oktober

Informationen
Südpfalz Tourismus Kandel, Georg-Todt-Straße 2a, 76870 Kandel, Tel. 07275/61 99 45; www.suedpfalz-tourismus-kandel.de

Der Bienwald ist einer der großen Niederungswälder in Deutschland. Seit dem Jahr 2004 gibt es dort ein Naturschutz-Großprojekt. In den letzten Jahren wurden vorrangig die Themen Stillgewässer und Biotopvernetzung sowie Wegenetz und Gewässerrandstreifen vorangebracht. Als ökologische Landschaftspfleger sind im Bienwald Thüringer Ziegen, Schafe und auch Esel im Einsatz.

Der Ⓐ **Haltepunkt Kapsweyer** der Stichbahn Winden–Weißenburg/Wissembourg befindet sich etwas außerhalb des Ortes. Dort lässt sich das Auto parken; die Rückfahrt kann dann mit der Regionalbahn von Kandel über Winden erfolgen.

Auf langen Geraden Wir überschreiten die Schienen und gehen zuerst durch offene Landschaft in südöstliche Richtung. Beim Sportplatz des Fußballvereins Kapsweyer erreichen wir die Waldgrenze. Von dort ist es fast genau einen Kilometer, bis der Weg nach links abbiegt (Markierung ab Kapsweyer: grüner Balken). Nach weiteren 350 Metern zweigt wieder

Rechte Seite: Es ist ein Orientierungspunkt und eine Landmarke – das Weiße Kreuz im Mittleren Bienwald.

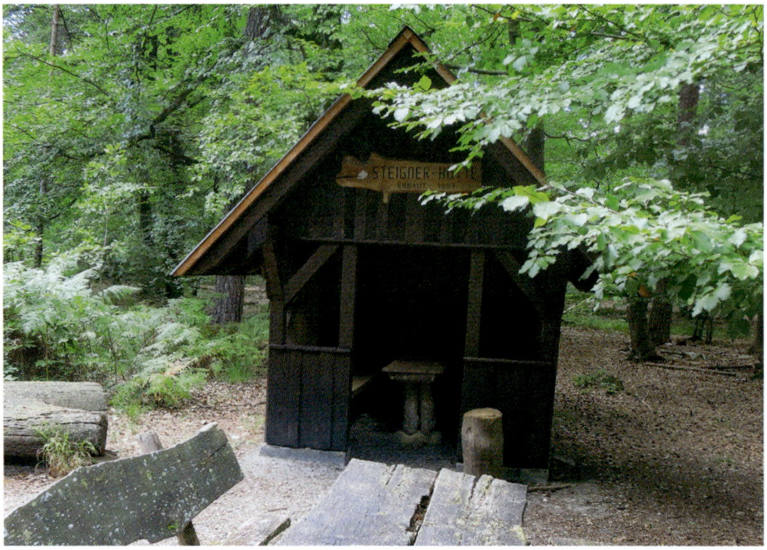

Der Rastplatz an der Steignerhütte wird nach der langen Wegstrecke gerne angenommen.

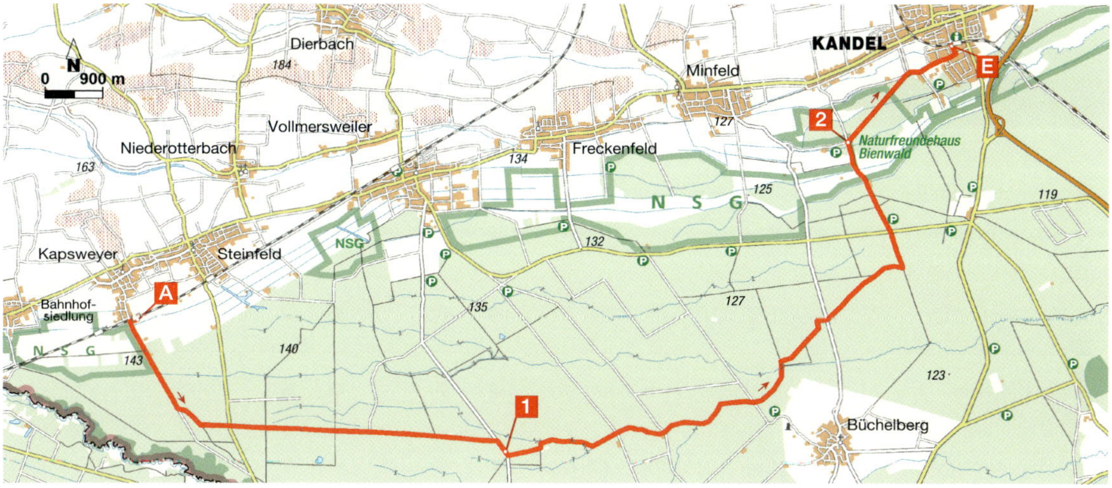

nach links der sogenannte Kapuzinerweg ab. Dieser führt jetzt auf 4,7 Kilometer Länge geradeaus, ist vollkommen gerade und ohne Höhenunterschiede. Wir erreichen die Kreisstraße 23 und gehen 250 Meter nach rechts. Jetzt sind wir am ersten Etappenziel, dem ❶ **Weißen Kreuz**. Das Weiße Kreuz wurde erstmals 1840 errichtet. Die Ersterrichtung geht auf eine Begebenheit aus dem Jahr 1838 zurück. Wilderer trachteten dem örtlichen Förster nach dem Leben. Auf sein anhaltendes Bitten wurde er aber verschont; aus Dankbarkeit schnitt er ein Kreuz in einen Eichenbaum. Sein Nachfolger ließ diesen Baum acht Jahre später fällen und errichtete das erste Weiße Kreuz. Dieses wurde in den Folgejahrzehnten fünfmal erneuert, das letzte Mal im Jahr 2015.

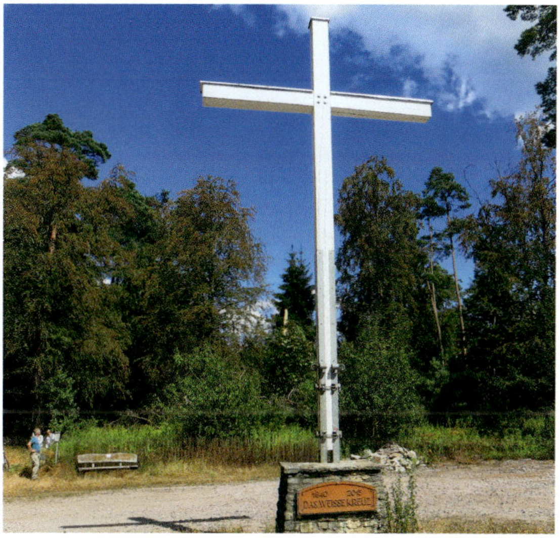

Aschbach und Saugraben Ab dem Weißen Kreuz ändert sich der Tourencharakter vollkommen; statt auf langen Geraden geht es jetzt auf vielen Kurven und auf schmalen Pfaden entlang des Aschbachs und später des Saugrabens. Die Markierung grüner Balken führt uns schließlich zur Steignerhütte. An dieser kleinen Schutzhütte aus Holz achten wir auf den Wegweiser, der den Weg zum ❷ **Naturfreundehaus Bienwald**, unserem nächsten Etappenpunkt anzeigt; Öffnungszeiten täglich außer Dienstag, 10.00 bis 22.00 Uhr. Vom Naturfreundehaus gehen wir den markierten Weg Richtung Kandel. Am Bienwaldstadion vorbei erreichen wir bald den örtlichen Ⓔ **Bahnhof**.

Westwallbunker

Auf dem Weg durch den Bienwald sieht man immer wieder Reste ehemaliger Bunker aus dem 2. Weltkrieg. Diese Bunker wurden nach Kriegsende ausnahmslos gesprengt; viele wurden abgetragen; die Übriggebliebenen sind einsturzgefährdet. Meist sind sie umzäunt; man sollte davon Abstand nehmen, dort einsteigen zu wollen – zum einen aus Sicherheitsgründen und zum anderen, um die sich dort angesiedelte Fauna nicht zu stören.

Alle Touren auf einen Blick

Nr.	Tour									Koordinaten Startpunkt
1	Durch die Weinberge bei Mölsheim	4.55 Std.	18,7 km	512 Hm	●	●	●		●	49.3754, 8.1228 Bahnhof Monsheim
2	Panoramablicke über dem Glantal	4.00 Std.	13,4 km	832 Hm	●	●		●	●	49.3700, 7.3231 Hirsauer Kapelle
3	Am Westrand des Donnersbergs	1.40 Std.	5,7 km	298 km	●	●		●	●	49.3641, 7.5237 Falkenstein, oberer P.
4	Rund um das Kloster Rosenthal	3.00 Std.	10,7 km	328 Hm	●	●		●	●	49.3342, 8.0050 Rosenthalerhof, P.
5	Nordpfälzer Weihertour	3.45 Std.	13,5 km	440 Hm	●	●		●	●	49.3226, 7.5643 Retzberghütte
6	Zum Krähenstein	2.30 Std.	9,4 km	244 Hm	●	●		●	●	49.3210, 8.0058 Ramsen, P. an der protest. Kirche
7	Durch den Fuchs-brunnenwald	3.00 Std.	13,3 km	442 Hm	●	●		●	●	49.3032, 7.4648 Otterberg, P. Stadion
8	Eulenkopf und Galgenberg	4.15 Std.	15,1 km	650 Hm	●	●	●		●	49.3018, 7.3750 Eulenbis, P.
9	Von Miesau nach Landstuhl	4.35 Std.	15,2 km	549 Hm	●	●		●	●	49.2306, 7.2638 Br.-Miesau, Bahnhof
10	Am Isenachweiher	3.05 Std.	8,1 km	466 Hm	●	●		●		49.2720, 8.0209 Forsthaus Isenach
11	Zum Ameisenkopf	3.20 Std.	10,5 km	540 Hm	●	●		●	●	49.2922, 8.0426 Höningen, Wanderp.
12	Schaudichnichtum und Murrmirnichtviel	4.05 Std.	13,7 km	832 Hm	●	●		●		49.2621, 8.0305 Saupferch, Wanderp.
13	Durch den Diemersteiner Wald	5.00 Std.	15,9 km	444 Hm	●	●		●	●	49.2621, 7.5807 Frankenstein, P. am Bhf.
14	Von Weidenthal nach Neidenfels	3.45 Std.	12,2 km	786 Hm	●	●		●	●	49.2504, 7.5938 Weidenthal, P. am Bhf.
15	Durch den Haßlocher Wald	8.15 Std.	27,8 km	42 Hm	●	●		●	●	49.1926, 8.2543 Speyer, Bhf.-Vorplatz
16	Zur Kirschbaumhütte	3.55 Std.	13,4 km	606 Hm	●	●		●		49.2000, 7.5841 Helmbachweiher
17	Suppenschüssel und Felsenmeer	2.55 Std.	10,1 km	644 Hm	●	●		●		49.1919, 8.0300 Totenkopfhütte, Wanderp.
18	Durch den Heltersberger Wald	3.10 Std.	10,8 km	576 Hm	●	●		●	●	49.1811, 7.4301 Heltersberg, NFH
19	Auf dem Blücher-Rundweg	2.50 Std.	11,1 km	44 Hm	●	●	●	●	●	49.1817, 8.0848 Kirrweiler, P. am Bhf.

Nr.	Tour	Gehzeit	Länge	Höhenunterschied	Einkehr	Sehenswürdigkeit	Viel Sonne	Schattiger Weg	Öffentliche Verkehrsmittel	Koordinaten Startpunkt
20 ●	Zum Forsthaus Heldenstein	3.50 Std.	14,1 km	388 Hm	●	●		●		49.1613, 8.0128 Ramberg, Drei Buchen
21 ●	Zum Harzofenberg	3.45 Std.	13,4 km	780 Hm	●	●		●	●	49.1453, 8.0020 Dernbach, P. Ortsmitte
22 ●	Holländerklotz und Jagdfelsen	5.50 Std.	17,8 km	836 Hm	●	●		●		49.1455, 7.4928 Hermersbergerhof, WP. am Luitpoldstein
23 ●	Durch die Weinberge bei Essingen	3.35 Std.	13,4 km	116 Hm	●	●	●		●	49.1422, 8.08.40 Knörringen, P. Friedhof
24 ●	Zu den Buchholzfelsen	4.55 Std.	17,8 km	800 Hm	●	●		●	●	49.1147, 7.5317 Spirkelbach, Wander-P.
25 ●	Zum Almersberg bei Rinnthal	4.15 Std.	14,5 km	728 Hm	●	●		●	●	49.1302, 7.5536 Rinnthal, P. am Bhf.
26 ●	Rund um Nußdorf	3.45 Std.	13,1 km	246 Hm	●	●	●		●	49.1319, 8.0618 Nußdorf, Sportplatz
27 ●	Rund um die Kleine Kalmit	2.55 Std.	11,9 km	412 Hm	●	●	●		●	49.1111, 8.0311 Ilbesheim, P. Schule
28 ●	Auf den Höhen des Westrich	4.05 Std.	13,6 km	484 Hm	●	●			●	49.1104, 7.2156 Hornbach, P. Bahnhofstr.
29 ●	Durch das Tal der Felsalbe	4.10 Std.	15,1 km	264 Hm	●	●		●	●	49.1101, 7.3225 Eichelsbacher Mühle
30 ●	Zollstock und Hohenberg	2.45 Std.	9,6 km	562 Hm	●	●		●		49.1121, 7.5926 Trifels, WP. Ahlhof
31 ●	Zum Bühlhof	3.45 Std.	13,2 km	550 Hm	●	●		●	●	49.0839, 7.5234 Oberschlettenbach
32 ●	Über den Eselskopf zur Hohe List	3.05 Std.	11,1 km	384 Hm	●			●	●	49.0630, 7.3611 Eppenbrunn, WP. L 478
33 ●	Südpfälzer Feldrainwanderung	3.00 Std.	12,2 km	21 Hm	●	●	●		●	49.0709, 8.1627 HP Rheinzabern
34 ●	Über Dierbach nach Kapellen	3.00 Std	12,2 km	147 Hm	●	●	●		●	49.0545, 8.0719 Winden, Bahnhof
35 ●	Von Kapsweyer nach Kandel	4.30 Std.	19,3 km	23 Hm	●	●		●	●	49.0220, 8.0120 HP Kapsweyer

Piktogramme erleichtern den Überblick

- Gehzeit
- Länge
- Höhenunterschied
- Einkehr
- Sehenswürdigkeit
- Viel Sonne
- Schattiger Weg
- Öffentliche Verkehrsmittel

PS:

Das Schreiben eines Wanderführers ist eine fortdauernde Annäherung an das gesetzte Ziel. Beginnend von den Ideen über mögliche Touren, die man womöglich schon längere Zeit mit sich herumträgt, bis zum ersten groben Konzept, wie das Buch vielleicht aussehen könnte. Man hat sich, vorsichtigerweise, einige zusätzliche Touren aufgeschrieben, die man zur Not wieder streichen kann. Wenn das Konzept dann steht, freut man sich, wie beim ersten Buchmanuskript vor vielen Jahren, mit den Wanderungen beginnen zu können.

Leider klappt es dann manchmal doch nicht so mit den Touren, wie man es sich zu Hause im stillen Kämmerlein vorgestellt hatte. Entweder führt ein Weg zu nahe an einer Straße entlang, oder eine Wandermarkierung ist auf einem längeren Streckenabschnitt verschwunden. Manchmal stimmt auch das Gesamtkonzept einer Tour nicht. Bei einer Rundtour sollten Ausgangs- und Endpunkt über eine Bahnhaltestelle verfügen oder es sollte zumindest ein Wanderparkplatz zur Verfügung stehen. Bei einer Streckenwanderung, wenn Ausgangs- und Endpunkt vielleicht 15 Kilometer auseinanderliegen, muss es natürlich möglich sein, mit öffentlichen Verkehrsmitteln zum Ausgangspunkt zurückkehren zu können.

Auch wenn manchmal eine Tour noch komplett umgestellt werden musste – es waren dann doch die Erlebnisse, die man in diesem großen Gebiet von fast 100 Kilometern in der Nord-Süd-Ausdehnung (Pfälzer Bergland bis zum Bienwald) und immerhin noch 75 Kilometer West-Ost (vom Westrich bis zum Rhein) erfahren durfte, die einem die Freude am Schreiben nicht genommen haben. Die Begegnungen mit den Weinbauern in der Südpfalz, die mit Traktor und Anhänger lebenslustige Touristen durch die Weinberge zogen oder die Wanderer auf dem Jakobsweg, die sich schwer bepackt an der ersten Steigung schon fragten, ob sie es bis Santiago de Compostela durchhalten werden. Oder auch die Winzer im Zellertal, die trotz der anstrengenden Weinlese immer noch die Zeit hatten, freundlich zu grüßen.

Irgendwann konnte dann die letzte Tour als erledigt gekennzeichnet werden. Der Entwurf hatte deutliche Änderungen erfahren, man war glücklich, einige Streichtouren gehabt zu haben und konnte jetzt mit der eigentlichen Arbeit, dem Fertigstellen des Manuskripts, der Erarbeitung der Übersichtskarten und mit der Auswahl der Bilder beginnen.

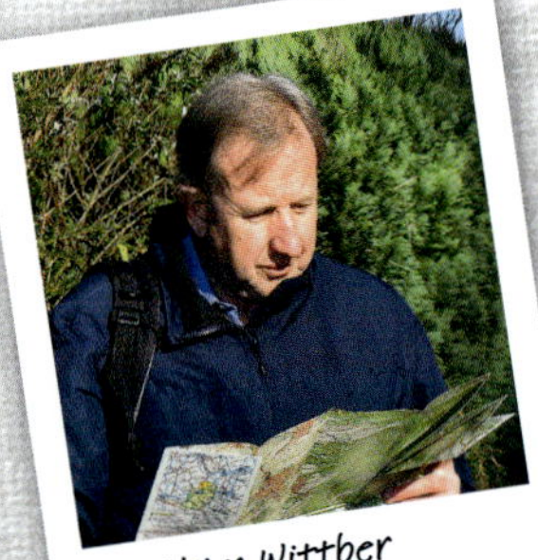

Matthias Wittber

Auf die Annäherung folgte schließlich die Zielerreichung – das fertige Manuskript lag vor. Aber auch dann war die Arbeit nicht zu Ende. Der Text musste den kritischen Augen des Lektors standhalten. Und danach folgten erst der Umbruch und die Kontrolle der Fahnen – letzte Möglichkeit, etwaige Fehler korrigieren zu können. Schließlich hält man das erste gedruckte Exemplar in den Händen. Man zieht Bilanz und stellt fest, dass die langsame Annäherung an das Ziel fast ein Jahr gedauert hat.

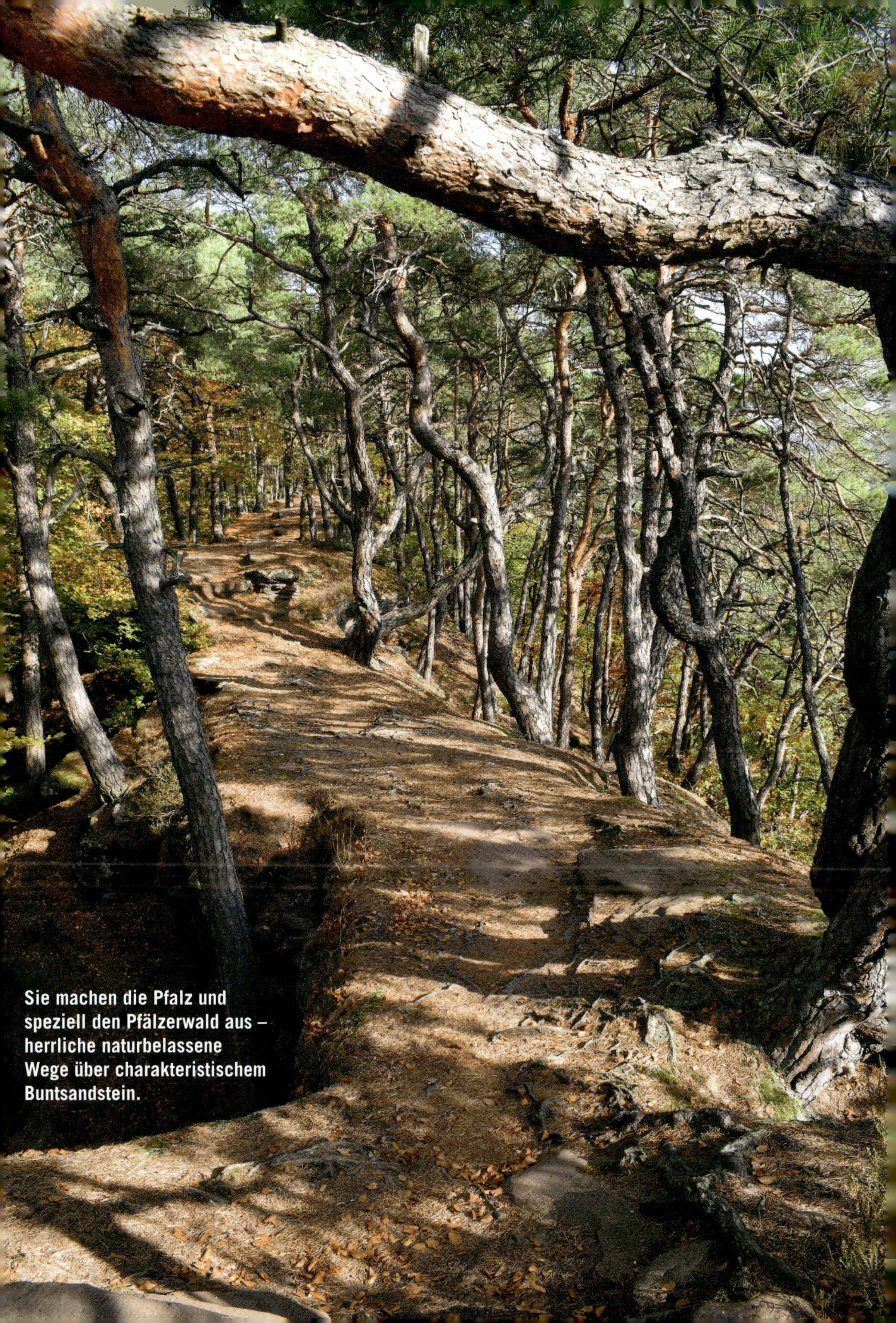

Sie machen die Pfalz und speziell den Pfälzerwald aus – herrliche naturbelassene Wege über charakteristischem Buntsandstein.

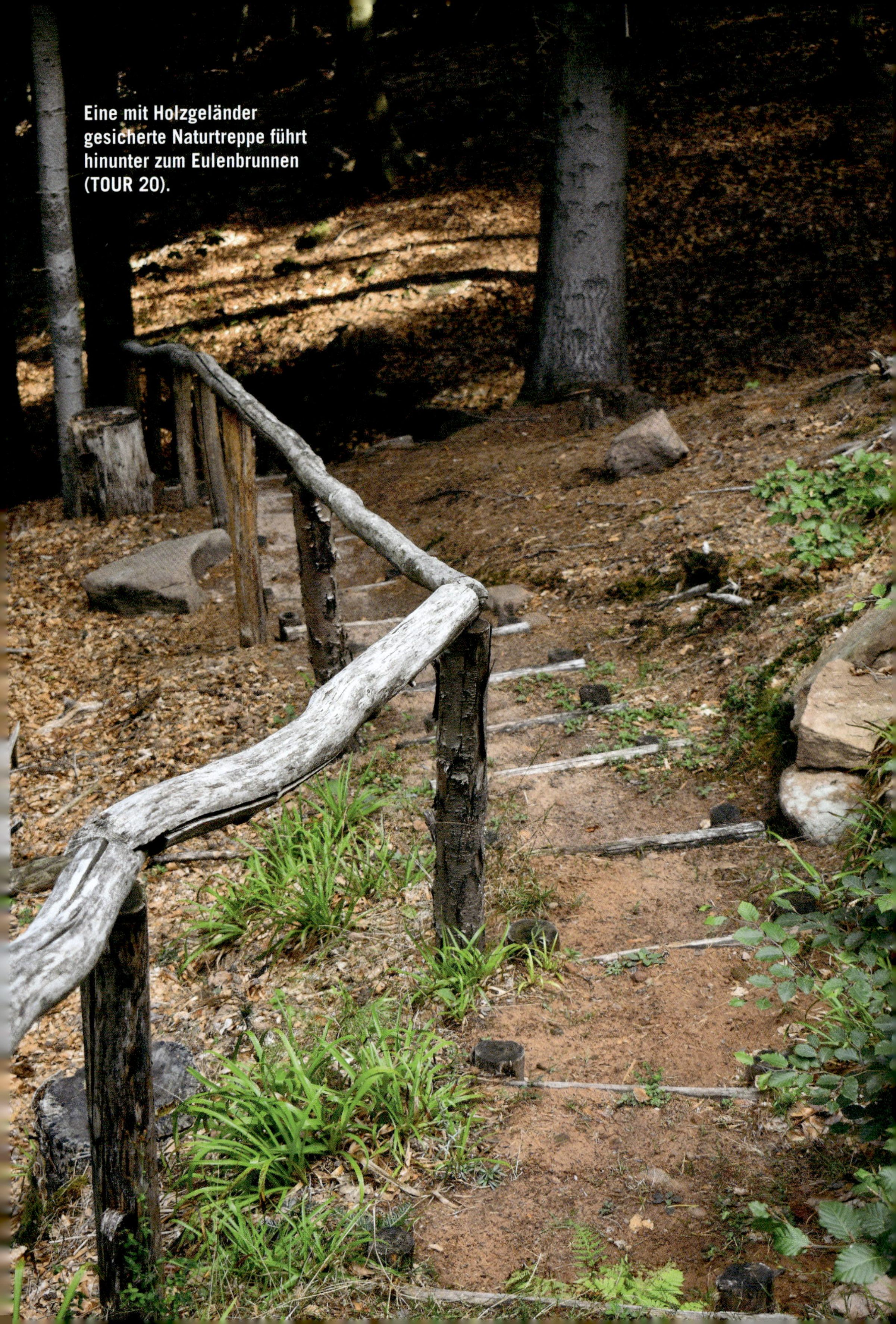

Eine mit Holzgeländer gesicherte Naturtreppe führt hinunter zum Eulenbrunnen (TOUR 20).

Register

In gleicher Reihe erschienen ...

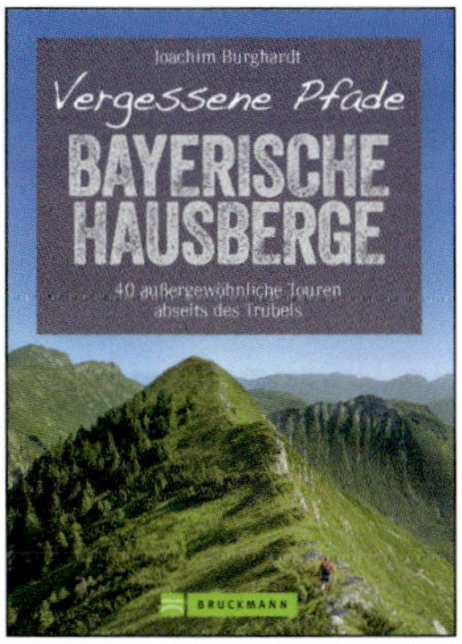

ISBN 978-3-7343-1210-6

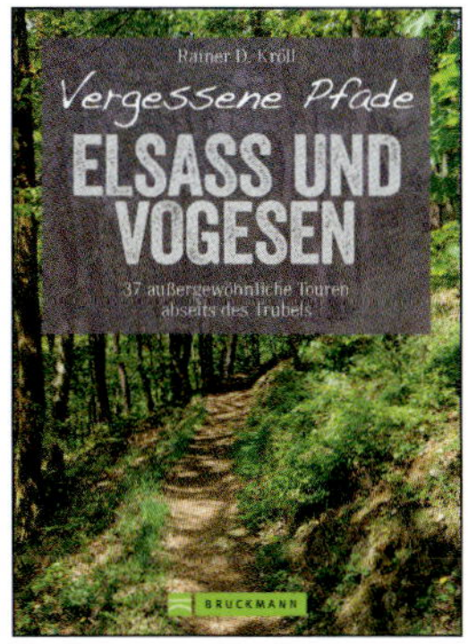

ISBN 978-3-7654-6024-1

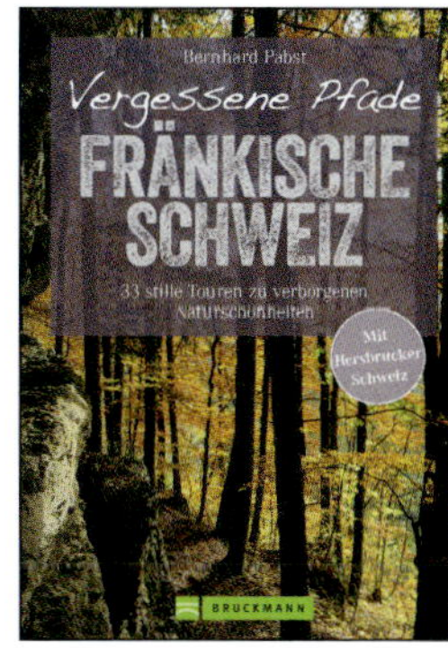

ISBN 978-3-7654-5205-5

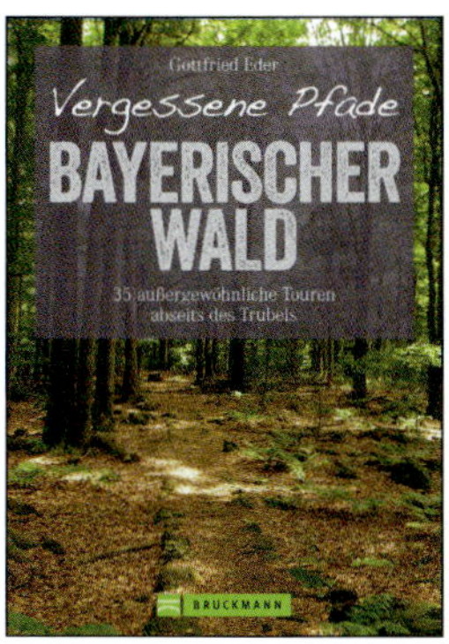

ISBN 978-3-7654-8391-2

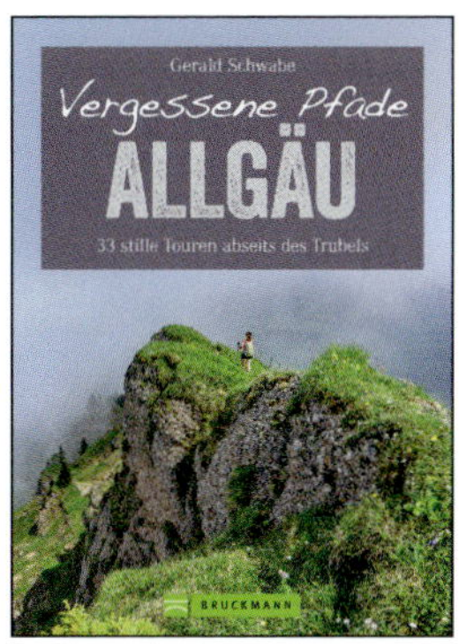

ISBN 978-3-7654-5275-8

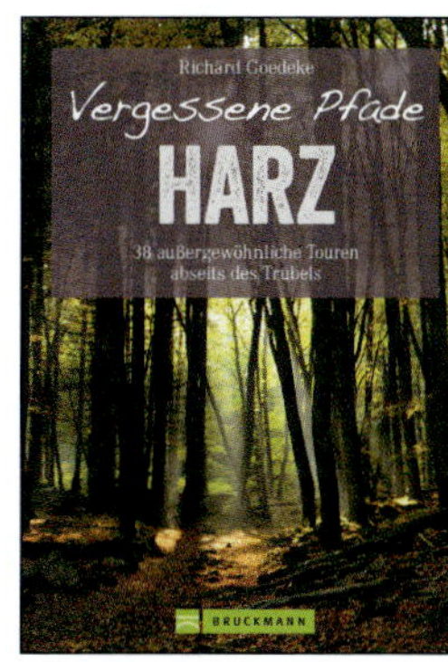

ISBN 978-3-7654-6819-3

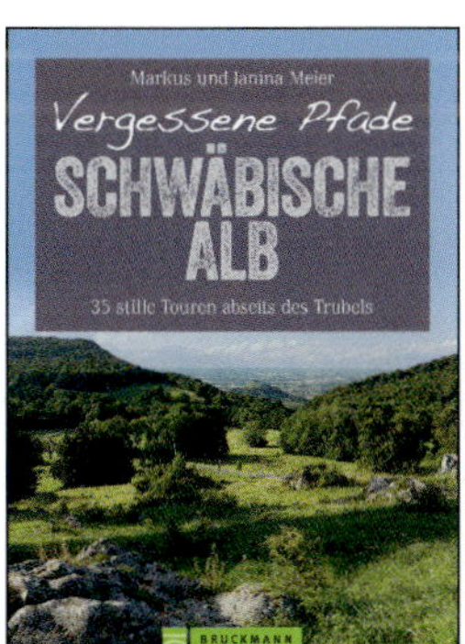

ISBN 978-3-7654-6070-8

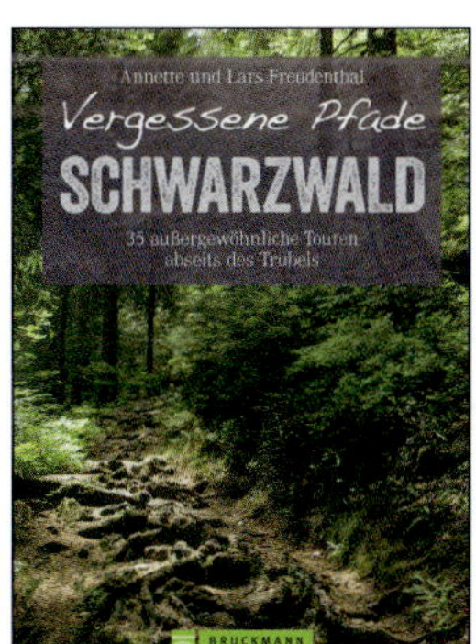

ISBN 978-3-7654-6803-2

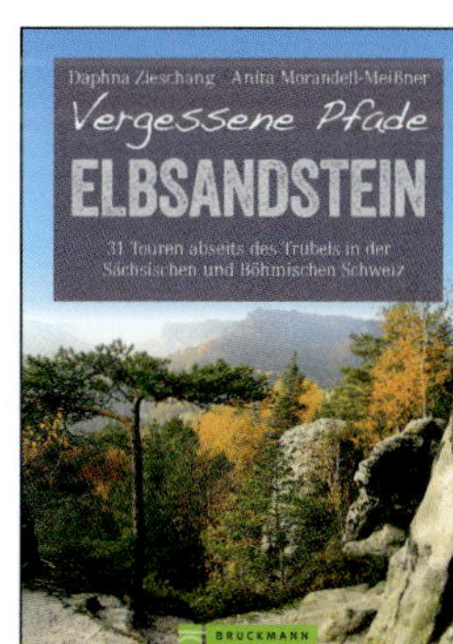

ISBN 978-3-7343-1063-8

BRUCKMANN

www.bruckmann.de

Impressum

Verantwortlich: Stefanie Krüger
Redaktion/Layout: Andreas Kubin
Repro: Cromika/LUDWIG:media
Kartografie: Bruckmann Verlag GmbH, Heidi Schmalfuß
Herstellung: Alexander Knoll
Printed in Slovenia by Florjancic

★★★★★

Sind Sie mit diesem Titel zufrieden? Dann würden wir uns über Ihre Weiterempfehlung freuen.
Erzählen Sie es im Freundeskreis, berichten Sie Ihrem Buchhändler, oder bewerten Sie beim Onlinekauf. Und wenn Sie Kritik, Korrekturen, Aktualisierungen haben, freuen wir uns über Ihre Nachricht an Bruckmann Verlag, Postfach 40 02 09, D-80702 München oder per E-Mail an lektorat@verlagshaus.de.

Unser komplettes Programm finden Sie unter www.bruckmann.de

In diesem Buch wird aus Gründen der besseren Lesbarkeit das generische Maskulinum verwendet. Weibliche und anderweitige Geschlechteridentitäten werden dabei ausdrücklich mitgemeint, soweit es für die Aussage erforderlich ist.

Empfehlung der Redaktion
Sie sind auf der Suche nach weiterführender Literatur? Dann empfehlen wir Ihnen den Titel »Zeit zum Wandern – Pfälzerwald und Bienwald« von Matthias Wittber. Oder Sie werfen einen Blick in die Zeitschrift »Bergsteiger«. Hier werden Sie bestimmt fündig.

Bildnachweis: Alle Bilder im Innenteil stammen von Matthias Wittber, mit Ausnahme S. 8, 104, 137o. Peter Weinrich
Umschlagvorderseite: Überall im Pfälzerwald findet man interessante Buntsandsteinformationen (Thomas Nunold/shutterstock.com)
Umschlagrückseite: Das Burgentrio Trifels, Anebos und Scharfenberg über Annweiler, rechts der mächtige Asselstein (Tourismusverband Annweiler)

Die Deutsche Nationalbibliothek verzeichnet diese Publikation in der Deutschen Nationalbibliografie; detaillierte bibliografische Daten sind im Internet über http://dnb.d-nb.de abrufbar.

Bruckmann Verlag GmbH
Infanteriestraße 11a
80797 München

ISBN 978-3-7343-1328-8